金融业务实务与技能丛书

主编 / 朱永华
副主编 / 叶 飞　金永熙

民间借贷纠纷
裁判观点与实务指引

MINJIAN JIEDAI JIUFEN
CAIPAN GUANDIAN YU SHIWU ZHIYIN

中国法制出版社
CHINA LEGAL PUBLISHING HOUSE

目 录

第一篇 民间借贷主体篇

第一章 自然人之间借贷及裁判案例解析 ………… 3
1. 未成年人借贷 ………… 4
［案例解析］未成年人向成年人出具借条被判无效 ………… 5
2. 精神病人借款 ………… 7
［案例解析］间歇性精神病人精神正常时借款有效 ………… 8
3. 未成年人纯获利益的借贷行为 ………… 13
［案例解析］未成年人有资格向借款人收回借款 ………… 14
4. 监护人职责 ………… 17
［案例解析］监护人提供被监护人财产担保侵害被监护人合法权益无效 ………… 18

第二章 自然人与企业之间借贷及裁判案例解析 ………… 23
1. 企业向内部职工借款 ………… 23
［案例解析］企业因生产经营需要向内部职工借款应为合法 ………… 24
2. 企业向内部职工出借资金 ………… 27
［案例解析］公司向项目经理出借资金应由项目经理个人偿还 ………… 28
3. 公司向董事、监事、高管提供借款 ………… 31
［案例解析］执行董事向公司借款，股东为公司利益起诉获胜 ………… 31

4. 企业负责人借款与企业债务之关系 …… 34
[案例解析] 负责人为企业借款，受益企业共同偿还 …… 34

第三章 企业之间借贷及裁判案例解析 …… 40
1. 企业之间借贷的有效情形 …… 41
[案例解析] 公司之间因生产经营需要临时借贷有效 …… 41
2. 企业之间借贷的无效情形 …… 45
[案例解析] 企业间利用银行资金获利的“流转”借贷无效 …… 46

第四章 民间借贷介绍人、见证人及裁判案例解析 …… 54
1. 民间借贷介绍人 …… 54
[案例解析]“介绍人”在借款人栏下签名被判共同偿还借款 …… 55
2. 民间借贷见证人 …… 58
[案例解析] 行为人在借款人栏中盖章是共同借款人而不是见证人 …… 58

第五章 小额贷款及裁判案例解析 …… 61
1. 小额贷款属于民间借贷 …… 61
[案例解析] 小额贷款纠纷适用《民间借贷规定》 …… 62
2. 违规不违法的小额贷款 …… 63
[案例解析] 违规发放小额贷款不必然导致借款合同无效 …… 64
违规“包收包贷”导致小额贷款公司解散 …… 66

第六章 个体网络借贷及裁判案例解析 …… 71
1. 个体网络借贷属于民间借贷 …… 72
[案例解析] P2P 网络借贷纠纷适用《民间借贷规定》 …… 72
2. 个体网络借贷担保 …… 74
[案例解析] 网贷中介机构违规担保不必然无效 …… 75
3. 个体网络借贷法律风险 …… 78
[案例解析] 利用网贷集资诈骗被处刑罚 …… 78

第二篇 民间借贷合同篇

第七章 民间借贷合同形式及裁判案例解析 …… 83
1. 民间借贷书面合同 …… 83
［案例解析］仅凭借条不足以认定借贷事实 …… 84
2. 民间借贷口头合同 …… 89
［案例解析］口头借贷因不能举证合意而败诉 …… 90
3. 以投资形式发生借贷关系 …… 92
［案例解析］合同约定投资款被判偿还借款 …… 93
第八章 民间借贷合同内容及裁判案例解析 …… 99
1. 借贷合同当事人 …… 99
［案例解析］用途争议和实际使用人存在均不影响借贷主体认定 …… 100
2. 借条借据缺少一方主体如何处理 …… 105
［案例解析］法院推定借款凭证持有人为出借人 …… 106
3. 借贷数额 …… 110
［案例解析］民间借贷以实际提供数额确定债权债务效力 …… 111
4. 借款数额笔误 …… 114
［案例解析］借款数额瑕疵的认定 …… 114
第九章 民间借贷合同效力及裁判案例解析 …… 118
1. 民间借贷合同的成立与生效 …… 118
［案例解析］出借人未提供借款 自然人间借贷合同虽成立但不生效 …… 120
村委会与村民订立的借款合同自成立时生效 …… 123
2. 民间借贷合同的有效与无效 …… 128

[案例解析] 套取银行贷款再高利转贷的无效 …………………………… 129
以合法形式掩盖非法目的的借贷合同无效 ………………… 135
以包养情人为目的的借款合同无效 ………………………… 138

第十章 民间借贷合同附条件、附期限及裁判案例解析 ………………… 143
1. 民间借贷附效力条件 ………………………………………………… 143
[案例解析] 投资款因附条件被判转为借款 ………………………… 144

2. 附生效条件和附解除条件 ………………………………………… 146
[案例解析] 借款转投资款所附条件未成就，借款人应当偿还
借款 ……………………………………………………………… 146

3. 不正当地阻止条件成就 …………………………………………… 150
[案例解析] 不正当阻止条件成就应承担赔偿责任 ……………… 151

4. 不正当促成条件成就 ………………………………………………… 154
[案例解析] 不具附属性的条款不是附效力条件 ………………… 155

5. 民间借贷合同的附期限 …………………………………………… 160
[案例解析] 不具确定性的附期限条款无效 ……………………… 161

第十一章 民间借贷的利息及裁判案例解析 ………………………………… 165
1. 高利贷 …………………………………………………………………… 166
[案例解析] 民间借贷年利率超过24%不受法律保护 …………… 166

2. 预先扣除利息 ………………………………………………………… 170
[案例解析] 出借人预先扣除利息 法院判决偿付实际借款本息………… 170

3. 复利 ……………………………………………………………………… 176
[案例解析] 息转本再计息超过24%不受法律保护 ……………… 176

4. 没有约定利息 ………………………………………………………… 179
[案例解析] 没有约定利息视为不支付利息，但不免除逾期息 ……… 180

5. 利息约定不明 ………………………………………………………… 183
[案例解析] 借贷利息约定不明，法院考虑综合因素判付利息 ……… 184

第三篇　民间借贷委托代理篇

第十二章　民间借贷的委托代理及裁判案例解析 …… 191
1. 委托代理出借 …… 191
[案例解析] 代理人以其名义出借，出借人可以行使介入权 …… 191
2. 委托代理借入 …… 195
[案例解析] 代理人在代理权限内代借应由借款人偿还借款 …… 195
第十三章　民间借贷的无权代借及裁判案例解析 …… 199
1. 无权代理借款 …… 199
[案例解析] 行为人无权代借应向出借人返还借款 …… 199
借条只约束代理人和出借人的由代理人偿还借款 …… 201
2. 借款人对无权代理的追认 …… 205
[案例解析] 借款人只对追认的代借款项承担偿还责任 …… 206
第十四章　民间借贷的表见代理、代表行为及裁判案例解析 …… 210
1. 民间借贷的表见代理 …… 210
[案例解析] 出借人有理由相信行为人有代理权的构成表见代理 …… 211
2. 民间借贷的代表行为 …… 214
[案例解析] 法定代表人借款构成代表行为，由法人偿还 …… 215
3. 法定代表人以个人名义借款用于企业生产经营 …… 221
[案例解析] 法定代表人个人借款用于企业，两者共同偿还借款 …… 221

第四篇　民间借贷担保篇

第十五章　民间借贷的保证担保及裁判案例解析 …… 227
1. 连带保证及保证期间 …… 227

［案例解析］连带保证期间约定不明确时保证期间的确定 …………… 229
2. 一般保证与“不能履行” …………………………………………… 231
［案例解析］介绍人承诺“保证执行到位”承担一般保证责任 ……… 232
3. 连带保证与一般保证的区别 ………………………………………… 236
［案例解析］担保方式约定不明确不能认定为一般保证 ……………… 237
4. 保证人的抗辩权 ……………………………………………………… 242
［案例解析］连带保证人对借款利率超最高限额的可行使抗辩权……… 243
5. 一般保证人的先诉抗辩权 …………………………………………… 247
［案例解析］债务人财产不方便执行，一般保证人丧失先诉抗辩权 …… 248
6. 保证合同无效及过错责任 …………………………………………… 250
［案例解析］国家机关提供保证无效，亦应承担赔偿责任 …………… 252

第十六章　民间借贷的抵押担保及裁判案例解析 ………………………… 257
1. 债务人提供抵押担保 ………………………………………………… 257
［案例解析］借款人提供抵押不一定适用“物保优于人保” ………… 258
2. 抵押登记及抵押权设立 ……………………………………………… 261
［案例解析］债权人未取得他项权证的房产抵押未设立 ……………… 262
3. 农民住房抵押及其效力 ……………………………………………… 267
［案例解析］法律并未禁止宅基地上合法建筑物设定抵押 …………… 269
农民住房抵押未经村委会同意的无效 ……………… 271
4. 再次抵押及其抵押顺位 ……………………………………………… 275
［案例解析］再次抵押未登记，抵押人承担连带责任 ………………… 276
5. “绝押”及其效力………………………………………………………… 281
［案例解析］当事人约定房产“绝押”无效……………………………… 282
6. 债权人放弃抵押权及其法律后果 …………………………………… 284
［案例解析］出借人放弃借款人财产担保，法院判决免除保证
人责任……………………………………………………… 285

7. 抵押权与租赁权及其关系处理 …… 289
[案例解析] 未实际占有使用租赁物的，租赁权不得对抗抵押权 …… 290
8. 抵押物上的追及权与涤除权 …… 294
[案例解析] 抵押物上追及权与受让取得所有权并不相悖 …… 295
9. 抵押物抵债及其效力 …… 299
[案例解析] 以物抵债合同生效可消灭抵押债务 …… 300
第十七章 民间借贷的质押担保及裁判案例解析 …… 306
1. 动产质押及其交付与占有 …… 306
[案例解析] 车辆质押只要将车辆交付出借人即设立质权 …… 308
2. 质押和抵押的区别 …… 309
[案例解析] 借款人许可出借人使用担保车辆是质押而不是抵押 …… 310
3. 质权与抵押权并存及其处理 …… 314
[案例解析] 未登记的抵押权不得对抗已占有的质权 …… 315
4. 质物保管及其损失责任 …… 319
[案例解析] 质物在监管中灭失，监管人与质权人连带赔偿 …… 320
5. 股权质押及其登记 …… 325
[案例解析] 股权质押未按约登记不能设立质权 …… 325
6. 保证金质押及其“特定化”要求 …… 327
[案例解析] 保证金未“特定化”不能设立质权 …… 328
7. 提单质押及其质权设立 …… 333
[案例解析] 提单质押须订立合同并交付提单才能设立质权 …… 333
8. 转质及其法律效力 …… 337
[案例解析] 不交付所有权的“转让”实为转质 …… 338

第五篇 民间借贷债权债务篇

第十八章 民间借贷债之转移及裁判案例解析 …………………………… 345
1. 民间借贷的债权转让 …………………………………………… 345
［案例解析］出借人已通知债权转让，借款人应向受让人清偿债务 ………………………………………………… 346
债权消灭后再转让无效 ………………………………… 353
2. 民间借贷的债务协议转移 ……………………………………… 356
［案例解析］债务协议转移后由新债务人偿还借款 ……………… 357
3. 债务协议转移的担保责任 ……………………………………… 359
［案例解析］担保人同意债务转移应当继续承担担保责任 ……… 360
4. 民间借贷债务的法定转移 ……………………………………… 364
［案例解析］企业借款后分立承担连带偿还责任 ………………… 364
5. 民间借贷的债务加入 …………………………………………… 366
［案例解析］债务加入的认定 …………………………………… 366
第十九章 民间借贷的债务清偿及裁判案例解析 ………………………… 371
1. 按份债务及其清偿 ……………………………………………… 371
［案例解析］出借人接受债务分割的，借款人按份清偿债务 …… 372
2. 连带债务及其清偿 ……………………………………………… 375
［案例解析］共同借款应当连带偿还 …………………………… 375
3. 连带责任变更为按份责任及其效力 …………………………… 379
［案例解析］连带债务转化为按份债务，出借人再主张连带清偿无效 ……………………………………………… 380
4. 借贷履行主体及其正确履行 …………………………………… 383
［案例解析］履行债务主体错误，借款人须再偿还借款 ………… 384

5. 夫妻债务及其清偿 …… 387
[案例解析] 夫妻借款后离婚的，配偶仍应共同偿还 …… 388
6. 遗产继承及其债务清偿 …… 391
[案例解析] 继承人是否继承债务要视其是否继承遗产而定 …… 393
7. 合伙企业债务清偿及其合伙人的连带责任 …… 396
[案例解析] 合伙企业不能履行的债务由合伙人连带清偿 …… 397
8. 由第三人履行债务 …… 400
[案例解析] 由第三人履行债务与债务转移的区别 …… 401
9. 向第三人履行债务 …… 403
[案例解析] 向第三人履行不改变债权债务主体 …… 404
10. 债权债务抵销及其法律效果 …… 407
[案例解析] 股权抵债后归还借据，全部债权债务消灭 …… 408
11. 借款债务免除及其效力 …… 411
[案例解析] 免除部分共同借款人债务应相应减轻其他共同借款人的债务 …… 413

第二十章 民间借贷的几种诉讼及裁判案例解析 …… 416
1. 出借人行使代位权诉讼 …… 416
[案例解析] 出借人提起代位权诉讼，法院判令次债务人偿还借款 …… 418
2. 出借人行使撤销权诉讼 …… 423
[案例解析] 借款人未偿还借款将房产赠与儿子被撤销 …… 426
3. 借款人之间行使追偿权诉讼 …… 428
[案例解析] 连带债权人之间约定的债务份额，法院予以支持 …… 428

第一篇

民间借贷主体篇

第一章　自然人之间借贷及裁判案例解析

民间借贷主体是自然人、法人、非法人组织，不包括国家机关和金融机构，具体分为六类：一是自然人与自然人之间借贷；二是自然人与法人企业之间借贷；三是法人企业与法人企业之间借贷；四是自然人与非法人组织之间借贷；五是非法人组织与非法人组织之间借贷；六是法人企业与非法人组织之间借贷。

自然人是在自然条件下诞生的人。按照法律规定，自然人可以进行民间借贷活动，但必须具有相应的民事主体资格。民事主体资格包括民事权利能力和民事行为能力。民事行为能力是民事主体以自己的行为享有民事权利和承担民事义务的资格，也指民事主体独立地以自己的行为，为自己或者他人取得民事权利和承担民事义务的能力。《民法总则》（自 2017 年 10 月 1 日起施行）将自然人的民事行为能力分为三种情况，即完全民事行为能力、限制民事行为能力和无民事行为能力。

完全民事行为能力。根据《民法总则》第十七条和第十八条第二款规定，精神正常的十八岁以上成年人和十六岁以上不满十八周岁以自己的劳动收入为主要生活来源的自然人，为完全民事行为能力。自然人只有具有完全民事行为能力，才可以与他人进行民间借贷活动。

限制民事行为能力。有两种情况：一是八周岁（《民法通则》规定十周岁）以上不满十八周岁的未成年人，二是不能完全辨认自己行为的精神病人。限制民事行为能力实施民事法律行为由其法定代理人代理（监护人）或者经其法定代理人同意、追认，但是可以独立实施纯获利益的民事法律行为或者与其年龄、智力相适应的民事法律行为。

无民事行为能力。也有两种情况：一是不满八周岁的未成年人，二是不能辨认自己行为的精神病人。无民事行为能力人由于缺乏社会生活经验或者因精神健康问题，不能辨认自己行为的后果，不具有参与民事法律行为的主体资格，因而不能作为民间借贷的出借人、借款人以及担保人。

自然人实施民间借贷行为应当具有完全民事行为能力。在民间借贷活动中，精神正常的成年人作为借贷主体是没有问题的，不满八周岁的未成年人不能作为借贷主体也是没有问题的，实践中的问题在于，八周岁以上的未成年人和不能辨认自己行为的精神病人进行借贷怎么处理。

1. 未成年人借贷

《合同法》第四十七条第一款规定："限制民事行为能力人订立的合同，经法定代理人追认后，该合同有效，但纯获利益的合同或者与其年龄、智力、精神健康状况相适应而订立的合同，不必经法定代理人追认。"据此规定，就民间借贷而言，八周岁以上的未成年人与他人签订借款合同的效力可处于待定状态，监护人事后追认的，该借款合同有效，未成年人不能偿还的，由监护人偿还。但未成年人签订的借款合同，并非都必须经过法定代理人的追认才能有效，如未成年人纯获利益的借贷，又如与其年龄、智力相适应的借贷，不必经法定代理人追认就为有效。

在民间借贷纠纷中，一方当事人为另一方当事人是否成年发生争议的，应当依照《民法总则》第十五条规定进行判断。该条规定："自然人的出生时间和死亡时间，以出生证明、死亡证明记载的时间为准；没有出生证明、死亡证明的，以户籍登记或者其他有效身份登记记载的时间为准。有其他证据足以推翻以上记载时间的，以该证据证明的时间为准。"从这条规定中可以看出，判断自然人是否成年，一是以出生证明记载的时间为准；二是在没有出生证明的情况下，以户籍登记或者身份证登记记载的时间为准；三是有其他证据足以推翻出生证明、户籍登记、身份证记载时间的，以其他证据证明的时间为准。

案例解析

未成年人向成年人出具借条被判无效

◎**案情简介**

2012年12月3日，刘某（系某校初中生）向杨某某出具借条一张。该借条内容为“今借到人民币19600元（壹万玖仟陆佰元）。”杨某某以刘某拒不还款为由提起诉讼，请求刘某及其父母刘某某、朱某某偿还借款19600元。

◎**一审判决**

一审法院认为：杨某某主张刘某向其借款19600元，双方借款关系成立，但其仅提供刘某签名的借条，现刘某对借款事实予以否认，而杨某某又无其他证据证明双方借款事实存在的依据以及出借款来源的证据。刘某当时是不满16周岁的未成年人，杨某某与刘某既非亲戚亦非朋友，杨某某向刘某出借如此较大数额的钱款，有悖常理。且刘某书写的借条内容显然超出刘某当时的年龄、智力的理解和控制能力，杨某某的借款行为也未征得刘某父母的同意和事后追认。杨某某对刘某借款用途系用于买东西和还账的解释，也不合常理。

综上所述，杨某某主张双方借贷关系成立，缺乏事实与法律依据，对杨某某要求刘某、刘某某、朱某某偿还借款19600元的诉讼请求，不予支持。一审判决驳回杨某某的诉讼请求。

◎**二审判决**

杨某某不服一审判决提起上诉称：杨某某与刘某之间的借贷关系客观存在，刘某及其父母应偿还杨某某借款19600元。

二审法院认为：刘某在给杨某某出具借条时仍系未成年人，不具备完全民事行为能力，其所书写的借条内容显然超出刘某当时的年龄、智力的理解范畴，该行为也未征得刘某父母的同意和事后追认，故杨某某不能证明刘某的该民事行为已经生效。杨某某上诉称其与刘某之间的借贷关系客观存在，但对借款的用途、事实经过及出借款的来源，其未提供证据予以证明，亦不能作出符合常理的解释，故对其主张，本院不予支持。一审判决认定事实清楚，审理程序合法，适用法律正确，于是判决驳回上诉，维持原判。

◎**律师评析**

这起案件并不复杂，但清晰地处理了未成年人与成年人之间的民间借贷纠纷。

根据《民法总则》和《最高人民法院关于贯彻执行〈中华人民共和国民法通则〉若干问题的意见（试行）》（以下简称《民法通则意见》）的有关规定，限制民事行为能力的未成年人在以下四种情况下进行民事活动有效：一是与其年龄、智力相适应；二是虽与其年龄、智力不相适应，但事先已经取得其监护人同意；三是进行与其年龄、智力不相适应的民事活动后其监护人予以追认；四是独立实施纯获利益的民事法律行为。

本案中，刘某系在校初中生未满十六周岁，属于限制民事行为能力的未成年人，依法不能独立实施民事行为，即使刘某确实向杨某某借款 19600 元，也显然与其年龄、智力不相适应，因此涉案借款合同无效。但若杨某某确已向刘某提供了借款，借款合同被确认为无效或者被撤销后，刘某取得的借款应当返还给杨某某，但由于刘某是位在校生，没有自己的劳动收入，故应由其监护人父亲承担返还责任。

自然人之间借款属于实践性合同，出借人未向借款人交付借款，合同成立但不生效。本案中，杨某某虽然持有刘某出具的借条，但刘某对借款事实予以否认，再者，杨某某向未成年人提供 19600 元大额借款，主张刘某借款用于买东西和还账，确实有悖常理，让人不可理解，而杨某某又不能提供其他证据证明已经交付借款，就此事实而言，刘某及其父母也不承担偿还责任。

刘某向杨某某借款，事先未征得刘某父母的同意，事后也未得到刘某父母追认，杨某某要求刘某、刘某某、朱某某偿还借款 19600 元，没有法律依据。综上，法院判决驳回杨某某的诉讼请求是正确的。

［本案例根据安徽省阜阳市中级人民法院（2015）阜民一终字第 00777 号民事判决书编写］

2. 精神病人借款

从生理上讲，精神病人是指各种有害因素所致的大脑功能紊乱，临床表现为精神活动异常的人。从法律上讲，精神病人是指不能辨认或者不能完全辨认自己行为的人。《民法总则》第二十四条第一款规定："不能辨认或者不能完全辨认自己行为的成年人，其利害关系人或者有关组织，可以向人民法院申请认定该成年人为无民事行为能力人或者限制民事行为能力人。"精神病人有两种：一种是"不能辨认"自己行为的人，即长期处于不能辨认自己行为的精神病人，这种成年人是无民事行为能力人；另一种是"不能完全辨认"自己行为的人，通常是指间歇性精神病人，这种成年人是限制民事行为能力人。不能辨认自己行为的人，因长期处于精神病态，所以很容易认定。实践中的问题是间歇性精神病人实施的借贷行为是否有效。这关键要看其在借贷发生时的精神健康状况如何，然后判断其借贷行为是否有效。间歇性精神病人，有时精神状态是正常的，有时不能辨认自己的行为。在不能辨认自己行为时与他人发生借贷行为无效；在精神状态处于正常时，与他人发生借贷行为有效。那么，如何判断其当时的民事行为能力？

根据《民法总则》第二十四条第一款规定，法院已经认定该成年人为无民事行为能力人或者限制民事行为能力人的，应当依其认定进行处理。但是，在发生借贷行为时，这种人不一定处于已经法院认定其民事行为能力的状态，即使已经认定，对方当事人也不一定知道，所以往往主张借贷行为有效。在这种情况下，我们认为还是适用《民法通则意见》第七条规定进行认定。该条规定"当事人是否患有精神病，人民法院应当根据司法精神病学鉴定或者参照医院的诊断、鉴定确认。在不具备诊断、鉴定条件的情况下，也可以参照群众公认的当事人的精神状态认定，但应以利害关系人没有异议为限。"从实践来看，在不具备诊断、鉴定条件的情况下，还可以采取以下两种方法进行判断：一是间歇性精神病人作为借款人在借贷发生时，借贷意思表示明确，文字基本清楚的，应当认定其精神处于正常状态；二是请所在的居民委员会、村民委员会，或医疗机构、残疾人联合会以及在场人等作证，证明间歇性精神病人在借贷发生时的精神状况。

案例解析

间歇性精神病人精神正常时借款有效

◎案情简介

2005 年 2 月至 3 月，汪某某（女）因“双相障碍明确，抑郁相”而入住医院一段时间。2007 年 6 月 28 日，汪某某给陈某某出具借条，该借条载明：汪某某“今向陈某某借款人民币四十万元正，一年归还，年息一分”。

2008 年 9 月 9 日，汪某某姐姐向法院申请宣告汪某某为限制民事行为能力人。经法院委托，某某医院司法鉴定所对汪某某的行为能力进行鉴定，鉴定结论为汪某某属于限制民事行为能力。2008 年 9 月 17 日，法院依法作出第 17 号民事判决，判决汪某某为限制民事行为能力人，并指定汪某某之女杨××为汪某某的监护人。

2008 年 4 月 14 日，陈某某向某区法院起诉称：汪某某自 2004 年起先后向陈某某借款，金额计 81 万元，经陈某某催讨，汪某某分别于 2007 年 6 月 20 日、28 日写下三张借条，其中，2007 年 6 月 20 日的借条约定，借款金额为 40 万元，一年归还，利息一分。其他两张借条均已到期，但汪某某无归还款项的意愿，请求判令：一、汪某某归还借款本金 40 万元，利息 6 万元。

汪某某监护人杨××答辩称：汪某某并未向陈某某借过任何款项，陈某某并不具备出借款项的经济能力，陈某某提交的借条系汪某某在不具备行为能力的情况下出具的，请求法院驳回陈某某的诉讼请求。

◎一审判决

某区法院另查明：陈某某与汪某某曾有同居关系，在同居期间，遇有汪某某病情发作，陈某某购买安定等药物让汪某某服用。陈某某曾在 2004 年 9 月、11 月向银行取款 379999.50 元；2006 年 12 月向银行取款 113000 元。陈某某姐夫陆某某于 2007 年 6 月 26 日用房屋抵押获得银行贷款 28 万元给陈某某。

某区法院认为：本案争议的焦点为陈某某与汪某某之间是否存在真实的借贷关系。

2007 年 6 月 20 日，汪某某出具给陈某某的借条在形式上可以表明双方之间存在借贷法律关系，但陈某某陈述该借条中所涉款项实际发生在 2004

年，其后每年重写欠条，原写借条均在重新出具欠条时予以销毁，该自述与借条中书写的内容相矛盾，因此，在汪某某监护人杨××对借款的真实性提出异议的情况下，陈某某需就其与汪某某之间存在40万元真实借贷关系继续举证双方借贷发生的时间、原因、款项交付情况、出借款项的来源和用途等事实，只有在陈某某的陈述得到合理解释，并且举证能够形成较为完整的证据链，达到令人信服的程度，其请求才能依法得到支持，但陈某某仅提供了其在2004年、2006年的银行取款记录及其姐夫陆某某2007年6月26日向银行抵押房屋获得贷款情况，不足以证明本案借款事实的实际发生，且汪某某为限制民事行为能力人，陈某某又系汪某某的同居男友，明知汪某某一直患有忧郁症，自知力存在缺陷，理应对借款的实际发生保留完整的证据，而陈某某未提供完整的证据，陈某某应承担举证不能的法律后果。

综上，某区法院作出第537号民事判决：驳回陈某某的诉讼请求。

◎二审判决

陈某某不服一审判决向某市中院提出上诉称：

一、汪某某在借款以及出具借条时具有完全民事行为能力，借款以及出具借条是汪某某的真实意思表示，陈某某与汪某某之间的借贷关系和借贷事实应依法予以确认。汪某某监护人杨××称“借条是在不具备行为能力的情况下出具的”没有事实依据，鉴定意见书也不能证明汪某某在出具借条时的精神健康状况存在异常。借条是汪某某亲笔书写，不存在胁迫或欺诈的情形。即使借条内容的表述与借款形成过程有一定差异，也不能据此否定借条本身的证据效力。

二、即使汪某某为限制民事行为能力人，也不能据此否定其向陈某某借款以及出具借条的事实。根据《民法通则》的规定，不能完全辨认自己行为的精神病人可以进行与精神健康状况相适应的民事活动。具体到本案，借款、出具借条与汪某某的精神健康状况完全适应。双相情感障碍并不会削弱汪某某对于借款以及出具借条行为的辨认能力和控制能力。

三、一审法院无视汪某某在出具借条的同期向银行贷款、进行房产买卖等事实，仅以汪某某的监护人杨××对借款真实性提出异议就将举证责任分配给陈某某，从而让陈某某承担举证不能的法律后果明显错误。

请求二审法院撤销一审判决，改判支持陈某某的一审诉讼请求。

二审法院认为：根据司法鉴定所出具的鉴定意见书，汪某某患双相情感障碍14年，病情反复发作，受精神疾病的影响，其对客观事物的评判，会随自己情绪的波动而变化，且超越正常范围，此时其无法完整全面地认识和理解自身行为的意义和后果，也不能有效地表达自己的真实意愿，对自己和家庭利益的保护能力受损，尤其对重大事件的处理如房产、大额款项、婚姻、未来生活的安排等，故评定为限制民事行为能力。由此可见，汪某某在病情发作时的精神状况显然与本案中出具借条的行为不相适应。陈某某关于双相情感障碍并不会削弱汪某某对于借款以及出具借条的行为的辨认能力和控制能力的上诉理由缺乏依据，不予采纳。陈某某与汪某某有多年的同居史，理应清楚了解汪某某的病情。陈某某主张汪某某在出具借条时的精神健康状况是正常的，出具借条的行为是汪某某的真实意思表示，应当就该主张提供相应的证据予以证明。但陈某某始终未提供有效证据证明汪某某在出具借条时具备完全辨识能力。同时，在汪某某的监护人杨××对借款的真实性提出异议的情况下，陈某某陈述的借条所涉款项的实际发生时间、每年重写欠条的情况、款项来源情况与借条记载的内容存在矛盾，陈某某就借款真实性的举证无法达到令人信服的程度，其提供的证据不足以证明借款关系的真实存在，故其关于双方借款关系真实有效且实际发生的上诉理由缺乏事实和法律依据，不予采纳。

综上，二审法院作出第778号民事判决：驳回上诉，维持原判。

◎再审判决

陈某某不服二审判决申请再审，并提供某区法院早于本案下达的第536号民事判决书。陈某某申请再审称：

一、某区法院第536号民事判决书是本案新的证据，对同为2007年6月28日汪某某出具的借款金额为28万元的借条，该民事判决书确认双方意思表示真实，认定该借条载明的借款实际发生，本案中汪某某出具的金额为40万元的借条的效力及借条载明的借款实际发生的事实也应予以认定。

二、原审判决认定的事实缺乏证据证明，适用法律错误。1. 即使没有证据证明汪某某出具借条时处于发病期，也不能由于汪某某系限制民事行为能力人即当然得出其书写案涉借条行为无效的结论；2. 因汪某某是限制民事行为能力人而要求陈某某承担汪某某在出具借条时具备完全辨识能力的举证责任不公平、不合法。

据上，请求撤销某市中院第778号民事判决和某区法院第537号民事判决，支持陈某某的一审诉讼请求。

某省高院再审认为，某区法院第536号民事判决书的真实性不存在问题，也是在本案二审判决后新出现的证据，可以作为再审新证据予以认定，可以证明汪某某于2007年6月28日向陈某某出具的金额为28万元的借条所涉的借款事实曾实际发生。

再审查明：陈某某原系某某电信支局副支局长，陈某某与汪某某曾有同居关系，在两人处于同居期间的2007年6月，汪某某向陈某某出具了金额分别为28万元、13万元、40万元的借条三张，其中包括金额为40万元的借条。

此外，陈某某曾于2004年9月1日向银行取款17万元，于2004年11月17日向银行取款209999.50元；汪某某于2007年5月至12月在某房产中介公司从事业务员的工作，并在该期间有房屋买卖交易、办理大额房产抵押贷款、民间借贷、办理公证等行为。

某省高院再审认为：本案的争议焦点在于汪某某于2007年6月20日出具的借款金额为40万元的借条是否具有法律效力，案涉借款是否实际发生。

一、关于案涉借条的效力问题。借条是证明双方之间存在借贷合意的最直接证据，一般情况下不应否定其效力。汪某某于2008年9月17日被某区法院第17号民事判决宣告为限制民事行为能力人，限制民事行为能力人所作出行为的效力应根据其行为时的精神状态判断。根据再审查某的事实，汪某某出具借条的行为发生在其被宣告为限制民事行为能力人之前，且在出具案涉借条的行为期间，尚能从事房屋买卖、大额贷款、办理公证等行为，并无证据表明其在出具借条时处于限制民事行为能力状态，而与本案借条在同一时期出具的另外两张金额分别为13万元和28万元的借条的效力也为另案第536号生效民事判决书所认定，其关于“借条系在服用安定等药物后根据陈某某的要求书写”的说法也无相关证据予以佐证，不予采信。在汪某某不能证明其出具案涉借条时处于限制民事行为能力状态的情况下，对案涉借条的效力应予以认定。

二、关于案涉款项是否实际交付的问题。根据陈某某在一审中的陈述，本案所涉40万元借款系其于2004年9月和11月通过现金的方式交付给汪某某，款项主要来源于其在银行的存款，并提供了2004年9月1日和11月17日分别从工行提取17万元和209999.50元的凭证；另案中，汪某某监护人杨××自认的事实也表明汪某某与陈某某之间曾发生借款关系，据此应认定陈某某已对款项交付时间、款项的来源等事实作了合理的说明，原审判决基于双方之间存在同居关系及汪某某的精神疾病等因素，要求陈某某继续就双方借贷发生的时间、原因、款项交付情况、出具款项的来源和用途等事实进行进一步举证，加重了陈某某关于款项交付的举证责任，有所不当，应予纠正。

综上，原审判决认定事实不清，实体处理不当，应予纠正。陈某某的再审理由成立，予以采信。于是判决：一、撤销某市中院第778号民事判决和某区法院第537号民事判决；二、汪某某于本判决送达之日起十日内归还陈某某借款40万元，并支付利息6万元。

◎律师评析

这是一起典型的间歇性精神病人借款案例，关键在于借款人在借款发生时能不能辨认自己行为以及是否属于限制民事行为能力的问题。

间歇性精神病是指一个人的精神并非一直处于错乱状态而完全丧失辨认或者不能控制自己行为能力的精神状态。这种精神病人表现的特点是精神时而正常，时而不正常。在精神正常的情况下，头脑是清醒的，具有辨认或者控制自己行为的能力，这时的成年人具有完全民事行为能力，向他人借款行为有效；在发病的时候丧失了辨认是非和控制自己行为的能力，即处于精神发作的状态，在这种状态下，该成年的精神病人属于无民事行为能力，与他人发生的借贷行为无效。

本案诉讼之前，法院根据的司法鉴定结论，判决汪某某为限制民事行为能力人，双方对此没有异议，但因间歇性精神病人具有时而正常，时而不正常的特点，故不能凭此鉴定一成不变。在借贷发生时，间歇性精神病人是否正常，在双方均举证不能的情况下就成为争议的焦点。就本案而言，汪某某、一审法院和二审法院凭汪某某为限制民事行为能力人的判决就认为汪某某在借贷发生时也处于精神不正常状态，故认定他与陈某某进行的借贷行为无效，而陈某某主张汪某某在借贷发生时精神正常是个具有完全民事行为能力的人，因而借贷行为无效，汪某某应当偿还借款。

对此争议，再审法院根据涉案的相关事实：1. 汪某某出具借条的行为发生在其被宣告为限制民事行为能力人之前；2. 汪某某在出具案涉借条的行为期间，尚能从事房屋买卖、大额贷款、办理公证等行为；3. 汪某某与本案借条在同一时期出具的另一份金额为28万元借条的效力已为另案生效判决所认定。进行综合分析后，对案涉借条的效力予以认定。再审法院这一做法，给我们认定借贷发生时当事人的精神状态提供了一个重要的方法，即综合分析法。

［本案例根据浙江省高级人民法院（2012）浙商提字第105号民事判决书编写］

3. 未成年人纯获利益的借贷行为

在通常情况下，未成年人与他人发生借贷关系，应当由其法定代理人代理（监护人）或者经其法定代理人同意、追认，但可以独立实施纯获利益的借贷行为。《民法总则》第十九条规定，八周岁以上的未成年人可以独立实施纯获利益的民事法律行为或者与其年龄、智力相适应的民事法律行为。《合同法》第四十七条规定，限制民事行为能力人订立纯获利益的合同或者与其年龄、智力、精神健康状况相适应而订立的合同，不必经法定代理人追认。就民间借贷而言，八周岁以上的未成年人与他人签订借款合同，如果纯获利益的，或者与其年龄、智力相适应的，不必经法定代理人追认就为有效。

这里的纯获利益，是指限制民事行为能力人在合同中只享有权利或者利益，不承担任何义务，如接受奖励、赠与、报酬、还款等，他人不得以未成年人属于限制民事行为能力为由主张该合同无效。

案例解析

未成年人有资格向借款人收回借款

◎**案情简介**

2009年4月25日，蒋某某委托陈某某为其联系借款事宜。同日，蔡某某（未成年人）作为出借人，蒋某某作为借款人，双方签订《借款合同》一份，约定蒋某某向蔡某某借款2万元，期限为3个月，月利率为20‰，每月付清利息，逾期付息或逾期还款均按月利率30‰每月计复利至还清之日。某某梅、何某某作为担保人在《借款合同》上签名，约定担保至借款期限届满后五年。《借款合同》签订的当日，蔡某某将借款2万元交给居间人陈某某，陈某某扣除借款期限内的利息及居间费共2400元后，将17600元存入蒋某某银行账户。

蒋某某在借款到期后未按约还款付息，担保人某某梅、何某某也没有履行担保责任，蔡某某遂于2011年7月14日诉至法院，请求判决：1. 蒋某某付清借款本金2万元及约定利息；2. 某某梅、何某某对上述债务承担连带偿还责任。

◎**一审判决**

蔡某某在庭审中表示：借给蒋某某的2万元是其外祖父给的，但没有提供相应的证据予以证实。

一审法院认为：蔡某某于1997年11月6日出生，在2009年4月25日签订《借款合同》时只有11周岁，根据《民法通则》第十二条的规定，蔡某某为限制民事行为能力人，只能进行与其年龄、智力相适应的民事活动，蔡某某与蒋某某之间的借款行为，应由其法定代理人代理进行或者征得其法定代理人的同意。而庭审中，蔡某某的母亲庄某某表示对蔡某某的借款行为不知情。根据《民法通则》第五十八条第一款规定和《合同法》的有关规定，蔡某某尚未具备相应的民事行为能力，其与蒋某某于2009年4月25日签订的《借款合同》无效，对当事人没有法律约束力。《合同法》第五十八条规定，合同无效或者被撤销后，因该合同取得的财产应当予以返还。蒋某某因《借款合同》实际取得的17600元，应当返还给蔡某某。同时，由于蒋某某长期占用蔡某某的资金，应支付占用期间相应的利息，利息应按中国人民银行同期同类贷款利率计息为宜。由于主合同《借款合同》无效，作为从合同的担保合同亦无效，某某梅、何某某对蒋某某的债务不应承担责任。

蒋某某、某某梅、何某某不出庭应诉，视为放弃为其抗辩的权利，不影响法院根据查明的事实依法作出裁判。

一审判决：一、限蒋某某在判决发生法律效力之日起十五日内返还蔡某某17600元及占用期间的利息（按中国人民银行同期同类贷款利率计息）；二、驳回蔡某某的其他诉讼请求；三、驳回蔡某某对某某梅、何某某承担连带偿还责任的诉讼请求。

蔡某某不服一审判决提起上诉称：原审法院认定限制民事行为能力人签订合同无效，剥夺了未成年人应获得的利益，适用法律错误。根据《合同法》第四十七条的规定，蔡某某履行了借款合同义务，余下只有借款合同项下的获债权，依法不必经法定代理人追认，借款合同即为有效，担保人某某梅、何某某对蒋某某的债务应承担清偿责任。原审判决蒋某某只返还17600元本金及按银行贷款计息是错误的。请求二审法院依法改判，支持上诉人的诉讼请求。

◎二审判决

二审法院认为，本案二审焦点问题是：一、本案诉争的《借款合同》是否有效；二、还款的数额如何确定，利息如何计算；三、某某梅、何某某对蒋某某本案债务是否要承担连带偿还责任。

一、关于本案诉争的《借款合同》是否有效的问题。

二审查明，蔡某某外祖父同意陈某某作为代理人以蔡某某名义向借款人蒋某某提供借款2万元。蔡某某在借贷关系发生时虽然未满18周岁，但该借款合同实际上是蔡某某外祖父以蔡某某名义出借，而且蔡某某按约履行了借款交付义务，此后，蔡某某享有的只是收回借款和取得利息的权利。根据《合同法》第四十七条第一款“限制民事行为能力人订立的合同，经法定代理人追认后，该合同有效，但纯获利益的合同或者与其年龄、智力、精神健康状况相适应而订立的合同，不必经法定代理人追认”之规定，作为限制民事行为能力的蔡某某与蒋某某签订的《借款合同》，属于效力待定合同。因蔡某某的法定代理人母亲庄某某在二审中对蔡某某出借行为予以追认，故本案诉争的《借款合同》合法有效。原审判决认定涉案借款无效不当，本院予以纠正。

二、关于蒋某某是否需按本案讼争《借款合同》的约定偿还蔡某某借款本金2万元及利息的问题。

根据《合同法》第二百条“借款的利息不得预先在本金中扣除。利息预先在本金中扣除的，应当按照实际借款数额返还借款并计算利息”之规定，蔡某某与蒋某某之间的实际借款数额应为17600元。蔡某某与蒋某某在讼争合同中约定借款利息按月利率20‰，逾期付息或逾期还款按月利率30‰每月计复利至还清之日止，根据《最高人民法院关于人民法院审理借贷案件的若干意见》规定，民间借贷的利率最高不得超过银行同类贷款利率四倍，超出部分不予保护，蔡某某与蒋某某有关每月计复利至还清之日止的约定，不予支持。

三、关于某某梅、何某某对蒋某某本案债务是否承担连带偿还责任的问题。

由于某某梅、何某某作为担保人在本案讼争《借款合同》上签名，约定对蒋某某借款承担担保责任至借款期限届满后五年，应认定合法有效。根据《担保法》第十九条“当事人对保证方式没有约定或者约定不明确的，按照连带责任保证承担保证责任”之规定，由于本案双方对保证方式没有约定，应按照连带责任保证承担保证责任。因此，蔡某某请求某某梅、何某某对蒋某某本案债务承担连带偿还责任的上诉主张，符合法律规定，应予支持。

综上，原审判决认定事实清楚，但适用法律及实体处理不当，应予纠正。判决如下：一、撤销一审判决；二、限蒋某某在本判决发生法律效力之日起十五日内偿还蔡某某借款本金17600元及利息（按中国人民银行同期同类贷款利率的四倍计算，未超出中国人民银行同期同类贷款利率四倍的时段则按约定月利率20‰计算）；三、某某梅、何某某对蒋某某上述债务承担连带清偿责任；四、驳回蔡某某的其他诉讼请求。

◎律师评析

本案的主要问题是未成年人与成年人订立的借款合同是否有效。

在通常情况下，未成年人出借资金与成年人订立借款合同，应当由其法定代理人（监护人）代理进行或者事先经法定代理人同意，已经订立借款合同的，须经法定代理人追认才为有效。本案中的蔡某某才十一周岁，系限制民事行为能力的未成年人，在与蒋某某订立借款合同并出借 2 万元资金时，按照法律规定应当由其母亲庄某某代理进行或者经其母亲庄某某同意，但在其母亲庄某某不知情也不追认的情况下，判决涉案借款合同无效似乎有些道理，然而，一审法院忽视了未成年人蔡某某有纯获利益的权利问题。

未成年人纯获利益主要表现为在其与他人订立的合同中或其他合同中不承担任何义务而只享有权益。根据《民法总则》第十九条规定，八周岁以上的未成年人可以独立实施纯获利益的民事法律行为；《合同法》第四十七条第一款也规定，限制民事行为能力人订立纯获利益的合同不必经法定代理人追认。对于未成年人纯获利益合同，他人不得以未成年人属于限制民事行为能力为由主张该合同无效。

民间借贷合同是借款人向出借人借款，到期返还借款并支付利息的双务合同，但在出借人提供借款后就成为单务合同，出借人只享收回借款本息的权利而不尽义务，而借款人只负还本付息的义务而不享有权利。蔡某某作为限制民事行为能力人，未经其母同意就与蒋某某订立借款合同，二审前又未得到其母追认，该合同本应无效，但因其已经向蒋某某提供了借款，该合同就转化为单务合同，蔡某某只享收回借款本息的权利而不尽义务，因而成为纯获利益的合同。根据上述规定，蔡某某纯获利益的合同不必经法定代理人追认既可有效。

在涉案《借款合同》无效的情况下，保证人某某梅、何某某不再承担担保责任，后来二审判决涉案《借款合同》有效，就不可能免除保证人某某梅、何某某的担保责任。

［本案例根据广东省湛江市中级人民法院（2014）湛中法民一终字第 359 号民事判决书编写］

4. 监护人职责

《民法总则》第二十二条和第二十三条规定，限制民事行为能力人实施民事法律行为由其法定代理人代理或者经其法定代理人同意、追认，无民事行为能力人、限制民事行为能力人的监护人是其法定代理人。《民法总则》

第三十四条和第三十五条还规定：监护人应当按照最有利于被监护人的原则履行监护职责，监护人除为维护被监护人利益外不得处分被监护人的财产，监护人侵害被监护人合法权益的，应当承担法律责任。根据上述规定，监护人符合被监护人的利益，以被监护人的名义与他人发生借贷关系，如为被监护人盖房子、缴纳学费、支付医疗费用等向他人借款的，应当作有效认定；但以侵害被监护人利益为目的的，如监护人自己需要资金，而以被监护人的名义借款，后来占用借款不偿还，致使被监护人承担偿还责任的，这种借贷行为对被监护人无效，由此造成的责任应当由监护人承担责任。

案例解析

监护人提供被监护人财产担保侵害被监护人合法权益无效

◎案情简介

2012 年 6 月 21 日，虞 A、王 A（系夫妻关系）为某某公司向工行某某分行提供保证担保，与工行某某分行签订了第 10831 号《最高额保证合同》。同日，虞 B、虞 C 为某某公司贷款提供保证担保，并与工行某某分行签订了第 10830 号《最高额保证合同》。2012 年 9 月 20 日，工行某某分行与虞 A（某某公司法定代表人）、王 A、王 B、王某（系虞 A、王 A 的未成年儿子）签订第 1403 号《最高额抵押合同》，约定以某区 5 幢 5 号的房地产为某某公司向工行某某分行贷款提供抵押担保（后并办理了房产和土地抵押登记手续）。同日，王 B 为某某公司提供保证担保与工行某某分行签订了第 10871 号《最高额保证合同》。同日，虞 A 以儿子王某的名义与工行某某分行签订第 10872 号《最高额保证合同》。《最高额抵押合同》《最高额保证合同》中的“王某”的签字均由王某母亲虞 A 代为完成。

2013 年 7 月 3 日，工行某某分行与某某公司签订第 1956 号《小企业借款合同》，约定工行某某分行向某某公司提供贷款 300 万元。

2013 年 7 月 8 日，某某公司又与工行某某分行签订第 2026 号《小企业借款合同》，约定工行某某分行再向某某公司提供贷款 300 万元。两笔贷款均约定期限为一年，年固定利率为 6.6%，逾期罚息按贷款利率基础上加收 50%。上述借款合同订立后，工行某某分行按约向某某公司发放了贷款。

2014年2月26日，虞A、王A向工行某某分行出具一份保证书。该保证书载明：虞A、王A保证抵押贷款所得款项主要用于改善虞A、王A的生产经营状况，目的是改善王某的生活条件，如该房地产的抵押贷款行为造成王某合法权益受到损害的，虞A、王A愿意承担一切法律责任。该保证书还经公证处公证。

上述两笔贷款逾期后，工行某某分行向法院起诉，请求：1. 判令被告某某公司立即归还两个合同项下借款本金5999908.4元及利息、罚息43174.5元，共计6043082.9元；2. 判令原告对被告虞A、王A、王B、王某所有的某区5幢5号的房地产享有优先受偿权；3. 判令被告虞A、王A、王B、王某、虞B、虞C对上述第一项请求承担连带还款责任。

虞A、王A、王某辩称：王某在签订合同时系未成年人，王某合同上的姓名是监护人虞A代为签字，虞A的行为严重侵害了被监护人的合法财产权益，王某不应承担连带保证责任，王某名下的房产份额抵押无效。

◎一审判决

一审法院认为：原告工行某某分行与某某公司的企业借款合同以及与虞A、王A、王B、虞B、虞C的最高额保证合同、抵押合同均意思表示真实，内容合法，应予认定有效。

王某在签订合同时系未成年人，在最高额保证合同与房产抵押合同中由监护人虞A代其签字，该行为严重侵害了被监护人王某的合法财产权益，应依法认定王某对本案债务的担保以及王某名下份额的房产抵押无效。其他各被告未履行还款与担保义务，依法应当承担违约责任。原告工行某某分行对某区5幢5号的房地产中的虞A、王A、王B所有的份额部分享有优先受偿权。

判决：一、被告某某公司于判决生效后十五日内归还原告工行某某分行借款本金5999908.4元及相关利息、罚息；二、原告工行某某分行对某区5幢5号房地产中的被告虞A、王A、王B所有的份额部分享有优先受偿权；三、被告虞A、王A、王B、虞B、虞C对上述债务承担连带清偿责任；四、驳回原告工行某某分行的其他诉讼请求（包括驳回对王某的全部诉讼请求）。

◎二审判决

工行某某分行不服一审判决提起上诉称：

一、原审认定“侵害被监护人的合法财产权益”的事实存在错误。王某作为未成年人，无证据证明其自身有经济来源，故某区5幢5号的房地产应由虞A、王A、王B出资购买，并非属于王某自身固有财产，虞A、王A作为王某的监护人有权将该房地产的房屋所有权、土地使用权作抵押。2014年2月26日，虞A、王A向上诉人出具保证书，保证抵押贷款所得款项主要用于改善虞A、王A的生产经营状况，其目的是改善王某的生活条件，并表示如该房地产的抵押贷款行为造成王某合法权益受到损害的，虞A、王A愿意承担一切法律责任。且该保证书经过公证处公证。因此，本次贷款是从王某的利益出发，属于为了被监护人的利益而处分被监护人的财产的行为，应当认定为有效。

二、本案符合善意取得的规定，一审认定抵押无效适用法律错误。虞A、王A明确是为了被监护人利益而申请贷款，故上诉人有理由相信监护人对房屋享有处分权，且已办理了抵押登记，符合我国《物权法》第一百零六条关于“善意取得”的规定。

综上，请求撤销原判第二、三项内容，改判上诉人对虞A、王A、王B、王某所有的某区5幢5号的房地产享有优先受偿权，并由虞A、王A、王B、王某、虞B、虞C对本案债务承担连带清偿责任。

二审法院认为，本案的争议焦点为：一、虞A作为王某的监护人代王某在本案《最高额抵押合同》上签字，将王某共有的某区5幢5号的房地产用于抵押是否有效的问题；二、虞A作为王某的监护人在《最高额保证合同》中代王某签字，王某是否应依约承担保证责任。

关于焦点一，某区5幢5号的房地产系虞A、王A、王B、王某共同共有，王某虽是未成年人，其财产由监护人管理使用，借款合同也约定贷款用于支付货款，但虞A、王A作为王某的监护人向上诉人工行某某分行出具保证书，明确提供上述房地产进行抵押贷款所得款项“主要用于改善保证人的生产经营状况，其目的是改善王某的生活条件”，因此，该处分行为是为了被监护人的利益，不存在侵害王某作为未成年人合法财产的情形，故原审法院认定上述抵押合同无效不当，工行某某分行对某区5幢5号的房地产依法享有优先受偿权。

关于焦点二，王某系限制民事行为能力人，《最高额保证合同》上“王某”的签字并非其本人所签，不能代表王某的真实意思表示，其母亲虞A的代签行为对其不产生约束力，故工行某某分行要求王某承担连带清偿责任的依据不足，本院不予支持。

综上，原审判决认定事实清楚，但实体处理部分不妥，应予纠正。据此判决如下：一、维持一审判决第一、三项内容（即维持某某公司归还原告工行某某分行借款本息，虞A、王A、王B、虞B、虞C对某某公司债务承担连带清偿责任）；二、撤销一审判决第二、四项内容（即撤销工行某某分行对某区5幢5号房地产中的被告虞A、王A、王B所有的份额部分享有优先受偿权，驳回原告工行某某分行的其他诉讼请求）；三、工行某某分行对某区5幢5号房地产享有优先受偿权；四、驳回工行某某分行的其他诉讼请求（包括驳回要求王某承担连带保证责任的诉讼请求）。

◎律师评析

本案的争议焦点是监护人母亲为被监护人儿子设定担保债务是否有效的问题。

根据民法规定，监护人应当按照最有利于被监护人的原则履行监护职责。因此，监护人以维护被监护人利益为目的而处分被监护人的财产的，该行为有效；监护人以侵害被监护人合法权益为目的而处分被监护人的财产的，监护人该行为无效。

关于监护人提供被监护人房地产份额抵押问题。本案中，监护人虞A为其公司贷款，代替被监护人王某在《最高额抵押合同》上签字，将王某共有的房地产份额用于抵押，从表面上看，虞A这一行为侵害被监护人王某的合法权益。但是，本案存在另一事实，即作为监护人的父母虞A、王A向工行某某分行出具保证书，明确提供房地产抵押贷款所得款项“目的是改善王某的生活条件”。因此，王某是抵押贷款的利益者，虞A该处分行为不存在侵害未成年人王某的合法财产的情形，故二审法院认定涉案抵押合同有效，工行某某分行对某区5幢5号的房地产依法享有优先受偿权。

关于被未成年人提供保证担保问题。王某即使在《最高额保证合同》上签名，因其系限制民事行为能力人，为某某公司巨额贷款提供保证担保，显然与其年龄、智力不相适应，也应作无效处理，何况《最高额保证合同》上“王某”并非王某本人所签，王某根本就没有为某某公司贷款提供保证担保的意思表示。王某母亲虞A代替王某在《最高额保证合同》上签名，为未成年人王某设定担保债务，虞A此行为将严重损害王某的利益，故对王某不产生效力，工行某某分行要求王某承担连带清偿责任的主张不能成立。

[本案例根据浙江省金华市中级人民法院（2015）浙金商终字第2014号民事判决书编写]

第二章　自然人与企业之间借贷及裁判案例解析

自然人与企业之间借贷有两种表现情况，一是自然人将资金出借给企业，二是企业将资金出借给自然人。企业法人是依法具有民事权利能力和民事行为能力并独立享有民事权利、承担民事义务的社会组织。企业法人是一些自然人或其他企业集合的社会组织，而不是实实在在的生命体。

根据《最高人民法院关于审理民间借贷案件适用法律若干问题的规定》（以下简称《民间借贷规定》）第一条规定，自然人与企业之间进行资金融通活动也属民间借贷。《最高人民法院关于如何确认公民与企业之间借贷行为效力问题的批复》也明确指出，公民与非金融企业之间的借贷属于民间借贷，只要双方当事人意思表示真实即可认定有效。自然人与企业之间的借贷，在主体上的特点是，一方当事人是自然人，而另一方当事人是企业。

1. 企业向内部职工借款

企业与其职工之间的关系是内部关系，企业因生产经营需要动员内部职工帮助企业解决资金困难将资金借给企业，企业内部职工也自愿将资金出借给所在企业，企业借款确实用于生产经营的，因企业内部职工是特定对象，故不属于非法集资行为，应为许可的融资行为。

《民间借贷规定》第十二条规定："法人或者其他组织在本单位内部通过借款形式向职工筹集资金，用于本单位生产、经营，且不存在合同法第五十二条、本规定第十四条规定的情形，当事人主张民间借贷合同有效的，人民法院应予支持。"

企业向内部职工借款的合法性判断，通常以"用于本企业生产经营"为标准。违背这个目的和用途，则有非法之风险。如企业在严重亏损、无力偿还的情况下，故意编造业绩或项目向职工集资，届时不能清偿的，就有非法占有职工资金之嫌疑，甚至构成非法集资犯罪；又如，企业为了牟取非法收入，借企业生产经营名义，向职工借款后高利转贷出去，且借款人事先知道或者应当知道的，根据《民间借贷规定》第十四条规定，应当认定民间借贷合同无效。

我们在实践中发现这样一种情况：企业为了集合资金，同时考虑职工福利，在向内部职工借款时利息比较高，月利率有3‰—4‰，超过了法定最高利率限度，这给司法判断带来难题，即超过法定最高利率限度有效还是无效。我们认为，企业以借款为条件，以高利率为奖励，确实为职工谋福利，如股东会作出决议、董事会作出决定或发文规定的，应当认为具有福利性质，而不是高利贷；若无此正当目的，而以高利率为诱饵吸收职工资金的，则应以高利贷处理。

案例解析

企业因生产经营需要向内部职工借款应为合法

◎案情简介

2002年10月1日，邓某某与某某建筑公司的委托代理人谭某某签订《借款协议》。该协议约定：某某建筑公司参与某某工程的投标并已中标，由于资金不足，向邓某某借款50万元，借款期最短为3个月，最长为8个月，在借款期间某某建筑公司按本金每月2%计算利息给邓某某。该《借款协议》签订后，邓某某将借款交付了给某某建筑公司。借款到期后，某某建筑公司仅于2004年5月26日向邓某某归还了25万元本金。此后，邓某某多次出具催款函要求某某建筑公司偿还欠款及利息，2013年5月27日，邓某某又向某某建筑公司发出《信访函》，要求某某建筑公司按照《借款协议》偿还欠款及利息。某某建筑公司相关负责人已签收该函。2013年6月17日，某某建筑公司向邓某某发出《信访事项答复意见书》，承诺归还借款本金、利息。

因双方关于利息计算问题无法达成一致意见，邓某某遂向法院提起诉讼，请求判令：一、某某建筑公司立即向邓某某清还借款本金余额25万元及利息757001元（按《借款协议》约定利率每月2%暂计至2013年9月26日，其后利息按每月2%计至本息还请时止）。

某某建筑公司辩称：本案并非民间借贷，属于“企业内部集资”协议，应当认定为无效合同，并按照无效合同的处理原则返还本金给邓某某。

◎一审判决

一审法院查明，邓某某的丈夫系某某建筑公司的工会主席。

一审法院认为：本案为民间借贷纠纷。邓某某与某某建筑公司签订的《借款协议》是双方当事人的真实意思表示，合同的主要内容没有违反法律规定，是有效合同。某某建筑公司未按合同规定履行还款义务，应承担违约责任。邓某某要求某某建筑公司归还借款余额25万元及利息的请求，应当予以支持。某某建筑公司认为本案属于“企业内部集资”协议，应当认定为无效合同的抗辩，因双方所签订的系借款协议，而非集资协议，且某某建筑公司未能为此提供充分有效的证据证明为集资协议，故对某某建筑公司的上述抗辩意见不予采纳。

对于邓某某要求按《借款协议》约定利率每月2%计至本息还请时止的诉讼请求，因双方在《借款协议》中约定利率按每月2%计付，并未超过法定最高限度，故双方对该借款的利息约定应受法律保护。因某某建筑公司于2004年5月26日已经偿还了本金25万元，故有关的利息及逾期利息应分别计算，其中借款50万元本金的利息及逾期利息应从2002年10月21日起计算至2004年5月26日止，按月息2%计算，利息为192001元；余下借款25万元本金的逾期利息应从2004年5月27日起按月息2%计算截至2013年9月26日止，该部分借款的利息为565000元，上述利息合计757001元。

综上所述，判决如下：某某建筑公司应于该判决发生法律效力之日起十五日内向邓某某偿还借款人民币25万元及利息757001元（上述利息已计至2013年9月26日，2013年9月27日起的利息按月利率2%计付至本判决确定还清款项之日止）。

◎二审判决

某某建筑公司不服一审判决提起上诉称：

一、本案应为企业内部集资而不是普通民间借贷。某某建筑公司因中标某某工程项目资金不足，经公司领导班子开会讨论，决定向职工或家属筹集施工资金，按照当时公司文件，所有职工和家属都属于“被发动筹资借款”的对象，这显然是典型的企业内部集资行为，最终借款的23户，筹资总额共485万元。2004年退还邓某某25万元借款的《收款收据》中清楚记载为“收到集资款本金”25万元，表明当时公司借款的债权人和财务人员都知道这些钱是“集资款”，不是普通借款。

二、某某建筑公司当时的“借款”明显带有利益输送性质，是将企业利益输送给内部部分管理人员，违反了国家政策。当时合同约定利率远远高于银行利率，参与人员只有领导和部分中层干部，且当时公司利润率根本达不到借款约定的利率，明显是亏本生意，完全不符合正常经营规律。邓某某属于享受利益输送着之一，她的丈夫是公司当时的班子成员之一，所有参与借款的没有一个是普通职工，说明他们的做法本质上就是以普通集资名义掩盖高层小圈子侵吞国有资产的行为，因此不应该得到法院的支持。

综上所述，一审法院对“借款”性质判断错误，因此导致本案判决结果错误，请求改判驳回邓某某的诉讼请求。

二审法院认为，某某建筑公司因工程需要向职工借款，虽文件说明向职工或家属借款，但实际操作中，仅有少数特定人员向公司提供借款，并不符合内部集资的特征。且从后续处理来看，对于其他职工或家属出借款项的处理，某某建筑公司依据重新达成的协议履行，协议约定期限内仍按照约定支付利息。另外，某某建筑公司既主张本案属于企业内部集资，又主张属于高层小圈子侵吞国有资产的行为，前后矛盾，本院不予采信。因此，某某建筑公司认为本案借款属于企业内部集资的理由不成立，本院不予支持，如有证据证明本案涉及其他违反法律法规的行为，可另寻途径解决。邓某某与某某建筑公司签订的《借款协议》内容真实合法，属于当事人真实意思表示，根据《最高人民法院关于如何确认公民与企业之间借贷行为效力问题的批复》的规定，应认定为有效合同。原审判决认定本案借款属于民间借贷，符合法律规定，本院予以维持。综上所述，原审判决认定事实基本清楚，程序合法，实体处理正确。判决如下：驳回上诉，维持原判。

◎律师评析

本案的争议焦点是涉案款项往来属于企业内部非法集资还是正常民间借贷的问题。

本案中，邓某某系某某建筑公司工会主席的妻子，属于某某建筑公司职工家属，其出借资金属于夫妻共有财产。这一情况说明两点：一是某某建筑公司向邓某某借款具有企业向内部职工借款性质；二是借款对象具有特定性，而不是向企业以外的不特定对象借款。

根据《最高人民法院关于如何确认公民与企业之间借贷行为效力问题的批复》之规定，企业以借贷名义向职工集资属于民间借贷，除被认定为非法集资外，只要双方当事人意思表示真实即可认定有效。

《民间借贷规定》第十二条也规定："法人或者其他组织在本单位内部通过借款形式向职工筹集资金，用于本单位生产、经营，且不存在合同法第五十二条、本规定第十四条规定的情形，当事人主张民间借贷合同有效的，人民法院应予支持。"根据上述规定，企业因生产经营需要向内部职工或家属借款，不属于向社会不特定对象吸收资金，不构成非法集资，对于职工或家属出借的款项，若借款合同不存在《合同法》第五十二条规定和《民间借贷规定》第十四条规定的无效情形的，民间借贷合同应为有效。

本案中，某某建筑公司由于承揽某某工程建设资金不足而向邓某某借款，且与邓某某订立《借款协议》，并明确约定了借款期限和借款利息。由此可见，该协议名称及其内容完全符合民间借贷的特征，因而，某某建筑公司主张是"企业内部集资"不能成立。再者，某某建筑公司向邓某某借款用于本单位的某某工程建设，并不存在非法集资的情形。根据上述规定，企业在本单位内部通过借款形式向职工借款是用于本单位生产、经营的，应当认定民间借贷合同有效，所以，某某建筑公司主张涉案借款协议无效也不能成立。

[本案例根据广东省肇庆市中级人民法院（2014）肇中法民一终字第135号民事判决书编写]

2. 企业向内部职工出借资金

企业向内部职工出借资金是不可避免的事情，所有企业或多或少都会遇到这种情况，如职工生活遇到经济困难或者天灾人祸，许多企业都会给予借款，这是合法的民间借贷。但企业向内部职工出借资金也会发生一些违法行为需要引起注意，如企业趁职工急于用钱之机，高利出借资金获取收益，这种情况虽不多见，但在实践中也曾有发生。企业向内部职工出借资金属于民间借贷，其利率也不能超过法定最高限度，超过部分属于高利贷，高利贷不受法律保护。

案例解析

公司向项目经理出借资金应由项目经理个人偿还

◎案情简介

2014 年 1 月 17 日，项目经理谭某某等人与民工方协商达成一致，形成《会议纪要》。同年 1 月 21 日，某某公司拖欠工人工资发生纠纷，某某公司与施工工人的十个班组长签订协议书，谭某某在该协议书上签字表示同意。

2014 年 1 月间（春节前），承建工程民工与某某公司发生工资争议。该工程项目经理谭某某向某某公司提出借款支付民工工资，某某公司表示同意，谭某某分别出具两份借据给某某公司。两份借据载明，今借到某某公司人民币壹佰叁拾万、柒拾捌万元。方谭某某在借据下签写“今收到某某公司现金壹佰叁拾万元正”“今收到某某公司现金柒拾捌万元正”。同日，各个班组长领取相应的工资并出具了收条。

借款到期，某某公司以谭某某未偿还借款为由提起诉讼，请求判令谭某某偿付本金 208 万元及利息。

被告谭某某辩称：涉案借款的用途是支付原告某某公司拖欠民工工资，实际抵扣工程款，本人不应承担偿还责任。

◎一审判决

一审法院认定：谭某某系某某公司工程项目部的负责人，其与某某公司之间签订的借款协议，以及谭某某出具的收据及收条，系双方真实意思表示，双方应当按约定履行各自义务。谭某某向某某公司借款，实际用于支付原告某某公司拖欠民工的工资。

《最高人民法院关于如何确认公民与企业之间借贷行为效力问题的批复》答复：公民与非金融企业（以下简称企业）之间的借贷属于民间借贷。只要双方当事人意思表示真实即可认定有效。但是，具有下列情形之一的，应当认定无效：（一）企业以借贷名义向职工非法集资；（二）企业以借贷名义非法向社会集资；（三）企业以借贷名义向社会公众发放贷款；（四）其他违反法律、行政法规的行为。本案中，某某公司非以获取高额利息为目的，向谭某某提供的借贷行为实为解决民工工资，不属于上述规定无效的情形，故该借贷行为认定为有效，应予保护。双方未书面约定借款利息，可参照银行同类贷款利率计算。

民事行为应当遵循诚实信用的原则，借款期满出借人主张归还借款，借款人应当予以偿还。某某公司主张的借款及利息符合法律规定，本院予以支持。

谭某某辩称，该借款用途是发放民工工资，实际是抵扣工程款，但双方并无抵扣工程款的约定，谭某某可以另行向某某公司主张相应的工程款，对谭某某在本案中的该项抗辩理由，不予采纳。

一审判决如下：一、谭某某向某某公司偿还借款 208 万元；二、谭某某向某某公司支付利息 111540 元。

◎二审判决

谭某某不服一审判决上诉称：本案不属民间借贷纠纷。上诉人是被上诉人承揽的建筑工程项目部负责人，支付农民工的工资是发包方及承包方（被上诉人）的义务，而非上诉人谭某某的义务。因发包方及被上诉人不履行其支付农民工资的义务，当地政府的劳动部门予以介入，被上诉人与发包方共同履行了直接向部分讨薪的工人支付工资的义务，该责任不属代偿责任，应属直接责任。显然，本案不属民间借贷纠纷，而属发包方、承包方及实际施工人之间的工程款结算纠纷。请求二审法院撤销一审民事判决书，改判驳回被上诉人的诉讼请求。

二审法院认为，本案的争议焦点为：1. 本案是否属于民间借贷纠纷；2. 谭某某应否向某某公司偿还借款 208 万元及利息 11540 元。

关于本案是否属于民间借贷纠纷的问题。在庭审中，被上诉人提交了借款协议、借据、收条、银行卡取款明细，并对借款的来源、交付的细节作出了说明，完成了其双方之间是民间借贷纠纷主张的举证义务。谭某某抗辩本案不属于民间借贷纠纷，借据载明的债务是由于被上诉人支付农民工资引起的，应当属于工程款结算纠纷。谭某某提交的《会议纪要》《协议书》及民工工资表、收条，仅能证明某某公司支付了民工工资的事实，且支付工资的数额并非为借据、收条载明的208万元，不能证明某某公司支付民工工资与谭某某向某某公司出具208万元借据、收条存在关联性。如果向农民工支付工资是某某公司的义务，与谭某某无关，则谭某某无须与某某公司签订借款协议，故其关于本案属于工程款结算纠纷的主张不能成立，本院不予支持。

关于谭某某应否向某某公司偿还借款208万元及利息11540元的问题。谭某某与某某公司签订的借款协议不违反法律规定，系双方真实意思表示，双方应当按照约定履行义务。谭某某向某某公司出具的借据、收据，在谭某某无相反证据的情况下，可以认定某某公司向谭某某履行了付款义务，谭某某应当按期偿还本金及利息。原审法院判令谭某某向某某公司偿还借款208万元及利息11540元正确，本院予以维持。

综上所述，原审判决认定事实清楚，适用法律正确，依法应予维持。二审判决：驳回上诉，维持原判。

◎律师评析

本案主要问题是：（1）工程款结算还是民间借贷；（2）公司向项目经理提供借款是否合法。

谭某某与某某公司签订的两份《借款协议》，明确约定谭某某向某某公司借款，且有收据、收条加以印证，所以该协议属于民间借贷无疑，至于谭某某将涉案借款用于支付某某公司拖欠民工工资问题，并不改变本案民间借贷的性质。再者，本案根据某某公司的诉讼请求审理民间借贷纠纷，而不是工程款结算纠纷，据此，法院认定涉案是民间借贷纠纷是正确的，至于工程款支付与结算纠纷，谭某某没有提起反诉，故不是本案审理范围，而应另行解决。

本案在排除工程款结算纠纷后，涉案民间借贷是否合法有效也应予以确认。谭某某是某某公司某项目部的负责人，两者之间是企业内部关系，那么，谭某某与某某公司签订《借款协议》所涉的款项就属于企业向职工出借资金的企业内部借款。非金融企业不具有经营金融资格，不得从事发放贷款业务，但若进行正常的民间借贷则是合法的。《最高人民法院关于如何确认公民与企业之间借贷行为效力问题的批复》指出："公民与非金融企业之间的借贷属于民间借贷，只要双方当事人意思表示真实即可认定有效。"但企业以借贷名义向社会公众发放贷款的，则应认定无效。这是企业出借资金是否合法有效的基本界限。本案中，一审法院着意根据上述批复来分析某某公司向谭某某出借资金问题，目的是确认企业与其内部职工发生借贷关系是否合法问题，进而证明谭某某偿还借款的正确性。某某公司与谭某某没有约定利息，说明某某公司出借资金不存在获取高额利息为目的；因谭某某是某某公司内部的项目负责人，故不存在“企业以借贷名义向社会公众发放贷款”的情形，故该借贷行为有效，谭某某依法应当偿还借款。

[本案例根据新疆维吾尔自治区高级人民法院（2015）新民一终字第349号民事判决书编写]

3. 公司向董事、监事、高管提供借款

《公司法》第一百一十五条规定：“公司不得直接或者通过子公司向董事、监事、高级管理人员提供借款。”这是禁止性规定。公司将资金出借给董事、监事、高级管理人员，公司股东或者债权人可以主张借贷行为无效；公司因此遭受损失的，借款人董事、监事、高级管理人员以及对提供借款负有责任的人员应当依法承担赔偿责任。

我们认为，董事、监事、高级管理人员向公司或者其子公司借款常有发生而不可避免，不能一律作无效处理，而要视借贷行为是善意还是恶意以及是否工作需要而定，如果是善意借款，如为公司出差借款、为公司购货借款、家庭困难借款等，经过法定代表人或主要负责人批准，大额借款经全体董事会或股东会同意，并不影响公司及其债权人利益的，应当认定为有效借贷；如果以借款为名，暗中转移公司资产，掏空公司财产，损害公司和股东利益，侵害公司及其债权人合法权益，对这些恶意借款行为，应当按照《合同法》和《公司法》的有关规定认定无效。

案例解析

执行董事向公司借款，股东为公司利益起诉获胜

◎案情简介

2004年，卢某某和朱某投资成立源能公司，卢某某占公司注册资本的

10%，任公司监事，朱某占公司注册资本的90%，任公司法定代表人、执行董事。朱某经卢某某同意，自2004年源能公司成立起，陆续通过由朱某掌控的东创公司账户向源能公司借款，用于个人炒股和源能公司业务开销。2010年1月，卢某某要求朱某向源能公司归还借款，被朱某拒绝，卢某某对朱某、源能公司、东创公司提起公司的控股股东、实际控制人、董事损害公司利益赔偿纠纷诉讼。

原告卢某某诉称，自第三人源能公司成立以来，被告朱某通过由其控制的第三人东创公司账户从第三人源能公司借款263万元。为保护公司合法权益，2010年1月原告要求被告朱某归还源能公司借款，遭到被告朱某拒绝。因被告朱某系第三人源能公司的大股东，又是源能公司的法定代表人、执行董事，致使第三人源能公司不以其名义提起诉讼，原告作为公司监事、股东，为维护公司和股东利益诉至法院。考虑到被告朱某所借上述款项中有部分用于第三人源能公司开展业务，现原告要求判令被告朱某归还第三人源能公司账款200万元。

被告朱某辩称，对第三人源能公司出借被告钱款的事实予以确认。但所借款项并非都用于自己个人，部分款项系第三人源能公司的业务开销，故同意还款180万元。自己所借款项用于股票投资，现股票市场行情欠佳，无法在短时间内归还，而且当初与原告卢某某商定借款一事并未明确还款日期，所以不同意原告卢某某的诉讼请求。

第三人源能公司述称，同意被告朱某的答辩意见。

第三人东创公司述称，东创公司已经被吊销营业执照，与其他公司没有业务往来。第三人源能公司划款给东创公司是事实，但因东创公司的账户实际由被告朱某控制，所以该钱款实际都被被告朱某所用。

◎**法院判决**

法院经审理认为，公司的合法利益受到大股东、董事侵害时，公司股东可以以自己的名义为公司利益提起诉讼。原告卢某某提出被告朱某向第三人源能公司借款，被告对此予以确认，第三人东创公司也承认被告通过其账户将从第三人源能公司借出款项提取自用，故可以认定被告朱某向第三人源能公司借款的事实。被告作为第三人源能公司的大股东兼执行董事，违反《公司法》规定，以公司名义向本人提供借款，损害第三人源能公司和股东原告卢某某的利益。虽然借款一事经原告同意，但被告经原告催款后仍拒不还款、损害公司利益确是事实。现原告以其股东的身份提起诉讼，于法有据，本院予以支持。原告要求被告向第三人源能公司返还借款200万元，未超出被告朱某借款数额，并无不当，本院予以支持。至于被告提出借款中只有180万元用于朱某个人，其他借款系用于第三人源能公司开展业务的抗辩意见，因没有提供合法有效的证据予以证明，本院不予采纳。

法院判决：被告朱某应于本判决生效之日起十日内返还第三人源能公司借款200万元。

◎**律师评析**

《公司法》第一百四十七条规定："董事、监事、高级管理人员应当遵守法律、行政法规和公司章程，对公司负有忠实义务和勤勉义务。董事、监事、高级管理人员不得利用职权收受贿赂或者其他非法收入，不得侵占公司的财产。"这要求公司董事、监事、高级管理人员应当严格遵守公司章程，忠实履行职务，不得利用在公司的地位和职权为自己牟取私利。但在实践中，有些公司董事、监事、高级管理人员，为了个人非法利益，通过公司或者其子公司向自己提供借款，转移公司资产，故意损害公司、其他股东和公司债权人的利益。特别是民营企业的大股东，全盘控制企业资金，容易通过向公司借款方式将公司资金占为己有，从而侵害了小股东或者公司债权人的利益。本案中的被告朱某占90%股权，又是公司的法定代表人，实际掌控着源能公司，所以很容易取得公司借款，占有公司资金，结果损害了源能公司和小股东卢某某的合法权益。

《公司法》第一百一十五条规定："公司不得直接或者通过子公司向董事、监事、高级管理人员提供借款。"公司直接或者通过子公司向其董事、监事、高级管理人员提供借款的，公司其他股东可以根据《公司法》第一百五十二条规定提起诉讼，主张该借款行为无效。本案第三人源能公司向被告朱某提供借款，原告卢某某虽已同意，但被告朱某经原告催款后仍拒不还款，损害了公司和卢某的利益，故卢某某可以为公司利益提起诉讼追回借款。

[本案例根据上海市闸北区人民法院（2010）闸民二（商）初字第223号民事判决书编写]

4. 企业负责人借款与企业债务之关系

企业负责人纯属个人借款或者企业纯属自身借款，两者都各自清偿债务，相互之间不存在牵连关系。实践中的问题是，企业负责人以企业名义借款而由其个人使用，或者企业负责人以个人名义借款而用于企业，这两种情形在民营企业中经常出现，那么法院应如何处理？

关于企业负责人以企业名义借款而由其个人使用的问题，《民间借贷规定》第二十三条第一款规定："企业法定代表人或负责人以企业名义与出借人签订民间借贷合同，出借人、企业或者其股东能够证明所借款项用于企业法定代表人或负责人个人使用，出借人请求将企业法定代表人或者负责人列为共同被告或者第三人的，人民法院应予准许。"据此规定，企业负责人以企业名义借款，但其本人占有使用未偿还的，出借人就有权在企业偿还借款的同时将企业负责人个人列为共同被告或者第三人请求两者共同偿还或连带偿还。

关于企业负责人以个人名义借款而用于企业的问题，《民间借贷规定》第二十三条第二款规定："企业法定代表人或者负责人以个人名义与出借人签订民间借贷合同，所借款项用于企业生产经营，出借人请求企业与个人共同承担责任的，人民法院应予支持。"据此规定，企业负责人虽然以个人名义借款，但因所借款项用于企业，此时，企业是实际受益人，所以出借人有权请求企业与个人共同偿还。

案例解析

负责人为企业借款，受益企业共同偿还

◎案情简介

2010年6月，刘某某因承包高速公路第35标段土建工程缴纳保证金及工程建设费用需要向黄某某借款，黄某某于2010年6月至9月三次通过银行转给刘某某300万元。2010年12月18日，刘某某向黄某某出具了一份《借据》，该《借据》载明"今借到黄某某人民币叁佰万元，按月息贰分计息，项目建设用"。后刘某某在借据上加盖了中核公司高速公路第35段项目部公章。

2010 年 7 月 22 日，某省高速公路建设总公司向中核公司下发《中标通知书》，要求中核公司提交履约担保。此后，刘某某组织施工人员对第 35 标段土建工程进行施工。2010 年 9 月 20 日，中核公司发文成立无独立法人资格的第 35 段项目部。9 月 26 日，中核公司发文启用项目部印章。

黄某某提起诉讼，请求判令刘某某偿还借款 300 万元及利息，中核公司对上述借款本息承担连带清偿责任。

◎一审判决

一审法院认为：被告刘某某因承包第 35 段土建工程需缴纳保证金及相应建设费用而向原告黄某某借款，黄某某经过银行转账的方式共借款给刘某某 300 万元，刘某某出具了《借据》，双方的债权债务关系成立。双方虽未在《借据》上约定偿还期限，但刘某某在出具借据后未再偿还借款本息，原告黄某某可向刘某某主张权利。双方约定的利息为月息 2 分，未超银行同期贷款利率的 4 倍，现原告主张从 2010 年 12 月 18 日起按月息 2 分计算利息符合法律规定，予以支持。

刘某某以承包第 35 标段土建工程缴纳保证金及工程建设费用需要向黄某某借款，又在其出具的《借据》上注明了借款的用途是“项目建设用”，并加盖了中核公司第 35 段项目部公章，足以让原告黄某某对该借款是用于中核公司第 35 段工程产生合理信赖，故中核公司第 35 段项目部亦当对该借款承担相应责任。因第 35 段项目部系中核公司成立的内设机构，无独立法人资格，其法律责任应由中核公司承担。

综上，判决如下：一、被告刘某某偿还原告黄某某借款 300 万元，并从 2010 年 12 月 18 日起按月息 2% 计付利息至清偿之日止；二、被告中核公司对上述借款本息承担连带清偿责任。

◎二审判决

中核公司不服一审判决提出上诉称：原判认定事实错误，本公司与黄某某无借贷关系，原审判决本公司承担连带清偿责任错误，请求驳回黄某某对本公司的诉讼请求。

二审认为：本案二审期间争议的焦点问题是上诉人中核公司是否应当承担向被上诉人黄某某偿还借款本息之连带清偿责任。

首先，2010年12月18日《借据》上有中核公司第35段项目部签章，现刘某某对其签名认可，各方当事人均未提交证据证明《借据》上中核公司第35段印章系盗用或私刻，因此，应认定第35段项目部、刘某某与黄某某之间形成借款合同关系，第35段项目部和刘某某为本案共同借款人，应当承担共同的还款责任，因第35段项目部系中核公司内设机构，无独立法人资格，该偿还本息之法律责任依法应由中核公司承担。其次，涉案借款确用于缴纳涉案工程履约保证金及工程建设费用等项目开支，认定该事实的理由在于，在各当事人对被上诉人刘某某系涉案工程前期实际施工人之事实无异议的基础上，有黄某某、刘某某关于借款用于第35段项目相关费用开支的陈述，有12月18日《借据》关于该款项用途为“项目建设费”的记载，且根据7月22日中核公司中标涉案项目之《中标通知书》记载，涉案工程的相关准备工作已于6月开始，刘某某因涉案工程于6月23日向被上诉人黄某某借款是合乎情理的，上述当事人陈述、《借据》以及《中标通知书》等证据能相互印证涉案借款之用途，中核公司系涉案借款实际受益人。综上所述，被上诉人刘某某、上诉人中核公司应共同承担向被上诉人黄某某偿还本金和利息的民事责任。

二审认定，被上诉人黄某某与被上诉人刘某某、上诉人中核公司之间借款合同关系依法成立并生效，被上诉人刘某某、上诉人中核公司应当依约共同承担向被上诉人黄某某偿还本息的民事责任。原审判决认定事实清楚，适用法律正确，程序合法。判决如下：驳回上诉，维持原判。

◎申请裁定

中核公司不服二审终审判决向最高院申请再审。

中核公司申请再审称：（一）黄某某是将款借给刘某某而并非本公司，因为本公司并未与黄某某建立任何合同关系或其他法律关系，黄某某付款是根据刘某某的意思表示，且并未将款项汇入本公司账户或项目部账户。故本公司与黄某某没有借贷关系，本公司不是借贷关系中的主体，所以原审判令本公司承担连带责任是错误的。（二）原审判决认定刘某某相关行为“足以让黄某某对借款用于35合同段工程产生合理信赖，并据此由35段项目部应承担连带责任”属认定基本事实不清，适用法律错误。1. 本公司提供的两份书面文件载明了35段项目部于2010年9月20日成立，项目部用章及财务专用章于2010年9月26日发文时启用。黄某某于2010年6月23日、7月23日、9月19日借给刘某某钱时，项目部未成立，公章未启用，原审判决将“加盖了35段项目部公章”作为黄某某对刘某某产生合理信赖的条件与事实不符。2. 没有任何证据证明刘某某受本公司的委托，代表本公司从事公务活动。刘某某未得到本公司及项目部授权，其行为对本公司没有约束力。

最高院再审认为，本案争议的焦点是中核公司应否对黄某某的借款本息承担连带清偿责任。

（一）关于刘某某在本案中身份问题。本院认为，刘某某没有建设施工资质，其借用中核公司资质进行投标，中标后，刘某某等以中核公司名义与黄某某签订《工程施工承包合同》及附件《中核公司安全文明施工承包责任书》，根据刘某某2011年6月1日代表35段项目部与路基施工人方某某签订的《终止合同协议书》、2012年2月13日与中核公司订立之《协议》、2012年12月12日《商谈会议纪要》确认的事实，刘某某在2012年2月15日前为35标段项目部的实际管理者和负责人，因此，刘某某并不代表中核公司，实为其个人牵头，借用中核公司资质，挂靠中核公司进行高速路工程的实际施工。中核公司主张刘某某未得到中核公司及项目部的授权，其行为对中核公司没有约束力，刘某某事实上是中核公司代理人的理由不能成立。

（二）关于借款关系的认定。2010年12月18日刘某某出具的《借据》上注明“项目建设用”，并有刘某某的签名和中核公司35段项目部的印章。刘某某向黄某某借款时系35标段项目部的实际管理者和负责人，并曾有一段时间保管过印章，故应认定刘某某、35段项目部与黄某某的借款合同关系。中核公司再审时称黄某某借款时项目部未成立，项目部公章尚未启用，因而刘某某该笔借款与中核公司无关。根据2010年7月22日中核公司中标35标段《中标通知书》记载，该公司于2010年6月1日已向有关部门递交投标文件，说明涉案工程准备工作已于6月初开始，黄某某因此6月23日应刘某某请求借款合乎常理。另刘某某盖有项目部印章的借据系12月18日出具，当时项目部公章已然启用，因此中核公司的上述理由不能成立。

再审认为，黄某某实际履行了向刘某某借款300万元的义务，刘某某出具的借据中有本人签名和中核公司35段项目部印章，并在借据中申明借款用途为项目建设使用，刘某某和中核公司35段项目部作为共同借款人应对黄某某借款承担连带清偿责任。鉴于35段项目部为中核公司的内设机构，没有法人资格，其法律责任应由中核公司承担，二审法院对其法律责任认定正确。中核公司一直主张借款并没有打入总公司或者项目部账户，中核公司及项目部对借款不知情，但该事由属于刘某某和中核公司35段项目部之间的内部关系，并不能对抗善意出借人黄某某。若中核公司能证明该笔借款实际用于刘某某个人使用而非项目工程，则中核公司可就该部分款项向刘某某追偿。

综上，裁定如下：驳回中核公司的再审申请。

◎律师评析

本案需要解决的是中核公司应否对黄某某的借款本息承担连带清偿责任的问题。

首先，刘某某有两个身份，一是自然人个人，二是项目部实际负责人。刘某某在向黄某某出具的《借据》上，既签上个人姓名又盖上项目部公章，且其借款用于工程项目所需。这一事实说明，涉案借款虽然由刘某某一人出面进行，但在法律上应当认定是与项目部共同借款，因此，涉案借款应当由刘某某和项目部（中核公司）共同偿还，所以一审法院判决刘某某偿还，中核公司承担连带清偿责任。

《民间借贷规定》第二十三条第二款规定：“企业法定代表人或者负责人以个人名义与出借人签订民间借贷合同，所借款项用于企业生产经营，出借人请求企业与个人共同承担责任的，人民法院应予支持。”据此规定，企业法定代表人或者负责人虽然以个人名义与出借人签订民间借贷合同，但因所借款项用于企业生产经营，出借人可以请求企业与个人共同承担偿还责任。本案虽然发生在《民间借贷规定》施行之前，但此精神在此之前已为法院所实践。本案如果发生在《民间借贷规定》施行之后，刘某某作为项目部实际负责人为工程项目建设向黄某某借款，且借款实际用于工程项目建设的，即使借据上未盖项目部印章，作为实际受益人的中核公司也应承担共同偿还责任。

《民间借贷规定》第二十三条第一款规定：“企业法定代表人或负责人

以企业名义与出借人签订民间借贷合同，出借人、企业或者其股东能够证明所借款项用于企业法定代表人或负责人个人使用，出借人请求将企业法定代表人或者负责人列为共同被告或者第三人的，人民法院应予准许。”假如，在《民间借贷规定》实施后，刘某某只以项目部名义与黄某某签订借贷合同，而其本人占有使用该笔借款而未用于工程项目建设的，黄某某可以根据上述规定，在请求项目部（中核公司）偿还借款的同时，可以将刘某某个人列为共同被告或者第三人请求共同偿还或连带偿还。判决生效后，企业能够证明该笔借款实际由个人使用的，则有权向个人追偿。

［本案例根据湖南省高级人民法院（2014）湘高法民三终字第37号民事判决书和最高人民法院（2014）民申字第1357号民事裁定书编写］

第三章　企业之间借贷及裁判案例解析

企业之间借贷是非金融企业之间互相拆借资金的民事行为。企业之间借贷包括企业法人相互之间或者企业法人与非法人组织之间或者非法人组织相互之间的资金借贷。最高人民法院《民事案件案由规定》将企业之间的借贷案由规定为“企业借贷纠纷”，但企业之间借贷从广义上看仍为民间借贷，并具有多种形式，包括直接订立借款合同和以联营、投资等形式进行的资金借贷。

《合同法》有民间借贷合同规定，但没有规定企业之间借贷。原《最高人民法院关于人民法院审理借贷案件的若干意见》第一款规定：“公民之间的借贷纠纷，公民与法人之间的借贷纠纷以及公民与其他组织之间的借贷纠纷，应作为借贷案件受理。”这条规定要求民间借贷关系中的一方当事人必须是自然人（公民），排弃了法人企业之间、非法人组织之间、法人企业与非法人组织之间的借贷。《贷款通则》第六十一条规定，企业之间不得违反国家规定办理借贷或者变相借贷融资业务；第七十三条规定，企业之间擅自办理借贷或者变相借贷的，由中国人民银行对出借方按违规收入处以1倍以上至5倍以下罚款，并由中国人民银行予以取缔。

根据上述规定，企业之间借贷属于“违反法律、行政法规的强制性规定”的行为，其法律效力都被否定，在作无效处理的同时收缴利息，甚至受到行政处罚。主要理由是，企业之间借贷违反国家有关金融货币法律、法规的规定，造成企业资金脱离银行监控而进行“体外循环”，造成资金市场失控和金融秩序混乱，个别企业甚至以营利为目的，以借贷名义非法从事集资和存贷活动。但《贷款通则》禁止企业之间借贷，现已被认为是一种落后的禁锢。

当前，企业之间特别是民营企业之间，相互借贷已经成为普遍现象，在正常情况下如果都作无效处理已经不符合客观现实。我国中小民营企业在发展过程中资金需求强烈，但由于缺乏担保财产很难得到银行贷款，资金渴求与现有供给体制形成矛盾并日益突出，因此，中小企业不得不向自然人或其他企业融资。

为了解决企业之间借贷问题，同时为了防范企业非法经营金融业务，《民间借贷规定》第十一条规定："法人之间、其他组织之间以及它们相互之间为生产、经营需要订立的民间借贷合同，除存在合同法第五十二条、本规定第十四条规定的情形外，当事人主张民间借贷合同有效的，人民法院应予支持。"据此规定，除存在《合同法》第五十二条、《民间借贷规定》第十四条规定的情形外，企业之间生产、经营需要发生借贷为有效。

1. 企业之间借贷的有效情形

根据《民间借贷规定》第十一条规定，企业之间为生产、经营需要订立的民间借贷合同，只要借贷双方意思表示真实，不违反法律、行政法规的强制性规定，企业间借贷行为即应当受到法律保护，双方签订的借贷合同有效。企业因生产、经营需要，通常是指为解决资金临时困难或生产急需偶然为之，而不能以此为主业常业，如果以经常存贷为主要业务或者为主要收入来源，则有可能导致该企业性质变为未经金融监管部门批准从事存贷业务的金融机构，这将严重扰乱金融市场秩序。在司法实践中，法院在审理企业之间借贷合同纠纷时，通常都对借贷行为是否为企业生产、经营需要进行识别和确认，然后依据《民间借贷规定》第十一条规定来认定企业之间借贷的效力。

案例解析

公司之间因生产经营需要临时借贷有效

◎案情简介

2011 年 4 月 13 日，佳德公司与广厦公司签订一份《借款协议》，约定：1. 佳德公司向广厦公司出借 8000 万元；2. 借款期限：自佳德公司资金划至广厦公司账户之日起两年（共二十四个月）；3. 借款利息及费用：月利息及费用合计为千分之二十一（21‰），其中利息 15‰，年度手续费 7.2%；4. 结息方式：借款当日佳德公司从借款额中扣除首年利息及手续费，到期一次性偿还本金及后一年利息及手续费；5. 担保方式：由广厦公司的股东李某某、毋某某以个人名义向佳德公司出具承诺，承担无限连带担保责任；6. 广厦公司应确保按本协议约定的还本付息方式按时支付，如不能按时支付则按违约实际天数向佳德公司支付违约金，违约金支付标准按每天千分之二计算。同日，李某某、毋某某共同向佳德公司出具了一份《担保承诺书》，承诺用其个人在广厦公司的所有股权和全部个人资产在无任何抵押和担保的情况下为佳德公司的全部借款本息及手续费等一切费用承担无限连带担保责任。上述《借款协议》签订及《担保承诺书》出具的当日，佳德公司通过银行账号向广厦公司转款 5984 万元。同日，广厦公司向佳德公司出具了一份收据，载明金额为 8000 万元，并加盖了广厦公司的财务专用章。借款到期后，广厦公司未按《借款协议》的约定偿还借款本金、利息及手续费。

佳德公司向某省高院提起诉讼，请求：1. 判令广厦公司向佳德公司偿还借款本金 8000 万元，支付利息及手续费 2016 万元；2. 判令广厦公司按上述欠款数额的日千分之二向佳德公司支付自 2013 年 4 月 14 日起至实际还款日止的违约金；3. 判令广厦公司承担佳德公司为收回借款而直接支出的费用，其中担保费 39 万元、律师代理费 68.38 万元；4. 判令李某某、毋某某对广厦公司的上述债务承担连带担保责任。

◎一审判决

一审某省高院经审理认为：佳德公司与广厦公司虽不具备从事金融业务资质签订《借款协议》，但广厦公司未提交证据证明提供资金的一方佳德公司系以资金融通为常业，双方之间发生的借贷关系实质上是一种为生产经营所进行的临时性资金拆借行为，这一行为不属于违反国家金融管制的强制性规定的情形，因此不应当认定《借款协议》无效。借款到期后，广厦公司未按《借款协议》约定偿还借款本息及手续费，其行为构成违约，应承担相应的民事责任。李某某、毋某某向佳德公司出具的《担保承诺书》，是双方当事人真实的意思表示，不具有无效情形，亦合法有效。担保人李某某、毋某某未按约定履行保证担保责任，亦应承担相应的民事责任。《借款协议》虽约定借款金额为8000万元，但在履行中，出借人佳德公司提前扣除第一年的利息及手续费2016万元，实际向广厦公司出借本金为5984万元，应以实际出借金额认定本案借款的本金，广厦公司、李某某、毋某某对此答辩理由成立。《借款协议》约定借款期限内月利息及费用合计为千分之二十一（21‰），即年利率为25.2%，广厦公司应当按此约定支付，但以不超过中国人民银行公布的同期同类贷款基准利率的四倍为限。《借款协议》约定广厦公司如不能按时支付则向佳德公司支付日千分之二的违约金，明显过高，应按中国人民银行公布的同期同类贷款基准利率的四倍计算逾期付款违约金。广厦公司、李某某、毋某某答辩称，佳德公司无权要求广厦公司支付未付的借款利息的理由不能成立。关于佳德公司请求判令广厦公司承担佳德公司为收回借款而直接支出的费用，其中因诉前保全而支付的担保费39万元、因诉讼而支付的律师代理费68.38万元，因《借款协议》和《担保承诺书》对此并未约定，故不予支持。

某省高院判决如下：一、广厦公司于判决生效后十日内向佳德公司返还借款本金5984万元，并支付利息及手续费、逾期付款违约金（利息及手续费自2011年4月13日起计算至2013年4月13日止，按约定的年利率25.2%计算，但不得超过中国人民银行公布的同期同类贷款基准利率的四倍；逾期付款违约金自2013年4月14日起至判决指定的履行期间届满之日止，按中国人民银行公布的同期同类贷款基准利率的四倍计算）；二、李某某、毋某某对上述债务承担连带清偿责任；三、驳回佳德公司的其他诉讼请求。

◎二审判决

广厦公司和毋某某不服一审判决向最高院提起上诉。

广厦公司上诉请求：撤销一审判决第一项关于"判决广厦公司支付借款利息、手续费、逾期付款违约金"部分，改判驳回佳德公司要求广厦公司支付借款利息、手续费、逾期付款违约金的诉讼请求或将本案发回一审法院重审。

毋某某上诉请求：1. 撤销一审判决第二项，改判驳回佳德公司要求毋某某承担连带清偿责任的诉讼请求或将本案发回一审法院重审。

二上诉人共同的上诉理由是：根据《最高人民法院关于企业借贷合同借款方逾期不归还借款的应如何处理的批复》的规定，企业借贷合同违反有关金融法规，属无效合同。一审判决认定广厦公司与佳德公司签订的《借款协议》有效错误。根据《合同法》《担保法》及相关司法解释的规定，担保合同属于主合同的从合同，主合同无效，从合同亦无效，本案毋某某向佳德公司出具的《担保承诺书》亦无效。一审判决毋某某对《借款协议》项下的债务承担连带清偿责任错误。按照一审判决，当事人违约后，要支付相当于同期银行贷款利息八倍的利息，明显违反了上述司法解释的规定。

最高院认为，根据当事人的上诉请求及理由，本案的争议焦点为双方签订的《借款协议》是否有效。

广厦公司与佳德公司签订的《借款协议》是双方真实意思表示，且符合《合同法》第一百九十六条规定的借款合同的形式要件，其效力问题应按照《合同法》的相关规定予以认定。《合同法》第五十二条第（五）项规定违反法律、行政法规的强制性规定的合同无效，《最高人民法院关于适用〈合同法〉若干问题的解释（一）》对该条中的“法律、行政法规”解释为“全国人大及其常委会制定的法律和国务院制定的行政法规”。《最高人民法院关于企业借贷合同借款方逾期不归还借款的应如何处理的批复》认定“企业借贷合同违反有关金融法规，属无效合同”，乃针对企业之间经常性的资金融通行为可能扰乱金融秩序的情形，一审法院关于双方之间发生的实质上是一种为生产经营所进行的临时性资金拆借行为，不属于违反国家金融管制的强制性规定的情形，原审认定《借款协议》有效并无不当，本院亦予以确认。基于此，广厦公司、毋某某关于主合同无效，从合同亦无效的上诉理由亦不能成立。关于利息及手续费、逾期付款违约金的计算方式，一审判决明确不得超过中国人民银行公布的同期同类贷款基准利率的四倍，不存在广厦公司、毋某某上诉所称相当于同期银行贷款利息八倍的利息的情形。

综上，某省高院判决认定事实清楚，适用法律正确。本院依据《中华人民共和国民事诉讼法》第一百七十条第一款第（一）项之规定，判决如下：驳回上诉，维持原判。

◎律师评析

本案件对《民间借贷规定》施行前企业之间借贷效力的认定具有指导意义。

当前，当事人主张企业之间借贷无效的主要依据是《贷款通则》第六十一条“企业之间不得违反国家规定办理借贷或者变相借贷融资业务”和《最高人民法院关于对企业借贷合同借款方逾期不归还借款的应如何处理问题的批复》“企业借贷合同违反有关金融法规，属无效合同”的规定。

这个判例首先解决了上述批复所适用的情形。最高人民法院在这个判决书中指出，“《最高人民法院关于对企业借贷合同借款方逾期不归还借款的应如何处理问题的批复》认定‘企业借贷合同违反有关金融法规，属无效合同’，乃针对企业之间经常性的资金融通行为可能扰乱金融秩序的情形”，反过来也就是说，企业之间为生产经营所进行的临时性拆借资金行为，并不违反国家金融管制的强制性规定的情形，故应作有效认定和处理。据此，我们认为，企业之间因生产经营需要进行的临时性拆借资金是不可避免的正常现象，如无其他违法情形，不能作无效处理；企业之间如果经常性发生借贷行为，且不用于生产经营的，就很有可能非法从事金融业务，甚至有非法集资之嫌疑，对此，应当根据借贷的目的、用途和后果再确定其效力。

这个判例同时指出，企业之间借贷“效力问题应按照《合同法》的相关规定予以认定”。《合同法》第五十二条第（五）项规定，“违反法律、行政法规的强制性规定”的合同无效。《最高人民法院关于适用〈中华人民共和国合同法〉若干问题的解释（一）》第四条对此作出解释：“合同法实施以后，人民法院确认合同无效，应当以全国人大及其常委会制定的法律和国务院制定的行政法规为依据，不得以地方性法规、行政规章为依据。”《贷款通则》属于行政规章，在《合同法》实施后，不能再作为人民法院确认合同无效的依据。所以，借款企业及其担保人仍以《贷款通则》第六十一条规定主张企业之间借款合同无效的理由不能成立。

［本案例根据最高人民法院（2014）民一终字第39号民事判决书编写］

2. 企业之间借贷的无效情形

根据《民间借贷规定》第十一条规定，存在《合同法》第五十二条、本规定第十四条规定的情形的，企业之间借贷行为不受到法律保护，双方签订的借贷合同无效。

《合同法》第五十二条规定的合同无效的情形有：（1）一方以欺诈、胁迫的手段订立合同，损害国家利益；（2）恶意串通，损害国家、集体或者第三人利益；（3）以合法形式掩盖非法目的；（4）损害社会公共利益；（5）违反法律、行政法规的强制性规定。这些情形是所有合同都无效的情形，企业之间借贷合同也不例外。

《民间借贷规定》第十四条规定：具有下列情形之一，人民法院应当认定民间借贷合同无效：（1）套取金融机构信贷资金又高利转贷给借款人，且借款人事先知道或者应当知道的；（2）以向其他企业借贷或者向本单位职工集资取得的资金又转贷给借款人牟利，且借款人事先知道或者应当知道的；（3）出借人事先知道或者应当知道借款人借款用于违法犯罪活动仍然提供借款的；（4）违背社会公序良俗的；（5）其他违反法律、行政法规效力性强制性规定的。

案例解析

企业间利用银行资金获利的“流转”借贷无效

◎案情简介

2013年4月25日，A公司与B公司签订《购销合同》，约定B公司向A公司采购各种规格型号25000吨热轧卷，总价100750000元，B公司在2013年4月30日前支付6个月银行承兑汇票1亿元。次日，B公司以履行上述《购销合同》付款义务为由，从农业银行取得1亿元承兑汇票交付A公司。

4月27日，A公司与C公司签订《购销合同》，约定A公司向C公司采购热轧卷，内容与前述合同基本一致。同日，B公司与C公司签订《购销合同》，内容与前述两份合同基本一致。

5月2日，A公司将B公司前述1亿元的承兑汇票背书转让给C公司。同日，C公司向A公司出具了两份收据，确认收到A公司支付的1亿元。

2013年4月至7月间，为C公司向A公司提供1亿元货物，C公司提供其持有的某某大酒店83.61%的股权质押；龚某某提供其持有的某某大酒店16.39%的股权质押，并提供其所有的房屋抵押；某某大酒店提供无限连带保证担保；某某集团公司提供无限连带保证责任担保。

上述三份《购销合同》订立后，三家公司都没有履行交付货物义务，承兑汇票上的资金最终转入C公司账户。

2013年9月，A公司分三次共计支付B公司100799966.40元。同年10月，B公司向农业银行交还银行承兑金额1亿元。

2013年7月12日，A公司与C公司、某某公司、陈某某共同签署了一份《协议书》，C公司承诺2013年7月19日向A公司归还购货款1亿元，如未在上述约定的时间之前归还购货款，将向A公司承担未归还部分30%的违约金；某某公司为A公司提供无限连带保证担保；陈某某等以房产为A公司提供抵押担保。

2013年7月21日，A公司与D公司签署《转让协议》，约定A公司将其于《购销合同》及与之相关的所有担保合同项下的全部权利转让给D公司。次日，A公司与D公司共同向某某大酒店、某某集团公司、某某公司送达了《担保权转让通知并担保义务履行催告函》，通知上述各担保人债权转让事宜，并督促各担保人履行担保义务。

2013年7月22日，A公司、D公司以及C公司、某某公司、陈某某共同签署了《补充协议》，明确：A公司将《购销合同》及其与C公司签署的《股权质押合同》项下之权利转让给了D公司。

此后，因C公司并未向A公司供应任何货物，亦未向A公司或D公司返还任何款项，D公司遂向法院提起诉讼，请求判令：C公司偿还D公司借款人民币1亿元并支付利息；某某大酒店、陈某某等六人对C公司的上述债务承担担保责任。

◎一审判决

一审法院认为，A公司与C公司签订《购销合同》，A公司依据购销合同向C公司支付了1亿元，而C公司并未依合同履行相应义务或返还款项。A公司此后将购销合同中的全部权利转让给原告D公司，并通知了C公司及担保人，故该债权的转让符合法律规定，D公司以受让债权人身份提起诉讼向八位被告主张权利，并无不当。

一、关于《购销合同》的性质及效力的问题。

买卖合同是出卖人转移标的物的所有权于买受人，买受人支付价款的合同。涉案购销合同约定C公司于一定期限内提供相应的热轧卷，A公司则预付全部货款，故在形式上属买卖合同。但在A公司与C公司签订《购销合同》的同一天，C公司又签订了《购销合同》向B公司采购相同的热轧卷；B公司亦签订了《购销合同》又向A公司采购相同的热轧卷。从三方当事人之间的三份《购销合同》内容及履行情况综合考察，三方当事人之间就相同的热轧卷形成了连环买卖关系，但各方都没有准备履行交货的义务。因此，本案三方当事人之间签订的《购销合同》，不符合买卖合同的基本特征，其真实目的为三方当事人借买卖合同之名通过申请银行承兑汇票，然后将承兑汇票的资金出借给C公司使用，故涉案合同名为买卖合同实为企业借贷合同。

综上，三方当事人隐瞒企业借贷的真实目的，以《购销合同》支付货款为由取得银行承兑汇票，实际借给C公司归还其到期银行贷款，该一系列行为违反国家关于企业间禁止借贷的强制性规定，故应依法认定本案三份《购销合同》为无效合同。

二、关于八位被告应承担民事责任范围的问题。

首先，《合同法》第五十八条规定，合同无效的，因该合同取得的财产应当予以返还，有过错的一方应当赔偿对方因此所受到的损失，双方都有过错的，应当各自承担相应的责任。本案购销合同因被确认无效，故C公司依法应当返还借款本金1亿元。

其次，A公司与C公司对于以签订《购销合同》形式进行企业借贷的事实均予以确认，故双方对《购销合同》无效均有过错，双方应当各自承担相应责任。A公司因《购销合同》无效而不享有合同约定的违约金请求权，故受让合同权利的D公司向C公司主张违约金的诉讼请求，不予支持。

最后，《购销合同》虽为无效合同，但根据公平原则，A公司向C公司出借款项，借款人C公司应赔偿占用资金期间的利息损失。A公司依据《购销合同》于2013年5月2日将1亿元银行承兑汇票背书转让给C公司，但此时A公司并未实际支付票载款项，最后于2013年9月27日才向出票人B公司支付上述汇票款项。因此，法院对于D公司起诉主张的利息损失，应自2013年9月28日起算。

三、八位被告各自应承担责任的性质及方式。

首先，根据《担保法》的规定，担保合同是主合同的从合同，主合同无效，担保合同无效，债务人、担保人、债权人有过错的，应当根据其过错各自承担相应的民事责任。在本案中，C公司作为主债务人，应当对作为主合同的系争《购销合同》被确认无效后的全部债务承担责任。

其次，本案中的其他原审被告为《购销合同》所作的担保行为，因主合同无效而无效。D公司主张担保人按照其各自的担保方式承担担保责任，不符合法律规定。根据《最高人民法院关于适用〈中华人民共和国担保法〉若干问题的解释》（以下简称《担保法解释》）第八条规定，因本案中的各担保人对C公司以订立连环《购销合同》的方式向A公司借款的事实均系明知而提供担保，显然具有过错，故均应当依据上述司法解释的规定，承担相应民事责任。

综上所述，判决：一、C公司于本判决生效之日起十日内返还D公司借款人民币1亿元；二、C公司于本判决生效之日起十日内偿付D公司利息损失；三、某某大酒店等（原担保人）对上述债务不能清偿部分，共同承担1/3的赔偿责任。

◎二审判决

D公司不服一审判决提起上诉称：

一、原审判决适用法律错误。A公司与C公司之间形成的借款合同关系未违反法律、法规强制性规定，应当认定双方之间的借款合同关系有效，现行司法实践已不再将企业之间的借贷关系一律认定无效。涉案《购销合同》因缺乏买卖合同关系之合意，应当被认定为自始未生效，而不是无效。原审法院应当将双方之间形成的借款合同关系是否有效作为案件焦点，而不应当就买卖合同关系是否有效进行认定。

二、各被上诉的担保人有义务就A公司与C公司之间借款合同关系的本金及利息承担各自的担保责任。在签订《购销合同》时，A公司与C公司之间已就借款合同关系达成合意，各担保人在提供担保时均对其所担保的法律关系为借款合同关系而非买卖合同关系是清楚的，故应依据担保合同的约定承担担保责任。即使A公司与C公司之间的借款合同关系被认定无效，各担保人也应当依据其相应的过错程度分别承担赔偿责任，而不应共同承担赔偿责任。

综上所述，请求二审法院依法判决：一、撤销原判第三项及第四项；二、D公司对C公司持有的某某大酒店83.61%的股权享有优先受偿权；三、

D公司对龚某某持有的某某大酒店16.39%的股权享有优先受偿权；四、D公司对陈某某、龚某某等所有的房屋享有优先受偿权；五、某某大酒店、某某集团公司、某某公司承担连带清偿责任。

二审法院认为：

关于A公司与C公司之间形成的借款合同关系的效力问题。涉案三份《购销合同》各项约定均基本一致，且各方均未履行购销合同约定的交付义务，但B公司以其与A公司订立的《购销合同》为由向农业银行申请1亿元银行承兑汇票，且在B公司、A公司和C公司之间流转，承兑汇票款项最终转入C公司账户，可见其目的不是购销合同标的热轧卷的买卖，而是为了规避国家金融管理秩序的相关规定，以买卖合同之名，行借贷之实。故本案所涉合同应是名为买卖合同实为企业间借贷合同。A公司作为一家贸易为主营的企业，并不具备从事金融业务资质，且与C公司不存在长期的贸易合作关系，其故意通过制作三家公司之间的连环买卖合同，以买卖合同之间的价差获取资金出借的收益，明显存在规避国家金融政策的情形。据此，原审法院确认三家公司以《购销合同》为由，用支付货款的名义借贷给C公司的一系列行为，违反了国家关于企业间借贷的强制性规定，依法认定合同无效并无不当。

关于各担保人承担的责任问题。本案中，所有担保合同随主合同无效而无效，所有担保主体在提供担保时均明知对其所担保的是借款合同关系而非买卖合同关系，且明知主合同无效仍然为借款人提供担保，理应承担相应的民事责任。D公司认为各担保人应当依据其相应的过错程度承担赔偿责任，而不是应共同承担赔偿责任。根据《担保法解释》第八条规定，主合同无效而导致担保合同无效，担保人有过错的，承担不超过债务人不能清偿部分的三分之一。主合同无效时，债权人、债务人原则上均有过错，在担保人也有过错的情况下，由于担保合同无效是主合同无效所致，担保人的责任原则上不应当超过主合同当事人的责任。对于债权人的损失，债权人、债务人、担保人三方应分担相应的损失。担保人作为一方，无论提供担保是一个还是两个以上担保人其承担的责任份额总计不超过债务人不能清偿部分的三分之一，所以，本案各担保人应共同承担赔偿责任。

综上，原审判决认定事实清楚，适用法律正确。判决如下：驳回上诉，维持原判。

◎**再审裁定**

D公司不服二审判决向最高院申请再审。

最高院认为：

一、关于案涉《购销合同》和企业间借贷合同的效力认定。A公司与C公司签订《购销合同》的真实目的在于从事企业之间借贷，故该合同的性质为企业之间借贷合同，当事人各方对此认定并无异议。关于企业间借贷合同的效力认定，本院认为，对不具备从事金融业务资质的企业之间，为生产经营需要所进行的临时性资金拆借行为，如提供资金的一方是以自有资金进行出借，并非以资金融通为常业，不属于违反国家金融管制的强制性规定的情形，不应当认定借贷合同无效。本案中，尽管A公司并非以资金融通为常业，但B公司基于其与A公司签订的《购销合同》向银行申请了案涉1亿元银行承兑汇票，并将该银行承兑汇票交付给A公司后，由A公司背书转让给C公司，C公司通过持有该票据提示付款的方式从承兑行获得票款。因此，案涉资金实质是通过银行承兑汇票方式从银行融入的资金，并非出借人的自有资金。当事人具有利用银行资金进行非法营利的目的，故原审法院认定案涉企业之间借贷合同无效，并无不当。

二、本案担保人承担的责任如何确定。《担保法》第五条第二款规定："担保合同被确认无效后，债务人、担保人、债权人有过错的，应当根据其过错各自承担相应的民事责任。"《担保法解释》第八条规定：主合同无效而导致担保合同无效，担保人有过错的，承担民事责任的部分，不应超过债务人不能清偿部分的三分之一。本案中，各担保人对于C公司以订立连环《购销合同》的方式向A公司借款的事实均系明知，担保人在明知主合同无效的情形下仍对主债务提供担保，显然具有过错。鉴于合同无效的损失为债权人、债务人、担保人三方过错造成，故依据《担保法解释》第八条的规定，担保人承担的损害赔偿责任不应超过债务人不能清偿部分的三分之一。这里的担保人应指全体担保人，而无论担保人为一个主体还是多个主体，也无论担保人提供了何种担保方式。D公司关于"每一担保人应承担不超过债务人不能清偿部分的三分之一的赔偿责任"的申请理由不能成立，本院不予支持。

最高院再审裁定：驳回D公司的再审申请。

◎**律师评析**

本案是一起名为买卖实为企业间借贷和套取银行资金转贷非法获利的典型案件。

买卖合同与借款合同是截然不同的两种合同关系，借款合同是借款人向出借人借款，到期返还借款并支付利息的合同，在借款合同中，借款人的目的是取得出借人的借款资金。而买卖合同是出卖人转移标的物的所有权于买受人，买受人支付价款的合同，在买卖合同中，买受人的主要目的是取得标的物的所有权。但实践中，名为买卖实为借贷的情况时有发生，那么对此应如何处理?

我们认为，在名为买卖实为借贷合同中，当事人以订立买卖合同为形式，背后掩盖着借贷的目的，在买卖合同不存在实际履行的情况下，借贷合同不一定因此而必然无效。根据《合同法》第五十二条第（三）项规定，“以合法形式掩盖非法法目”的合同无效。若以合法形式所掩盖合法目的的，就不能作无效处理。但本案当事人在“名为买卖合同实为借贷合同”的行为中存在以下三个非法行为:

一是套取银行承兑汇票。B公司以履行《购销合同》付款义务为由，从农业银行取得1亿元承兑汇票交付A公司，A公司将B公司1亿元的承兑汇票背书转让给C公司。从表面上看，上述行为是买卖合同的正常行为，但当事人的目的不在于买卖而是从事企业之间的借贷活动，实际上虚构了贷款用途，属于套取银行承兑汇票，违反了国家金融管制的强制性规定。

二是企业之间利用承兑汇票转贷。最高院在本案裁定中说的很清楚：对不具备从事金融业务资质的企业之间，为生产经营需要所进行的临时性资金拆借行为，如提供资金的一方是以自有资金进行出借，并非以资金融通为常业的，不应当认定借贷合同无效。本案中的三家公司并非以资金融通为常业，但B公司基于《购销合同》向银行申请1亿元银行承兑汇票，并将该银行承兑汇票交付给A公司后，由A公司背书转让给C公司，C公司通过持有该票据提示付款的方式从承兑行获得票款，因此，案涉资金实质是通过银行承兑汇票方式从银行融入的资金，并将该资金进行转贷。企业之间利用银行承兑汇票进行转贷是违反国家金融管制的行为。

三是转贷牟利。转贷牟利是违反国家规定，以转贷牟取利益为目的，套取金融机构贷款资金转贷给他人的行为。转贷牟利侵犯了国家对信贷资金的发放及利率管理秩序，因而是违法行为。《民间借贷规定》第十四条规定，套取金融机构信贷资金又高利转贷给借款人，且借款人事先知道或者应当知道的，人民法院应当认定民间借贷合同无效。B公司于2013年5月2日将承兑汇票交付A公司，A公司于2013年9月22日和27日支付B公司100799966.40元，在短短的四个多月时间里，B公司牟利799966.40元。因此，本案中涉案的企业之间借贷行为应当作无效处理，

［本案例根据上海市高级人民法院（2014）沪高民二（商）终字第16号民事判决书和最高人民法院（2015）民申字第680号民事裁定书编写］

第四章　民间借贷介绍人、见证人及裁判案例解析

1. 民间借贷介绍人

民间借贷介绍人是指在借款人与出借人之间介绍借贷情况、说合借贷的人。介绍人的作用是使借贷双方当事人了解情况，劝说出借人将钱借给特定的借款人，或者劝说借款人向特定的出借人借款。有些好心的介绍人还就借贷数额、利息、期限等在双方当事人之间说合，对双方当事人的分歧进行协调，着力促使双方当事人就有关借贷事项达成一致意见。近几年，有些地方设立了民间借贷服务机构，这些机构也具有中介性质，有人想借钱没有找到出借人，有人想把钱出借没有找到借款人，都可以到这些中介机构进行登记，这些中介机构通过网络平台发布信息，帮助寻找资金配对，安排借贷双方面谈，协助确定借贷数额、利率、期限等，促成借贷交易。介绍人不是借贷当事人，因而不享有实体权利，也不承担实体义务。

在实践中，介绍人最容易与借款人、保证人混淆，如第三人在借条上签字，出借人有可能主张该第三人是共同借款人，或者主张该第三人是保证人。有些出借人由于缺乏法律知识，不分介绍人与保证人的区别，认为介绍人在借据、借条上签字就应承担担保责任。介绍借贷本来是简单的民事行为，但在实践中经过这些折腾，也就变得复杂起来。

案例解析

“介绍人”在借款人栏下签名被判共同偿还借款

◎**案情简介**

2011 年 9 月 22 日，王某、张某与孔某订立一份借款协议约定，因乙方（王某）工程急需资金周转，特向甲方（孔某）借款陆万元整。此后，在 2011 年 10 月至 2012 年 8 月间，王某、张某向孔某先后出具借条 9 张，合计借款金额 61 万元，用途都为王某工程急需资金周转。2014 年 1 月，孔某诉至法院，请求判令张某、王某、朱某（王某、朱某系夫妻关系）共同归还借款 61 万元及利息。

王某辩称，1. 本案的实际借款人为张某，其仅是双方借款的介绍人，借条上的姓名并不都是当场签的，很多签名是为了配合孔某起诉补签的，其在借条上签名系作为证人，而不是借款人；2. 孔某每次出借时，均预扣了利息，孔某实际出借金额不足 40 万元，而不是其主张的 61 余万元，其中部分借条是利息白条；3. 截至 2012 年 11 月左右，其代张某还款 56.72 万元，孔某主张的借款已全部还清，要求驳回孔某的诉讼请求。

朱某辩称，孔某主张的借款系其与张某之间的借贷，王某仅是介绍人，王某并未拿一分钱，相反为了帮助张某还款，致使家庭负债累累，要求驳回孔某的诉讼请求。

◎**一审判决**

在审理中，孔某自认，其主张的 11 笔借款实际交付款项合计为 55.16 万元。王某提交的视听资料在 a002 段中，王某认为主张的 11 笔借款中有 3 笔借款均为利息白条，其余 8 笔借款均系实际发生的借贷。上述事实，有借款协议 3 份、借条 8 张、收条 1 张等证据证实。

一审法院认为：孔某未就其主张的 11 笔借款借贷合意、款项交付做合理说明，结合视听资料中双方的陈述，对孔某主张的 61 万元借款本金的诉请，本院部分予以支持。经审核，对孔某主张的 8 笔借款共计 45.18 万元，本院予以认定。对孔某主张的 3 笔借款，本院不予认定。关于原告孔某主张的逾期利息起算时间，因双方借贷未明确约定借款期限，本院以原告孔某起诉的时间作为利息起算的时间。

王某辩称：其系孔某与张某借贷中的介绍人，未提供充分证据予以证明，对其该辩称意见，本院不予采信。王某、朱某辩称，本案中的借款，已经全部还清，因未提供还款证据，对该辩称意见，本院不予采信。王某、朱某系夫妻关系，根据法律规定，债权人就婚姻关系存续期间夫妻一方以个人名义所负债务主张权利的，应按夫妻共同债务处理，故朱某对王某所负债务承担共同还款责任。张某经法院公告送达开庭传票和应诉材料，无正当理由拒不到庭，可以缺席判决。据此，判决：一、王某、朱某、张某偿还孔某借款451800元及利息；二、驳回孔某的其他诉讼请求。

◎二审判决

王某、朱某不服一审判决提起上诉，请求二审法院查明事实，依法改判由张某承担归还387200元的责任，王某、朱某不承担还款责任。主要理由为：1. 王某与孔某之间不存在借款的事实，其是张某向孔某借款的介绍人，所有的借款都是张某所借，与王某无关；2. 借条上王某的签字是孔某起诉后要求其补签的，王某是作为介绍人的身份补签的字，不是作为借款人签的字；3. 王某并没有取得借款，不存在将借款用于夫妻共同生活，所以朱某不应承担连带还款责任；4. 本案实际借款数额并非451800元，王某对孔某实际出借款项并不清楚，只是应孔某的要求出具利息白条给孔某，2012年3月6日以后出具的借条基本上都是利息，可以从借条上每个月日期一样反映出来，实际的出借款项是387200元。

被上诉人孔某辩称：1. 王某就是实际借款人，因为其不认识张某，第一次借款发生在2011年9月22日，是王某本人亲自打电话，约其到办公室谈这件事情，当时也讲好其只认王某，不认其他人，所以王某就是实际借款人。从借款协议上也能看出是孔某和王某签订的，张某的签名是在王某的收据人后补签的，从笔体上能够看出来。张某是王某嫂子的亲弟弟，有一层亲戚关系在里面，其根本不认识张某，和张某也没有任何经济关系。其和王某是十四五年的同事关系，在一个办公室工作，每次借款都是由王某打电话，谈好后其就组织款项，把款项拿过来交给王某，然后由王某处理。王某具体拿钱干什么其不清楚，也和其没有关系；2. 王某欠其这么多钱不还，朱某作为王某的妻子应负连带还款责任；3. 关于借款的数额，原审法院认定正确，2012年3月6日以后的不是利息，都是其借给王某的现金。综上，请求二审法院依法驳回王某、朱某的上诉。

二审法院认为，当事人对自己提出的诉讼请求所依据的事实或者反驳对方诉讼请求所依据的事实有责任提供证据加以证明。没有证据或者证据不足以证明当事人的事实主张的，由负有举证责任的当事人承担不利后果。本案中，原审法院认定有效的8份借款协议或借条上均有王某的签字，王某对上述签字不持异议，表明上述借款协议或借条均真实有效。王某提出部分借款协议或借条上的签字是之后补签的，但王某对于其补签的事实未提交证据予以证实，即使是其之后补签的字，该补签的行为视为其对张某借款的一种追认，而且上述借款协议或借条上王某的签字并无任何特殊说明，王某的签字是在“借款人”后面或下面，故王某认为其不是借款人，而只是借款关系的介绍人依据不足，本院不予采信。

综上，王某、朱某的上诉请求不能成立，本院不予支持。原审法院判决认定事实清楚，适用法律正确。判决如下：驳回上诉，维持原判。

◎**律师评析**

本案有多个争议焦点，其中最重要的是王某是介绍人还是共同借款人。

在民间借贷活动中，介绍人仅起提供情况，说合借贷，促使借款合同订立的作用，介绍人这一性质决定其不是借款合同中的当事人，而是借款合同以外的第三人，所以，介绍人既不享有取得借款的实体权利，也不承担偿还借款的实体义务。本案的王某如果是介绍人，就不与借款人张某共同承担偿还借款责任。

从常理角度看，王某因工程急需资金周转向孔某借这么多笔借款，不可能是张某借款的介绍人，且王某在8份有效的借款协议中的“借款人”栏的后面或下面都签上其姓名，并对签字没有异议，有此“白纸黑字”为证，法院认定王某与张某为共同借款人是有依据和理由的。王某在8份有效的借款协议中，如果明确写明“介绍人王某”，法院就不可能认定王某是共同借款人，而会认定是介绍人，那么，王某就不承担共同偿还借款责任。但若王某当时确实是为张某介绍借款，由于在借款协议中的“借款人”栏下签名，而未标示“介绍人”，又没有其他证据证明其是介绍人，由此造成法院认定其为共同借款人并判令其共同偿还借款，这种后果也只能由王某自行承受，而不能说法院冤判。

本案的判决提醒我们，行为人如果为借款人介绍借款，在借条、借据等借款合同中应当明确标示自己是介绍人的身份，以防与借款人、保证人混淆而带来法律风险。

[本案例根据江苏省南京市中级人民法院（2014）宁民终字第5129号民事判决书编写]

2. 民间借贷见证人

民间借贷见证人是指当场目睹出借人与借款人发生借贷关系并可作证的人。在民间借贷活动中，有些出借人对借款人不放心，为防止借款人日后赖账，邀请见证人到场作证，也有的借款人为了让出借人放心，邀请第三人出面见证，第三人愿意并出场见证的，就成了见证人。见证人与介绍人一样不是借贷当事人，但在借款人与出借人发生纠纷时负有作证义务。见证人因“当场目睹”，具有很强的证明力，但见证人只对“当场目睹”的事实具有见证效力，如借款人写好借条，让见证人在该借条上签字见证，但见证人并未看到出借人向借款人交付借款，在这种情况下，该第三人只能证明借款人写了这么一张借条，而不能证明出借人是否向借款人提供了借款。双方当事人在交接借款时，第三人不在场，事后听某一方当事人说发生了借贷关系，该第三人只能作为间接证人，而不是直接见证人。在实践中，见证人容易与保证人、借款人混淆，如第三人在借条上签字，出借人有可能主张该第三人不是见证人而是保证人或者借款人，而该第三人主张自己是见证人，于是酿成纠纷。

案例解析

行为人在借款人栏中盖章是共同借款人而不是见证人

◎案情简介

2008年5月13日，陈某某（某某包装公司法定代表人）向黄某出具借条载明：今借到黄某现金40万元，归还日期为两个月；逾期不还，每月按银行同期利率的四倍支付利息。借款人：陈某某。担保人：徐某某、陈某。某某包装公司在该借条的借款人栏下盖上印章。

借款到期后，陈某某和某某包装公司未还款。2010年3月31日，黄某向法院起诉，要求某某包装公司归还借款40万元及利息。法院以陈某某及某某包装公司涉嫌经济犯罪，县公安局已立案侦查为由，裁定驳回黄某起诉。2012年6月12日，县公安局出具《关于撤销陈某某非法吸收公共存款案的函》，认为陈某某的行为不构成犯罪，已于2012年5月18日撤销刑事案件。后黄某再次起诉，请求判令某某包装公司归还借款40万元及利息。

一审另查明：2008年12月4日，某某包装公司法定代表人变更登记为陈甲。

在一审中，某某包装公司提供落款人为陈某某的书面证明一份，该证明书证明，黄某2008年5月13日的40万元借款，某某包装公司签章是起担保作用，经办人是徐某某。

◎一审判决

一审法院认为：某某包装公司原法定代表人陈某某以借款人名义向黄某出具借条，并在借条上的借款人栏下加盖某某包装公司印章，并未明确某某包装公司是保证人，故黄某主张某某包装公司是共同借款人，本案应予支持。

一审法院判决：某某包装公司于判决生效后十日内归还黄某借款40万元及利息。

◎二审判决

某某包装公司不服一审法院判决提起上诉。二审法院判决：驳回上诉，维持原判。

◎再审判决

某某包装公司申请再审称：某某包装公司与陈某某不是共同借款人。1. 借条中未注明某某包装公司是借款人或担保人，某某包装公司应为见证人。2. 黄某提供的40万元借条上书写的内容分上下两段，下段中某某包装公司盖章及陈某签名应是后加上的，不是与黄某出具的借条同时形成。一审、二审认定的基本事实缺乏证据证明。

法院再审认为：在本案40万元借条中，某某包装公司在借款人陈某某签名处下方盖章，未注明系见证人。某某包装公司认为其在该借条中的身份为见证人，黄某不予认可，某某包装公司未能提供其他证据证实，其主张不能成立。

某某包装公司主张在该40万元借条上盖章及陈某签名，与借条内容不是同时形成，无证据证实。但无论某某包装公司盖章时间是否与借条同时形成，在某某包装公司不能提供证据证明其身份为见证人的情况下，一审、二审根据某某包装公司盖章位置在借款人签名处的事实，认定某某包装公司为共同借款人并无不当。某某包装公司该项申请再审的理由不能成立。裁定驳回某某包装公司的再审申请。

◎律师评析

本案并不复杂，但如何确认是借款人还是见证人的问题值得分析。

在民间借贷活动中，见证人的作用是证明出借人与借款人发生借贷的事实，见证人作证具有很强的证明力，但见证人不是借贷当事人，既不承担借款合同中的义务，也不享有借款合同中的权利，只是在出借人与借款人发生纠纷时，见证人负有作证义务，其见证内容具有很强的证据效力。在民间借贷合同纠纷中，出借人认为行为人是保证人或者是共同借款人，而行为人认为自己只是见证人的，行为人对该主张应有证据来证明，如果在借款合同上签名或盖章未明确标示见证人身份的，就有可能被认为是保证人或共同借款人。

本案中，某某包装公司在40万元借条中的借款人栏下陈某某签名下方盖章，且未注明其系见证人。在此情形下，即使某某包装公司本意是见证陈某某向黄某借款，但涉案借条作为诉讼证据，在法律上也只能认定某某包装公司系共同借款人，而不可能认定是见证人。如果该借条已经明确标示某某包装公司是见证人的，法院不可能判决某某包装公司清偿债务。由此可见，行为人为表达见证本意，应当在借据、借条等债权凭证上或者采取其他方式明确标示见证人身份，以免出现见证变借款，白花冤枉钱。

[本案例根据江苏省高级人民法院（2014）苏审二商申字第79号民事裁定书编写]

第五章 小额贷款及裁判案例解析

这里的“小额贷款”专指小额贷款公司经营的小额贷款。中国银行业监督管理委员会、中国人民银行于2008年5月4日下发《关于小额贷款公司试点的指导意见》（以下简称《指导意见》）决定开展小额贷款试点工作后，截至2016年年末，全国共有小额贷款公司8673家，贷款余额9273亿元。

根据《指导意见》的有关规定，小额贷款公司发放贷款的资金主要来源于出资人的实收货币资本，且“只贷不存”，并以“小额、分散”为经营原则；同一借款人的贷款余额不得超过小额贷款公司资本净额的5%。该《指导意见》还规定，贷款利率上限放开，但不得超过司法部门规定的上限，下限为人民银行公布的贷款基准利率的0.9倍，具体浮动幅度按照市场原则自主确定。这里的“司法部门规定”是指最高人民法院司法解释的规定，现指《民间借贷规定》。

1. 小额贷款属于民间借贷

《民间借贷规定》第一条第一款规定：“本规定所称的民间借贷，是指自然人、法人、其他组织之间及其相互之间进行资金融通的行为。”第二款规定：“经金融监管部门批准设立的从事贷款业务的金融机构及其分支机构，因发放贷款等相关金融业务引发的纠纷，不适用本规定。”因小额贷款公司不是金融监管部门批准设立的金融机构及其分支机构，其发放的小额贷款在性质上属于民间借贷，故应受《民间借贷规定》调整。

案例解析

小额贷款纠纷适用《民间借贷规定》

◎**案情简介**

陈某某与某某小额贷款分公司等人借款合同纠纷一案，不服某省高院第145号民事判决，向最高院申请再审。

陈某某申请再审称：1. 在某某小额贷款分公司与本人等借款合同纠纷一案中，被申请人某某小额贷款分公司是中国人民银行批准成立的发放贷款的金融机构的分支机构，所以本案不属于民间借贷性质，不适用《民间借贷规定》，也不适用利息按银行同期贷款利率四倍计算的规定。涉案《贷款合同》虽然约定月利率1.76%的利息，但因某某小额贷款分公司是金融机构的分支机构，故利息和罚息标准应按照《中国人民银行关于人民币贷款利率有关问题的通知》的规定执行。

最高院认为：小额贷款公司是经金融主管部门批准设立的，获取了贷款发放的资格，但其性质并不是金融机构，某某小额贷款分公司不属于《民间借贷规定》第一条第二款“经金融监管部门批准设立的从事贷款业务的金融机构及其分支机构”，因其发放贷款引发的纠纷，应当适用该规定。

关于利息和罚息的计算是否超出规定范围的问题。由于某某小额贷款分公司并非金融机构的分支机构，故原判决根据民间借贷的相关规定认定“罚息应以剩余本金为基数，按照中国人民银行同期贷款基准利率四倍计算，超出部分不予支持”是正确的。涉案利率及罚息未超出规定范围，因此，原判决适用民间借贷的相关规定认定本案贷款利率及罚息的上限并无不当，不存在适用法律错误的情形。

综上，裁定如下：驳回陈某某的再审申请。

◎**律师评析**

根据《指导意见》规定，小额贷款公司是有限责任公司或股份有限公司。小额贷款公司虽然有发放贷款的金融业务资格，但与正规金融机构比较，由于行政许可主体和金融经营范围不同，两者有很大区别。

金融机构是经银行业监督管理机构许可从事存贷等金融业务的机构，包括国有商业银行、股份制商业银行、城市商业银行和城市信用社股份有限公司等。《商业银行法》第十一条规定，设立商业银行应当经国务院银行业监督管理机构审查批准；未经国务院银行业监督管理机构批准，任何单位和个人不得从事吸收公众存款等商业银行业务。小额贷款公司由于“只贷不存”，只需省级政府主管部门批准，经工商部门登记领取营业执照即可设立，而无须银行业监督管理机构批准，无须取得金融许可证，即可从事放贷业务。由此可见，小额贷款公司不是正式的金融机构。《民间借贷规定》第一条第二款规定：“经金融监管部门批准设立的从事贷款业务的金融机构及其分支机构，因发放贷款等相关金融业务引发的纠纷，不适用本规定。”反过来说，无须金融监管部门批准设立的小额贷款公司，其发放贷款行为，属于《民间借贷规定》第一条第一款规定“自然人、法人、其他组织之间及其相互之间进行资金融通的行为”，属于民间借贷，故应适用该规定处理纠纷。

［本案例根据最高人民法院（2016）最高法民申字第2827号民事裁定书编写］

2. 违规不违法的小额贷款

我们在实践中发现，有些小额贷款公司发放某些贷款虽然没有违反法律、行政法规的强制性规定，但明显违反有关规章和规范性文件要求，这叫“违规不违法”。如具体表现：

（1）超比例大额放贷。《指导意见》规定：“小额贷款公司发放贷款，应坚持‘小额、分散’的原则”，这是小额贷款公司经营贷款的特征。所谓的“小额”，是指“同一借款人的贷款余额不得超过小额贷款公司资本净额5%”。比如，资本净额为1个亿，同一借款人的贷款余额不得超过500万元，如果超过这个比例放贷，则认为是违规大额放贷。

（2）超额度融入银行资金。《指导意见》规定“小额贷款公司从银行业金融机构获得融入资金的余额，不得超过资本净额的50%。”小额贷款公司超越这个额度融入银行资金又将超出部分放贷给借款人，其中，超额度融入银行资金属于违规行为。

（3）账外放贷。小额贷款公司按规定应当将有关资金入账而不入账，然后在账外发放贷款。如将收回贷款的资金、调剂进入的资金、违规借入的资金不入公司正式账户，而将这些资金通过账外向借款人发放贷款，这是逃避行政监管行为。

我们认为，小额贷款公司违规放贷虽然不符合有关监管规定，但对外并不影响借款合同的效力，主要理由为：《指导意见》是行政管理规范，对小额贷款公司从事贷款行为具有行政管理效力，有关行政主管部门可以依据《指导意见》及有关规范性文件规定对其作出处理，如警告、责令整改，甚至有权吊销其许可证件，但对借款人没有约束力。因《指导意见》对借款人不具有法律效力，故不能以《指导意见》及有关规范性文件确认此类借款合同无效而要求借款人返还贷款。借款合同只有违反法律、行政法规的禁止性规定的，才能确认无效。小额贷款公司和借款人自愿协商一致订立借款合同，没有违反法律、行政法规的禁止性规定，即为有效。《指导意见》作为规章，法律效力层级较低，且非借款合同的效力依据，因此不能以其为依据判断借款合同有效还是无效。

案例解析

违规发放小额贷款不必然导致借款合同无效

◎案情简介

2012年12月25日，某某农村小额贷款公司与瞿某订立借款合同。该合同约定：瞿某向某某农村小额贷款公司借款300万元。同日，某某农村小额贷款公司与张某某等订立保证合同，约定由张某某等为瞿某的借款提供连带责任保证。上述合同订立后，某某农村小额贷款公司于2012年12月25日向瞿某账户内汇入300万元，瞿某出具了借款借据。

在借款期内，瞿某偿还部分本息。借款到期后，瞿某未偿付大部分本息。某某农村小额贷款公司提起诉讼请求：1. 判令瞿某偿还借款本金300万元及利息；2. 判令张某某等对瞿某上述债务承担连带清偿责任。

瞿某在辩称中提出：涉案借款合同属以合法形式掩盖非法目的。某某省小额贷款公司监管办法与试点意见明确，农村小额贷款组织的贷款不得跨越批准的经营区域开展业务活动，用于支持在”三农”的比例不得低于80%，严格控制大额放贷，单户贷款的最高余额不得超过资本金的10%。本案所涉资金结合其他数笔贷款的全部金额，已远远超过了监管要求，且贷款对象系经营性公司而非“三农”。某某农村小额贷款公司为规避上述监管要求，采取以众多区域外的自然人为借款人，采取巨额贷款化整为零的方式达到掩盖违规放贷的目的，案涉借款合同应认定无效。

◎一审判决

法院认为：关于瞿某提出的涉案借款属以合法形式掩盖非法目的而应认定无效的问题，中国人民银行、某某省人民政府金融工作办公室就小贷公司的资金运用、监管要求作出规定，其目的在于加强监管、控制风险，促进小贷公司健康、有序、可持续发展，属行业管理规范，而并不属于法律、行政法规所规定的效力性、强制性规定。涉案借款合同不属于以合法形式掩盖非法目的之情形，并不因此无效。某某农村小额贷款公司与瞿某所签订的借款合同系双方当事人的真实意思表示，且未违反法律、行政法规的禁止性规定，应认定合法有效，瞿某应当按照合同约定承担相应的还款义务。

法院判决：一、瞿某于判决发生法律效力之日起十五日内偿还某某农村小额贷款公司借款本金2861400元；二、张某某等对瞿某上述债务承担连带清偿责任；三、驳回某某农村小额贷款公司的其他诉讼请求

◎二审判决

瞿某不服一审判决提起上诉，二审法院判决：驳回上诉，维持原判。

◎律师评析

《指导意见》开宗明义指出：“为全面落实科学发展观，有效配置金融资源，引导资金流向农村和欠发达地区，改善农村地区金融服务，促进农业、农民和农村经济发展，支持社会主义新农村建设。”由此可见，设立小额贷款公司的目的和政策导向是解决“三农”的融资困难问题。但许多小额贷款公司因“三农”贷款不能获得高额利润而违背政策导向，特别是经济发达地区的一些小额贷款公司，向“三农”放贷只是做个样子应付，而将大量贷款资金采取直接或变相手段投向城市工商业。对此，有关行政主管部门应当采取措施予以纠正，有些地方还规定予以行政处罚。但这种小额贷款行为，因没有法律或行政法规予以禁止，所以不能因此无效，小额贷款债权仍受法律保护。

基于此，本案中的借款人瞿某认为出借人某某农村小额贷款公司违背

《指导意见》规定的政策导向，涉案借款以合法形式掩盖非法目的而应认定无效的主张不能成立，因此，法院判决驳回其借款合同无效的上诉请求。

[本案例根据江苏省高级人民法院（2015）苏商终字第00354号民事判决书编写]

案例解析

违规“包收包贷”导致小额贷款公司解散

◎案情简介

广利恒小额贷款公司于2009年12月31日经工商核准登记成立，注册资本8000万元。工商登记材料记载，公司性质为股份有限公司，由A公司（占股份20%）、B公司（占股份10%）、C公司（占股份10%）、D公司（占股份10%），吴某某等7位自然人（占股份50%）投资成立。后由于个别股东之间的矛盾，影响了公司的正常经营，广利恒小额贷款公司于2011年9月后停止正常放贷业务。自2011年下半年起，当地工商部门多次组织股东就公司股东之间的个人经济纠纷、公司逾期还贷等问题进行协调，但未果。2011年11月2日，当地工商部门要求广利恒小额贷款公司股东、股东会在一周以内就公司现状统一意见，对股权转让、调整经营模式或达成公司清算、注销决议以进入清盘关停程序作出处理性决定。2011年11月3日、12月22日及2012年4月20日，广利恒小额贷款公司三次发通知召开股东大会审议公司股权转让或决定公司解散、清算、逾期贷款催收等事项，股东大会仅于2012年5月24日召开成功，但未能形成决议。

2012年7月10日，D公司、C公司、楼某某（股东）向法院起诉，请求判令解散广利恒小额贷款公司。

◎一审判决

一审法院认为，根据《公司法》第一百八十三条规定，解散公司的条件为公司经营管理发生严重困难，继续存续会使股东利益受到重大损失，通过其他途径不能解决。本案已存在公司经营管理发生严重困难，公司继续存续会使股东利益受到重大损失的情形。而该公司僵局自2011年下半年始通过工商部门多次协调、召开股东大会、股东内部协商等方式均未能解决，本案审理过程中，D公司、C公司、楼某某明确表示不愿意调解，故广利恒小额贷款公司僵局已无法通过其他途径解决。综上，D公司、C公司、楼某某请求解散广利恒小额贷款公司符合《公司法》及其相关司法解释的规定，应予支持。于是，于2012年10月8日判决：广利恒小额贷款公司于判决生效之日起予以解散。

◎二审判决

广利恒小额贷款公司不服一审判决提起上诉，请求：撤销一审判决，发回重审或改判驳回被上诉人D公司、C公司、楼某某的诉讼请求。

二审法院认为，本案二审争议焦点系：广利恒小额贷款公司是否符合解散条件。

判断公司是否符合解散条件，应以《公司法》和相关司法解释为依据，公司必须同时具备"经营管理发生严重困难""继续存续会使股东利益受到重大损失"和"通过其他途径不能解决"等法定要件。根据《最高人民法院关于适用〈中华人民共和国公司法〉若干问题的规定（二）》第一条的规定，判断公司是否存在"经营管理发生严重困难"，应当结合公司的股东会、董事会或执行董事及监事会或监事的运行状况进行综合分析。本案中，被上诉人D公司、C公司、楼某某与原审第三人各占广利恒小额贷款公司50%的出资，广利恒小额贷款公司章程规定，"股东会的决议须经代表二分之一以上表决权的股东通过"，对该"二分之一以上"，通常理解应认为不包括本数。在广利恒小额贷款公司章程所规定的表决机制的前提下，只要双方股东的意见存有分歧、互不配合，就无法形成有效表决，影响公司的运营。广利恒小额贷款公司采取违规的"包收包贷"经营模式，公司业务经营实际上处于权利"割据"状态。公司董事长和监事会主席履行职能受到重大影响，公司治理结构的功能不能有效发挥。另外，2011年8月，广利恒小额贷款公司进行了分红，被上诉人D公司、C公司、楼某某被排斥在外。对此，三被上诉人D公司、C公司、楼某某对其予以担保的贷款均拒付利息，4400万元贷款到期也未予以偿还。而上述贷款占广利恒小额贷款公司注册资本的50%以上，贷款本息不能及时回收，严重影响公司的正常运行。为化解广利恒小额贷款公司股东矛盾，恢复和维系广利恒小额贷款公司的正常经营，自2011年下半年起，某某工商分局多次组织股东就公司股东之间的个人经济纠纷、公司逾期还贷等问题进行协调，但均未果。2011 年 11 月 3 日、12 月 22 日及 2012 年 4 月 20 日，广利恒小额贷款公司三次发通知召开股东大会，会议审议事项为公司股权转让或决定公司解散、清算、逾期贷款催收等，股东大会仅于 2012 年 5 月 24 日召开成功，但未能形成决议。本院在审理过程中，也基于慎用司法手段强制解散公司的考虑，进行了调解。广利恒小额贷款公司提出了重组方案，而 D 公司、C 公司、楼某某对调解方案明确表示不接受，坚持要求公司解散。综合相关因素，本院有理由相信，广利恒小额贷款公司存在“经营管理发生严重困难”“继续存续会使股东利益受到重大损失”和“通过其他途径不能解决”等导致公司解散的法定要件。一审判决解散广利恒小额贷款公司，有相应的事实依据和法律依据。

至于广利恒小额贷款公司上诉提出被上诉人 D 公司、C 公司、楼某某提起公司解散的诉讼目的不纯的相关问题，作为从事特定范围和规模融资性经营活动的小额贷款公司，依法及时收回贷款本息，符合公司和全体股东的利益，在公司解散诉讼期间，公司法定代表人以公司名义提起相关催收公司贷款本息诉讼，应依法确认公司诉讼活动的效力。本院注意到，广利恒小额贷款公司向 D 公司、C 公司、楼某某请求归还贷款本息的诉讼已由相关法院进行审理。如生效判决确认相关债务，D 公司、C 公司、楼某某应依法履行相应的归还广利恒小额贷款公司贷款本息的责任。但是，对于导致形成广利恒小额贷款公司与 D 公司、C 公司、楼某某贷款本息诉讼的原因，双方当事人的陈述不一，广利恒小额贷款公司认为 D 公司、C 公司、楼某某提起公司解散的诉讼目的不纯的事实依据和理由还不足以令人信服，诉讼目的也不是阻却当事人提起公司解散诉讼的充分理由。

综上所述，判决如下：驳回上诉，维持原判。

◎律师评析

本案是一起典型的小额贷款公司解散案件，主要原因是由于双方股东产生矛盾不能统一而采取违规的“包收包贷”经营模式，公司业务经营权利被“割据”，结果出现“经营管理发生严重困难”而停止正常放贷业务。

从实践情况来看，小额贷款经营中的“包收包贷”大致有三种情况。一是一些小额贷款公司为了防范放贷风险，保证贷款质量，在内部实“包收包贷”责任制，将每一户贷款责任落实到每位信贷人员、主管负责人身上，这是公司内部管理，不违法也不违规。二是有些地方推出小额贷款公司与商业银行组合，为银行商业包放包收贷款，并承担贷款全部风险，以扩大融资数量，这是两者金融合作关系应当允许。三是各股东根据持股比例分配贷款额度，各自对名下的贷款负责并进行担保，譬如，某一股东投资1000万元持有10%股份，可分得900万元贷款额度，在这额度内，该股东有权以公司名义自主发放贷款，到期由其收回，利息收入以分红或其他形式大部分归其所有，贷款不能收回由其承担亏损责任。这种模式显然不符合小额贷款公司管理规定，也不符合《指导意见》规定精神，更为严重的是，公司业务经营权利被“割据”，股东各自为政，公司股东会、董事会和监事会难以履行职责，公司治理结构不能有效发挥，但若部分股东大量贷款不能收回，其他股东担心受牵连很可能会转移贷款资金，由此进一步引发股东矛盾，甚至会使公司难以继续维持。

小额贷款违规经营贷款业务虽然不会必然导致借款合同无效，但其危害性不可低估。本案广利恒小额贷款公司被判解散给我们留下至少以下两大严重教训：

一是股东必须协调一致，特别要处理好利益关系。各位股东由于个性差异，在处理公司重大事情时持有不同意见在所难免，但必须严格执行公司章程规定，恰当行使权利，而不能过分强调个人主张而不顾多数股东反对，这是股东维护公司大局利益所必须做到的行为准则。从现实表现来看，股东之间的矛盾大多数是人为造成利益分配不公引起的，如本案广利恒小额贷款公司2011年8月进行分红，将D公司、C公司、楼某某被排斥在外，致使D公司、C公司、楼某某对其予以担保的贷款均拒付利息，4400万元贷款到期也未予以偿还，于是双方股东矛盾加深，公司陷入僵局，后多次组织协调不成，多次召开会议不成，结果出现“通过其他途径不能解决”法定解散要件。

二是公司必须依法合规经营，严防股东各自为政。股东各自为政不可能解决矛盾，反而会加深股东之间的矛盾，利益冲突更趋严重，所以，股东各自为政是破坏公司治理结构的最大危害。广利恒小额贷款公司在股东存在矛盾的情况下采取违规的“包收包贷”模式，在表面上看，这仅仅是经营模式问题，但实际上造成公司业务经营“割据”，结果使股东会、董事会、监事会形同虚设，不能形成统一管理的混乱局面，双方股东分歧扩大，相互完全不能配合，无法形成有效表决，结果连“包收包贷”也不能进行下去，出现“经营管理发生严重困难”“继续存续会使股东利益受到重大损失”，最后不得不采取解散方式来了结公司，此可见违规经营带来的严重后果。

广利恒小额贷款公司被判决解散是其股东自己造成的，由此带来的损害仍由股东自己承受，因此不能不说这是一个深刻的教训。

［本案例根据浙江省高级人民法院（2012）浙商终字第71号判决书编写］

第六章　个体网络借贷及裁判案例解析

互联网借贷是以依托于支付、社交网络以及搜索引擎等互联网工具，实现资金融通、支付和信息中介等业务的一种新兴融资方式。从表现形式来看，互联网借贷无非是线下交易向网络线上平台交易的转变而已。中国人民银行、工业和信息化部等十个国家部门经党中央、国务院同意联合印发了《关于促进互联网金融健康发展的指导意见》（银发〔2015〕221 号）。该指导意见（八）在专门规定网络借贷时指出："网络借贷包括个体网络借贷（即 P2P 网络借贷）和网络小额贷款。"

2016 年 8 月 17 日，中国银监会、工业和信息化部、公安部、国家互联网信息办公室制定了《网络借贷信息中介机构业务活动管理暂行办法》。根据该办法规定，网络借贷是指个体和个体之间通过互联网平台实现的直接借贷（即 P2P 个体网贷）。这里的"个体"包含自然人、法人及其他组织。网络借贷信息中介机构是指依法设立，专门从事网络借贷信息中介业务活动的金融信息中介公司。当事人设立网络借贷信息中介机构，应当按照《公司法》的相关规定向工商部门申领营业执照设立公司（如有限责任公司），报地方金融监管部门备案登记，取得电信业务经营许可，然后设置网络贷款平台，开展以互联网为主要渠道，为借款人与出借人实现直接借贷提供信息搜集、信息公布、资信评估、信息交互、借贷撮合等中介服务活动。这种机构的本质是信息中介而非信用中介，自身不得为借款人提供借款或者向出借人借款以及为借款人提供担保，因而不承担借贷违约风险。

个体网络借贷利用互联网信息技术，不受时空限制，使出借人与借款人在平台上直接对接进行借贷融资活动，从而拓宽了借贷目标群体和范围，具有成本低、效率高、大众化等优势。

1. 个体网络借贷属于民间借贷

从借贷主体和权利义务上看，个体网络借贷是个体与个体之间（即自然人、法人及其他组织之间）通过互联网平台进行的融资活动，由出借人提供资金，届时收回本金并获取利息，并自行承担风险，借款人到期偿还本金并支付利息，这与日常的民间借贷没有本质上的区别。个体网络借贷与传统民间借贷的主要区别在于平台不同，传统民间借贷通常基于人缘关系、地域因素面对面进行，而个体网络借贷利用现代化的互联网平台，在足不出户的计算机前发生借贷关系。所以，个体网络借贷属于民间借贷，受《合同法》《民法总则》等法律、法规以及有关司法解释规范和调整。

案例解析

P2P 网络借贷纠纷适用《民间借贷规定》

◎案情简介

2016 年 1 月 6 日，霍某、卢某某、某某公司三方通过网络平台共同签订了一份《借款合同》。该合同约定：某某公司作为 P2P 网络借贷服务商，为霍某、卢某某提供 P2P 借贷信息、信用咨询等交易信息管理服务；卢某某向霍某借款 7 万元，借款期限为 24 个月，自 2016 年 1 月 6 日至 2018 年 1 月 5 日；还款方式为分期银行转账，借款月利率为 1%；每月 30 日为还款日，每月应还本金 2916 元，利息 700 元，平台服务费 2100 元；借款人违约，出借人有权立即解除本协议，并要求借款人立即偿还未偿还的本息；逾期罚息每天按照当月应还款的 5% 收取。

霍某于合同签订当日通过银行给卢某某转款 7 万元。卢某某按照合同约定偿还了五期的本金、利息和平台服务费共 28580 元，但从 2016 年 5 月 31 日开始不再支付本息。

因卢某某违约，霍某决定提前收回借款，便向法院提起诉讼，请求判令：1. 卢某某偿还借款本金 51920 元；2. 卢某某按欠款本金的年利率 24% 支付自 2016 年 5 月 30 日起至全部清偿之日止期间的逾期利息。

卢某某辩称：月利率为1%而非2%，应依据合同约定的月利率为1%，计算利息。

◎一审判决

一审法院认为，双方争议的焦点为借款利息标准争议。

根据《民间借贷规定》第二十六条第二款“借贷双方约定的利率超过年利率36%，超过部分的利息约定无效。借款人请求出借人返还已支付的超过年利率36%部分的利息的，人民法院应予支持”之规定，本案利息已超过年利率36%，超过部分应从本金中扣除。本金7万元，按照年息36%计算，每个月的利息应为2100元。卢某某每月实际偿还本金2916元，利息及服务费2800元，即卢某某每月多偿还700元，卢某某共偿还5期，多偿还3500元，应从本金中予以扣除。卢某某现尚欠本金的数额为51920元（本金7万元减去已偿还的五个月本金14580及多偿还的3500元）。

关于利息的计算标准，根据借款合同约定，月利率为1%，但涉案借款合同约定，逾期罚息每天按照当月应还款的5%收取，上述合同约定利息及逾期罚息已经超过月息2%，根据《民间借贷规定》第三十条“出借人与借款人既约定了逾期利率，又约定了违约金或者其他费用，出借人可以选择主张逾期利息、违约金或其他费用，也可以一并主张，但总计超过年利率24%的部分，人民法院不予支持”之规定，应当按照月息2%计算利息及罚息。卢某某从2016年5月31日开始欠息，应从此时开始计算利息至实际给付之日止。

一审判决：卢某某于判决生效后十日内给付霍某借款本金51920元及利息（以51920元本金为基数，从2016年5月31日至实际给付之日止，按照月利率2%计算利息及逾期利息）。

◎二审判决

卢某某不服一审判决提起上诉，二审判决：驳回上诉，维持原判。

◎律师评析

本案虽是一起很简单的P2P网络借贷案件，但从中可以看出P2P网络借贷的案件性质和法律适用等问题。

P2P个体网络借贷是个体和个体之间通过互联网平台实现的直接借贷。这种网络借贷只不过利用网络平台进行而已，其本质特征与民间借贷一致，故属民间借贷。本案中，卢某某通过服务商某某公司提供的P2P借贷信息、信用咨询等交易信息的服务，与霍某订立了涉案《借款合同》，该合同属于民间借贷合同，所以，法院将该案定性为民间借贷合同纠纷，并判决卢某某向霍某给付借款本金和利息。

在利息处理上，该案依据《民间借贷规定》第二十六条和第三十条规定下判，可见P2P网络借贷适用民间借贷有关法律和司法解释进行调整。

本案中的某某公司，属于P2P网络借贷服务的中介机构，类似于民间借贷中的介绍人，虽然提供有偿服务收取服务费，且在《借款合同》上作为一方出现，但其不是借贷当事人，既不承担借款合同中的还债义务，也不享有借款合同中的受偿权利，所以是案外人。如果卢某某与某某公司发生服务费纠纷，则应另当别论。

［本案例根据辽宁省沈阳市中级人民法院（2017）辽01民终字第266号民事判决书编写］

2. 个体网络借贷担保

《网络借贷信息中介机构业务活动管理暂行办法》施行之前，网络贷款平台为借款人向出借人提供担保的情况常有发生。《网络借贷信息中介机构业务活动管理暂行办法》第十条规定，网络借贷信息中介机构不得直接或变相向出借人提供担保或者承诺保本保息。但该办法施行后，网络贷款平台担保纠纷也有发生，甚至诉至法院。对此，《民间借贷规定》第二十二条第一款规定："借贷双方通过网络贷款平台形成借贷关系，网络贷款平台的提供者仅提供媒介服务，当事人请求其承担担保责任的，人民法院不予支持。"第二款规定："网络贷款平台的提供者通过网页、广告或者其他媒介明示或者有其他证据证明其为借贷提供担保，出借人请求网络贷款平台的提供者承担担保责任的，人民法院应予支持。"据此规定，在个体网络借贷中，网络贷款平台未提供担保的，出借人不能要求网络贷款平台承担担保责任。网络贷款平台提供担保，虽然违反该办法的规定，但因该办法属于规章，法律效力比较低，如果该担保行为不违反法律、行政法规的禁止性规定，则属于"违规不违法"的情形，故应认定该担保行为有效，网贷中介机构应当承担担保责任。

案例解析

网贷中介机构违规担保不必然无效

◎案情简介

2015年3月10日，付某某通过网上投标操作，中标黄某通过某某公司网络平台（某某信贷平台）发布的“易房贷—房屋抵押贷款，借款金额30万元，年利率22%，借款期限六个月”的借款项目，其中，付某某向黄某出借56000元。付某某中标后与黄某、某某公司签订《网络借贷散标服务协议》，约定：1. 出借人为付某某，借款人为黄某，平台服务方为某某公司；2. 付某某向黄某出借金额为56000元，借款期限六个月，借款年利率22%，还款时间为2015年9月10日，利息为6160元，到期应还款项共计62160元；3. 如遇黄某未按合同约定支付到期应还款项情况，某某公司可以根据付某某的申请先行向付某某垫付部分资金，某某公司向付某某垫付资金后，付某某接受的行为即视为双方进行了债权转让，三方一致同意某某公司取得相应的债权；4. 如黄某未按合同约定支付到期应还款项，某某公司按标的性质进入垫付程序：信用借款标逾期后第八天由某某公司垫付本金和利息，债权自动转让为某某公司所有；5. 企业担保借款标逾期后24小时内由担保企业垫付本金和利息还款；6. 个人担保借款标逾期后八天由某某公司垫付本金和利息还款，债权自动转化为某某公司所有；7. 抵押借款标逾期后24小时内由某某公司垫付本金和借款利息，债权自动转让为某某公司所有。

《网络借贷散标服务协议》签订后，付某某按约通过某某信贷平台向黄某出借56000元。

2015年9月10日，借款到期，黄某未能归还借款本金及利息，某某公司亦未向付某某履行垫付义务。

付某某向法院提起诉讼称：付某某通过某某信贷平台投标向案外人黄某出借56000元，某某公司对借款人黄某提供担保。借款到期后，某某公司未能如期承担垫付本息的担保责任，并一直拖延提供借款人的身份信息，已构成违约。请求判令：一、被告某某公司偿还原告借款本金56000元、利息

6160元以及逾期利息；二、被告某某公司支付原告因讨要借款产生的律师费6000元、餐饮费1000元、交通费2500元、住宿费226元。

某某公司辩称：紫枫信贷平台不应承担垫付责任，即使平台承担垫付责任，也不应当承担利息，平台的垫付责任不应当包括迟延履行的利息，且付某某主张的逾期利息是本金加利息过高，应当按本金为基数计算。付某某主张律师费、餐饮费、交通费及住宿费无法律依据。

◎一审判决

一审法院认为：付某某与某某公司以及案外人黄某签订的《网络借贷散标服务协议》，合法有效，对各方当事人均有法律拘束力。付某某要求某某公司归还本金56000元及利息6160元，对此，某某公司在其某某信贷平台上给投资者提供的安全保障中承诺：若借款人出现风险导致无法偿还借款，某某信贷平台将立刻启动代偿程序，抵押标在24小时内进入代偿程序，某某信贷平台将根据问题标的具体情况与投资人签署债权转让协议，某某信贷平台将按照约定的代偿范围（代偿本金或代偿本金以及利息），将代偿金转入投资人账户；另付某某与某某公司签订的《网络借贷散标服务协议》亦约定：如案外人黄某未按合同约定支付到期应还款项，某某公司按标的性质进行垫付程序：抵押借款标逾期后24小时内由某某公司垫付本金和借款利息，债权自动转让为某某公司所有。某某公司承诺在案外人黄某无法偿还借款时启动代偿程序，系对案外人黄某的债务进行担保，因对保证方式约定不明，某某公司应当对案外人黄某的债务承担连带保证责任，故付某某要求某某公司偿还本金56000元及利息6160元，符合法律规定。

付某某要求某某公司支付以56000元为基数，自2015年9月11日至款付清之日止按中国人民银行同期同档贷款利率计算的逾期利息，对此，合同对保证担保范围有约定的，应当从约定。《网络借贷散标服务协议》约定某某公司的垫付责任只包括借款本金及利息，并未包括逾期利息，故付某某要求某某公司支付逾期利息的主张，于法无据，不予支持。付某某要求某某公司承担委托律师代理费6000元、餐饮费1000元、交通费2500元、住宿费226元，既无合同约定，又无法律依据，不予支持。

综上，一审法院作出判决：一、某某公司于判决生效之日起五日内偿还付某某借款本金56000元及利息6160元，合计62160元；二、驳回付某某的其他诉讼请求。

◎二审判决

某某公司不服一审判决提起上诉称：某某公司与付某某没有签订债权转让协议，也没有约定代偿范围，一审法院判定某某公司承担支付本金及利息责任，证据不足。故请求撤销一审判决，发回重审或查清事实后依法改判。

二审法院认为，本案争议焦点为：某某公司是否应对付某某涉案借款及利息承担保证责任。

某某公司通过网络平台撮合借款人和出借人成立借款关系，并承诺对借款人向出借人的还款责任承担连带保证责任，系其真实意思表示，且不违反法律的强制性规定，应合法有效。案涉借款人借款后未按约还本付息，出借人付某某要求某某公司承担保证责任符合各方约定，应予以支持。涉案《网络借贷散标服务协议》约定某某公司向付某某垫付资金，付某某接受的行为即视为双方进行了债权转让，并未约定以签订书面债权转让协议为某某公司承担保证责任的前提条件，某某公司关于未签订债权转让协议故不承担保证责任的抗辩主张不能成立，本院不予支持。

关于担保的范围问题，《网络借贷散标服务协议》约定，抵押借款标逾期24小时内由某某公司垫付本金和利息，债权自动转让为上诉人所有。某某信贷网页的“安全保障”一栏中亦载明“若借款人出现风险导致无法偿还借款，某某信贷平台将立刻启动代偿程序，某某信贷平台将按照约定的代偿范围（代偿本金或代偿本金以及利息），将代偿金转入投资人账户”。上述约定均明确某某公司的保证范围包括本金和利息，某某公司关于不应对涉案借款及利息承担保证责任的主张与合同约定不符，本院不予支持。

综上，一审判决认定事实清楚，适用法律正确，判决：驳回上诉，维持原判。

◎律师评析

网络借贷信息中介领取营业执照并取得电信业务经营许可的，是专门从事网络借贷信息中介业务活动的合法机构。这种中介机构通常登记为有限责任公司或合伙企业，因而具有主体资格，但其经营范围只是通过其网络平台向出借人、借款人提供借贷中介服务，因而不能为自身或变相为自身进行借贷与出借人或借款人订立借款合同，故也不承担借贷违约风险。

《网络借贷信息中介机构业务活动管理暂行办法》第十条还规定，网络借贷信息中介机构不得直接或变相向出借人提供担保或者承诺保本保息。但是，该办法属于部门规章，法律效力比较低，网络借贷信息中介机构如果为出借人向借款人借款提供担保，该担保行为及其担保合同如果不违反法律、行政法规的禁止性规定，不因该办法的禁止性规定而必然无效。所以，《民间借贷规定》第二十二条第二款规定："网络贷款平台的提供者通过网页、广告或者其他媒介明示或者有其他证据证明其为借贷提供担保，出借人请求网络贷款平台的提供者承担担保责任的，人民法院应予支持。"也就是说，网络贷款平台自愿提供担保的，该担保合同应当作有效处理，至于其违规行为，则由有关主管部门另行给予处理。

［本案例根据江苏省南京市中级人民法院（2016）苏01民终字第5080号民事判决书编写］

3. 个体网络借贷法律风险

《网络借贷信息中介机构业务活动管理暂行办法》实施后，个体网络借贷有了市场准入依据，并由有关部门监管，有效地遏制了违法乱象。但个体网络借贷是向陌生人出借资金，属于较高风险类的投资，而不少网贷平台操作不规范，清收和风控机制相当薄弱，许多出借人投资管理能力和风险防范意识不强，借贷债权很容易被网贷平台和借款人侵害，网贷纠纷和网贷犯罪不断出现，我们对此不得不加以防范。

案例解析

利用网贷集资诈骗被处刑罚

◎案情简介

2009年3月5日，徐某（女）成立某某投资公司，由其一人控制经营。2013年9月开始，该公司通过乐贷通P2P网络贷款平台进行网络贷款撮合经营活动，并通过网络媒介进行宣传，向受害人承诺高额收益。2014年6月18日，该公司取得"民间借贷撮合业务、理财产品推介"的经营许可。徐某在发布借款标的时，故意隐去标的的关键信息，并在标的到期后删除所有信息，将信息资料予以销毁。其间，徐某曾大量以俞某等人的名义发布假标。至2015年4月期间，徐某利用上述网贷平台骗取被害人向网贷平台投入的大量资金，并将资金进入其个人控制的银行账户，再由其个人对外支出。案发后，徐某拒不交代借款标的上借款人和抵押物的信息。后33位被害人向公安机关报案。截至案发时，徐某向33位被害人非法集资1099万元，已归还711多万元，未归还资金388多万元。

2015年4月30日，被告人徐某自动向公安机关投案。

2016年11月15日，法院以集资诈骗罪作出刑事判决，判处徐某有期徒刑十年，并处罚金人民币10万元，并判令退赔违法所得388多万元，返还各被害人。

◎律师评析

本案虽是一起普通的集资诈骗犯罪案，但有其特殊性，其特殊性在于徐某利用P2P网络贷款平台实施了集资诈骗犯罪行为。

本案中的徐某虽已依法成立了某某投资公司，并取得了个体网络贷款经营许可，具有“民间借贷撮合业务”的经营资格，但其利用网贷平台，肆意违法宣传、承诺高额收益，并发布大量假标，在到期后故意删除标的所有信息，将信息资料予以销毁，并以此手段向33位被害人非法集资1099万元，且有388多万元未归还出借人，结果犯集资诈骗罪被判处十年有期徒刑。

这起案例说明两个事情：一是即使实行个体网络贷款经营许可制度，也有一些网贷中介机构实施非法吸收公众存款、集资诈骗等违法犯罪行为，网贷乱象并未根治，需要加强监管和打击；二是出借人在网贷中需要增强风险防范意识，防止被高额收益诱惑而遭受损失。如本案，出借人因被徐某高额收益所诱惑而淡薄了风险防范意识，结果被骗388多万元，虽然法院判令徐某退赔，但在徐某被判处十年有期徒刑后，不可能再有经济能力予以全部退赔，那么，出借人这一损失就无法挽回。

[本案例根据浙江省温州市中级人民法院（2016）浙03刑终字第1896号刑事裁定书编写]

第二篇
民间借贷合同篇

第七章　民间借贷合同形式及裁判案例解析

民间借款合同形式与银行贷款不同，银行贷款是规范性行为，其借款合同是要式合同，应当采取书面形式；民间借款合同为不要式合同，可以采取书面合同，也可以采取口头合同，还可以以行为方式表明的实际履行合同。

1. 民间借贷书面合同

书面合同是以文字为表现形式的合同。民间借贷以文字记载出借人、借款人的借贷权利义务内容的合同书、协议书、借据、借条、信件、数据电文等都是书面合同。从实践情况来看，民间借贷书面合同主要是借款人出具给出借人的借条或借据。借条、借据虽然由借款人单方出具，但也是一种以书面形式记载借贷数额、期限、利率等权利义务内容的合同，只要出借人予以接受，民间借贷关系就告成立。当双方当事人就借贷问题发生纠纷时，借条、借据便是“白纸黑字”的书面证据。但是，借款人与出借人订立书面合同，只能说明借贷关系成立，并不一定都能证明借贷合同已经生效，当借贷合同为实践性合同时，只有出借人向借款人实际支付款项，该合同才能生效，出借人才对借款人享有债权；当借贷合同为承诺性合同时，虽然合同一经成立即时生效，但若未实际交付借款的，出借人对借款人不可能享有债权。因此，在订立借贷合同后，出借人只有交付借款，才能对借款人主张债权。

案例解析

仅凭借条不足以认定借贷事实

◎案情简介

A公司的法定代表人李某某书写一张《借条》给米某某，内容为："今借到米某某人民币600万元整，用于工程垫资使用，利息按月息壹分计付，借期为两年（从2007年3月30日起到2009年3月底止），到期本息一并归还。"A公司在该借条上加盖了公章，落款时间为2007年3月30日。

2009年3月30日，A公司在该借条下方续写："因资金未收回，延长一年归还，到2010年3月还清，如到2010年3月仍还不了上述借款，以本公司土地及房产折价顶给米某某。"A公司在该借据上加盖了公章。

2010年12月19日，米某某和张某某与A公司的股东李某某、李甲（李某某兄弟）、李乙（李某某之子）签订《股权转让意向书》约定：米某某、张某某（米某某代签）以1100万的价格收购李某某、李甲、李乙（李某某代签）三人在A公司的全部股权，米某某、张某某支付600万元，待办完公司变更手续后，再一次性支付500万元。米某某支付600万元转让款后，李某某等三人将公司的土地证、房产证、公司印章等移交给了米某某。米某某、张某某全面接管了A公司。对剩余的转让款，米某某给李某某出具《借条》一份，内容为：今借到李某某人民币500万元（月利息一分），用期半年至一年。

2010年12月23日，米某某以500万元《借条》为依据向法院起诉A公司。2011年3月，米某某以双方已自行达成和解为由，申请撤诉，法院裁定准许撤诉。

2011年8月10日，李乙向某区法院起诉米某某、李某某、李甲，要求确认《股权转让意向书》无效，并返还公司公章、土地证、房产证。由于股权转让协议中李乙的签名是李某某代签，故某区法院判决确认《股权转让意向书》无效，李某某、李甲返还米某某股权受让款600万元，并赔偿米某某各项损失200万元；米某某返还A公司公章、土地证、房产证等。此判决书确认的款项已执行完毕。

2012年12月4日，米某某持600万元《借条》向某市法院起诉A公司，请求判令A公司偿还借款600万元及利息388万元。

A公司答辩称：本公司与米某某之间不存在借贷关系，米某某也没有向本公司交付600万元借款；米某某虽于2010年向本公司支付股权转让款600万元，但在之后的股权纠纷诉讼中已经结清。

关于600万元款项如何形成问题，米某某陈述称：自2006年开始，A公司就开始向米某某借钱，陆续借了好几笔，累计下来是600万元，后来把以前的《借条》都撕了，重新打了600万元的《借条》。

A公司在一审中陈述称：2010年12月19日，双方签订了股权转让协议，本公司的股权及土地、房屋等都归米某某，米某某为确保本公司名下的土地不被转让，遂让李某某写下《借条》，当时，李某某等人认为，反正公司都是米某某的了，就于2010年12月22日写了虚假的600万元《借条》，本公司的公章当时已交给米某某，借条上的公章是米某某加盖的。

◎一审判决

某市法院根据双方当事人的陈述和提供的证据，经综合分析判断认为：

第一，原告米某某提供的600万元的《借条》本身有瑕疵，且是孤证，原告不能提供其他相应的证据予以佐证，故仅凭该《借条》不足以认定双方之间存在600万元借款关系。虽然600万元的《借条》是被告A公司的法定代表人李某某所写，但原告米某某不能提供支付600万元的详细情况，只是笼统讲，2007年以前陆续借的都是现金，原《借条》给了被告，最后由李某某打了一个总《借条》，但只有原告米某某的陈述，无其他证据证明。

第二，2007年，米某某与李某某等人不认识，米某某不可能借给A公司600万元。

第三，2010年12月23日，也就是股权转让协议签订后第四天，米某某第一次向法院起诉，当时，股权转让协议已基本履行完毕，A公司已属米某某所有，只是未办理工商过户手续，米某某起诉A公司相当于自己起诉自己的公司，不合常理。

第四，如果2007年《借条》是真实的，米某某在2010年股权转让时就应该互相予以折抵，而不应就未支付的500万元转让款再给被告打《借条》，2010年股权转让协议和股权纠纷案中均未提及该笔借款，也间接反映借款的虚假。

综上所述，原告米某某提供的《借条》在形式上有瑕疵，内容上也不真实，故不能认定原告米某某与被告A公司之间存在600万元的借款事实。于是判决驳回米某某的诉讼请求。

◎二审判决

米某某不服一审判决上诉称：米某某所持欠条，从形式上看，完全符合借贷规范。首先，欠条所用纸张是加印A公司抬头的信纸；其次，欠条上所有文字均是A公司的法定代表人李某某亲自书写，包括落款和日期；再次，在欠条的借款人和欠条中心内容（欠款金额）处，A公司加盖了公章予以确认；最后，在欠条的前后承接逻辑上，上次借款后没有及时偿还，于是经双方协商，进行了延期还款。第二次延期还款的约定，是对上次借款的进一步确认。从内容上看，欠条完全符合法律构成要件。首先，欠条上明确写明A公司已经借到的金额、借款用途、借款利息、还款期限；其次，因为上次借款没有及时偿还，所以经双方协商，不仅延长了还款期限，而且增加了"以本公司土地及房产折价顶给米某某"的担保，这是完全符合逻辑的。

一审法院不对事实真相进行调查，却推断上诉人之前起诉A公司存在逻辑上的问题。事实上，不管从法律文件上看，还是从实际结果上看，米某某从来没有真正将A公司全部收购，所以，根本不存在米某某告自己公司的问题，因此，也不存在一审法院所认定的逻辑不符的问题。相反，正说明，米某某为了主张权利而行使债权的问题。十分简单的逻辑是，米某某所主张的600万欠条，应偿还的人是A公司，而股权转让协议中的收款人是A公司的股东。一审法院将与本案无关的事实材料拿到本案进行审查，并利用细微差距否定借贷的逻辑是不能成立的。

二审认为：法院在审理民间借贷纠纷案件过程中，有义务依法全面、客观地审核双方当事人提交的全部证据，从各证据与案件事实的关联程度、各证据之间的联系等方面进行综合审查判断。对现金交付的借贷，可根据交付凭证、支付能力、交易习惯、借贷金额大小、当事人间关系以及当事人陈述的交易细节经过等因素以及其他间接证据，依据民事诉讼高度盖然性的证明标准，运用逻辑推理、日常生活常理等，综合审查判断借贷是否真实发生。

1. 从借款的交付凭证来看，米某某除提交的《借条》外，并未提交款项交付的相应凭证及相关证据。

2. 从款项的交付过程来看，米某某主张2007年以前陆续借的都是现金，原借条给了A公司，最后由李某某打了一个总《借条》，但除了米某某的陈述，并无其他证据证明。2007年以前即借钱给A公司，这与米某某在某区法院（李乙诉米某某、李某某、李甲股份转让案）答辩时的陈述相矛盾。米某某在该股权转让案答辩称，正是由于李乙的搭线，其才认识A公司的三股东，并商讨转让事宜。而米某某与李乙是通过张某认识的。由此可见，2007年李某某与米某某并不认识，故米某某主张2007年借款600万元给A公司不合逻辑。

3. 从交易习惯来看，米某某在与李某某等人就股权转让支付价款时，600万元的股权转让款，米某某主要是通过银行存折转账支付，而A公司当天则向米某某出具了收款收据。显然，米某某与A公司双方在大额交易时是以银行转账方式进行，A公司有开具收款依据的习惯。本案中，米某某的行为不符合双方的交易习惯。

4. 从与李某某等人转让A公司股权给米某某的关系来看，2010年12月19日，米某某与张某某（米某某代签）以1100万元价格收购李某某等人在A公司的全部股权，同日，李某某与米某某签署《协议》，约定2010年12月9日之后公司任何经济纠纷由米某某全权负责承担，之前由李某某承担负责。米某某主张股权转让协议的收款人是A公司的股东，因而不能抵销的理由，本院不予支持。如果2007年A公司借米某某600万元，那么米某某在这次股权转让中完全可以主张予以折抵，绝不应在支付600万元后，还就未支付的500万元股权转让款再给李某某打《借条》。600万元《借条》上已写明，“如到2010年3月仍还不了上述借款，以本公司土地及房产折价顶给米某某”。如果该《借条》系真实借贷关系，米某某绝无必要与A公司为取得A公司的土地而签署股权转让协议，并支付股权转让款600万元，同时对股权转让欠款500万元以借条形式予以确认。2010年12月19日股权转让协议和2011年股权转让纠纷案中均未提及该笔借款，反映了借款的不真实。

5. 从米某某第一次起诉A公司来看，2010年12月23日是股权转让协议签订后的第4天，当时，股权转让协议已基本履行完毕，只是未办理工商过户手续，米某某已成为A公司的实际控制人，实际控制人起诉其控制的公司欠其借款，不合常理。米某某起诉后又撤诉，理由是双方达成和解，但米某某不能提供和解协议，且A公司否认曾和解过。

综上，原审判决认定事实清楚，适用法律正确，米某某的上诉理由不能成立。判决如下：驳回上诉，维持原判。

米某某不服二审判决向最高院申请再审，最高院裁定驳回米某某的再审申请。

◎律师评析

先说明一下，“综合判断法”是法院多年来审理相关案件的有效做法，《民间借贷规定》对此作出更为明确的规定。本案虽发生在《民间借贷规定》施行之前，但依据《民间借贷规定》有关规定分析，本案的“综合判断法”更具现实意义。

本案的争议焦点是米某某仅凭借条起诉能否证明借贷事实的问题。

借款人单方向出借人出具的借据、借条是民间借贷合同常见的形式，同时也是双方发生借贷关系的重要证据。但出借人仅凭借据、借条提起诉讼，借款人不予认可的，出借人不一定就能获得胜诉。出借人在诉讼中要想胜诉，还必须提供其已经向借款人支付款项的证据。《民间借贷规定》第十六条第二款规定：“被告抗辩借贷行为尚未实际发生并能作出合理说明，人民法院应当结合借贷金额、款项交付、当事人的经济能力、当地或者当事人之间的交易方式、交易习惯、当事人财产变动情况以及证人证言等事实和因素，综合判断查证借贷事实是否发生。”本案中，A公司和米某某对600万元借条本身均不持异议，但A公司认为涉案借条是虚假的，两者之间不存在借贷关系。自然人与法人之间发生借款关系，当事人不主张借贷合同自合同成立时生效的，该借贷合同应当为实践合同。实践性民间借贷合同是以出借人向借款人交付款项为生效要件的。本案中的米某某不能提交款项交付的相关证据，故其要求A公司偿还借款的请求不能得到法院的支持。

关于基础法律关系问题。《民间借贷规定》第十五条第一款规定：“原告以借据、收据、欠条等债权凭证为依据提起民间借贷诉讼，被告依据基础法律关系提出抗辩或者反诉，并提供证据证明债权纠纷非民间借贷行为引起的，人民法院应当依据查明的案件事实，按照基础法律关系审理。”本案中，A公司主张涉案借条是因股权转让引起的虚假借条，这就涉及股权转这一基础法律关系的问题。在米某某对涉案借贷不能举证已经实际支付款项，且不能作出合理说明的情况下，法院结合涉案借贷金额、款项交付、当事人之间交易习惯以及股权转让等事实进行综合判断后，认定双方没有实际发生借贷关系是接近客观事实的，故此驳回了米某某要求A公司偿还借款的诉讼请求。

[本案例根据山西省高级人民法院（2013）晋民终字第118号民事判决书编写]

2. 民间借贷口头合同

《民间借贷规定》第二条第一款规定：“出借人向人民法院起诉时，应当提供借据、收据、欠条等债权凭证以及其他能够证明借贷法律关系存在的证据。”这条规定的意义在于引导当事人采取书面形式订立借贷合同，但并不排除口头借贷，其中“其他能够证明借贷法律关系存在的证据”，包括口头借贷的有关证据，如有见证人、介绍人、保证人等提供的证据，又如出借人将借款资金通过银行汇给借款人留下的凭证，再如借贷设定抵押、质押等，都可以作为事实根据来证明口头借贷的发生和存在。民间借贷当事人基于人缘关系、情面关系或信赖关系，采取口头形式建立借贷关系是常见现象，如至亲、好友、同事之间借贷，出借人不一定要求借款人出具借条、借据或者订立合同。对此，法律并不排除口头借贷，口头借贷也为民间借贷形式，但口头借贷容易发生有无借贷、借款数额多少等纠纷，且存在举证困难而带来法律风险。如出借人认为借款人向其借款，而借款人予以否认，出借人在这些情况下提起诉讼，按照《民事诉讼法》的要求，首先负有举证责任，应当提供充分的证据证明借贷关系的存在和具体内容。然而，口头借贷往往给出借人带来举证困难，出借人若不能举证，借款人又不承认的，出借人就会败诉。

案例解析

口头借贷因不能举证合意而败诉

◎案情简介

原告朱某诉称：原告与被告夏某系朋友关系，被告夏某以资金周转需要为由，于2011年9月22日、9月24日分三次向原告借款31万元，双方口头约定月利率1.5%。原告通过农村合作银行将上述款项汇至被告夏某卡上。后经原告多次催讨，夏某至今没有偿还。现请求：1. 判令被告夏某立即向原告偿还借款31万元及利息。被告夏某未作答辩，亦未提供任何证据材料。

◎一审判决

一审法院经审理认为，本案虽没有借据、借条等债权凭证，但被告夏某对借款没有提出抗辩意见，应认定为发生借贷关系。被告夏某向原告朱某借款31万元，由银行汇款单为凭，事实清楚。双方没有约定还款期限，原告朱某随时可以向被告夏某主张权利。现原告朱某要求被告夏某偿还借款本金及逾期利息的诉讼请求，本院应予以支持。原告朱某称，本案借款约定月利率1.5%，没有依据，本院不予支持。本案逾期利息按中国人民银行公布的同期同档次贷款基准利率计算。被告夏某经本院传票传唤未到庭参加诉讼，视为自动放弃抗辩的权利，本院依法进行缺席审判。于是判决如下：1. 被告夏某于本判决书生效之日起三日内偿还原告朱某借款本金31万元及逾期利息，驳回原告的其他诉讼请求。

◎二审判决

一审宣判后，夏某不服提起上诉称：

1. 一审判决认定2011年9月22日至9月24日间上诉人夏某向被上诉人朱某借款31万元的事实违背客观实际，且缺乏证据支持。首先，借款关系的成立需要有借款之合意，在实践中多表现为借贷合同或者借条，但本案朱某仅向法院提交了银行汇款凭证，无法证明双方之间存在借贷的合意。其次，2009年至2011年期间，夏某与朱某之间存在较多的款项往来，夏某曾于2009年6月9日向朱某汇款45万元，若按照一审判决的逻辑，朱某反而还欠上诉人14万元。事实上，双方之间的往来已经结清，不存在欠款是客观事实。最后，朱某提供的汇款单时间早在2011年9月，至今已有3年多，并且朱某声称该借款约定月息1.5分。试问，如此大额借贷朱某为何未要求夏某出具借条，也未要求夏某支付分文利息，为何长达3年后才起诉？因此，本案事实认定存在重大矛盾，且严重缺乏证据支持。

2. 被上诉人朱某尚未完成举证责任应当承担败诉后果。根据民事诉讼法“谁主张，谁举证”的原则，朱某既然主张双方之间存在借款法律关系，那么应当提供真实、合法、有效的证据予以证明，但本案朱某仅提供了2009年9月的汇款单，单凭该证据显然无法证明双方之间存在借贷法律关系。汇款单只能证明双方之间存在款项往来的事实，但却无法反映其背后蕴藏的法律关系。民间借贷合同纠纷有两个基础要件必须完成举证，一是借款之合意，二是借款之交付，两者缺一不可。一审判决仅凭银行汇款单就认定借款法律关系存在，势必造成随意分配举证责任。

综上所述，恳请二审法院依法查清本案事实，驳回被上诉人朱某的原审诉讼请求。

被上诉人朱某辩称：夏某在一审传票传唤后未到庭参加诉讼，放弃了抗辩、质证、辩论等诉讼权利，应当承担缺席审判的不利后果，一审法院按照经验法则和逻辑推理等证据规则合法合理地作出了判断，认定事实证据充分，适用法律正确无误，要求二审法院驳回其夏某的上诉请求。

二审法院经审理认为，在民间借贷纠纷中，当事人之间借贷关系是否实际发生，应当审查双方是否具有借贷合意及款项交付凭证。本案被上诉人朱某仅提供款项交付凭证，未提供借贷合意的相关证据，而上诉人夏某提供了许多银行汇款凭证，以证明双方之间不仅朱某汇给夏某31万元，且同一时期上诉人夏某也有许多款项汇给被上诉人朱某，证实了双方确实存在着大量经济往来。在被上诉人朱某与上诉人夏某之间存在着大量经济往来的情况下，被上诉人朱某仅凭其中31万元银行汇款凭证而没有借贷合意证据，就以发生借贷关系为由，要求上诉人夏某偿还该款项，缺乏事实和法律依据，本院不予支持。在原审时，上诉人夏某未到庭参加诉讼，而被上诉人朱某又没有如实陈述双方之间经济往来情况，致使原审无法查明事实并作出不符合事实处理，本院予以纠正。

据此，判决如下：撤销一审民事判决，驳回被上诉人朱某的诉讼请求。

◎**律师评析**

本案的关键在于口头借贷有无合意及有无证据证实合意的问题。

自然人之间发生借贷关系，首先要有借贷的合意，即双方共同商量意思表示一致。合意是借贷合同成立和有效的要件，出借人与借款人没有合意就不可能成立借贷合同。当事人达成借贷合意后订立合同的，该合同便有证据效力。但自然人之间订立的借贷合同属于承诺性合同，只有出借人向借款人实际交付借款才能生效。出借人享有借贷合同上的债权必须具备两个要件，一是借款之合意，二是借款之交付。这里的合意表现形式应当包括口头借贷合同。

我国法律并不排除当事人采取口头形式进行民间借贷活动，当事人采取口头形式发生借贷关系是常见现象。在采取口头形式进行借贷的情形下，出借人提起诉讼是不可能提供书面借贷合同的，此时，出借人必须提供其他事实根据来证明借贷合意及出借事实，否则不可能获得胜诉。本案朱某在提供银行汇款凭证的同时能够提交借款合意证据的，借贷事实便可认定，但其在与夏某之间存在其他经济往来情况下，朱某不能提供双方借贷合意的相关事实根据，夏某又不予认可，显然举证不能，所以法院判决驳回其诉讼请求。

[本案例根据浙江省温州市中级人民法院（2014）浙温商终字第2016号民事判决书编写]

3. 以投资形式发生借贷关系

借贷与投资原本是两种不同的法律关系，法律后果也截然不同。投资是指投资人为了获取预期不确定的收益而将资金或财产转化为资本的行为。投资人投资的目的是取得资本收益，但最重要的特征是与其他投资人共负盈亏，共担风险。而民间借贷是一种债权债务关系，其特征是“有借有还”，出借人出借资金后有权收回本金并取得利息，借款人届时负有归还本金和支付利息的义务。

实践中，不少企业或个人在订立投资协议时，为保障收益和回避风险，特意加上不论被投资企业经营情况如何均按期收回本息，或者收取固定利润等内容的条款。也有原本约定借贷，却故意订立投资合同，结果与借贷混淆。在这些情况下，由于两者的法律后果及利益不同，当投资效益好时，投资人往往主张是投资关系；当投资效益不好时，投资人往往主张是借贷关系，要求收回固定的本息。

案例解析

合同约定投资款被判偿还借款

◎案情简介

2013年3月28日，A公司与B公司、C公司签订《投资合作协议书》。该协议书记载：1. A公司拥有度假建设项目（房地产开发），已缴纳全部土地价款，并取得土地使用权，目前处于开发阶段；2. B公司分两期向A公司投入资金伍亿元；3. 投资期限为壹年；4. A公司的经营团队由A公司派员组建，对外融资、项目规划、施工及设备招标、销售策划及定价等重大事项应报以会议纪要形式备案以便B公司审查，A公司应配合B公司派出中介机构进行的审计、评估等监督检查工作；5. 鉴于B公司不直接参与A公司经营管理，A公司在经营管理过程中产生的风险责任由A公司承担，B公司不承担经营风险责任；6. A公司给予B公司年回报率按年利率10%计算。

该协议书第四条还约定担保：C公司提供在某某公司持有的4.5亿股份为B公司在本合同项下的全部债权提供质押担保，质押担保的范围为本合同约定的B公司投资本金及其投资回报。

《投资合作协议书》签订后，B公司依约分两次通过银行转账的方式向A公司付款5亿元。

2014年10月17日，A公司与B公司、C公司再行签订《投资合作协议书》，三方一致同意投资期限延长一年，其他内容同上。

2015年5月18日，A公司向B公司出具承诺函，承诺于2015年6月23日前偿还全部投资款项。

2015年8月3日，A公司通过银行转账方式向B公司付款1000万元。

2015年11月19日，B公司向法院起诉请求：1. 判令A公司与C公司连带返还借款本金5亿元；2. 判令A公司与C公司连带承担合同约定利息至全部款项付清之日止。

B公司辩称：A公司与B公司是投资合作关系，A公司若主张为借贷关系，则该借贷合同因违反了法律及司法解释的规定而无效。

◎一审判决

一审法院认为：

一、关于案争法律关系性质问题。

A公司与B公司所签《投资合作协议书》，从协议形式上看，虽有“投资合作”字样，但从该协议内容看，双方签订该协议的目的是解决度假建设项目资金缺口问题，协议约定B公司向A公司度假建设项目投入资金，但并不参加共同经营，也不承担合作经营的风险责任，仅约定原告按期收回本金及收取固定利润。从该协议的实际履行看，没有证据证明B公司有参与A公司度假项目的实际经营。2015年5月18日，A公司向B公司出具承诺函，承诺于2015年6月23日前偿还全部投资款项。因此，本案双方当事人签订的《投资合作协议书》虽名为投资合作协议，实为一方当事人提供资金并获取固定收益回报的借款合同，本案系企业间借款合同纠纷，应按借贷关系处理。故A公司关于本案属于投资合作关系的抗辩没有事实和法律依据，应不予支持。

A公司主张若本案被认定为借贷关系，则该借贷合同也因违反了法律及司法解释的规定而无效。对此，《合同法》第五十二条规定了认定合同无效的五种情形。《最高人民法院关于适用〈中华人民共和国合同法〉若干问题的解释（二）》第十四条规定的《合同法》第五十二条第（五）项规定的强制性规定是指效力性强制性规定。《民间借贷规定》第十一条更是明确规定：“法人之间、其他组织之间以及它们相互之间为生产、经营需要订立的民间借贷合同，除存在合同法第五十二条、本规定第十四条规定情形外，当事人主张民间借贷合同有效的，人民法院应予支持。”经审查，本案《投资合作协议书》系双方当事人自愿签订，系真实意思表示，不存在《合同法》第五十二条规定和《民间借贷规定》第十四条规定的无效的情形。因此，A公司关于若本案被认定为借贷关系，则该借贷合同也因违反了法律及司法解释的规定而无效的抗辩意见没有法律依据，应不予采纳。

二、关于A公司是否应当承担还款责任问题。

根据已查明的事实，《投资合作协议书》签订后，B公司依约向A公司付款5亿元，后B公司、A公司、C公司三方一致同意借期延长一年。上述5亿元借款到期后，A公司应当按照《投资合作协议书》的约定偿还借款。故B公司请求A公司返还本金5亿元有事实和法律依据，应予以支持。

根据《投资合作协议书》的约定，A公司应按年利率10%向B公司计算投资回报收益，上述约定实质上属于对借贷利息的约定。根据《民间借贷规定》第二十六条第一款“借贷双方约定的利率未超过年利率24%，出借人请求借款人按照约定的利率支付利息的，人民法院应予支持”之规定，本案《投资合作协议书》中关于利息的约定不属明显过高，应予保护。

三、关于C公司是否应当承担连带还款责任问题。

本案三方约定由C公司以其持有的某某公司股权为A公司借款提供质押担保，但该质押并未办理出质登记。根据《物权法》第二百二十六条第一款“以基金份额、股权出质的，当事人应当订立书面合同。以基金份额、证券登记结算机构登记的股权出质的，质权自证券登记结算机构办理出质登记时设立；以其他股权出质的，质权自工商行政管理部分办理出质登记时设立”之规定，本案质权因未办理出质登记而尚未设立，故B公司请求C公司连带偿还借款本金及利息的诉讼请求，没有法律依据，应不予支持。

综上所述，判决：一、A公司应于该判决生效之日起十五日内向B公司偿还借款本金4.9亿元并支付相应利息；二、驳回B公司的其他诉讼请求。

◎二审判决

A公司不服一审判决向最高院提起上诉，请求撤销原审判决，依法改判或发回重审，驳回B公司要求返还借款本息的诉讼请求。事实和理由：

一、A公司与B公司是投资合作关系，原审判决认定事实有误。首先，双方签订的是《投资合作协议书》。该协议明确约定，B公司有收益权以及审计、评估、监督、检查等各项经营管理的权利。原审判决关于B公司并不参加共同经营，也不承担投资风险责任的认定缺乏基本的事实和证据支持。其次，投资必然存在风险。B公司在合作项目尚未获得收益时要求回报，明显违反了投资合同的目的和公平性，不应得到支持。最后，投资合作项目出现风险，是A公司之外的不可控因素所致，合作项目尚未获得收益，A公司也是实际受损失者，基于投资合作关系产生的相关风险，双方应当共同承担。

二、即使认定当事人之间系借贷关系，因B公司不具有经营金融业务资质，与A公司的借款关系违反法律规定，应为无效。依据《民间借贷规定》的有关规定，以向其他企业借贷资金又转贷给借款人年利的应当认定借贷合同无效。B公司注册资金只有3000万元，案涉5亿元借款远超过其注册资本，其日常账户现金余额5亿元亦不符合常理。依据《民间借贷规定》的规定，出借人明显不具备出借能力的，法院应当严格审查借贷发生的原因、时间、地点、款项来源、交付方式、款项流向以及借贷双方的关系、经济状况等事实。B公司显然不具备出借5亿元自有资金的能力，原审判决没有依法严格审查款项来源明显不当。

二审法院认为，本案的争议焦点，一是诉争法律关系性质问题，二是案涉合同效力问题。

一、关于诉争法律关系性质问题。

《最高人民法院关于审理涉及国有土地使用权合同纠纷案件适用法律问题的解释》第二十六条规定："合作开发房地产合同约定提供资金的当事人不承担经营风险，只收取固定数额货币的，应当认定为借款合同。"案涉《投资合作协议书》第二条就企业的经营管理及风险承担约定："鉴于B公司不直接参与公司经营管理，因此A公司在经营管理过程中产生的风险责任由A公司承担，B公司不承担经营风险责任。"第三条就投资回报约定："A公司给予B公司固定投资回报，本合同项下的年回报率按年利率10%计算。"第六条就B公司的权利义务约定："B公司享有合作项目的监督权、查阅权，投资回报收益权。"由此可见，案涉《投资合作协议书》在形式上虽有"投资合作"字样，但从其约定的内容看，B公司不直接参与公司经营管理，不承担经营风险，只收取固定数额收益，即该协议书排除了双方共担合作风险的情形，其实质在于B公司所得的回报与合作结果无关。故A公司签订《投资合作协议书》的本意是融资，B公司的真实意思表示则为借款，双方并无合作开发案涉房地产的合意。根据《合同法》第二百零二条有关"贷款人按照约定可以检查、监督借款的使用情况"的规定，B公司作为贷款人为确保借款安全对资金的使用情况具有检查、监督的权利。故A公司以案涉合同约定B公司对合作项目具有监督、查阅等权利为由主张双方并非借款关系，没有事实和法律依据。原审判决将本案认定为借款合同纠纷于法有据，本院予以维持。

二、关于案涉合同效力问题。

《民间借贷规定》第十一条规定："法人之间、其他组织之间以及它们相互之间为生产、经营需要订立的民间借贷合同，除存在合同法第五十二条、本规定第十四条规定的情形外，当事人主张民间借贷合同有效的，人民法院应予支持。"故，案涉借款关系除存在《民间借贷规定》第十四条规定的情形外，不应认定为无效合同。

《民间借贷规定》第十四条第（一）项、第（二）项规定，套取金融机构信贷资金又高利转贷给借款人，以及以向其他企业借贷或者向本单位职工集资取得的资金又转贷给借款人牟利，且借款人事先知道或者应当知道的，人民法院应当认定民间借贷合同无效。根据该司法解释的上述规定，认定借款合同无效需同时满足两个要件，一是出借的资金来源系"金融机构信贷资金"或者"向其他企业借贷或者向本单位职工集资取得的资金"；二是借款人事先知道或者应当知道资金的上述来源。A 公司主张合同无效，亦当对上述两个要件承担举证责任。A 公司以案涉借款 5 亿元远远超过 B 公司注册资金 3000 万元，而 B 公司日常账户现金余额 5 亿元不合常理；B 公司无具体经营实业等为由，推论 B 公司出借的款项并非其自有资金，但并未提供充分证据予以证明。退一步讲，即使按照 A 公司的主张认为案涉 5 亿元借款并非 B 公司的自有资金，但认定为"非自有资金"并不等同于认定案涉借款即属于《民间借贷规定》第十四条第（一）项、第（二）项规定的"金融机构信贷资金"或者是"向其他企业借贷或者向本单位职工集资取得的资金"。《民间借贷规定》第十四条规定的转贷无效情形并未指向所有的"非自有资金"。故 A 公司仅以案涉借款非 B 公司自有资金主张借款合同无效，缺乏法律依据。

综上所述，A 公司的上诉请求不能成立，判决驳回上诉，维持原判。

◎律师评析

本案是以投资形式进行借贷活动的典型案例。

我们在处理投资与借贷争议时，首先要分析投资合同约定的内容是不是形成了债权债务关系。投资合同如有投资人不参与经营，不论经营状况如何均按期收回本金和固定利润（回报率、利息、分红等）债权债务约定内容的，因不具有共负盈亏、共担风险的投资特征，故可以说明形式上的投资合同实际上是借贷合同，届时，借款人应当依法偿还本金并按约支付利息。此外，投资一般不设担保，而借贷可设担保，当事人订立所谓的投资合同，如果也设立担保的，就有可能是民间借贷。

在本案中，A公司与B公司订立的《投资合作协议书》，在形式上虽是投资合同，但该协议约定的内容却是借贷关系，主要表现为，B公司不参与A公司经营管理，不承担经营风险，只收取固定的年回报率按年利率10%计算的收益，由此可见，该协议书不具有共负盈亏、共担风险的投资特征。另外，该协议约定由C公司在某某公司持有的4.5亿股份为B公司提供质押担保，虽然涉案质押担保因未登记而无效，但可以说明双方签订协议的本意是融资而非投资，B公司的真实意思表示也为借款，并非合作开发房地产的合意。《最高人民法院关于审理涉及国有土地使用权合同纠纷案件适用法律问题的解释》第二十六条规定："合作开发房地产合同约定提供资金的当事人不承担经营风险，只收取固定数额货币的，应当认定为借款合同。"据此，法院认定本案属于企业间的借贷。

[本案例根据最高人民法院（2016）最高法民终字第541号民事判决书编写]

第八章 民间借贷合同内容及裁判案例解析

《合同法》第一百九十七条第二款规定，借贷合同应当包括借款种类、币种、用途、数额、利率、期限和还款方式等条款内容。借款合同记载这些内容，表达了出借人与借款人约定的债权债务及相关的权利义务，是判断借贷行为是否合法和违约的主要依据，一旦发生借贷纠纷便是最主要的证据。但是，《合同法》第一百九十七条第二款规定的借贷合同内容不是强制性规定，而是规范性规定，因此，民间借贷合同在约定内容上比较自由，其效力不一定都必须具备该条规定的全部内容。但从民间借贷的特点来分析，借贷合同必须记载双方当事人的名称（姓名）和借贷数额，否则就无法确认其效力。至于借款用途、利息、期限等，若已记载便有约定效力，若不记载可依法处理而不影响借贷合同本身的效力。这里先分析借贷主体、数额、期间、用途等问题，至于利息问题，后面作专题分析。

1. 借贷合同当事人

民间借贷是人与人之间的融资行为，所以借贷主体当然是借贷合同不可缺少的内容。借贷合同当事人是出借人和借款人，出借人和借款人是借贷合同必须明确的内容。借贷合同已经载明出借人和借款人的，借贷权利主体与义务主体才能确定下来。如果借贷合同对出借人或借款人没有载明，或者载明错误，就会出现谁把钱借给谁，谁向谁借钱的纠纷。即使借贷合同已经载明了出借人或借款人，但由于发生某些事实，也会使借贷主体发生变化，如借贷债权转让使出借人脱离债权人身份，又如债务转移使借款人脱离债务人身份，再如借贷合同之外的实际使用人等，都有可能成为债务人。从借贷合同表面上看，出借人和借款人是简单明了的，但遇复杂的借贷纠纷，借贷当事人就有可能与借款数额、用途、保证人等纠缠在一起难解难分。

案例解析

用途争议和实际使用人存在均不影响借贷主体认定

◎案情简介

2012年3月22日，陈某与某某公司签订了《承包经营合同》，约定陈某自2012年6月1日起至2015年5月31日止承包经营某某公司的某某分公司。2013年7月18日，某某分公司与刘乙签订《合作投资协议书》约定：某某分公司与刘乙共同出资承建某某花园工程，工程款的拨付转入双方共同管理的刘乙银行账号（62××33）。

2013年12月22日和2014年3月21日，刘某某（某某花园项目部财务负责人）两次向李某某借款分别签订了两份《借款协议》。该两份协议约定：(1) 刘某某向李某某借款320万元、600万元，借款期限为一年，用于投资承建某某花园工程，若挪作他用，李某某有权随时收回借款本金及利息；(2) 利息按月利率2%计算，按季付息；(3) 收款账户为刘某某开户行，账号62××44；(4) 某某花园工程项目部对刘某某的借款本息、违约金、滞纳金等承担连带保证清偿责任。某某花园项目部在两份《借款协议》上加盖了印章。

2013年12月23日，李某某通过银行向《借款协议》约定的收款账户转账汇款230万元。同日，刘某某向李某某出具收条并印盖了项目部的印章。2014年3月21日，李某某通过银行向《借款协议》约定的收款账户汇款320万元。同日，刘某某向李某某出具收据并盖了某某花园项目部的印章。2015年9月29日，刘某某、陈某与李某某签订了《补充协议》，约定：刘某某、陈某向李某某借款550万元，截至2015年9月29日，刘某某、陈某已归还李某某借款本金及利息189万元，尚欠李某某借款440万元，并于2015年12月31日前归还；借款利息按月利率2%，自2015年9月21日起计算至还清款之日止。

刘某某根据《合作投资协议书》的约定，将上述借款中的530.7万元转入刘乙账户。

借款到期后，刘某某、陈某未按约向李某某归还借款本金及利息。

李某某以刘某某、陈某、某某公司为被告向法院起诉，请求判令三被告归还借款本金440万元及利息。

◎一审判决

一审法院认为：关于借款用途的问题。因被告陈某与案外人刘乙系某某花园工程的实际施工人，双方约定的刘乙账户（账号：62××××33）为工程款的拨付转入双方共同管理的银行账号，就此可以推定该账户中的资金系用于某某花园工程，且被告陈某、某某公司未提交相应证据予以否定，故被告刘某某基于上述的约定将借款530.7万元转入刘乙账户，应认定其将借款用于某某花园工程。

关于借款人的问题。被告刘某某与原告李某某签订《借款协议》后，原告李某某依约向被告刘某某提供了借款本金，被告刘某某应向原告李某某履行偿还借款的义务。《借款协议》约定借款用于投资承建某某花园工程，且部分借款由被告刘某某转入了刘乙的账户，但借款资金的流向不影响原告李某某与被告刘某某的借贷法律关系，故被告刘某某辩称被告某某公司系本案借款人的意见，不予采纳。被告陈某与原告李某某签订了《补充协议》，构成债务加入。被告陈某系某某分公司的承包人，是某某花园工程项目的实际施工人，且将借款用于某某花园工程，故被告刘某某、陈某系本案的借款人。

关于担保责任的问题。被告刘某某与原告李某某达成的《借款协议》是双方真实意思表示，应为有效。《借款协议》上某某花园项目部作为担保人加盖了印章，因该印章多次用于经营活动，已为建设单位和监理单位确认，且陈某通过承包某某分公司取得了某某花园项目的承建人资格，某某分公司向原告李某某还款的行为，可以推定某某公司对于该印章的使用知情，使原告李某某对于该印章形成合理信赖，原告李某某的合理信赖利益应当受到保护。某某花园项目部是施工企业为施工生产需要而设立的临时性机构，应类似于企业法人的职能部门，其对外担保的行为不符合《担保法》第十条的规定，且未经被告某某公司的书面授权，其对外担保的行为应为无效。虽原告李某某在与被告刘某某达成借款协议时，原告李某某应当知道关于企业法人的职能部门不得为保证人的法律规定，但原告李某某未尽到审慎注意义务，对保证无效具有过错。某某公司对其职能部门对外从事经营活动未尽管理职责，亦有过错。对于某某花园项目部担保无效，原告李某某及被告某某公司均有过错，而项目部因不具备法人资格，对外不具备独立承担民事责任的能力，故应由被告某某公司对原告李某某承担赔偿责任，但某某公司承担的赔偿责任不应超过被告刘某某、陈某不能清偿部分的二分之一。

综上，判决如下：一、被告刘某某、陈某于本判决生效之日起七日内偿还原告李某某的借款人民币440万元，并支付相关利息；二、被告某某公司向原告李某某承担不超过被告刘某某、陈某不能偿还上述债务部分的二分之一的赔偿责任；三、驳回原告李某某的其他诉讼请求。

◎二审判决

刘某某不服一审判决提起上诉，请求改判某某公司向李某某承担全部还本付息责任。主要理由是：

刘某某与李某某签订《借款协议》及《补充协议》系受某某花园项目部的安排，以财务负责人的身份代表某某花园项目部向李某某借款。《借款协议》约定了借款须用于投资承建某某花园工程，并有项目承建人陈某的签字及项目部签章，刘某某也按约定将借款转入了某某花园项目部账户，某某花园项目部是本案借款的实际使用人、实际借款人及受益人，且某某公司已经归还部分本金及利息。某某花园项目部向李某某出具的对账单，证明刘某某已将李某某出借的550万元按约定全部转入了某某花园项目部。某某花园项目部以刘某某个人名义向李某某借款，在《借款协议》的担保人处加盖印章是自己为自己担保，并非真正意义上的对外担保，不存在有效无效之说，不能认定为担保行为。某某花园项目部的借款，依法应由某某公司偿还。

某某公司也不服一审判决提起上诉，请求驳回李某某对某某公司的全部诉讼请求。主要理由是：

一、某某花园项目的承建方为某某公司，陈某是该项目的投资人，刘乙是陈某在未经某某公司同意的情况下擅自联系并私下签订协议的投资人，李某某知道或应当知道某某花园项目部仅是企业法人的职能部门，仍接受某某花园项目部提供的担保，根据《担保法解释》的规定，某某公司无承担民事责任。根据李某某提交的转账凭证显示，200万元的汇款申请书显示用途为“往来”，320万元的用途注明为“货款”，故该两笔借款并不是借款。320万元的《借款协议》中担保方只加盖了刘某某私刻并持有的项目部印章，没有任何人的签字。

二、涉案550万元款项并未实际投入某某花园项目使用，某某公司无须对违反约定用途的借款承担任何民事责任。银行账号为62×××33的账户是刘某某胞兄刘乙的个人账号，由刘乙个人操控，因未办理共管手续，故不是工程款拨付的共管账户。刘某某将涉案款项转让该账户，不能证明款项用于某某花园项目工程，却可以佐证刘某某欺骗某某公司骗取担保。如涉案款项进入该账户用于工程建设，刘某某及刘乙应可以证明汇入该账户的资金走向和用途，但其未提供。一审认定李某某已举证证明资金去向，但一审李某某及刘某某仅证明了款项从刘某某账户转移至刘乙（62×××33）账户，不能证明款项用于项目工程建设。事实上该印章并非由某某公司及其分公司使用，从李某某提交的第二份《借款协议》及刘某某提交的盖有项目章收据均可以显示该枚印章由刘某某个人管理使用，与某某公司及其分公司没有任何关系。综上所述，请求撤销一审判决，驳回李某某的诉讼请求。

李某某辩称：借款已经实际转入了某某公司和合作人刘乙共管的工程账户，且款项已用于工程。根据《借款协议》，某某公司支付了相应借款利息，都有证据证实。借款到期后，双方经过结算，某某公司还支付了借款本金和相应利息，某某公司实际以它的行为认可该笔借款已使用到工程上去。某某公司没有提供证据支持其上诉请求。

二审法院认为，本案《借款协议》约定借款方为刘某某，出借方为李某某，担保方为某某花园项目部。《补充协议》约定借款方为刘某某、陈某，出款方为李某某，担保方为某某公司，但加盖的是某某花园项目部印章。因此，一审判决认定本案借款人为刘某某及陈某并无不当，本院予以维持。刘某某上诉主张某某花园项目部为本案实际借款人，缺乏充分的证据，本院不予支持。若刘某某有充分的证据证明某某花园项目部为本案实际借款人，可另行向某某公司主张权利。关于担保问题，某某花园项目部对外担保无效，李某某及某某公司均有过错，一审判决某某公司承担不超过刘某某、陈某不能偿还债务部分的二分之一并无不当。综上所述，判决：驳回上诉，维持原判。

◎**律师评析**

本案涉及借款人、担保人和借款用途三方面的合同内容的争议。

关于用途问题。某某公司认为，银行账号为 62 × × ×33 的账户是案外人刘乙的个人账号，刘某某将涉案款项转让该账户，不能证明款项用于某某花园项目工程，所以其无须对违反约定用途的借款承担任何民事责任。但本案《借款协议》明确约定，刘某某借款用于投资承建某某花园工程，且李某某按照约定将借款汇入刘某某开户行的 62 × × ×44 账号上，后由刘某某转入刘乙的（62 × × ×33）银行账号内。刘某某将借款转入刘乙银行账号这一行为并不违反《借款协议》约定的用途。借款用途是由出借人与借款人约定的，担保人提供担保时应当知道借款人的借款用途，此时，担保人自愿提供担保，后因借款人将借款挪作他用，出借人无过错的，担保人不承担担保责任的主张是不能成立的。借款人借款后违反约定用途使用借款，属借款人违约，而不是出借人的过错，因此，借款人不能以其用途违约为由拒绝承担偿还借款责任。本案中的刘某某将借款转入刘乙银行账号是其使用借款行为，并不违反约定用途，所以法院认定该账户中的资金用于某某花园工程。

关于借款人问题。本案最大的争议是借款人是否包括某某花园项目部。《借款协议》和《补充协议》载明，李某某是出借人，刘某某是借款人，某某花园项目部是保证人，这是借贷主体及担保主体的直接证据。刘某某主张其受某某花园项目部的安排，以财务负责人的身份代表某某花园项目部向李某某借款，并将借款转入了某某花园项目部账户，且借款用于投资承建某某花园工程，认为某某花园项目部是本案借款的实际使用人、实际借款人及受益人，但不能提供某某花园项目部出具的委托代借手续，且某某花园项目部也未予以认可，故其主张与《借款协议》《补充协议》约定不符。《借款协议》约定刘某某借款用于其对某某花园工程的投资，且项目部提供了担保，因此，涉案借款人不因借款资金的流向和实际使用人而发生主体变更。某某花园项目部确是涉案借款的实际使用人，但不是李某某的借款人，李某某是把钱借给刘某某的，根据债的相对性原则，本案只能由刘某某偿还。

关于第三人债务加入问题。债务加入是第三人加入债的关系中来，成为新的债务人，同原债务人一起对债权人承担连带清偿债务的一种民事行为。陈某本来与刘某某、李某某之间的借贷无关，但因陈某与李某某、刘某某签订了《补充协议》，约定陈某与刘某某共同向李某某借款，于是构成债务加入，那么，陈某就应当与刘某某一起共同偿还李某某的债务，所以，法院判决陈某与刘某某共同偿还李某某借款。

关于保证人问题。本案中的保证人是某某花园项目部，但法院判决某某公司承担赔偿责任，这里有一个职能部门提供保证担保的责任归属问题。工程建设的项目部属于法人企业内设的职能部门，主要履行工程施工的质量、安全、进度、文明施工等职责，并对业主或法人负责，而不具有独立的民事主体资格，因此，《担保法》及其司法解释规定，企业法人的职能部门不得为保证人，企业法人的职能部门提供保证的，保证合同无效。某某花园项目部在刘某某与李某某订立的《借款协议》上盖章，后又在陈某、刘某某、李某某签订的《补充协议》上盖章，保证担保成立，但根据上述规定属于无效保证。《合同法》第五十八条规定，合同无效的，有过错的一方应当赔偿对方因此所受到的损失，双方都有过错的，应当各自承担相应的责任。《担保法解释》第十八条第一款规定："企业法人的职能部门提供保证的，保证合同无效。债权人知道或者应当知道保证人为企业法人的职能部门的，因此造成的损失由债权人自行承担。"对本案的无效保证担保，因李某某、某某花园项目部和某某公司均有过错，而某某花园项目部不具备独立承担民事责任的能力，最后应由某某公司承担相应的赔偿责任。

［本案例根据江西省赣州市中级人民法院（2016）赣07民终字第3083号民事判决书编写］

2. 借条借据缺少一方主体如何处理

借条借据上缺少一方主体主要表现为，借条借据上有借款人却无出借人或者有出借人却无借款人。

借条借据上有借款人却无出借人的，在一般情况下应当推定借条或借据的持有人为出借人，但借款人对借条、借据的持有人为出借人提出异议，并能提供证据证明持有人不是出借人的，该借条对持有人无效。

借条借据上没有借款人的签字或盖章的，首先需要出借人指认借款人，被指认的借款人认可的，借款人主体问题解决，但若被指认的借款人不予认可，该借条或借据对指认的借款人无效，但是，出借人有其他证据证明被指认的借款人就是实际借款人，如通过对借据内容的笔迹鉴定，证明借条或借据确为被指认的借款人所书写的，可以推定书写人为借款人；书写人能够提供证据证明自己为他人代写，并得到实际借款人承认的，则由实际借款人承担偿还责任。

行为人虚构或冒名借款人在借条借据上签名并实际取得借款的，行为人是实际借款人，该借条借据对被虚构或冒名的借款人无效，但是，被冒名的借款人明知而允许其冒名的，或者行为人将冒名取得的借款交付给借款人的，行为人应当与借款人一起承担连带偿还责任。

案例解析

法院推定借款凭证持有人为出借人

◎案情简介

王某某持有一份借款合同书，该合同书载明：乙方因经营周转急需向甲方借人民币10万元，乙方自愿向甲方承付月息2分，借款期从2012年2月20日至2012年3月19日，到期还款；如乙方违约到期不还，乙方自愿每日按借款总价的千分之叁承付给甲方违约金，并甲方可申诉人民法院执行；担保期限至还款人还清之日。该借款合同书下方记载：担保人承诺，彭某到期不还，一、连本带息由担保人在七日之内负责全部归还；二、担保期限至还款人还清之日；三、如违约，担保人承担法律责任，接受人民法院执行；担保人汤某，2012年2月20日。该借款合同书形成后，乙方借款人彭某在借款合同书上签字，甲方出借人栏内空白，没有王某某签字。

同日，彭某给王某某出具一张借据，该借据内容为："今借到王某某人民币拾万元整，借用时间为壹个月，于2012年3月20日到期归还（本人要求现金支付）。借款人：彭某，2012年2月20日"

借款到期，彭某不知去向，王某某多次向汤某催要无果，遂提起诉讼称：被告彭某于2012年2月20日向原告借款10万元，约定期间1个月，月息2分，由被告汤某提供担保，并订立借款合同。借款到期，被告彭某未偿还，被告汤某也未履行担保义务，现请求法院依法判令彭某归还本金10万元，同时按月利息的2%计算自2012年2月20日至实际还款之日止的利息，汤某对上述借款本息承担连带清偿责任。

汤某辩称，本人与原告王某某并不认识，对借款合同的真实性无法确认，对原告王某某向被告彭某交付10万元的事实也无法确认。实际上，2012年2月20日，彭某准备向案外人陶某某借款10万元，并由本人进行担保，为此制作了由彭某和本人先行签字的借据，因钱没有借成，该借据保留在彭某处。后彭某私自将该借据交给原告王某某，借据上无出借人签名，不具备合同形式要件，不具有合同效力。且借据与借款合同书上记载的还款时间不一致，两者不具有关联性。本人不应承担担保责任。

彭某未应诉答辩。

◎一审判决

一审认定，2012年2月20日，彭某因经营所需向王某某借款10万元，彭某在借据上签字确认。借据内容为："今借到王某某人民币拾万元整，借用时间为壹个月，于2012年3月20日到期归还（本人要求现金支付）。借款人：彭某，2012年2月20日。"当日，王某某向彭某现金交付10万元。后彭某不知去向，借款10万元至今未归还。王某某向保证人汤某索款无果，遂诉至法院。

一审认为，彭某向王某某借款10万元的事实，由王某某提供的借据予以佐证。关于王某某主张的利息，因借据上并未记载利息约定，故按照相关法律规定支持从彭某逾期之日2012年3月21日起至判决确定还款之日止按中国人民银行贷款利率计算的利息。关于汤某是否应当承担保证责任的问题，王某某提供的借款合同书上虽有汤某作为担保人的签字，但并没有出借人的内容记载，无法确认王某某与汤某之间存在担保关系。而借款合同书与借据之间在还款时间上不一致，不能确认两者之间的关联性，故王某某要求汤某承担连带保证责任的诉讼请求，证据尚不充分，其可在补强证据之后另行主张。彭某经法院合法传唤无正当理由未到庭应诉，应视为其对自身诉讼权利的放弃，不妨碍法院在查明事实的基础上依法作出判决。

据此，一审判决：一、限彭某于判决生效之日起十日内归还王某某借款人民币10万元，并支付从2012年3月21日起至判决确定还款之日止的按中国人民银行贷款利率计算的利息；二、驳回王某某的其他诉讼请求。

◎二审判决

王某某不服一审判决提起上诉称：

1. 汤某应当对彭某的借款本息承担连带保证责任。首先，主合同中虽然没有保证条款，但是保证人在主合同上以保证人的身份签字或者盖章的，保证合同成立。其次，在保证关系中，保证人基于对债务人的人身信赖及资信的认可为其提供担保，汤某在一审中认可其愿意为彭某的10万元债务提供担保，也就认可了彭某借款10万元本息。最后，本人作为借款合同书的持有人及出借人，对借款合同书的内容不持异议。至于借据与借款合同书在还款时间上不一致，因两个时间并非同一人所写，按各人生活习惯的不同，一人将一个月定义为2012年2月20日至2012年3月19日即对应日的前一天，另一个却定义为2012年2月20日至2012年3月20日即对应日的当天，两者并不矛盾。

2. 一审判令利息的起算时间及利率标准错误。彭某签名的借款合同书证实彭某自愿承付月息2分，如违约到期不还，自愿每日按借款总价的千分之三承付违约金，考虑到每日千分之三的约定超出国家保护的贷款利率的四倍，故统一将利息确定为月息2分计算。

综上，请求二审法院依法改判支持利息的请求及汤某对彭某的借款本息承担连带保证责任。

被上诉人汤某辩称，案涉合同的性质为借款合同，担保条款为保证合同，借款合同是主合同，保证合同是从合同，出借人项下没有签名，借款合同没有成立，保证合同当然不成立。借款合同书与借据记载的时间也不一致，故借款合同书与本案不具有关联性。保证是对债权人与被保证人双方的信任和债权保障，基于王某某与本人没有往来，本人的保证是为案外人陶某某借款作出的担保，而不是为王某某作出的担保。请求二审法院依法驳回上诉，维持原判。

二审法院经审理认为，通常情况下，借据等债权凭证未写明出借人的，持有借据等债权凭证的当事人推定为债权人。彭某出具的借款合同书，出借人栏虽系空白，但王某某持有借款合同书，从形式上可推定其为债权人。该借款合同书与彭某向王某某出具的借据载明的借款数额均是10万元，借款日期均是2012年2月20日，仅是在还款时间上有差异，借据载明的借用时间为壹个月于2012年3月20日到期归还，借款合同书记载借款期从2012年2月20日至2012年3月19日，前后一天的误差是双方对一个月的界定产生分歧，两者并不矛盾，故该借款合同书与借据记载的系同一笔款项，出借人也应为同一人即王某某。

根据《担保法解释》第二十二条的规定，第三人单方以书面形式向债权人出具担保书，债权人接受且未提出异议的，保证合同成立。主合同中虽然没有保证条款，但是保证人在主合同上以保证人的身份签字或者盖章的，保证合同成立。因保证合同属单务合同，仅有保证人一方负有义务，债权人并不就保证合同承担义务，因此在债权人收到保证书没有明确表示同意与否情况下，可以认为是以默示的形式作出同意的表示，保证合同成立。本案汤某在借款合同书上作为担保人签字，并承诺彭某到期不还，连本带息由担保人负责偿还，虽借款合同书未有出借人签字，但王某某持有该借款合同书，且在收到该借款合同书后对汤某的保证并未提出异议，故该保证合同成立，汤某作为保证人应承担保证责任。汤某辩称该借款合同书系为彭某向案外人陶某某借款10万元而签字担保，但未提供相应证据证明，本院无法采信。

案涉保证合同中约定，担保人汤某承诺彭某到期不还，连本带息由担保人汤某在七日之内负责全部归还，担保期限至还款人还清之日，该约定应为连带责任保证，汤某应对彭某的债务承担连带偿还责任。保证合同中约定担保期限至还款人还清之日，根据《担保法解释》第三十二条的规定，视为约定不明，保证期间为主债务履行期届满之日起二年，王某某向汤某主张担保责任未超过保证期间。借款合同书中约定彭某自愿向甲方承付月息2分，如彭某违约到期不还，自愿每日按借款总价的千分之叁承付给甲方违约金，现王某某自愿主张利息统一从借款之日起按月息2分计算未超过法律保护的最高限额，应予支持。

综上，原审判决认定事实错误，本院予以改判。判决如下：一、撤销一审民事判决；二、彭某于本判决生效之日起十日内偿还王某某借款人民币10万元，并支付从2012年2月20日至实际给付之日止按中国人民银行同期贷款利率的四倍计算的利息；三、汤某某对上述债务承担连带偿还责任。

◎律师评析

本案的争议焦点主要是，借款合同书未具名出借人可否认定借款合同书持有人是出借人以及由此带来保证人是否承担保证责任问题。

在民间借贷活动中，由于当事人的疏忽大意或者缺乏法律知识，在订立借款合同包括出具借条、借据等债权凭证未写明出借人是常见现象，对此，借款人主张债权凭证持有人不是出借人的，应当作出合理解释并提供充分的证据予以证实，方可推翻债权凭证持有人主张债权，否则，法院就会推定债权凭证持有人为债权人。

本案的借款合同书与借据所载明的借款日期、借款数额一致，只在还款时间上差异1天，二审法院据此认定系同一笔款项。借款合同书虽然没有载明出借人是王某某，但王某某持有该借款合同书，再者借据已经载明“今借到王某某人民币拾万元整”，借款合同书与借据相互印证说明，该笔借款的出借人确实是王某某，而汤某辩称该借款的出借人是陶某某，但不能提供相应证据证明，故不能推翻王某某为出借人，所以二审认定出借人是王某某。在认定出借人是王某某的基础上，因汤某在借款合同书中明确签约提供保证担保，故应承担连带保证责任。

［本案例根据江苏省南通市中级人民法院（2014）通中民终字第2560号判决书编写］

3. 借贷数额

借贷数额有两种情况：一是借贷合同约定的本金数额，二是出借人实际提供给借款人的本金数额。在正常情况下，出借人应当按照借款合同约定如数向借款人提供借款，使合同约定的借款数额与实际提供的借款数额相一致。但由于主客观上的多种原因，实践中会出现出借人实际提供的借款数额少于借款合同约定的借款数额的情况。在这种情况下，出借人只提供借款合同约定中的部分借款的，已提供部分产生债权债务效力，而未提供部分不能产生债权债务效力，所以，民间借贷的债权债务应当以出借人实际提供数额来确定。

案例解析

民间借贷以实际提供数额确定债权债务效力

◎**案情简介**

李某系李某某之女，李某与安某某系夫妻关系。2010 年 7 月 8 日，李某和安某某因买房向李某某借款，并出具一份借条给李某某。该借条载明“借购房款 173 万（壹佰柒拾叁万）”，未约定利息及还款期限。由于李某与安某某闹离婚，李某某曾两次起诉向李某与安某某偿还借款，后都撤诉。现李某某再次提起借贷诉讼，请求判令李某、安某某偿还借款 173 万元，并支付以 173 万元为本金按银行同期贷款利率计算的利息。

在李某某起诉时，李某与安某某正处于离婚诉讼中。

◎**一审判决**

一审法院认为：李某、安某某向李某某借款，并出具了借条，该借条约定了借款金额。现李某某要求李某、安某某返还借款，具有事实和法律依据。关于具体借款金额问题，李某某提交了借条及录音证据的文字整理稿，安某某亦提交了录音光盘及相关文字整理稿，从相关证据可以看出，李某、安某某实际借款数应为 163 万元，而非 173 万元。考虑李某、安某某给李某某出具的借条未约定借款期及还款期，该借款关系应为不定期借款，李某某有权随时主张债权。李某某于 2011 年 8 月 9 日第一次诉至法院，要求李某、安某某偿还本息，后撤回起诉。据此，李某某要求从 2011 年 8 月 9 日起按照银行同期贷款利率计算利息，具有事实和法律依据。

一审判决：1. 李某于判决生效之日起七日内返还李某某借款 173 万元，并以 173 万元为本金，按照银行同期贷款利率给付李某某自 2011 年 8 月 9 日起至实际支付之日止的利息；2. 安某某就李某上述债务中的借款本金 163 万元及相应的利息（以 163 万元为本金，按照银行同期贷款利率自 2011 年 8 月 9 日起至实际支付之日止的利息）与李某承担连带给付责任；3. 驳回李某某的其他诉讼请求。

◎**二审判决**

安某某不服一审判决提起上诉称：根据安某某在原审提交的录音证据，

安某某同意支付10万元算作利息给李某某，李某某对此并未否认，因此安某某不应再支付任何利息。

李某也不服一审判决提起上诉称：1. 李某某在一审期间为证明173万元借款的真实性，向法庭提交了由李某和安某某共同签名的借款173万元的借条，同时李某某还提交了安某某在其他案件中的录音证据文字整理稿，且该文字整理稿件中的内容也能证明存在173万元借款的事实。一审判决仅根据录音文字的部分内容确认163万元借款的事实，其余10万元为利息，显然与事实不符。一审判决既然认定李某返还173万元借款及相应的利息，安某某作为连带责任人就应当承担173万元借款及相应利息的返还之责，而不应当是安某某仅对163万元及相应的利息承担连带给付责任。

李某某答辩称：首先，李某某主张173万元借款是有借条的，原审法院仅采纳了录音证据的一段话就认定借款163万元是错误的，安某某所主张的163万本金加10万利息是不存在的。双方之间曾经有几百万的往来，李某某对于其中的100余万元的欠款没有主张，所以不可能向其要10万元利息。其次，关于利息从2011年8月9日起算的问题，李某某当时已经主张还款，后因安某某没有还款并否认债务的存在而拖延至今，所以安某某应当承担逾期还款的利息。

二审法院经审理认为：

关于李某上诉主张安某某应支付173万元本金及利息的问题。安某某、李某于2010年7月8日出具的借条虽记载借款为173万元，但结合各方陈述、转账凭证及录音证据，能够证明李某某实际仅提供了163万元的借款。根据《合同法》第二百一十条“自然人之间的借款合同，自贷款人提供借款时生效”之规定，一审法院认定各方成立以163万元为本金的民间借贷关系，并无不当。李某在一审期间同意向李某某支付173万元利息及本金，该意思表示系其对于自己民事权利的处分，但其效力不及于安某某，故一审法院判决李某支付173万元借款及利息并无不当，而安某某仍应按李某某实际提供借款数额归还借款。

关于安某某上诉主张借款利息不应支付且利息起算时间问题。本案中，安某某、李某出具的借条未约定还款期限，故债权人有权随时要求债务人偿还。李某某于2011年6月14日将安某某、李某诉至法院主张本案债权，法院于2011年8月9日向安某某、李某发送立案通知书，应当视为李某某向安某某、李某发出了还款催告。此后，涉案借款期限应视为届满，安某某、李某至今仍未偿还借款，依据《民间借贷规定》第二十九条规定：借贷双方对逾期利率有约定的，从其约定，但以不超过年利率24%为限；未约定逾期利率或者约定不明的，人民法院可以区分不同情况处理：既未约定借期内的利率，也未约定逾期利率，出借人主张借款人自逾期还款之日起按照年利率6%支付资金占用期间利息的，人民法院应予支持。故安某某、李某应以2011年8月9日作为起算日期按照银行同期贷款利率不超过年利率6%的范围向李某某给付逾期付款利息。

综上所述，李某、安某某的上诉理由均不能成立，判决：驳回上诉，维持原判。

◎**律师评析**

这是一起父亲告女儿，丈老告女婿的借贷纠纷案，且与两借款人离婚有关，故显得有些特殊性。李某作为共同借款人站在父亲李某某的立场完全支持李某某的诉讼请求，结果被判返还借款173万元及利息，而安某某主张借款本金为163万元，结果被判连带偿付163万元本金及利息。

本案的主要问题是李某某实际交付借款数额是173万元还是163万元。涉案借条虽记载借款数额为173万元，但法院结合各方陈述、转账凭证及录音证据，证明李某某实际仅提供了163万元。《合同法》第二百一十条规定："自然人之间的借款合同，自贷款人提供借款时生效。"据此规定，自然人之间的借贷合同是实践合同，只有在出借人向借款人提供借款才能生效；出借人向借款人提供多少数额借款，生效多少借款；全部未提供的，整个借贷合同都不能生效；部分未提供的，未提供的部分不生效，已提供的部分生效。因此，涉案借款协议虽然约定借款数额为173万元，但李某某仅提供163万元，该163万元应当生效，安某某应当偿还；李某某未提供的10万元未生效，故安某某无须承担这10万元的偿还责任。至于李某对未提供的10万元，不仅不抗辩，反而支持原告李某某的诉讼请求，所以法院判其偿付173万元本金及其利息。

［本案例根据北京市第三中级人民法院（2016）京03民终字第7897号民事判决书编写］

4. 借款数额笔误

借款数额是借贷合同最为重要的内容，但我们在实践中也发现借条或借据中载明的借款数额存在笔误的情况，或者不使用中文大写而只使用阿拉伯数字小写而被改动的情况，对此，双方必然会发生纠纷。对此类纠纷，应当适用《合同法》第一百二十五条和第六十一条的规定，按照合同所使用的词句、有关条款和交易习惯，以及从出借人实际支付的借款金额，结合借款利率、借款期限以及生活经验等内容综合判断。

案例解析

借款数额瑕疵的认定

◎案情简介

邱某某向刘某某提出借款，刘某某于2011年3月4日从其侄女刘某的银行存折中取款49000元，再添现金1000元，凑足5万元交给邱某某；次日再从其侄女刘某的银行存折中取款10万元现金交给邱某某，合计借款15万元。邱某某于同年3月16日补写了一份借条给刘某某，该借条载明："今向刘某某借人民币15元正。利率2%（每月叁仟元正）借期壹年，借款人邱某某"。

借款期限届满后，邱某某未如约还款，刘某某于2013年9月10日诉至法院，请求判令：1. 邱某某向刘某某清偿借款本金15万元，并支付按月利率2%计算的利息。并称，借条中的"15元正"系借款人邱某某书写笔误，其中漏写了"万"字，实际借款为15万元。

邱某某辩称：涉案借条系本人练习书写借据后无意丢弃的一张垃圾废纸，本人从未向刘某某借款。即使借款，该借据上载明的借款金额系15元，故本人不应当承担偿还15万元的责任。

◎一审判决

一审法院认为，邱某某对刘某某举证的涉案借条系其书写无异议。从该份借条行文的借款金额、借款利率、借款的具体月支付利息金额、借款期限等内容和刘某某提供的两张取款凭证证明借款资金的来源，以及对借款发生的具体陈述来分析判断，该张借条的书写具有全文的完整性、内容的连贯性及解释的合理性，故该份借条可认定系邱某某书写存在笔误，“15元正”中漏写了“万”字，故应确认邱某某向刘某某借款15万元。据此，判决如下：1. 邱某某应于判决生效后十日内偿还刘某某借款15万元；2. 邱某某应于判决生效后十日内偿还刘某某借款利息58500元，并继续从2013年9月17日起按银行同类贷款利率5.85%的四倍计算至本判决确定的还款期限内的实际付款日止。

◎**二审判决**

邱某某不服一审判决提起上诉称：借条不是因为借款所写，而是本人学着书写借条写下的，借条载明的借款金额为“15元”，而不是“15万元”，本人也没有收到15万元款项，刘某某也未提供相应的付款凭证。

二审法院认为：1. 涉案借条的内容为“今向刘某某借人民币15元正，利率2%（每月叁仟元正）借期壹年，借款人邱某某”。该借条约定的借款本金15元明显不符合交易习惯，根据《合同法》第一百二十五条第一款规定：“当事人对合同条款的理解有争议的，应当按照合同所使用的词句、合同的有关条款、合同的目的、交易习惯以及诚实信用原则，确定该条款的真实意思。”从借条前后表述的意思上看，该借款的本金应确认为15万元，而不是邱某某所主张的15元。刘某某向原审法院提交了2011年3月4日、2011年3月5日两张取款分别为49000元和10万元的凭证，两份取款凭证上取款人栏的签名为“刘某”，刘某系刘某某侄女。两份取款凭证反应刘某取款149000元的事实，足以证实其借款来源和其支付现金的能力。

二审法院认为，原审判决认定事实清楚，证据充分，适用法律正确。判决：驳回上诉，维持原判。

◎**再审裁定**

邱某某不服二审判决申请再审，认为其并未向刘某某借过款，刘某某除提供借款金额15元的借条外，并无其他证据证明借款事实存在。借条是借款的唯一凭证，刘某某应当认真审查，不可能出现将15万元写成15元的笔误。二审判决认定15万元因笔误写成15元是主观、片面推断的结果，没有事实和法律依据。

法院再审认为，1. 刘某某在听证中陈述借条是在2011年3月16日由邱某某本人用刘某某笔记本上的纸书书写的，为此刘某某在二审庭审中提供该笔记本进行核实。邱某某提出反驳意见，称本案借据是其向刘某某请教怎么写借据时，随手在草稿纸上练习写了几张，但却未能提供反驳证据证明上述事实，故邱某某的反驳意见不予采信，案经一、二审庭审质证，可以认定本案借条系双方当事人基于借款关系由邱某某出具；2. 虽然借条中载明借款金额为15元，但明显不符合交易习惯，且该借条同时载明利率2%（每月3000元），故原一、二审据此采信刘某某关于借款金额15元系笔误的主张，确认借款金额为15万元并无不妥；3. 刘某某向原一审法院提交了刘某账户2011年3月4日、2011年3月5日的取款凭证，与其陈述相吻合，故原一、二审判决认定15万元借款已经交付并无不妥。

综上，裁定驳回申请人邱某某的再审申请。

◎**律师评析**

本案的关键是如何确认借条上的借款数额问题。

借条是法院认定借款事实的主要依据，但并非认定借款事实存在与否的唯一证据。在民间借贷活动中，当事人在借贷合同中约定的借款数额，不一定是真实意思表示，也不一定与实际提供借款数额完全一致，在借条上是借款数额存在瑕疵的情况下，双方当事人就会发生争议时，对此，应当根据《合同法》第一百二十五条第一款规定，按照合同所使用的词句、有关条款、订立合同目的、交易习惯，以及从出借人实际支付的借款金额，结合借款利率、月利息数额、借款期限以及生活经验等内容综合判断。

本案所涉借条中的借款数额的表述明显存在瑕疵，但如何解释借条上约定的“15元”实际借款为15万元？根据《合同法》第一百二十五条和第六十一条规定，我们结合本案作如下分析：

从习惯和情理上分析，邱某某向刘某某借款15元也有可能，但基于民间借贷的习惯，这样的小额借款，出借人不可能向借款人索取借条或借据，借款人也不会赖账不偿还，出借人也不可能为了15元钱提起诉讼。

从合同有关条款上分析，邱某某出具的借条上约定“借期1年”，如果借款只有15元，这个借款期限约定毫无必要，且是不可能的；邱某某出具的借条上约定“利率2%（每月叁仟元正）”，这是个关键问题。如果借款只有15元，双方不可能约定“利率2%”“每月叁仟元正”，相反，这一利率和利息的约定恰好是 15 万借款数额。

因此，法院根据本案借条行文的借款利率、借款的具体月支付利息金额、借款期限等内容进行分析判断，然后认定该份借条中的“15 元”系邱某某书写时出现的笔误，并判决邱某某偿还 15 万元借款本息。

[本案例根据福建省三明市中级人民法院（2014）三民终字第 249 号民事判决书编写]

第九章　民间借贷合同效力及裁判案例解析

民间借贷合同效力是当事人依法成立的借贷合同受法律保护的拘束力，即法律效力。民间借贷合同的效力可分为四大类，即有效合同，无效合同，效力待定合同，可变更、可撤销合同。具有法律效力的民间借贷合同，当事人应当严格按约履行，否则将承担违约责任。

1. 民间借贷合同的成立与生效

《合同法》第二十五条规定：“承诺生效时合同成立”。出借人和借款人就借贷事项的意思表示达成一致，民间借贷合同就能成立。如借款人与出借人协商一致后，借款人给出借人出具借条，出借人予以收受，在此情形下，即使出借人未提供借款，借贷合同也已成立。

《合同法》第四十四条第一款规定：“依法成立的合同，自成立时生效。”合同生效是指已经成立的合同具有法律约束力。合同是否生效取决于是否符合法律规定的有效条件。合同的成立与生效密切相关，但两者是两个不同的概念。合同成立是一个法律事实的判断问题，关系到合同的存在与否，主要体现当事人的意志和合同自由原则；合同生效是一个法律评价问题，关系到合同能否取得法律认可的效力，体现国家的价值判断，反映了国家对合同关系的干预。合同成立并不一定就生效，但合同生效是对合同成立在法律上的进一步肯定。

《合同法》第二百一十条规定：“自然人之间的借贷合同，自贷款人提供借款时生效。”这一规定表明，自然人之间的借贷合同是实践合同，出借人与借款人就借贷事项达成一致意见后，借款合同成立，但只有出借人向借款人提供借款后才能生效，如果未实际提供借款，借款合同即使已经成立也不能生效；出借人与借款人虽未订立书面借款合同，但出借人已经实际提供借款的，口头借款合同也能生效。

《民间借贷规定》第九条规定，具有下列情形之一，可以视为具备《合同法》第二百一十条关于自然人之间借款合同的生效要件：（1）以现金支付的，自借款人收到借款时；（2）以银行转账、网上电子汇款或者通过网络贷款平台等形式支付的，自资金到达借款人账户时；（3）以票据交付的，自借款人依法取得票据权利时；（4）出借人将特定资金账户支配权授权给借款人的，自借款人取得对该账户实际支配权时；（5）出借人以与借款人约定的其他方式提供借款并实际履行完成时。

《民间借贷规定》第十条规定："除自然人之间的借款合同外，当事人主张民间借贷合同自合同成立时生效的，人民法院应予支持，但当事人另有约定或者法律、行政法规另有规定的除外。"据此规定，法人之间、法人与非法人组织之间、非法人组织之间以及自然人与法人、非法人组织之间订立的借贷合同，除明确约定为实践合同和当事人不主张实践合同外都为承诺合同，即出借人即使未向借款人提供借款，借款合同也自订立时生效。

分清民间借贷合同是实践合同还是承诺合同的意义在于失信方承担缔约过失责任还是违约责任。缔约过失责任违反的是先合同义务，要求行为人主观上有过失，由此承担的缔约过失责任仅适用赔偿损失方式。民间借贷中的出借人不按约交付借款，借款人不按约接受借款，在承担缔约过失责任时不存在返还借款问题，故只能赔偿，但若没有造成损失的，请求赔偿也不能成立。

违约责任违反的是合同约定义务，是一种无过错责任，只要有违约行为存在，除法律规定的少数免责事由外，行为人一般都要承担违约责任，违约责任的承担方式有继续履行、采取补救措施、支付违约金、赔偿损失。但在出借人不按约交付借款、借款人不按约接受借款的情形下，要求对方继续履行是没有必要的，因而只能依法要求对方支付违约金、赔偿损失。

案例解析

出借人未提供借款　自然人间借贷合同虽成立但不生效

◎案情简介

刘某某和魏某某曾是某房开公司的股东，后来为了各自发展的需要，经协商决定，刘某某与其他股东将在房开公司持有的股权转让给魏某某，在结算股权转让款时，魏某某因资金困难不能一次性付清刘某某的股权转让款，为此经双方协商确定，将魏某某欠刘某某的转让款视为向刘某某的借款，为此，魏某某于2010年3月18日向刘某某出具一份借条，该借条载明：今借到刘某某借款150万元，此笔借款不计利息，待施工单位保证金交纳后还清。同月21日，魏某某和某房开公司向刘某某出具借条，该借条载明：今借到刘某某借款120万元。

2010年5月17日，施工单位的保证金已经给付房开公司，但魏某某和房开公司未向刘某某履行清偿借款义务。刘某某多次催收未果，遂向法院提起诉讼，请求判令魏某某、房开公司连带偿还借款本金270万元，并按年利率6%计算给付3年的利息48.6万元（后变更请求按月利率9.225‰计算利息）。

魏某某、房开公司共同辩称：被告房开公司共有股东六人，平均持有股份，原告刘某某与被告魏某某均为原股东。2010年2月26日，经全体股东共同协商决定，其他股东全部将股权转让给被告魏某某退出公司，由魏某某独自经营。经结算，被告魏某某应支付包括原告刘某某在内的五位股东股权转让款和前期投入资金共计5018万元，但实际上被告方支付了5383.2348万元，超额支付365.2348万元，被告方并未差欠原告股权转让款，也未将所欠股权转让款转为借款。2010年3月18日和21日，被告魏某某向原告出具两张借条准备向原告借款是事实，但借条出具后，原告并未将270万元借款实际支付被告方，被告魏某某要求原告刘某某把借条毁掉，原告刘某某表示借条已毁，请求法院驳回原告的诉讼请求。

◎一审判决

在一审诉讼过程中，法院依据刘某某诉讼请求所依据的事实向刘某某释明：若因股权转让产生的欠款，属房地产经营合同关系或股权转让合同关系，应以合作或合资开发房地产合同纠纷主张权利；若主张欠借款，需要对借款发生的事实承担举证责任。刘某某坚持民间借贷的诉讼请求。

一审法院经审理认为：根据原告刘某某诉讼请求所依据的事实，原告首先应对270万元借款发生的真实性承担举证责任。根据《合同法》第二百一十条“自然人之间的借款合同，自贷款人提供借款时生效”之规定，原告应举证证明本案借款已经实际支付被告方，或者举证证明《借条》据以结算的事实依据，借款合同才能生效。为了尽可能查清案件事实，法院在审理中重新指定了举证期限至2014年8月5日，并于开庭后进行了调查取证并组织质证。通过两次开庭审理和法院依法调查取证，结合双方的陈述与举证来看，原告刘某某虽然举证证明了借条的真实性，但对结算所依据的事实没有充分的证据证实，原告的所有举证都不能证明其诉讼主张，依法调取的证据也不能证明原告主张的借款事实客观存在。根据《最高人民法院关于民事诉讼证据的若干规定》第五条“在合同纠纷案件中，主张合同关系成立并生效的一方当事人对合同订立和生效的事实承担举证责任；主张合同关系变更、解除、终止、撤销的一方当事人对引起合同关系变动的事实承担举证责任。对合同是否履行发生争议的，由负有履行义务的当事人承担举证责任”之规定，现因原告刘某某举证不足，导致本案借贷事实无法查清，原告刘某某应承担不利后果。对原告刘某某提出由被告方偿还借款本金270万元并承担相应利息的诉讼请求，依法不予支持。

综上，一审判决：驳回原告刘某某对被告魏某某、被告房开公司的诉讼请求。

◎二审判决

一审宣判后，刘某某不服提起上诉。

二审法院综合本案双方当事人的诉辩主张、事实及其理由，认为本案双方争议的焦点是上诉人与被上诉人之间的民间借贷关系是否成立并生效的问题。

二审法院经审理认为：本案被上诉人魏某某、房开公司两次向上诉人刘某某出具借条后，双方之间的民间借贷关系成立，但是，根据《合同法》第二百一十条“自然人之间的借款合同，自贷款人提供借款时生效”之规定，民间借贷关系生效的要件是实际履行支付借款的义务，上诉人没有证据证明在被上诉人出具借条后已实际履行了支付借款的义务，本案双方之间的民间借贷关系虽然成立但未生效。

本案中，上诉人在一审提交的起诉状中陈述，其债权债务产生的原因是，被上诉人没有全部支付上诉人股东转让款，而将所欠的股份转让款视为向上诉人所借。但从本案查明的事实来看，被上诉人在房地产开发过程中，是否融资及怎样支付股权转让款等行为与本案双方当事人之间的民间借贷关系并无法律关联。根据《最高人民法院关于民事诉讼证据的若干规定》第二条“当事人对自己提出的诉讼请求所依据的事实或者反驳对方诉讼请求所依据的事实有责任提供证据加以证明。没有证据或者证据不足以证明当事人的事实主张的，由负有举证责任的当事人承担不利后果”之规定，一审以上诉人举证不能为由判决驳回上诉人的诉讼请求于法有据。据此，判决：驳回上诉，维持原判。

◎律师评析

本案双方争议的焦点是刘某某与魏某某、房开公司之间的民间借贷合同成立后是否生效的问题。

笔者认为，法院以刘某某没有证据证明在魏某某、房开公司出具借条后已经实际履行了支付借款的义务为由判决驳回刘某某的诉讼请求是没有问题的。但二审法院认为“本案双方之间的民间借贷关系虽然成立但未生效”是有瑕疵的。

《合同法》第二百一十条规定：“自然人之间的借款合同，自贷款人提供借款时生效。”据此规定，自然人之间的借贷合同是实践合同，其生效应当具备两个基本要件：一是借款合同已经成立，包括出借人与借款人已经订立借款合同；二是出借人已经向借款人实际提供借款。自然人之间借款合同只有生效才能真正产生出借人与借款人之间的债权债务关系，出借人与借款人虽已订立借款合同，但出借人未实际提供借款的，自然人之间借贷即使成立也不能生效，因此不可能让借款人承担偿还借款责任。

本案有两份借款合同：第一份借款合同，即魏某某于 2010 年 3 月 18 日给刘某某出具的借款 150 万元的借条，这是自然人之间的借款合同；第二份借款合同，即魏某某和房开公司于同月 21 日给刘某某出具的借款 120 万元的借条，这是自然人与企业之间的借款合同。刘某某将这两份借条一并提起诉讼请求偿还270万元借款，其中涉及自然人与企业之间的第二份借款合同是否也未生效？

二审法院认为，“本案被上诉人二次向上诉人出具借条后，双方之间的民间借贷关系成立”，但是，“上诉人没有证据证明在被上诉人出具借条后已实际履行了支付借款的义务，本案双方之间的民间借贷关系虽然成立但未生效。”这一认识的结果是，其中自然人与企业之间订立的借款合同也为实践合同。

我们知道，《合同法》第二百一十条只规定自然人之间的借贷合同是实践合同，而未规定其他主体之间订立的借贷合同是实践合同还是承诺合同。当时，司法解释未对自然人之间以外的主体之间的借款合同是实践合同还是承诺合同作出明确规定，因而，不少法官、律师和当事人把所有民间借贷合同都视为实践合同。《民间借贷规定》第十条规定明确了这个问题，除自然人之间的借款合同外，其他民间借贷合同，应视借款合同有无约定和当事人是否主张的具体情况再判断是实践合同还是承诺合同。借款合同明确约定为承诺合同，或者未约定为实践合同而当事人不主张承诺合同的，即使出借人未向借款人提供借款，借款合同也自订立时生效。

本案第二份借款合同没有约定实践合同，且刘某某请求判令房开公司承担连带偿还责任，该合同应当是承诺合同，而不是实践合同。类似民间借贷若发生在《民间借贷规定》实施之后，按照《民间借贷规定》第十条规定，第二份借款合同应当已经生效，出借人若不按约提供借款，应当依法承担违约责任。

[本案例根据贵州省黔南布依族苗族自治州中级人民法院（2014）黔南民终字第831号判决书编写]

案例解析

村委会与村民订立的借款合同自成立时生效

◎案情简介

2011年6月8日，某某村委会向全村发布了《关于村民还迁小区征地事宜的优惠政策》的通知，其中第五条载明："凡在土地征用协议签字的村民，如暂不领取征地款的，由村委会担保以2%利率贷用，到领取时，本利一并结算。"2011年6月11日，杨某某与村委会达成《征用土地补偿协议》，村委会向杨某某征用7.33亩土地，每亩补偿款为7万元，共向杨某某支付征地补偿款513100元。杨某某在领取土地征收款后，将其中40万元存折交给村委会，即将40万元出借给村委会，村委会给杨某某出具一份借条。此后，村委会准备建设的回迁小区因故没有实际施工，所以村委会未向杨某某支付借款的利息。2014年2月19日，杨某某从存折中取走27万元，同日，村委会与杨某某共同从存折取出剩余的13万元由村委会借用，至杨某某起诉时，村委会仍欠杨某某29000元。

杨某某向法院起诉，请求判令村委会偿还借款本金40万元及相应的利息。

◎一审判决

一审法院认为，民间借贷的形成应当以借款人实际收到借款后为合同成立的要件，但本案中杨某某出借款项的形式较为特殊。杨某某是将钱存入自己名下的银行存折中，然后将存折交付了村委会，而村委会在收到存折后实际上无法自由支配该笔钱款。庭审中杨某某、村委会均认可，村委会借杨某某的钱是用于集资建设还迁小区工程，并且要想使用该笔借款需要双方共同到银行办理手续才可以提取。而村委会在拿到杨某某交付的存折后，双方曾共同到银行提取13万元由村委会借用，在还迁小区未能建成的情况下，村委会将27万元的存折退还给了杨某某。

虽然村委会向杨某某出具了40万元的借条，但村委会只是实际保管杨某某的存折而已，从未实际占有并使用过杨某某全部的存款，后只是取出13万元借用，因此杨某某、村委会之间的借贷关系实际只发生了13万元，而不是全部的40万元，现村委会仍欠杨某某29000元的本金未还，村委会对此有义务偿还，并且应当按照约定向杨某某支付借款13万元从2014年2月19日起至实际支付之日止按月2%的利息向杨某某支付相应的借款利息。

一审判决：一、村委会于判决书生效后十日内向杨某某支付借款29000元；二、村委会向杨某某按月2%的利息支付13万元的借款利息从2014年2月19日起至实际支付之日止；三、驳回杨某某的其他诉讼请求。

◎二审判决

杨某某不服一审判决提起上诉，请求依法撤销原判，依法改判支持杨某某的诉讼请求。事实和理由如下：

1. 一审判决认定事实错误。一审判决第四页："而村委会在收到存折后实际上是无法自由支配该笔钱款的""虽然村委会向杨某某出具了欠条，但村委会只是实际保管杨某某的存折而已，从未实际占有并使用过杨某某所有的存款，因此原被告之间的借贷关系并没有实际发生，村委会不应承担向杨某某偿还本金及支付相应利息的还款义务"，该认定是错误的，与事实不符。本案的实际情况是征地款发放时村委会统一为被征地村民以村民的名义办理银行存折，并由村委会设置密码，将征地款存入该存折内，该款本应由杨某某自由支配，但由于村委会的要约行为，并未将该款交给杨某某，而是将存款留存在村委会并给杨某某出具借条，村委会持续持有该存折之日，杨某某已经完成了借款金额的实际支付。基于该《借款合同》的生效，村委会对该笔借款拥有占有、处分等权利，一审庭审中双方均认可，村委会有权随时要求杨某某配合支取该笔借款，而杨某某对于该笔款项在借款期限内丧失了实际的占有、处分权。合同履行过程中，村委会向杨某某支付了利息及部分本金，并非如村委会所陈述的将本金全部返还。本案中，存折只是一种借款支付形式，村委会可以将借款放在杨某某存折内，也可以将借款取出放入村委会账户内，无论放在哪一方账户内，都是村委会取得的借款，村委会对借款是否处分、如何处分均是村委会的权利，杨某某无权干涉，无权处分，该笔借款在杨某某存折内并不影响借款合同生效并已经实际履行的事实。

2. 一审法院适用法律错误。一审判决第四页："村委会只是实际保管杨某某的存折而已，从未实际占有并使用过杨某某全部的存款，只是取出13万元借用，因此，原被告之间的借贷关系实际只发生了13万元"的认定是相互矛盾的。一审法院认定本案只是村委会对杨某某存折的保管行为，那么又如何能够取出借用，明显是相互矛盾的。只有借贷关系成立，村委会才有权利取出借款，杨某某才会配合办理，所以本案并非存折保管行为，而是借款交付行为。

二审法院对当事人争议的事实认定如下：根据《关于村民还迁小区征地事宜的优惠政策》载明的内容，双方均认可2%利率为月利率；2011年7月

12日村委会收到杨某某存款为40万元的存折；2013年9月3日村委会将存折交还给杨某某，存折余额为273466.93元；2014年6月1日杨某某自认村委会还款5.1万元，于2015年1月1日还款5万元。

二审法院认为：基于村委会发给村民的《关于村民还迁小区征地事宜的优惠政策》，在村委会接收杨某某存有征地补偿款40万元的存折并向其出具收条时，双方之间达成借款合意，形成民间借贷法律关系，即民间借贷合同成立。

关于该民间借贷合同是否已经生效的问题。《民间借贷规定》第十条规定："除自然人之间的借款合同外，当事人主张民间借贷合同自合同成立时生效的，人民法院应予支持，但当事人另有约定或者法律、行政法规另有规定的除外。"本案争议双方一方为自然人，另一方为其他组织，双方之间形成的民间借贷合同不属于自然人之间的借款合同，依据上述法律规定，杨某某提出双方之间的民间借贷合同已生效的上诉理由成立。基于借贷关系成立时，双方约定以交付存折的方式给付借款并已履行完毕，故借款本金40万元已经给付，村委会负有偿还借款本息的义务。

关于利息的问题。《民间借贷规定》第二十六条第一款规定："借贷双方约定的利率未超过年利率24%，出借人请求借款人按照约定的利率支付利息的，人民法院应予支持。"因双方约定的利率未超过年利率24%，依据该规定，杨某某提出按月利率2%给付利息的诉讼请求于法有据，本院予以支持。

关于尚未偿还的借款本金与利息的数额的问题。《最高人民法院关于适用〈中华人民共和国合同法〉若干问题的解释（二）》第二十一条规定："债务人除主债务之外还应当支付利息和费用，当其给付不足以清偿全部债务时，并且当事人没有约定的，人民法院应当按照下列顺序抵充：（一）实现债权的有关费用；（二）利息；（三）主债务。"依据该规定，自借款发生后，村委会的还款应优先用于偿还利息，剩余用于偿还借款本金。2013年9月3日，村委会将余额为273466.93元的存折交还给杨某某的行为，应视为是对杨某某的还款。自2011年7月12日至2013年9月3日，该期间内以借款本金40万元为基数，按月利率2%计算，利息为205866.67元，村委会于2013年9月3日的还款273466.93元用于偿还该利息后，尚余67600.26元用于偿还借款本金，故至该日，借款本金尚欠332399.74元未还。自2013年9月4日至2014年6月1日，该期间内的借款利息为59167.15元，村委会于2014年6月1日的还款5.1万元，用于偿还该笔利息后，尚欠利息8167.15元未还。自2014年6月2日至2015年1月1日，该期间内的借款利息为46314.36元，村委会于2015年1月1日的还款5万元用于偿还上述所欠两笔利息后，尚欠利息4481.51元未还。因杨某某主张利息至2015年5月7日，故利息应计算至该日，自2015年1月2日至2015年5月7日，该期间内的借款利息为27699.98元。综上，村委会尚欠杨某某借款本息总额为364581.23元。

综上所述，杨某某的上诉请求部分成立，部分予以支持。判决如下：一、维持一审法院民事判决第三项，即“驳回杨某某的其他诉讼请求”；二、撤销一审法院民事判决第一、二项，即村委会于判决书生效后十日内向杨某某支付借款29000元”“村委会向杨某某按月2%的利息支付13万元的借款利息从2014年2月19日起至实际支付之日止”；三、村委会于本判决生效后十日内给付杨某某借款本金332399.74元、利息32181.49元，共计364581.23元。

◎律师评析

本案的主要争议是涉案借款合同的性质是实践合同还是承诺合同的问题，即借款合同的生效时间问题。

《合同法》第二百一十条规定，“自然人之间的借贷合同，自贷款人提供借款时生效。”这一规定表明，自然人之间的借款合同是实践合同。实践合同又称要物合同，是指除当事人意思表示一致外，还须交付标的物方能成立的合同。自然人之间就借贷事项达成一致意见后，借款合同成立，但只有出借人向借款人交付借款才能生效，如果未实际交付借款，借款合同即使已经成立也不能生效。但《合同法》此条只规定自然人之间的借款合同是实践合同，而未规定其他主体之间订立的借款合同是实践合同还是承诺合同。

《民间借贷规定》第十条规定：“除自然人之间的借款合同外，当事人主张民间借贷合同自合同成立时生效的，人民法院应予支持，但当事人另有约定或者法律、行政法规另有规定的除外。”据此规定，除自然人之间借贷外，企业之间、企业与其他组织之间，其他组织之间以及自然人与企业、其他组织之间订立的借款合同，除明确约定为实践合同和当事人不主张实践合同外都为承诺合同。承诺合同又称不要物合同，是实践合同的对称。承诺合同不以一方交付标的物为合同生效的要件。就民间借贷的承诺合同而言，只要当事人双方意思表示一致，出借人即使未向借款人提供借款，借款合同也自订立时生效。

本案一审认为：虽然杨某某将存折交付了村委会，村委会也向杨某某出具了40万元的借条，但要想使用该笔借款需要双方共同到银行办理手续才可以提取，所以，村委会在收到存折后无法自由支配，只是实际保管存折而已。此表述的目的是说明涉案借款合同是实践合同，因杨某某未实际交付借款而未生效，所以判决村委会从2014年2月19日起按13万元本金的月2%利率支付利息。

而二审根据《民间借贷规定》第十条规定认为，本案争议一方杨某某为自然人，另一方村委会为其他组织，双方之间形成的民间借贷合同不属于自然人之间的借款合同，故借贷合同自成立时生效，属于承诺合同，且村委会于2011年7月12日已经收到杨某某40万元的存折，故涉案利息应当从2011年7月12日起算。

（根据呼和浩特市中级人民法院（2016）内01民终字第1479号民事判决书编写）

2. 民间借贷合同的有效与无效

合同有效主要是相对无效而言的，两者在于法律评价和判断。民间借贷合同符合法律规定为有效，违反法律、行政法规的强制性规定为无效。出借人与借款人违反法律、行政法规的强制性规定订立借贷合同，即使出借人已经向借款人提供借款使合同生效，但该生效合同也为无效。民间借贷合同本身无效，不论当事人是否主张有效，因其不符合国家意志而不能发生法律效力，进而不能达到当事人的预期法律后果。

根据《合同法》第五十二条和《民间借贷规定》第十四条规定，民间借贷合同无效的情形有：（1）一方以欺诈、胁迫手段订立的合同，损害国家利益；（2）恶意串通，损害国家、集体或者第三人利益；（3）以合法形式掩盖非法目的；（4）损害社会公共利益；（5）套取金融机构信贷资金又高利转贷给借款人，且借款人事先知道或者应当知道的；（6）以向其他企业借贷或者向本单位职工集资取得的资金又转贷给借款人牟利，且借款人事先知道或者应当知道的；（7）出借人事先知道或者应当知道借款人借款用于违法犯罪活动仍然提供借款的；（8）违背社会公序良俗的；（9）其他违反法律、行政法规效力性强制性规定的。

借贷合同无效自始无效，从订立之日起就不具有法律约束力，以后也不能转化为有效合同。借贷合同无效所带来的民事法律后果，主要表现于借款人返还借款、过错方承担赔偿责任。合同无效返还借款与到期偿还借款，虽然都是金钱归还方式，但法律责任性质不同，前者是合同无效的赔偿责任，而后者是有效合同的履行责任。民间借贷合同无效给出借人带来损失，采取返还借款措施不足以弥补的，借款人还应当赔偿其损失；民间借贷合同无效是由借款人过错造成的，则由借款人向出借人承担赔偿损失责任；如果合同无效是由双方当事人共同过错造成的，则由双方当事人按照各自的过错承担赔偿责任。这里的损失主要是利息损失。

案例解析

套取银行贷款再高利转贷的无效

◎案情简介

2010年7月3日，姜某某、钟某某、A公司签署一份《担保借款合同》约定：钟某某向姜某某借款6000万元，利率为银行同期贷款利率的四倍，即年息21.6%，期限为2010年7月3日至2010年8月31日；对于逾期贷款部分，姜某某按日利率0.3%计收利息；A公司提供连带责任保证。同时，因2008年7月钟某某与某某酒店订有租赁合同，后钟某某拖欠部分租金，在订立《担保借款合同》时，姜某某、钟某某与某某酒店又约定，钟某某欠付某某酒店的租金及违约金债权转让给姜某某。同日，姜某某、钟某某、姜二及姜三（姜某某之父）通过工行某某支行在短短的一小时间内相互发生了16500多万元往来款项。

至2010年9月30日，钟某某共欠某某酒店租金6260899.23元。

借款到期后，钟某某于2010年10月12日向姜某某出具书面承诺称：借款6000万元因资金紧张请求延期，承诺于2010年10月15日支付利息100万元、2010年10月25日支付利息及房租500万元、2010年10月30日归还本金2000万元。

2010年4月6日，姜某某与姜二曾订立借款协议一份，由姜二向姜某某借款3900万元，期限为2010年4月6日至2010年7月5日。当日，姜某某通过网银分别划款3000万元、900万元至姜二账户，姜二出具了收条。

◎法院判决

2010年10月26日，姜某某向某市中级提起诉讼，请求判令：1. 钟某某归还借款本金6000万元；2. 钟某某支付利息2130411元；3. 钟某某支付违约金5400000元；4. A公司对钟某某的上述债务承担连带保证责任。

一审法院作出第142号民事判决：一、钟某某于判决生效后十日内归还姜某某借款本金人民币6000万元；二、钟某某应于判决生效后十日内支付姜某某利息2130411元及逾期付款违约金；三、A公司对钟某某上述还款义务承担连带保证责任。

◎二审判决

钟某某不服一审判决提起上诉，二审法院作出第52号民事判决，判决：驳回上诉，维持原判。

钟某某不服二审判决申请再审，某省高院裁定发回重审。

◎重审一审判决

法院重申认为：2010年7月3日，各方当事人签订《担保借款合同》，约定钟某某向姜某某借款6000万元，A公司对此提供连带责任保证。同日，姜某某与钟某某、案外人姜二、姜三的资金账户在短时间内发生多次款项往来。之后钟某某出具收到6000万元借款的收条，并于2010年10月12日出具还款承诺书。根据上述借款合同、收条、承诺书等书面证据，结合当事人相互配合进行转账的基本事实，证明了《担保借款合同》的真实性。涉案6000万元的资金走向系由1500万元左右的资金循环往复构成；钟某某又将先后收到的总计为6000万元的款项分别划至姜二、姜三账户内，最终回流至姜某某处。钟某某据此提出未收到借款的抗辩，本院不予采信。

关于借款金额、还款金额及利息的认定。从当事人的陈述中可知，《借款抵押合同》中组合的旧债包括借款和房租两部分，其中借款的部分中包括了高额利息，且存在计算复利的情况，因此其中超过银行同期贷款利率四倍的利息及其他不符合法律法规规定的部分，法院依法不予支持。

根据会计师事务所《司法鉴定意见书》，法院确定《借款抵押合同》项下包括：(1) 借款本金4225万元应计利息，截至2015年1月4日，按银行同期贷款利率四倍计算23643173.28元，钟某某已还款本息36566586.75元，尚需支付本息29326586.53元；(2) 某某酒店房租本金6260899.23元，房租逾期违约金8924293.15元。由于本案中利息已经按照银行同期贷款利率四倍计算至2015年1月4日，故法院对姜某某一方主张的逾期付款违约金不再予以支持。

关于A公司是否应承担连带保证责任的问题。根据上述查明事实，姜某某与钟某某存在借款事实，A公司在姜某某与钟某某的《担保借款合同》保证人一栏加盖公章，并向姜某某出具了A公司的股东会决议，表示同意为钟某某借款的本金、利息、违约金、实现债权的相关费用等承担连带保证责任。因此，该保证行为合法有效，A公司对此应承担连带保证责任。

本案审理的是民间借贷纠纷，关于某某酒店的债务，应当另案处理。

法院重审后作出第1号民事判决：一、钟某某于判决生效后十日内归还姜某某借款本金29730010.03元；二、钟某某于判决生效后十日内支付姜某某利息14781768.88元（2015年1月4日之后的利息由姜某某另行主张）；三、A公司对钟某某的上述债务承担连带保证责任；四、对姜某某的其他诉讼请求不予支持。

◎重审二审判决

钟某某和A公司不服重审判决提起上诉共同辩称：姜某某与钟某某于2010年7月3日签订的《担保借款合同》是虚假的，姜某某企图以合法形式掩盖高利贷的非法目的，且向钟某某发放高利贷，该合同应当确认无效。合同约定的6000万元借款并未实际发生，A公司不应当承担连带保证责任。

二审法院认为，本案争议的焦点是《担保借款合同》是否有效，所涉借款本息、违约金、房租逾期违约金应如何处理，A公司是否应承担连带保证责任。

一、关于《担保借款合同》是否有效的问题。

在本案二审之前，2013年10月18日，某区法院作出第495号刑事判决认定：姜某某自2009年1月起至2011年5月以其公司经营需要流动资金为由，向银行提供虚假的贸易合同、财务报表等材料，并以其公司名下房产作为抵押，分别向工行某某支行、建行某某支行、兴行某某支行共申请八笔贷款，获取各家银行贷款资金共计1.072亿元。之后，姜某某将上述贷款资金中的8495万元通过多家公司和其他个人账户多次转账后，以其实际控制的某某公司为载体，以其本人及其公司员工的名义，按照3%—6%不等的月利率，分别出借给顾某某等八人。案发后经司法审计，扣除姜某某向银行贷款所需交纳的同期贷款利息后，非法获利可达到1100余万元，结合各借款人的实际还款付息情况，姜某某实际获利约500万元。其中，2008年4月至2009年2月，姜某某以其本人及姜二、张某某的名义向钟某某出借资金共计3425万元，并约定按照月利率6%收取利息。后钟某某陆续归还了上述借款的部分利息及本金。至2010年7月3日，姜某某与钟某某结账时，据姜某某计算，钟某某尚欠本金3040万（其中，姜二名义下本金2500万、张某某名义下本金540万），上述本金的利息约1700余万，钟某某租借某某酒店所欠房租约653万，合计欠款总和约为5400万，两人约定以借新还旧的方式重新整合上述债务，即以钟某某再向姜甲借新债6000万元用于了结上述债务，并签订《借款担保合同》，合同约定借款期限为2010年7月3日至2010年8月31日，利息约定为银行同期贷款利率四倍，但实际该6000借款本金已经包括两个月的利息600万元。后姜某某将以某某公司名义向建行贷款1135万元连同其他资金共约1500万元，在姜某某、钟某某、姜二的个人账户循环划款四次，最终汇入姜某某控制的其父姜三账户，形成上述6000万元的新借款。按照4笔银行转贷资金所占借款的比例计算，转贷资金的利息收入为454万元（计息期60天），扣除同期银行贷款利息10.04万余元，获得息差收入443.96万余元。但截至案发，姜某某尚未收到该笔借款的本金及利息。某区法院认为，被告人姜某某以转贷牟利为目的，套取金融机构信贷资金后高利转贷给他人，违法所得数额巨大，其行为已构成高利转贷罪，判处有期徒刑二年，并处罚金人民币一千万元。

二审法院认为，由于姜某某犯高利转贷罪已被某区法院判决承担刑事责任，故根据法律的有关规定，结合本案查明的事实，姜某某套取金融机构信贷资金又高利转贷给钟某某的行为，已违反了国家法律、行政法规的强制性规定，且以合法形式掩盖非法目的，因此双方签订的《担保借款合同》中涉及的借款部分应当认定无效。钟某某对姜某某的高利转贷行为及非法目的事先知晓，并积极予以配合，故双方对借款合同无效均有过错，钟某某应返还借款本金和利息。原审判决双方签订的借款合同有效，属认定事实有误、适用法律不当，本院予以纠正。

二、关于钟某某欠某某酒店租金的问题。

2008 年 7 月 1 日至 2010 年 9 月 30 日，钟某某共欠某某酒店租金 6260899.23 元。2008 年 7 月 1 日至 2010 年 7 月 3 日，房租逾期违约金按未支付金额的千分之五计算，钟某某需支付某某酒店房租逾期违约金 8924293.15 元。《担保借款合同》约定欠付租金债权转让给姜某某系各方当事人真实意思的表示，钟某某应根据《担保借款合同》的约定，将欠付租金支付给姜某某，故姜某某要求钟某某支付上述租金，本院予以支持。但《担保借款合同》约定的 6000 万元借款，并不包含房租逾期违约金，因此该逾期违约金不属本案处理范围，相关债权人可依据合同相对性原则另行主张。原审根据姜某某的要求将房租逾期违约金元纳入本案作为借款本金一并处理缺乏法律依据，本院予以纠正。

关于担保问题。《担保借款合同》中涉及借款部分为主合同，涉及担保部分为从合同。借款合同无效，担保合同亦无效。A 公司明知借款合同为高利转贷而提供担保，存在过错，应对《担保借款合同》中无效部分承担相应的民事赔偿责任。根据法律的有关规定，该部分赔偿责任以不超过债务人不能清偿部分的三分之一为限。A 公司因无效担保合同向债权人承担赔偿责任后，可以向债务人钟某某追偿。

综上所述，钟某某和 A 公司的上诉请求部分成立。判决如下：一、撤销某市中院第 1 号民事判决；二、钟某某、A 公司与姜某某于 2010 年 7 月 3 日签订的《担保借款合同》涉及借款及担保的部分无效；三、钟某某于本判决生效后十日内归还姜某某借款本息 9415162.77 元（截至 2015 年 1 月 4 日，之后的利息由姜某某另行主张）；四、钟某某于本判决生效后十日内支付姜某某租金欠款 6260899.23 元；五、A 公司对钟某某借款债务承担不超过钟某某不能清偿部分的三分之一的赔偿责任；六、A公司对钟某某的租金债务承担连带保证责任；七、姜某某在原审时提出的其余诉讼请求不予支持。

◎律师评析

本案的关键在于姜某某套取银行贷款资金再转贷给钟某某的合同是有效还是无效。

套取金融机构信贷资金又高利转贷给借款人的行为，将产生两个严重的法律后果：一是借款合同无效，二是容易犯高利转贷罪。

《民间借贷规定》第十四条规定，套取金融机构信贷资金又高利转贷给借款人，且借款人事先知道或者应当知道的，法院应当认定该民间借贷合同无效。根据这一规定认定借款合同无效应当同时满足以下三个条件：一是有套取金融机构信贷资金的行为，这里的“套取”是指采取非法手段提供虚假材料和捏造虚假用途骗取银行贷款的行为；二是高利转贷给借款人，这里的“高利”是指超出《民间借贷规定》第二十六条规定的利率标准，即借贷双方约定的利率超过年利率24%；三是借款人事先知道或者应当知道出借人套取金融机构信贷资金又高利转贷给自己。出借人如果不存在“套取”，或者转贷年利率24%在以下，或者借款人事先不知道出借人套取金融机构信贷资金的，也就是说，缺少上述三个条件之一的，都不能认定转贷的借款合同无效。

本案中，姜某某向银行提供虚假的贸易合同、财务报表等材料，获取各家银行贷款资金共计1.072亿元，将其中的8495万元按照3%—6%不等的月利率，分别转贷给他人。其中涉案《借款担保合同》虽然约定利息为银行同期贷款利率四倍，但实际该6000借款本金已经包括两个月的利息约600万元，显然属于高利转贷，扣除同期银行贷款利息10.04万余元，获得息差收入443.96万余元，而钟某某事先明知，所以二审根据上述规定，判决涉案《借款担保合同》中的借款部分无效。

[本案例根据上海市高级人民法院（2016）沪民再字第1号民事判决书编写]

案例解析

以合法形式掩盖非法目的的借贷合同无效

◎案情简介

孟某某曾承包经营润德公司任总经理，2011 年 1 月被免去总经理职务。2011 年 5 月 20 日，孟某某仍以润德公司总经理的名义，以公司短期周转为由，向何某某借款 200 万元，孟某某在给何某某出具的借条上承诺："于 2011 年 6 月 19 日前全额归还，逾期归还或到期未全额归还的，本人愿意承担借款全额的百分之二十违约金。"润德公司在该借条的"担保人"一栏处加盖公司印章。

2013 年 6 月 19 日，某市中级人民法院作出刑事判决书认定：孟某某于 2011 年 5 月 20 日向何某某借款 200 万元，加盖润德公司印章，之后，孟某某以支付利息的名义付款 40 万元，余款 160 万元尚未归还。借条上加盖的润德公司印章是孟某某私自从该公司董事长办公室处盗用该公司已经作废的公章。为取得别人的信任，孟某某一直还以总经理的身份向外借钱。孟某某对本案借款事实认可，并陈述在借条上所盖的"润德公司"公章是润德公司以前使用的公章，与润德公司现在使用的公章不是同一个。

因孟某某未偿还借款，何某某向法院提起民间借贷合同纠纷诉讼，请求判令孟某某偿还借款本金 200 万元，支付利息 43733 元，并支付违约金 40 万元；润德公司对孟某某的上述债务承担连带清偿责任。

◎一审判决

一审法院经审理认为：孟某某以某某公司短期周转为由向何某某借款 200 万元，孟某某向何某某出具借条的"担保人"栏处加盖盗用润德公司已经作废的公章。之后，孟某某以支付利息名义支付 40 万元，事实清楚，证据充分，依法应予确认；该借款行为已经被某市中级人民法院生效的刑事判决书确认为孟某某诈骗行为，该借款应当属于赃款，依法应予追缴、退赃，何某某以民事案件起诉不当，应当予以驳回；润德公司在公司印章发生变化后，没有及时收回原来的印章并声明作废，具有一定过错，对本案应当承担相应的责任。何某某在孟某某不再承包润德公司以及润德公司已使用新印章的情况下，仍相信孟某某使用某某润德公司的印章提供担保，对此，何某某自身也有过错。何某某主张润德公司对孟某某的200万元借款本金及利息承担连带保证责任的诉讼请求，本院予以部分支持。依照《担保法解释》的有关规定，润德公司应在不超过孟某某不能清偿债务的二分之一范围内承担连带赔偿责任。孟某某已还款40万元，应在200万元借款中予以扣除。何某某请求各被告偿还借款本金、按年利率6.56%支付利息并支付违约金40万元，由于本案借款自发生之日起按照法律准许的最高利率计算利息至判决之日已超过40万元，可支持何某某要求孟某某支付违约金40万元的请求，而对何某某还要求各被告按年利率6.56%支付利息的请求不再予以支持。

一审法院判决如下：一、某某公司于判决生效后十日内赔偿孟某某所欠何某某人民币160万元的二分之一即80万元；二、驳回何某某对孟某某的诉讼请求；三、驳回何某某对润德公司的其他诉讼请求。

◎二审判决

润德公司不服一审判决提起上诉称：孟某某与何某某的债权债务关系已经被法院认定为刑事案件，该借款行为应按刑事判决书确认的方式予以追缴，润德公司作为刑事案件的被害人，孟某某盗用公司已作废的印章给其借款作担保，其借款不具有法律效力。原审法院一方面认定何某某的起诉应予以驳回，另一方面又认定孟某某盗用公司的印章行为有效，这显然是自相矛盾的。润德公司事前并不知道其公章已被盗用，不存在过错，本案的担保并非润德公司的真实意思表示，应属于无效担保，故公司无责任。请求撤销原判第一项，驳回何某某对润德公司的诉讼请求。

何某某二审答辩称：润德公司在公司印章作废后，未及时销毁，也未及时公示，存在过错。本案借款发生时，孟某某承包经营润德公司系总经理，自己有理由相信润德公司的担保是其真实意思表示。本案借款合同及担保有效。

二审法院审理后认为：

关于孟某某与何某某之间借贷关系是否有效问题。孟某某在明知自己无还款能力的情况下，借润德公司总经理的名义向何某某借得200万元，其行为已被某市中级人民法院生效刑事判决认定为犯罪行为。从民法的角度来看，孟某某向何某某出具借条的行为虽然形式上合法，何某某也已实际向其交付了相关款项，但其真实目的并非借款，而是通过诈骗手段非法占有何某某的财产，因此，其向何某某的借款行为属于以合法形式掩盖非法目的，依据《合同法》第五十二条第（三）项之规定，孟某某与何某某之间的借贷关系应为无效合同。何某某主张其与孟某某的借贷行为有效，于法相悖，本院对何某某的此节答辩意见不予采信。

关于润德公司是否存在过错问题。孟某某在向何某某出具的借条上加盖的公章系润德公司在成立时合法使用的公章。润德公司虽主张该公章此后不再使用，但其并未向有关主管部门履行公章的变更备案程序，故不能认定该枚公章失去法律效力。虽然该枚公章系孟某某盗用，但润德公司在停止使用该枚公章后既未销毁该枚公章，也未履行备案程序，应认定润德公司对公章的管理存在过错。何某某在对润德公司公章使用情况不知情的情况下，基于对孟某某和润德公司的信赖，向孟某某出借了相关款项，由此造成的损失，润德公司依法应承担相应的赔偿责任。

孟某某与何某某之间的借贷关系无效，由此导致润德公司的担保无效，依照《担保法解释》第八条的规定，并结合润德公司的过错程度，本院认为，润德公司应对孟某某不能清偿部分的三分之一承担赔偿责任。

综上，原判适用法律错误，本院依法予以纠正。对于润德公司上诉请求中的合理部分，本院依法予以支持。据此，判决如下：一、撤销一审民事判决；二、润德公司于本判决生效之日起十日内对孟某某所欠何某某 160 万元借款不能清偿部分的三分之一承担赔偿责任；三、驳回何某某的其他诉讼请求。

◎**律师评析**

本案的争议焦点，首先是借条有效还是无效的问题，然后涉及担保效力及责任问题。

本案孟某某以公司短期周转为由向何某某借款 200 万元，并给何某某出具借条，在形式上表现为合法借贷，但实际用于挥霍和赌博，其真实目的是非法占有，且虚称是润德公司总经理，盗用润德公司公章提供担保，在刑事上构成诈骗罪，因此，该借款属于赃款应当按照刑事判决书进行追缴、退赃；在民事上属于以合法形式掩盖非法目的行为，所以二审法院认定，何某某主张其与孟某某的借贷行为有效的理由不能成立，该借贷关系应当无效。一审法院判决“润德公司于判决生效后十日内赔偿孟某某所欠何某某人民币160万元的二分之一即80万元”，其依据是《担保法解释》第七条规定。该条规定：“主合同有效而担保合同无效，债权人无过错的，担保人与债务人对主合同债权人的经济损失，承担连带赔偿责任；债权人、担保人有过错的，担保人承担民事责任的部分，不应超过债务人不能清偿部分的二分之一。”一审法院疏忽了“以合法形式掩盖非法目的”这一违法性质，故将何某某与孟某某的借贷行为作有效认定，然后判决担保人承担二分之一的赔偿责任。

二审法院在认定本案属于“以合法形式掩盖非法目的”的情形后，根据《担保法解释》第八条规定处理了担保责任问题。该条规定：“主合同无效而导致担保合同无效，担保人无过错的，担保人不承担民事责任；担保人有过错的，担保人承担民事责任的部分，不应超过债务人不能清偿部分的三分之一。”二审法院判决担保人承担三分之一的赔偿责任是基于何某某与孟某某的借贷行为无效作出的。

[本案例根据安徽省合肥市中级人民法院（2014）合民一终字第03595号判决书编写]

案例解析

以包养情人为目的的借款合同无效

◎案情简介

季某系农村女青年，暂住某市无职业。2010年8月14日，季某以“李某”的名义与村本某某（日本籍）在国内某市签订一份包二奶合同。该合同载明：村本某某和季某同居作为丈夫和妻子2年，季某为村本某某提供真诚的妻子服务和生小孩，村本某某支付现金15万元，合同日支付7.5万元，从合同日起两个月内支付2.5万元，合同关闭日支付现金5万元。第二年8月14日，双方签订合同确认书载明：村本某某和季某（同意）确认如下：如果季某不履行合同，村本某某立即退合同，季某返钱15万元。

2012年4月7日，季某又以“李某”的名义出具合同书一份给村本某某。该合同载明：李某向村本借8万肯定回10万，如果2012年10月1日不回10万，季某将身份证给村本，如果季某需要身份证会支付10万给村本，我将每个周末来村本家打扫卫生和喂狗等；这个合同10月1日以后没有延长还钱，李某从5月开始每个月给村本某某一千元租房子。

2013年10月24日，双方继续签订合同确认书一份载明：现在季某还没回钱，顺延借金合同。但原本追加1年利息2万元合计12万元，年利20%；如果季某不够诚实态度表示，季某立即撤销合同要求回新借金总额和违约金10万元；合同期日是2014年10月1日，还债总额是14.4万元。

2014年7月4日，村本某某向法院提起诉讼，请求判令季某返还15万元及资金占用金。

◎一审判决

一审法院认为：我国《民法通则》规定，民事活动应当尊重社会公德，不得损害社会公共利益。本案中，双方当事人自2010年8月14日起通过订立合同的形式，以给付金钱的方式维系不正当两性关系，此后多次以合同书的形式约定双方的权利和义务。虽然村本某某依据双方于2012年4月7日、2013年10月24日签订的合同书主张权利，但从2012年4月7日合同的约定内容分析，双方除了借款外，还同时约定了季某将身份证押给村本某某，每个周末打扫卫生、喂狗等义务，说明村本某某所诉的借款附有季某提供服务的条件；从合同的形式及款项支付来分析，2012年4月7日的合同除了未明确约定被告应提供妻子服务外，其形式与2012年8月14日的合同无异，2012年4月8日季某签收的收据与其前两次根据2010年8月14日合同出具的收据均在村本某某提供的同一页纸张上。

一审另查明，村本某某曾于2014年7月9日、7月14日先后几次发送包含“你应该还可以爱我”“所以我不要回30万，要你回我的家里”“你过来，我不要求钱”等内容的短信息给季某。

综上并结合村本某某发送的信息内容等证据，可以确认双方发生借贷关系的目的是维系双方间不正当两性关系，违背了社会的公序良俗，故形成的债应当属于不法之债，不应受到法律保护。判决驳回村本某某要求季某返还15万元及资金占用金的诉讼请求。

◎**二审判决**

村本某某上诉认为，一审认定事实不清，判决结果错误，请求二审依法改判。理由如下：

1. 本案所涉及的2012年4月7日合同系借款合同，其内容对何时借款及何时还款都有明确约定，而之后2013年10月24日签订的合同确认书，也明确约定了利息计付方式及还款期限。合同内容根本未涉及“被上诉人提供妻子服务和生孩子”以及“被上诉人如提供妻子服务”就无须还款等方面内容。一审法院认为2012年4月7日合同除了未明确约定季某提供妻子服务外，其形式与2010年8月14日双方签订的包养合同无异，不知一审法院凭借什么依据推断出这一结论?

2. 借款合同款项支付方式及金额与包养合同毫无关系。本案借款款项支付时间是2012年4月7日，而借款的起始金额是8万元人民币且一次性支付完毕，之后是因为季某不归还本金而最终变为144000元。而包养合同款项支付时间是2010年8月14日起两个月内，该合同涉及的金额是15万元，且已经全部支付完毕。因此两份合同款项支付方式及金额毫无关系。一审法院竟然以2012年4月8日被上诉人签收的收据与根据包养合同出具的包养费收据在同一张纸上推断出双方发生借贷关系的目的是为了维持不正当两性关系，村本某某为了保存方便为何就不能在同一张纸上分别出具收条呢?

季某答辩称：本人与村本某某之间长期存在非法的包养关系，这从2010年8月14日签订的包养协议，2011年8月14日、2012年8月5日的签订的补充合同可以看出；2012年4月7日出具的收条并未体现借款，加之村本某某的短信内容，可以看出本案涉及的8万元，不论是包养费还是所谓的借款，其目的均是为维持非法的包养关系，因此这种行为违反了公序良俗，由此形成的债权不受法律保护。

二审法院认为，民事活动应当尊重社会公德，不得损害社会公共利益，不合法的民事权益不受法律保护。本案当事人之间的民间借贷关系发生在包养期间，且双方因为包养关系的履行矛盾不断，村本某某一直通过签订确认书等方式来维持包养关系。村本某某在明知季某来自农村，在某市无固定工作，却首次就借款8万元给季某；在发现季某使用假名字的身份证后，非但没有向季某追要借款，相反主动书写借款合同确认书让季某签字，并约定高额利息和违约金。结合2012年4月7日借款合同书中约定季某“每个周末来村本家打扫卫生和喂狗”“每个月1千块钱给村本租房子”，以及村本某某于2014年7月9日通过手机发送的短信“你应该还可以爱我呢”“你已经走了你放弃了吧过来吧”“你过来我不要求钱”等，可以看出，村本某某与季某的真实意图并非是为了借贷，村本某某之所以违背常理借款给季某，其真实目的是想通过所谓的借贷关系来维系、巩固与季某之间的非法包养关系，而季某只是想利用包养关系从村本某某处获得更多的金钱利益。

综上，一审判决认定事实清楚，程序合法，适用法律正确。判决驳回村本某某上诉，维持原判。

◎**律师评析**

本案主要问题是因包养发生的借贷有无效力的问题。

首先，本案为借贷合同与包养合同有无关联产生争议。村本某某认为，借款合同与包养合同是两个法律关系，其向季某支付的款项是民间借贷与包养无关，而季某认为其与村本某某之间长期存在非法的包养关系，所谓的借款是包养费。对此争议，法院根据双方于2010年8月14日订立的借款合同、确认书以及其他事实进行综合分析，认定涉案款项名为借款实为包养费，双方发生借贷的目的是维系双方间不正当两性关系，违背了社会的公序良俗。

公序良俗即公共秩序与善良风俗的简称。公序是指社会一般利益，包括国家利益、社会经济秩序和社会公共利益。良俗是指一般道德观念或良好道德风尚，包括社会公德、商业道德和社会良好风尚。

包养情人违反了社会公德和婚姻伦理秩序，是违背公序良俗的非法行为。

《民法总则》第八条（《民法通则》第七条）规定，民事主体从事民事活动，不得违反法律，不得违背公序良俗；第一百五十三条第二款规定，违背公序良俗的民事法律行为无效。《合同法》第七条规定，当事人订立、履行合同，不得扰乱社会经济秩序，损害社会公共利益；第五十二条第（四）项规定，损害社会公共利益的合同无效。《民间借贷规定》第十四条规定，违背社会公序良俗的无效。

根据上述规定，名为借贷实为包养的合同当属无效合同，名为借款实为支付包养费的款项因违反公序良俗，故不受法律保护。所以，法院驳回村本某某要求季某返还15万元及资金占用金的诉讼请求。

[本案例根据江苏省泰州市中级人民法院（2015）泰中民四终字第00524号民事判决书编写]

第十章　民间借贷合同附条件、附期限及裁判案例解析

《民法总则》第一百五十八条规定："民事法律行为可以附条件，但是按照其性质不得附条件的除外。附生效条件的民事法律行为，自条件成就时生效。附解除条件的民事法律行为，自条件成就时失效。"

据此规定，民间借贷当事人可以根据实际需要，在借贷合同中可以设定附条件来决定其效力。从广义上看，附条件包括附效力条件和附期限条件。

1. 民间借贷附效力条件

《合同法》第四十五条规定："当事人对合同的效力可以约定附条件。附生效条件的合同，自条件成就时生效。附解除条件的合同，自条件成就时失效。"据此规定，附条件分为附生效条件与附解除条件（附失效条件）两种情形。

民间借贷合同附效力条件，是出借人和借款人约定的未来可能发生的用来限制合同效力的某种合法事实。附效力条件具有以下几个法律特征：（1）约定性。附效力条件不是法定条件，法定条件具有普遍的约束力，不由当事人约定取舍，因而不能作为民间借贷合同的附条件。附效力条件是法定条件以外的由出借人与借款人特别约定的条件，只对本合同具有约束力。（2）不确定性。合同所附的效力条件是将来可能发生也可能不发生的事实，具有不确定性。过去或者现存的事实和将来必定发生或者必定不能发生的事实不是附效力条件。（3）附属性。借款数额、借款利息、借款期限等是合同的主要内容，而所附效力条件不是合同的主要内容，而是附随合同内容的条款，是用

来限制合同法律效力的意思表示。（4）合法性。借款合同所附的效力条件必须是合法的事实，违法的事实不能作为合同的附效力条件。

案例解析

投资款因附条件被判转为借款

◎案情简介

原告魏某某诉称：2009年10月16日，魏某某与易某某、范某某三人签订《合伙协议书》，约定三人在共同经营的体育彩票专营店（以下简称专营店）正式营业之日按比例注资完毕。同时补签一份注资协议书约定，如未签订注资协议书，则范、魏两人的投资转作易某某借款，一年内归还。专营店正式营业后，三人未补签注资协议书，故易某某应依协议在一年内返还范、魏两人的投资。现被告易某某未依约全面履行付款义务，至今尚欠原告21400元。请求依法判令被告易某某归还欠款本金21400元。

被告易某某辩称：1. 范某某、魏某某、易某某三人签订的《合伙协议书》是三人的真实意思表示，合法有效。在协议书签订后，三人均完成了出资行为，并进行了经营。后魏某某参与了专营店的转让事宜，且在合伙终止后，易某某依照《合伙协议书》进行了合伙清算。因此本案应属于合伙协议纠纷，而不是民间借贷纠纷；2. 三人在专营店正式开张前已进行结算，并形成了一个结算账目，由范某某保管，对此三方均予以认可，该结算账目即是三方补签的注资协议书；3. 魏某某在专营店陷入困境时，不愿承担风险，否认其合伙人身份，有违诚实信用原则。综上，原、被告之间不是借贷关系，应当驳回原告的诉讼请求。

◎法院判决

法院经审理认为：被告易某某虽主张其与原告魏某某和范某某之间签订有相当于注资协议书的类似结算文件，且三人已进行了散伙清算，但除其本人陈述外再无其他证据佐证。因证据不足，本院对被告此项抗辩理由不予采信。为证明三人之间存在合伙关系，被告提供了四位证人的证言以证明原告及范某某曾参与了专营店的共同经营，但四位证人均未出庭作证，不符合《最高人民法院关于民事诉讼证据的若干规定》（以下简称证据规定）第五十五条有关“证人应当出庭作证，接受当事人的质询”的规定。从证据形式及内容上进行审查，发现四位证人的证言均属打印后由证人签名而形成，证言内容基本雷同。因此，该四份证言的真实性存在较大合理怀疑而无法排除，证明力不足。被告提交的门面转让协议系被告个人与案外人刘某签订，与原、被告及范某某三人之间是否合伙关系这一待证事实之间的关联性不足，也无法达到被告的证明目的。综上，对于被告所称其与原告及范某某三人之间形成了合伙关系并已散伙清算完毕的抗辩理由，本院不予确认。

原、被告及范某某在合伙协议中约定“如未签订注资协议书，范、魏两人的投资转作易某某借款，壹年内归还”，实质是借款合同的附条件条款。三人的该项意思表示真实，约定的内容不违反法律、法规的强行性规定，且形式合法，故依法有效。由于在专营店开业后三人未能补签注资协议书，也无充分证据证明其业已形成共同经营、共负盈亏的合伙局面，故该项约定的所附条件已告成就，原告提供的出资按约应当被视为原告对被告的借贷。根据“债务应当清偿”的民法原则，本院确认易某某未及时足额偿还欠款是酿成本次纠纷的根本原因，应当承担相应的违约责任。综上，依照《合同法》第一百零七条、第二百零六条的规定，判决如下：

被告易某某于本判决生效后三日内偿付原告魏某某借款本金余额21400元。

◎律师评析

本案的争议焦点是合伙协议纠纷还是民间借贷纠纷，并由此牵连到所附条件及投资款转为借款问题。

被告易某某主张其与魏某某、范某某三人之间是合伙关系，并已散伙清算完毕，因证据不足，其抗辩理由被法院认定不成立后，法院确认了原告魏某某提供的出资按约视为原告对被告易某某的借贷。

法院确认本案为民间借贷纠纷后，也就涉及合伙协议中达成的“如未签订注资协议书，范、魏两人的投资作为易某某借款，壹年内归还”的约定问题，这一约定实质上是附条件条款。与附条件紧密相关的本案事实有两个：一是由于在专营店开业后三人未能补签注资协议书，这与合伙协议所约定的附条件“未签订注资协议书”一致；二是自2009年10月16日签订《合伙协议书》至魏某某于2011年12月20日向法院提起诉讼，时间已过两年多，这说明合伙协议所附条件“壹年内归还”的期限早已届满。有此两个事实，约定的所附条件已告成就，“范、魏两人的投资转作易某某借款”成立。投资款转为借款后，易某某未偿还借款属于违约行为，所以，法院判决易某某偿付魏某某借款本金余额21400元。

至于本案的利息问题，因双方没有约定，魏某某也未提出诉讼请求，法院根据“不告不理”的原则，故对此不作审理和判决。

[本案例根据湖南省长沙市芙蓉区人民法院（2012）芙民初字第34号判决书编写]

2. 附生效条件和附解除条件

《民法总则》第一百五十八条规定：“民事法律行为可以附条件，但是按照其性质不得附条件的除外。附生效条件的民事法律行为，自条件成就时生效。附解除条件的民事法律行为，自条件成就时失效。”《合同法》第四十五条规定：“当事人对合同的效力可以约定附条件。附生效条件的合同，自条件成就时生效。附解除条件的合同，自条件成就时失效。”这里的条件成就是指作为条件内容的事实已经出现或者实现。附生效条件的合同，在成立时的效力处于不确定状态，何时生效和是否生效，要看所附的条件是否成就，条件成就的，该合同自条件成就时生效，届时条件不能成就的，该合同不生效。附解除条件的合同，当所附条件成就时，该合同就失去了效力，当所附条件不成就时，该合同生效。

案例解析

借款转投资款所附条件未成就，借款人应当偿还借款

◎案情简介

2012年6月11日，周某某与卢某某签订《投资框架协议》，其中约定：1. 双方共同打造为中国公民提供海外移民、留学服务以及为中国公民提供海外投资咨询和海外财富管理的综合服务平台，并努力实现该平台在境内上市或境外上市；2. 周某某向目标公司投资3000万元，享有目标公司40%的

权益，卢某某享有目标公司60%的权益；3. 协议生效之日起，目标公司的权益由双方按照权益比例共享；4. 鉴于周某某目前尚为中国公民，协议生效后，周某某通过借款的方式向卢某某提供资金，以支持卢某某实际控制的投资移民业务发展，待周某某确定境外投资的适当主体后，再转作周某某直接或者通过境外设立的公司对上市主体的投资，双方最终完成对上市主体的投资。

《投资框架协议》签订后，周某某自2012年5月至2013年2月，先后向卢某某汇款3000万元。此后，周某某参与了某某公司的经营和管理。某某公司于2008年11月7日在香港注册设立，现任董事为卢某某、周某某。

2013年5月23日，某某公司总裁办发出《公告》称：周某某因身体原因辞去某某公司董事长兼总裁的职务；任命卢某某担任某某公司董事长兼总裁。此后，周某某与卢某某就终止《投资框架协议》的有关股权投资事宜进行协商，但未能达成一致意见。

2014年4月23日，周某某向法院提起诉讼，请求：1. 确认《投资框架协议》无效；2. 判令卢某某向周某某偿还借款人民币3000万元及利息。

卢某某答辩称：《投资框架协议》属合作经营性质的合同，并非借款合同；《投资框架协议》第4.1款关于“周某某通过借款的方式向卢某某提供资金”的表述不应理解为周某某提供借款；《投资框架协议》不具有法定和约定的解除事由，双方未能就解除合同达成一致，合同应继续履行，周某某无权单方解除。

◎一审判决

一审法院认为：卢某某系澳大利亚公民，故本案属于涉外民间借贷纠纷。本案争议的焦点是周某某所汇3000万元给卢某某的款项是否属于借款。

周某某与卢某某签订的《投资框架协议》是双方当事人的真实意思表示，内容没有违反我国法律、行政法规的强制性规定，该合同合法有效。《投资框架协议》约定周某某投资3000万元，享有相应的权利等。此后，周某某根据约定向卢某某汇款3000万元，并参与有关经营管理，该3000万元应为周某某根据协议约定支付的投资款，不属于周某某向卢某某支付的借款。周某某以其以借款方式向卢某某提供资金为由，请求判令卢某某等返还款项及支付利息等，缺乏事实和法律依据。

一审法院判决驳回周某某的诉讼请求。

◎二审判决

周某某不服一审判决提起上诉称：

一、周某某与卢某某在《投资框架协议》中明确约定协议中的款项为借款，双方达成借款合意后，周某某才将款项汇至卢某某的个人银行账户。在卢某某违约致使合同目的无法实现后，双方在邮件往来中也一再确认周某某提供的资金为借款性质，并就还款事宜达成一致，只是尚未确定还款期限和还款方式，如2013年6月17日卢某某发送的邮件中承认“甲方（周某某）已经根据《投资框架协议》的约定向乙方（卢某某）提供了3000万元人民币的借款”。由此可见，双方之间的借贷法律关系已经成立并生效。

二、《投资框架协议》第4.1款为附条件的条款，条件成就时借款将转化为投资款。转换的条件，一为周某某确定境外投资的适当主体，二为上市主体的成立。现该条件尚未成就，且已不具备成就的可能。卢某某单方以某某公司的名义发布公告，免去周某某董事长兼总裁的职务，将周某某剔除出某某公司的管理层，周某某已无法参与某某公司的经营管理，双方之间投资合作关系已无法存续。至此，借款转换为投资款的条件已不可能成就，周某某有权要求卢某某返还借款。

综上，请求撤销一审判决，判令卢某某偿还借款人民币3000万元及利息。

二审法院认为：周某某与卢某某签订的《投资框架协议》约定，双方共同投资经营提供移民、留学服务及提供海外投资咨询、海外财富管理的综合服务平台，周某某通过借款的方式提供资金，协议明确了周某某的投资金额及相应的权利。此后双方对协议履行事宜进行磋商，在2013年5月、6月间的往来邮件中，提及“提供了3000万元人民币的借款”及“还3000万是我的态度”等内容，与协议关于借款的条款能够相互印证。《投资框架协议》第4.1款明确约定，周某某通过借款的方式向卢某某提供资金，协议对周某某投入资金的币种、用途、数额作出约定，符合借款合同的法律特征。协议签订后，周某某已向卢某某提供款项3000万元。周某某与卢某某之间的合同系双方当事人的真实意思表示，该合同已依法成立并生效。

《民法通则》第六十二条规定：“民事法律行为可以附条件，附条件的民事法律行为在符合所附条件时生效。”依照《投资框架协议》第4.1款约定，周某某通过借款的方式向卢某某提供资金，待周某某确定境外投资的主体后，转作其直接或通过境外设立的公司对上市主体的投资。该条款明确约定当事人以借款的方式提供资金，以“周某某确定境外投资的主体”作为资金转化为投资的前提。投资主体及上市主体的确定，系当事人履行协议进行投资的必要条件。周某某称该条件现未成就。卢某某主张控股及上市主体现已设立，但未能提交证据证明周某某确定了境外投资主体，且上市主体也没有确定。因协议约定的借款资金转化为投资的条件尚未成就，周某某向卢某某提供的款项3000万元借款尚未转化为投资款，故其性质仍为借款。一审判决对案涉法律关系及款项性质的认定有误，本院予以纠正。

依照《合同法》第二百零六条的规定，借款期限没有约定或者约定不明确的，贷款人可以催告借款人在合理期限内返还借款。周某某已向卢某某提供借款3000万元，并于2014年4月23日以提起诉讼的方式主张卢某某返还借款本息，卢某某应向周某某返还借款，并自起诉之日按照中国人民银行同期同类人民币流动资金贷款利率支付借款利息。

综上所述，二审判决如下：一、撤销一审民事判决；二、卢某某于本判决发生法律效力之日起十日内向周某某返还借款人民币3000万元，并支付该款利息。

◎再审裁定

卢某某不服二审判决向最高院申请再审。

最高院认为：依照《投资框架协议》第4.1条款的约定，周某某向卢某某提供款项的性质首先是借款，待周某某确定其境外投资的主体后转为该主体对上市主体的投资款。故周某某提供款项的性质转变为投资款是附有条件的，即需确定周某某境外投资的主体及上市主体。《合同法》第四十五条规定：“当事人对合同的效力可以约定附条件。附生效条件的合同，自条件成就时生效。附解除条件的合同，自条件成就时失效。”原审查明，由于周某某未确定境外投资的主体及协议约定的上市主体的股权重组亦未完成，故款项性质成为投资款的条件并未成就。卢某某主张周某某境外投资的主体及上市主体已经确定，但卢某某已提供的证据尚不足以证明其主张。且从某某公司总裁办免除周某某担任的某某公司董事长兼总裁的职务、双方曾就终止履行协议进行磋商等情形判断，双方之间的矛盾纠纷已深，该投资款法律关系所附的条件在事实上亦难以成就。原审据此认定案涉3000万元款项系借款，并判令卢某某向周某某承担相关责任，尚属合理。

综上，裁定驳回卢某某的再审申请。

◎**律师评析**

本案的关键是《投资框架协议》附生效条件及附条件是否成就的问题。

本案中，依照《投资框架协议》的约定，周某某向卢某某提供款项的性质首先是借款，"待周某某确定境外投资的主体后，转作其直接或通过境外设立的公司对上市主体的投资"是借款转为投资款的附生效条件。当这一条件成就时，该条件生效，周某某的借款应当转为投资款，卢某某就不再承担偿还借款责任。当这一条件不成就时，该条件失效，涉案的借款仍为卢某某的个人债务，因此卢某某应当承担偿还责任。

二审法院和最高院经审理认为，由于周某某未确定境外投资的主体，协议约定的上市主体的股权重组亦未完成，且某某公司总裁办免除周某某的董事长兼总裁的职务，双方就终止履行协议未达成一致意见，双方之间的矛盾纠纷已深，该投资款法律关系所附的条件在事实上亦难以成就，故涉案附生效条件未成就，借款转为投资款的约定不生效，所以判决卢某某向周某某返还借款是合法的。

[本案例根据广东省高级人民法院（2015）粤高法民四终字第103号民事判决书和最高人民法院（2016）最高法民申字第1146号民事裁定书编写]

3. 不正当地阻止条件成就

《民法总则》第一百五十九条规定，附条件的民事法律行为，当事人为自己的利益不正当地阻止条件成就的，视为条件已成就。《合同法》第四十五条第二款也规定，当事人为自己的利益不正当地促成条件成就的，视为条件不成就。

这里的"不正当阻止"，是指一方当事人在合同订立后，为自己的利益，对本能成就的所附条件，人为地采取不正当手段加以阻止使之不能成就的行为。其目的是想以此为由不履行义务。如借款合同约定“借款人从第三人处收回资金后再偿还借款”，届时借款人故意不收受第三人向其支付的资金，并以未向第三人处收回资金为由拒绝偿还借款，就是不正当阻止所附条件的成就。

合同约定附条件，在条件未成就前，当事人可期待条件的成就使合同生效或者归于消灭，所以对双方都具有法律约束力。一方当事人不正当阻止条件的成就是违背诚实信用原则的恶意行为，将会使对方的期待利益受到损害，故应视为条件已经成就，并按照条件成就来履行义务。但构成“不正当地阻止条件成就”需要满足两个基本条件才能视为条件已成就：一是当事人为自己的利益，这里的“利益”通常是指不正当地阻止条件成就一方与合同有关的利益，而不包括与合同无关的利益以及他人的利益；二是采取了不正当的手段，不正当手段通常是指不符合法律规范或道德要求的手段，当事人的行为虽然阻止了条件成就，但若符合法律规范或道德要求的，就不能认为其手段的不正当性。

案例解析

不正当阻止条件成就应承担赔偿责任

◎案情简介

2011年3月30日，金某向钱某借款，双方签订了一份《借款协议》。该协议载明：借款用途为饭店经营，借款金额为200万元，借款时间自2011年3月30日起至2011年4月30日止；借款方如逾期不还借款，贷款方有权追回借款，且有权拍卖抵押物并就拍卖所得款项享有优先受偿权，且借款方需向贷款方支付违约金60万元。同日，金某向钱某出具《收条》载明：今收钱某现金200万元。借款到期后的2011年12月12日，钱某向金某催讨，金某向钱某出具《承诺书》，该承诺书载明：本人向钱某的借款190万元，于2011年12月25日之前一次性归还。

2012年9月17日，金某、唐某、杨某某及钱某签订《购房补充协议》。该协议载明：因金某向钱某的借款，现在为保护钱某利益，由唐某、杨某某代表金某，将金某所有的某某街商铺办理抵押贷款。

金某和唐某、杨某某承诺在商铺办理抵押贷款手续后，所得的抵押贷款优先向钱某归还欠款；钱某承诺配合金某和唐某、杨某某办理相关抵押贷款手续，其期限为签订日开始后的50天，如50天内其抵押贷款的手续不能顺利办理或金某和唐某、杨某某没有履行相关抵押贷款办理的约定，则钱某可随时向金某主张归还所有欠款。

2012年9月24日，唐某、杨某某将金某的某某街商铺的房屋抵押给席某某，并办理了房屋他项权证，但席某某没有将1000万元款项出借给唐某、杨某某。

2012年10月8日，钱某与俞某签订《债权转让协议》，载明：截至本协议签署日前，债务人金某尚拖欠钱某借款390万元未还，现钱某将上述债权转让，俞某同意受让，本协议签订后，双方均可以通知债务人债权已转让事实，并由俞某向债务人主张相关债权。

2012年11月27日，俞某诉至法院，请求判令：1. 金某归还借款390万元并承担逾期还款违约金60万元；2. 唐某、杨某某对登记在其名下的某某街商铺相关处置所得款项范围内向俞某承担相应的还款责任。

◎一审判决

一审法院认为：钱某与金某签订的《借款协议》及金某向钱某出具的《承诺书》，系当事人的真实意思表示，据此可以确认金某向钱某借款390万元未归还的事实。钱某与俞某签订的《债权转让协议》，符合法律规定，故法院确认钱某转让给俞某的债权为390万元、逾期还款违约金60万元。

金某、唐某、杨某某及钱某签订《购房补充协议》载明金某和唐某、杨某某承诺在某某街商铺办理抵押贷款手续后，所得的抵押贷款优先向钱某归还欠款。根据本院查明的事实，虽然某某街商铺的房屋办理了抵押手续，并办理了房屋他项权证，但房屋他项权利人席某某并未出借款项，唐某、杨某某并未违反其承诺的内容。故俞某要求唐某、杨某某对登记在其名下的某某街商铺相关处置所得款项范围内向俞某承担相应的还款责任的主张，法院不予支持。

一审法院判决：一、金某于判决发生法律效力之日起十日内归还俞某借款390万元并承担违约金60万元；二、驳回俞某要求唐某、杨某某对登记在其名下的某某街商铺相关处置所得款项范围内向俞某承担相应的还款责任的诉讼请求。

◎**二审判决**

俞某不服一审判决提起上诉称：《购房补充协议》约定，由唐某、杨某某就其名下的某某街商铺办理抵押贷款手续后，所得的抵押贷款应优先向钱某归还。唐某、杨某某签署该协议的行为符合附条件债务加入的法律特征，应当在条件成就时向钱某承担还款责任。现唐某、杨某某在办理了某某街商铺抵押贷款手续后，未向抵押权人席某某主张借款，也未主张撤销抵押或重新办理抵押手续，系故意阻止协议所附条件成就，应当视为条件成就，因此，唐某、杨某某应当向钱某承担还款责任。

二审法院认为：根据《合同法》第四十五条规定，当事人对合同的效力可以约定附条件，附生效条件的合同，自条件成就时生效；当事人为自己的利益不正当阻止条件成就的，视为条件成就。本案中，唐某、杨某某及金某与钱某自愿签订《购房补充协议》，该协议合法有效，当事人均应按约诚信、积极履行。该协议约定，唐某、杨某某承诺将商铺在50天的期限内办理抵押贷款手续，用所得的抵押贷款优先向钱某归还欠款；如50天内其抵押贷款的手续不能顺利办理或金某和唐某、杨某某没有履行相关抵押贷款办理的约定，则钱某可随时向金某主张归还所有欠款。由此，可以认定唐某、杨某某的承诺是附条件的债务加入。现唐某、杨某某在50天内办理了抵押贷款的手续后，在抵押贷款人不支付抵押所得贷款的情况下，既不要求抵押贷款人履行借款协议，也不要求抵押所得贷款人撤销抵押或另行办理抵押获取贷款来履行自己的承诺。故金某及唐某、杨某某的上述行为可以认定为为自己的利益不正当阻止条件成就，应视为贷款归还条件成就，应当按约履行相应还款义务。未按约定履行的，应承担违约责任及与房款价值相当的赔偿责任。

综上，金某对俞某应共同归还借款390万元并承担逾期还款违约金60万元，唐某、杨某某应在某某街商铺的房屋价值范围内对金某的借款390万元承担赔偿责任。原审法院适用法律错误，所作判决应予纠正。据此，二审判决如下：一、撤销一审民事判决；二、金某于本判决发生法律效力之日起十日内归还俞某借款390万元并承担违约金60万元；三、唐某、杨某某在某某街商铺的房屋相关处置所得款项范围内，对金某的借款390万元向俞某承担赔偿责任。

◎**律师评析**

本案是一起不正当阻止条件成就及其法律后果承担的典型案例。

《购房补充协议》约定了附条件还款。唐某、杨某某及金某与钱某在签订《购房补充协议》中约定，唐某、杨某某承诺办理商铺抵押贷款，用抵押贷款优先向钱某归还欠款；如在50天内抵押贷款不能顺利办理，则钱某可随时向金某主张归还所有欠款。此附条件系当事人自愿约定，并不违反法律、行政法规的禁止性规定，故为有效，唐某、杨某某和金某应当遵循诚实信用原则，取得抵押贷款清偿债务。钱某对此享有期待权，即期待对方取得抵押贷款受偿债权。

金某、唐某、杨某某采取不正当手段阻止条件成就。涉案的不正当手段主要表现为，唐某、杨某某、金某在50天内办理了抵押贷款的手续后，与在抵押贷款人席某某不支付抵押所得贷款的情况下，既不要求席某某履行出借义务，也不要求撤销抵押。这是一种违反诚实信用原则的行为，结果给金某为其利益拖延了还款时间，同时致使钱某的借款债权未能实现。所以，法院认定其为自己的利益不正当阻止条件成就。

不正当地阻止条件成就方的法律后果。当事人为自己的利益不正当地阻止条件成就的，根据《民法总则》第一百五十八条第二款和《合同法》第四十五条第二款规定，应当视为条件已成就。对条件已成就的合同，当事人若不按照合同约定履行义务，则应承担违约责任及或相应的赔偿责任。所以，法院判决金某偿还俞某借款并承担违约金，唐某、杨某某承担相关的赔偿责任。

［本案例根据江苏省无锡市中级人民法院（2014）锡民终字第0052号民事判决书编写］

4. 不正当促成条件成就

《民法总则》第一百五十九条规定，附条件的民事法律行为，当事人为自己的利益不正当地阻止条件成就的，视为条件已成就。《合同法》第四十五条第二款也有规定，当事人为自己的利益不正当地促成条件成就的，视为条件不成就。

这里的“不正当促成”，是指一方当事人在合同订立后，为自己的利益，对本来不能成就的所附条件，人为地采取不正当手段加以成就。“不正当促成”与“不正当阻止”一样，都是违背诚实信用原则的故意违约行为。在民间借贷活动中，出借人不想提供借款，借款人想要早日取得借款或者拖延还款，都有可能不正当促成所附条件的成就。譬如，出借人与借款人在借款合同中特别约定“借款方如能提供采购原料合同的，贷款方才支付款项”，该合同订立后，借款人为了取得借款，与他人签订虚假采购原料合同，就是不正当地促成条件成就。根据《合同法》第四十五条第二款的规定，不正当促成条件成就的，视为条件不成就，那么上例中的出借人不负提供借款义务，但若由此造成出借人因准备出借资金而造成损失的，借款人应当承担赔偿责任。

案例解析

不具附属性的条款不是附效力条件

◎案情简介

2008年3月26日，某某公司（甲方）以拟上市为由，与戴某某（乙方）以及某某公司全体股东郭某某等（丙方）签订合作协议一份。该协议约定：戴某某在2008年4月30日前分批向某某公司出资人民币1000万元整；若某某公司在三年内成功上市，则上述投资作为股权投入，若未能上市，则上述资金作为借款，某某公司在2011年前归还戴某某本息，按照年息30%计算利息（合作协议第二条第二款）；郭某某等人以公司股东名义为该协议提供连带责任担保。协议签订后至同年6月，戴某某汇给孙某某（某某公司股东、代理人）人民币500万元，某某公司向戴某某出具了5张100万元的收据。2008年6月30日，孙某某以某某公司的名义向戴某某出具通知函，称某某公司不再需要其余500万元资金，并明确公司上市发行股票计划终止。事后，某某公司主张已经返还戴某某560万元，而戴某某认为只收到500万元。戴某某经结算，认为某某公司尚欠其借款本息3354693.14元。

戴某某提起诉讼，请求判令：某某公司立即归还借款本息合计人民币3354693.14元，郭某某等人在担保范围内承担连带清偿责任。

某某公司辩称，戴某某向某某公司交付的并非是借款，而是合作款。该合作款某某公司已返还给戴某某，并且多返还了60万元，共计已返还560万元。

郭某某等人辩称没有提供担保，不应承担责任。

◎一审判决

一审法院经审理认定：2008年3月至同年6月，戴某某汇给孙某某人民币500万元，某某公司向戴某某出具了5张100万元的收据，说明戴某某已经支付给某某公司投资款500万元；某某公司认为已返还给戴某某560万元，但对另60万元未提供证据证实。

一审法院认为，原、被告签订的合作协议约定：如果某某公司三年内不能上市发行股票，戴某某投入的款项以借款形式进入某某公司。此约定不违反法律的禁止性规定，合法有效。同时，合作协议约定每年固定回报30%，按相关法律规定，对戴某某主张的超过银行同期贷款利率的四倍部分的利息，不予保护，本案借款利息应按银行同期贷款利率的四倍计算。

鉴于某某公司汇给戴某某的款项未明确约定是归还的本金还是利息，故应先冲抵利息，后冲抵本金。合作协议约定：如某某公司不能保证戴某某在第二条表述的合作回报形式，由郭某某等人承担无限连带责任。根据合作协议落款处签名，应认定郭某某等人系保证人。合作协议约定的付款时间为2011年4月30日前，现戴某某在保证期间内没有依法向保证人请求承担保证责任，涉案保证担保超过保证期间，故可免除保证人的保证责任。

一审判决：一、被告某某公司于判决生效之日起十五日内向戴某某归还借款2673500元、利息608132.12元，合计人民币3281632.12元；二、驳回戴某某的其他诉讼请求。

◎二审判决

某某公司不服一审判决提起上诉，请求二审法院撤销一审判决并依法改判。理由如下：

本案合作协议为附生效条件的协议，戴某某恶意串通孙某某，不正当地促成协议第二条第二款的条件成就，应视为条件不成就，因此一审判决认定协议性质错误。本案合作协议是某某公司与戴某某本着投资入股签署，双方已就投资金额及投资步骤作出了明确规定，第一个附条件是戴某某出资1000万元，第二个条件是在三年内是否上市均以1000万元为限额作为投资方式，而且戴某某也部分履行了该份协议。由于协议第二条投资方式中对投资款的性质做了限制性条件的约束，使得该合作协议效力处于不确定状态，即条件成就后，协议生效，当条件未成就协议也就不生效。本案中，具有重要作用的"通知函"完全是由戴某某构思打印出具，而且是在其指示下由其委托代理人孙某某署名的，此行为系戴某某与孙某某恶意串通，致使本案合作协议的第二条第二款条件提前不能成就，无法生效适用，从而促成第二条第二款条件成就。戴某某的这种行为系《合同法》第四十五条之恶意行为，应视为协议第二条第二款条件不成就，对各方当事人不产生法律效力。

综上，原审判决完全系认定本案合作协议性质错误，置戴某某为自己利益不正当促成条件成就，以达到其不按协议约定投资之目的，而且也造成了上诉人资金不到位无法依约定策划上市之客观事实于不顾，从而导致适用法律错误，进而作出错误的判决。

二审法院另查明，某某公司分别在2009年5月至2012年1月间向戴某某合计支付560万元。

二审法院认为：

关于合作协议的效力。某某公司与戴某某于2008年3月22日签订的合作协议已经成立且合法有效，对双方当事人具有法律约束力。法律规定，当事人对合同的效力可以约定附条件。附生效条件的合同，自条件成就时生效。附生效条件的合同，是指合同附有限制意思表示效果发生的附款，用来控制意思表示效果的发生。本案合作协议的目的是戴某某向某某公司投资，协议未约定限制投资意思表示发生的条件，约定内容是戴某某投资后，如果某某公司能在三年内上市发行股票，则戴某某的投资作为出资款；如不能上市，则戴某某的投资为借款，并约定每年固定回报。因此，该约定条款不属于合作协议生效条件，故本案合作协议签订时成立且生效。某某公司认为合作协议为附生效条件的合同，效力处于不确定状态的上诉理由不能成立。

关于孙某某是否与戴某某恶意串通。根据协议约定，2008年4月30日之前，戴某某应当投入某某公司1000万元，戴某某向某某公司投入500万元后，孙某某以某某公司的名义向戴某某出具通知函，称某某公司不再需要其余500万元资金，并明确公司上市发行股票计划终止。根据庭审调查，首先，某某公司未提供证据证明该公司处于上市程序中或为上市作准备，即某某公司当时不存在将于三年内上市的可能，且双方对此均明知，故本案是名为合作实为借款。其次，如前所述，合作协议中孙某某在某某公司股东一栏签字，戴某某有理由相信孙某某为某某公司的股东和代理人，代表某某公司终止合作协议。最后，某某公司自2009年5月9日开始向戴某某还款，至本案诉讼时已归还款项6次计560万元，即某某公司以其行为表明终止合作协议履行并逐步向戴某某归还借款，某某公司的行为与孙某某出具的通知函相符。故某某公司称戴某某恶意串通孙某某，不正当地促成协议第二条第二款（即如果甲方三年内不能上市发行股票，乙方所投壹仟万元以借款形式进入甲方，每年固定回报30%，即叁佰万元，甲方于2011年4月30日前归还乙方本息共计壹仟玖佰万元）的条件成就，因此，某某公司应视为条件不成就的上诉理由不能成立，本院不予采纳。

关于某某公司收到戴某某投资款的金额。某某公司认可孙某某以某某公司股东身份参与本案所涉往来，孙某某是某某公司的代理人，因此，戴某某按照某某公司指定汇入孙某某名下的5笔款项计500万元，某某公司亦对应5笔款项向戴某某出具对应的5份收据，故应认定某某公司收到戴某某投资款500万元。根据二审期间某某公司提供的证据和戴某某的确认，某某公司已向戴某某支付560万元，原审法院认定某某公司向戴某某支付500万元错误，本院予以纠正。

关于利息问题。根据协议约定，某某公司应当在2011年4月30日前归还戴某某借款本息，并约定每年固定回报30%。戴某某主张按月利率2.5%计算利息，该约定和戴某某主张的利息计算标准超过法律规定的幅度，应予以调整为银行同期同类贷款利率的四倍计算利息。

综上，某某公司的上诉理由，除其已归还560万元的意见外，其余上诉理由均不能成立。本院根据二审期间的证据，重新计算已支付的利息及本金，截至2012年1月21日，某某公司尚结欠戴某某借款本金2661672.21元，之后按四倍同期同类银行贷款利率计算至2012年11月26日的利息为575666.47元，合计3237338.68元。

综上，二审判决：某某公司向戴某某归还借款本金2661672.21元及利息575666.47元，合计3237338.68元。

◎律师评析

本案的关键是合作协议是否附条件以及戴某某有无为自己的利益不正当促成条件成就的问题。

涉案合作协议约定“若某某公司在三年内成功上市，则上述投资作为股权投入；若未能上市，则上述资金作为借款。”对此，某某公司认为是附生效条件的条款，后因戴某某恶意串通孙某某，不正当促成条件的成就，应视为条件不成就，因此，合作协议效力处于不确定状态，即条件成就后，该协议生效，当条件未成就时，该协议也就不生效，故对各方当事人不产生法律效力。而二审法院认为，本案合作协议的目的是戴某某向某某公司投资，协议约定的“若某某公司在三年内成功上市，则上述投资作为股权投入；若未能上市，则上述资金作为借款”，此内容没有限制投资效力的意思表示，故该约定不属于合作协议生效条件，某某公司认为是附生效条件，效力处于不确定状态的上诉理由不能成立。

根据《合同法》第四十五条第二款规定，当事人为自己的利益不正当地促成条件成就的，视为条件不成就。但前提是当事人对合同的效力已经约定附条件。合同如果未约定附条件，或者约定的内容不是附条件，就谈不上当事人为自己的利益不正当地促成条件成就的问题。从本案合作协议约定“若某某公司在三年内成功上市，则上述投资作为股权投入；若未能上市，则上述资金作为借款”的内容来看，涉案款项有一个转化条件，即若能上市，该款项为投资款，若不能上市则为借款。由此可见，合作协议此约定是合同的主内容之一，而不是附随合同内容的条款，不具有附属性的特征，不存在限制合作协议效力的意思表示，所以二审法院认为某某公司应视为条件不成就的上诉理由不能成立。再者，根据协议约定，某某公司应当在2011年4月30日前归还戴某某借款本息，并约定每年固定回报30%，这与借贷特征相符合，所以二审法院认定本案是名为合作实为借款的案件，适用民间借贷的有关规定作出判决。

[本案例根据江苏省常州市中级人民法院（2013）常商终字第423号民事判决书编写]

5. 民间借贷合同的附期限

《民法总则》第一百六十条规定："民事法律行为可以附期限，但是按照其性质不得附期限的除外。附生效期限的民事法律行为，自期限届至时生效。附终止期限的民事法律行为，自期限届满时失效。"《合同法》第四十六条规定："当事人对合同的效力可以约定附期限。附生效期限的合同，自期限届至时生效。附终止期限的合同，自期限届满时失效。"据上规定，附期限分为附生效期限和附终止期限两种。

附生效期限是指双方当事人约定的使已经成立的合同发生法律效力的时间。附生效期限的作用旨在延缓合同效力的发生。例如，出借人与借款人约定借款 15 万元，月息 10‰，使用期 6 个月，自约定之日起一个月提供借款。这里的"自约定之日起一个月"是附生效期限，在这个期限到来之前，该合同约定的提供借款的效力处于期待状态；这个期限到来时，出借人应当提供借款。

附终止期限是指双方当事人约定的使已经成立的合同效力归于消灭的时间。借贷当事人约定附终止期限，主要是使已经成立的合同失去提供借款的法律效力。例如，借款人一个月后用钱，现与出借人约定借款，并约定如果借款人一个月内不来取款就不需借款，这里的"借款人一个月内不来取款就不需借款"是附终止期限，当借款人一个月内真的未向出借人取款，此合同失去缔约效力。

从广义上看，附期限实质上也是附条件，因而，民间借贷合同中附期限的特征与附条件大致相同，即具有约定性、附属性、合法性等。但附期限的主要特征是时间，时间的到来是能够预见的必定的。如果当事人约定的所附期限具有不确定性，该附期限就不具效力。由于时间具有必然性，所以，附期限不可能出现"不正当地阻止"和"不正当地促成"的情形，故不适用《民法总则》第一百五十九条和《合同法》第四十五条第二款的规定。

案例解析

不具确定性的附期限条款无效

◎**案情简介**

2011 年 10 月至 2012 年 5 月间，齐某、张某因资金周转需要多次向杨某某借款。2011 年 11 月 14 日至 2012 年 10 月 15 日间，齐某、张某多次向杨某某汇款，经双方 2014 年 4 月 9 日最终确认，齐某、张某向杨某某借款本金为 3450 万元，同日，由齐某、张某给杨某某出具借条，确认双方借款事实及数额。后杨某某多次催要，齐某、张某未予偿还。

杨某某向法院提起诉讼称：双方口头约定月息 3 分，齐某、张某借款后按月支付利息。从 2012 年 11 月开始，二人不再支付任何款项。杨某某请求法院判令：1. 齐某、张某立即偿还借款本金 3450 万元；2. 支付从 2012 年 11 月 1 日至款项还清之日止按中国人民银行同类贷款利率的四倍计算的借款利息。

齐某、张某辩称：借款本金共计 4450 万元，二人从 2011 年 11 月 14 日到 2012 年 12 月 15 日共计 19 笔还款 1100 万，从 2012 年 4 月 1 日到 2012 年 5 月 2 日分 5 笔偿还 2000 万，到目前只欠本金 1135 万。借条没有约定利息，利息起算时间应当是杨某某主张欠款的时间，利息数额应当按照中国人民银行同期贷款利率计算，而不是该利率的四倍。

◎**一审判决**

一审法院认为：关于尚欠借款数额，齐某、张某二人主张 2011 年 11 月 14 日至 2012 年 10 月 15 日间多次偿还 3100 万元，但上述往来均发生在 2012 年之前，而 2014 年 4 月 9 日双方结算后，齐某、张某为杨某某出具的借条确认其向杨某某借款数额为 3450 万元，故应确认本案欠款数额为 3450 万元。

关于借款利息，双方 2014 年 4 月 9 日借条没有约定利息内容，应当认定本案双方最终结算确认借款数额时没有约定借款利息，故杨某某主张的借款利息应当从其向法院主张权利之日即 2014 年 5 月 15 日起算。

综上，一审法院判决：一、齐某、张某于判决生效之日起向杨某某偿还借款3450万元及利息（利息按照中国人民银行同期贷款利率计算，从2014年5月15日起至给付完毕止）；二、驳回杨某某的其他诉讼请求。

◎**二审判决**

齐某、张某不服一审判决提起上诉称：齐某、张某从杨某某处一共借款4450万元，已经偿还3100万元，故只欠1350万元。借条载明“待齐某、张某被某某房开公司和曹某某诈骗款追缴回时，第一时间偿还此款。”据此，偿还借款的条件未能成就，故不应偿还借款。双方未约定借款的利息，一审法院不应判决上诉人承担利息。

二审法院认为：2011年10月至2012年5月期间，齐某、张某与杨某某之间存在多笔大额资金往来，借款和还款行为均发生在2014年4月9日之前，此后双方再无借贷关系发生。鉴于该借条系对3450万元借款数额的最后确认，故以该借条作为确认双方当事人借款数额的依据并无不当。

关于齐某、张某在借条中附还款条件问题。借条中“待齐某、张某被某某房开公司和曹某某诈骗款追缴回时，第一时间偿还此款。”。一方面，该欠条中所记载的内容并非为条件的设立，而仅仅是借款人齐某、张某的一种承诺。另一方面，即使认定为还款条件的设立，亦是借款人单方设定，对出借人不具有约束力。

鉴于2014年4月19日的借条中并未约定还款期限及利息，且杨某某对于借条中所记载的经过双方重新确认的借款3450万元没有提交证据证明双方进行了利息的约定，故对于一审法院以杨某某向法院提起诉讼主张债权即2014年5月15日作为利息的起算之日予以确认。

综上，一审判决认定事实清楚，适用法律正确，于是判决：驳回上诉，维持原判。

◎**再审裁定**

齐某、张某不服二审判决，向最高院申请再审称：齐某、张某向杨某某出具的借条注明“待齐某、张某被某某房开公司和曹某某诈骗款追缴回时，第一时间偿还此款”。因此，该借条是附条件的合同，现条件尚未成就，原审直接判决立即给付借款违背了当事人的约定和法律规定，属适用法律错误。

杨某某答辩称：“待齐某、张某被某某房开公司和曹某某诈骗款追缴回时，第一时间偿还此款”是齐某、张某自行添加的内容，杨某某对此不予认可。

最高院再审认为：《民法通则》第六十二条规定，“民事法律行为可以附条件，附条件的民事法律行为在符合所附条件时生效。”所谓的条件，是指当事人约定的、未来有可能发生的、用来限定合同效力的客观事实。根据法律规定，当事人在实施民事行为时可以设立一定的条件，以该条件的成就与否作为民事法律行为效力产生或解除的根据。本案中的借条是基于双方当事人存在长期、多笔借款、还款的事实，而对截至2014年4月9日的欠款情况所作的约定，借条中“待齐某、张某被某某房开公司和曹某某诈骗款追缴回时，第一时间偿还此款”的内容，只是齐某、张某向出借人杨某某单方作出的承诺，实际上是对何时偿还欠款所表达出的一种态度，更类似于对偿还借款所附的期限。杨某某虽然接受该借条但并不认可其中所附的条件，双方之间未就该约定达成合意。而且，本案双方当事人之间是民间借贷法律关系，杨某某要求齐某、张某出具借条的目的是归还其出借的款项，齐某、张某出具借条是对双方之间欠款数额的确定，而齐某、张某以其被诈骗的款项被追回作为偿还杨某某借款的条件，按照齐某、张某的观点，如果其被诈骗款项无法追回，那么其还款条件没有成就，就不应偿还所借款项，明显与出借方杨某某所希望的归还欠款的目的不相符，因此并非出借人杨某某的真实意思表示，且对于杨某某明显有失公平。如果说借条中的约定是还款所附的期限，那么这个期限应当是确定的，是必然发生的事实，因申请人被诈骗的款项能否从他人处追回，与其申请救济的手段、方式以及他人的偿还能力有很大关系，即便其通过法律途径以法律文书的形式确定了权利，但能否实际从他人处得到清偿仍处于不确定状态，也不符合附期限的民事法律行为的特征。故原判决否定该还款条件效力，判决申请人齐某、张某按照借条约定承担还款责任，并没有违背当事人的约定，也不违反法律规定，齐某、张某主张原判决适用法律确有错误，本案应当再审的理由不能成立。

综上，最高院裁定驳回齐某、张某的再审申请。

◎律师评析

本案的争议焦点之一是借条上的附期限还款条款是否有效的问题。

涉案借条上所写的“待齐某、张某被某某房开公司和曹某某诈骗款追缴回时，第一时间偿还此款”，从表面上看是附期限条款，其中的期限是被“诈骗款追缴回时”。照此理解，被诈骗款未追回的，还款时间就没到，齐某、张某就不负偿还借款责任；被诈骗款已追回，齐某、张某才偿还借款。但此附期限是无效的。首先，附期限条款应当由双方当事人协商一致确定，而涉案借条上附期限还款是齐某、张某未与杨某某协商一致的情况下单方添加的内容，杨某某对此又不予认可，因此该附期限还款条款无效，对杨某某不具有约束力。其次，附期限具有时间上的确定性和必然性等特征，而涉案附期限的内容为被“诈骗款追缴回时”，但被诈骗款能否追回、何时追回都不具有确定性，所以，涉案附期限不符合《民法通则》第六十二条和《合同法》第四十六条的规定而不能成立。

那么，涉案上述条款是否符合附条件要求呢？根据《民法通则》第六十二条规定，民间借贷当事人可以附条件还款。附条件是指当事人约定的、未来有可能发生的、用来限定合同效力的客观事实。合同附生效条件的，自条件成就时生效；附解除条件的，自条件成就时失效。附条件具有约定性、不确定性等特征。不确定性是指合同所附条件是将来可能发生也可能不发生的事实。由此看来，涉案的被“诈骗款追缴回时”确是“不确定性”条款，但又接近于附条件。然而，杨某某要求齐某、张某出具借条的本意是要求齐某、张某偿还借款，如果齐某、张某以被“诈骗款追缴回”为条件才偿还借款，如果被诈骗款项无法追回，就不用偿还借款，这明显不符合《民法通则》关于“合同的当事人应当按照合同的约定，全部履行自己的义务”和“合法的借贷关系受法律保护”等规定，况且涉案附条件的条款是齐某、张某未与杨某某协商的情况下单方添加的内容，不符合约定性，因此，法院判决齐某、张某偿还杨某某借款。

[本案例根据吉林省高级人民法院（2015）吉民一终字第43号民事判决书和最高人民法院（2015）民申字第3109号民事裁定书编写]

第十一章 民间借贷的利息及裁判案例解析

民间借贷的利息是借款人使用出借人资金支付的代价，也是出借人出借资金而从借款人处获得的报酬。利息实质上也是利润，只不过是利润的特殊转化形式。利息是随本金而产生的从债权或者从债务，在民间借贷的实体权利义务的地位中仅次于本金，但民间借贷是否支付利息完全由双方当事人自行约定，而实际上取决于出借人的态度，出借人考虑借款人的困难，出于友情和帮助，明确表示不要利息或者没有约定利息的，这笔借款是无息借款。出借人要求支付利息，明确提出利率或者利息数额，借款人表示接受的，这笔借款就是有息借款。

《合同法》第二百一十一条第二款规定：“自然人之间的借款合同约定支付利息的，借款的利率不得违反国家有关限制借款利率的规定。”这里的“国家有关限制借款利率的规定”是指《民间借贷规定》的有关规定。该规定第二十六条第一款规定：“借贷双方约定的利率未超过年利率24%，出借人请求借款人按照约定的利率支付利息的，人民法院应予支持。”第二款规定：“借贷双方约定的利率超过年利率36%，超过部分的利息约定无效。借款人请求出借人返还已支付的超过年利率36%部分的利息的，人民法院应予支持。”（原《最高人民法院关于人民法院审理借贷案件的若干意见》第六条规“最高不得超过银行同类贷款利率的四倍”，已废止）。这条规定将民间借贷的利率划分为“两线三区”：

第一条区年利率24%（即月利率20‰、2分息）以下的为合法利率，这是“司法保护区”。也就是说，在年利率24%以内，当事人起诉到法院，法院在审判中就应予以法律保护。在实践中，当事人约定年利率超过24%，借款人尚未自愿支付的，出借人在提起诉讼时或者在审理中主动下降至24%

以内的，因回归合法利率范围内，法院应当予以支持。

第二条区是年利率在24%—36%之间，这是“自然债务区”。在“自然债务区”内，当事人已经自愿自动履行的，根据当事人意思自治原则，法院不反对；当事人履行后反悔而请求返还的，法院不予支持；若提起诉讼，请求支付年利率在24%以上至36%以下的利息的，法院不予支持，而只支持年利率在24%以内的利息。

第三条区是年利率36%（即月利率30‰、3分息）以上，这是“高利无效区”。

1. 高利贷

高利是超过法定最高限度的利息，高利贷是超过法定最高限度收取利息的行为。认定高利贷的标准是当事人约定的利率或者实际支收的利息是否超过法定最高限度。《民间借贷规定》有两个年利率上限规定，即24%和36%，那么，高利贷是指超过年利率24%，还是指超过年利率36%？

《合同法》第二百一十一条第二款规定：“借款的利率不得违反国家有关限制借款利率的规定。”这里的“不得”是禁止性规定，这里的“国家有关限制借款利率的规定”现指《民间借贷规定》第二十六条第二款“借贷双方约定的利率超过年利率36%，超过部分的利息约定无效”的规定。由此可见，法律禁止民间借贷的年利率超过36%，超过年利率36%的部分属于高利贷。民间借贷当事人约定年利率超过36%的，超过部分的利息无效，对此，不论借款人是否愿意支付，只要案件起诉到法院，法院就应认定其无效。对无效利息，借款人即使已经支付，法院也应判决返还或者折抵本金。

案例解析

民间借贷年利率超过24%不受法律保护

◎案情简介

2013年12月5日，A公司全体股东一致同意公司为李某、杨某夫妻向吴某某借款本息7500万元提供连带责任的保证，并形成《股东会决议》。

2013 年 12 月 6 日，B 公司全体股东一致同意公司为李某、杨某夫妻向吴某某借款本息 7500 万元提供连带责任的保证，并形成《股东会决议》。

2013 年 12 月 9 日，出借人吴某某与借款人李某、杨某以及担保人 A 公司、B 公司、曹某签订了一份《借贷合同》，杨某之女（以下简称杨女）代表 A 公司在合同上签名。该合同约定：（1）李某、杨某向吴某某借款人民币 5000 万元整，借款期限为壹年，以吴某某实际放款时间起算；（2）利息按年利息 50% 计算，年利息为 2500 万元整；（3）借款只限用于 A 公司地块"三旧"改造开发项目的经营活动，不得用于与其无关的其他经营活动；（4）A 公司、B 公司、曹某对李某、杨某履行本合同的全部义务向吴某某提供连带责任的担保。

同日，李某、杨某向吴某某出具《付款委托书》，委托吴某某将借款 5000 万元付至 A 公司银行账户。2013 年 12 月 12 日吴某某又向 C 公司出具《付款委托书》，委托 C 公司将 5000 万元借款付至 A 公司的指定账户。C 公司分四笔将 5000 万元汇入了 A 公司指定账户。2014 年 1 月至 3 月，A 公司两次汇款 3000 万元至杨女个人账户，杨女用该款购汇后支付了其个人受让 A 公司股权的转让款。

借款到期后，李某、杨某未按合同约定归还借款本息。A 公司、B 公司、曹某亦未按合同约定履行担保义务。吴某某催讨无果，向法院起诉，请求判决：1. 李某、杨某立即向吴某某清偿借款本金 5000 万元，利息 3065.28 万元（按约定年利息 50% 计算。从实际借款之日起暂计算至 2015 年 4 月 8 日止。最终计算至全部本息还清之日止）；2. A 公司、B 公司、曹某对上述各款项承担连带清偿责任。

在诉讼中，吴某某认为：吴某某汇给 A 公司的 5000 万元中的 3000 万元转移给李某、杨女（A 公司的控股股东及法定代表人）的个人账户，严重影响了李某、杨某、A 公司的偿还能力。本案的《借款合同》也是杨女代表 A 公司签订。杨女将吴某某转入公司账户的借款据为已有，严重损害了债权人的利益，故申请追加杨女为被告，请求法院判令杨女共同对吴某某的债权承担连带清偿责任。

被告杨某、杨女、曹某、A 公司、B 公司均未作答辩。

◎**法院判决**

法院经审理认为：吴某某与李某、杨某、A 公司、B 公司、曹某签订的《借贷合同》，系各方当事人的真实意思表示。吴某某按合同的约定和李某、杨某的指定，履行了支付 5000 万元借款的合同义务。但李某、杨某未按合同约定的还款时间归还借款，担保人 A 公司、B 公司、曹某亦未及时履行担保义务，酿成了本案纠纷。李某、杨某应当按合同约定偿还借款，担保人 A 公司、B 公司、曹某应当按合同的约定对李某、杨某的借款承担连带保证责任。

关于本案的借款利息按什么标准计算的问题。《民间借贷规定》第二十六条规定："借贷双方约定的利率未超过年利率 24%，出借人请求借款人按照约定的利率支付利息的，人民法院应予支持。借贷双方约定的利率超过年利率 36%，超过部分的利息约定无效。借款人请求出借人返还已支付的超过年利率 36% 部分的利息的，人民法院应予支持。"《借贷合同》约定的借款利息按年利息 50% 计算，该约定超过了司法解释规定的最高限额，超出部分的利息约定无效。关于吴某某在庭审中主张应按年利率 36% 计算借款利息问题，《民间借贷规定》第二十六条规定的利率保护限额为 24%，第二款规定的年利率 36% 系针对借款人请求出借人返还已支付利息的情形，本案中借款人李某、杨某尚未支付借款利息，故吴某某主张按年利率 36% 计算利息不符合该司法解释规定的情形。本案的借款利息应按年利率 24% 计算，超出部分依法不予支持。

关于杨女是否对李某、杨某的借款承担连带责任的问题。2014 年 1 月 22 日吴某某向 A 公司汇款 1000 万元，同日 A 公司即汇款 1000 万元至杨女个人账户，2014 年 3 月 3 日吴某某向 A 公司汇款 2000 万元，同日 A 公司即汇款 2000 万元至杨女个人账户，杨女将此款用于支付个人股权转让款。《公司法》第二十条规定："公司股东应当遵守法律、行政法规和公司章程，依法行使股东权利，不得滥用股东权利损害公司或者其他股东的利益；不得滥用公司法人独立地位和股东有限责任损害公司债权人的利益。……公司股东滥用公司法人独立地位和股东有限责任，逃避债务，严重损害公司债权人利益的，应当对公司债务承担连带责任。"杨女作为 A 公司的法定代表人和实际控股人，明知该借款是用于 A 公司地块"三旧"改造开发项目的经营活动，但其却将该款用于支付个人股权转让款，损害了公司和债权人的合法权益，与吴某某有直接的利害关系。吴某某要求追加杨女为本案被告符合《民事诉讼法》第一百一十九条的规定，杨女对其接受的3000万元借款及利息应当依法承担连带责任。

综上，一审法院判决：一、李某、杨某于判决生效之日起十日内向吴某某偿还借款本金5000万元并按年利率24%支付借款利息；二、A公司、B公司、曹某对李某、杨某的上述款项承担连带责任；三、杨女对李某、杨某偿还借款本金3000万元及按年利率24%支付借款的利息承担连带责任；四、驳回吴某某的其他诉讼请求。

◎**律师评析**

本案的争议焦点之一是借款利息按何标准计算的问题。

本案涉及三个利息计算标准：一是《借贷合同》约定的按年利息50%计算；二是吴某某在庭审中主张按年利率36%计算；三是法院判决按年利率24%计算。

根据《民间借贷规定》第二十六条规定分析：

1.《借贷合同》约定按年利息50%计算利息，显然超过了该条规定的最高限额，超出部分当属无效。在本案审理中，五位被告虽然均未作答辩，亦未就高利贷提出抗辩，但对于高利贷案件，只要起诉到法院，不论借款人是否愿意支付，法院在查明事实的基础上对高利部分都应认定无效；借款人即使已经支付，但若借款人请求返还的，法院也应依法判决返还或者折抵本金。

2. 吴某某在庭审中主张按年利率36%计算利息。最高院分析认为，《民间借贷规定》第二十六条规定的年利率24%是保护利率，年利率36%是系针对借款人请求出借人返还已支付利息的情形，因本案借款人李某、杨某尚未向出借人吴某某支付利息，不存在请求返还利息的基础事实，故不适用年利率36%的标准给付。

3. 法院判决按年利率24%计算。24%及以下的年利率是合法利率，是法律保护的利率。因此，法院对《借贷合同》约定的50%年利率以及吴某某主张的36%年利率都不予支持，而直接将上述利率降至24%判决。

[本案例根据江西省高级人民法院（2015）赣民一初字第12号民事判决编写]

2. 预先扣除利息

预先扣除利息，是指出借人在向借款人交付借款时先从本金中扣除利息的行为。出借人按照借贷合同约定的数额向借款人交付借款是出借人的主要义务，如果预先扣除利息，实际交付借款数额就小于合同约定的本金数额，这是对借贷合同的违约，也是侵害借款人合同利益的行为。因此，《合同法》第二百条规定："借款的利息不得预先在本金中扣除。利息预先在本金中扣除的，应当按照实际借款数额返还借款并计算利息。"这是条禁止性规定，即禁止出借人预先在本金中扣除利息，但预选扣除利息的条款无效并不影响借款合同其他条款的效力。

在预先扣除利息的情况下，绝大部分出借人在提起诉讼时都请求法院判令借款人偿还借款合同约定的全部本金，而借款人通常以预先扣除利息是违法行为为由，拒绝支付全部本息。《合同法》第五十六条规定，合同部分无效，不影响其他部分效力的，其他部分仍然有效。因此，这两种主张都不符合《合同法》的规定。根据上述规定，出借人在交付借款本金时扣除利息的，一是按照实际借款数额返还借款，二是按照实际借款数额计算利息。

案例解析

出借人预先扣除利息　法院判决偿付实际借款本息

◎案情简介

2015年1月4日，周某某与某某公司签订第一份《借款合同》，双方约定：1. 由周某某向某某公司提供借款800万元，借款期限为4个月，在借款期间内利息为银行同期贷款基准利率的四倍；2. 某某公司如逾期还款，从逾期之日起至借款全部清偿前，还应承担：（1）借款本金，（2）延迟履行期间的利息，（3）未清偿部分的30%的违约金，（4）实现债权和担保权的一切相关费用。同日，周某某与高某某等人签订《保证合同》，约定高某某等人对上述借款合同的债务承担连带保证责任。周某某还与高某某签订《股权质押合同》，约定高某某将其持有的某某公司占总股本的11.98%股权为上述借款提供质押担保。上述三份合同经公证处公证后，2015 年 1 月 5 日至 6 日，周某某通过银行向某某公司汇款 800 万元。某某公司于 6 日通过网银向周某某支付第一笔利息 32 万元。

2015 年 2 月 2 日，周某某与某某公司签订第二份《借款合同》，双方约定由周某某向某某公司提供借款 100 万元，借款期限为 1 年，其他有关借款利息及逾期还款的约定与第一份《借款合同》内容一致。同日，周某某与高某某等人签订《保证合同》，约定高某某等人对上述借款合同的债务承担连带保证责任。周某某与高某某签订《股权质押合同》，约定高某某将其持有的某某公司占总股本的 9.22% 股权为上述借款提供质押担保。上述三份合同经公证处公证后，周某某于 2015 年 2 月 11 日通过银行转账方式向高某某的银行账户转账 68 万元。2015 年 7 月 4 日，某某公司向周某某出具收据一份，内容为："今收到向周某某借款 100 万元（包括 800 万元利息 32 万元）。"这里的 32 万元是第二笔利息。

2015 年 7 月 24 日，周某某与某某公司、高某某等人对上述两份《借款合同》履行情况进行结算，双方重新签订《借条》，确认借款本金为 900 万元，双方按照月利率 4% 计算利息，截至 2015 年 7 月 18 日利息共计 228 万元，扣除已付利息 96 万元，尚欠利息 132 万元，于 2015 年 7 月 18 日还清。

上述借款到期，某某公司未偿还借款，周某某依据《借条》提起诉讼。

◎一审判决

一审法院认为，本案争议的焦点：1. 借款本金数额如何认定；2. 借款利息如何计算；3. 周某某主张的违约金和其他费用有无事实及法律依据；4. 被告保证人如何承担担保责任。

一、关于本金数额认定。根据《民间借贷规定》第二十七条"借据、收据、欠条等债权凭证载明的借款金额，一般认定为本金。预先在本金中扣除利息的，人民法院应当将实际出借的金额认定为本金。"据此，虽然出借人与借款人在借条中已经明确载明借款数额，但应以实际出借的金额认定借款本金数额，并按照该实际出借数额计算利息。本案中，原告周某某与被告某某公司于 2015 年 1 月 4 日签订第一份《借款合同》约定借款金额为 800 万元，原告周某某向被告某某公司汇款 800 万元，而被告某某公司在借款当日向原告周某某支付第一笔利息 32 万元，实则将借款利息预先在本金中扣除，故针对第一份《借款合同》应认定借款本金为768万元。

针对原、被告双方于2015年2月2日签订的第二份《借款合同》，根据原告于2月11日向被告银行汇款68万元的事实，本院确认该份合同的借款本金为68万元。对于原告主张借款本金为100万元，其中32万元作为第一份《借款合同》的二月份利息扣除的意见，根据《合同法》第一百九十六条之规定，利息系借款人完全支配和使用借款本金所承担的成本，本案中尚未到第一份《借款合同》的借款支付利息时间，原告从履行第二份借款合同时予以扣除，系变相预先扣除利息。故一审法院确认两笔借款本金为836万元。

二、关于利息如何认定。原告主张按照月利率4%给付利息。根据《民间借贷规定》第二十六条"借贷双方约定的利率未超过年利率24%，出借人请求借款人按照约定的利率支付利息的，人民法院应予支持。借贷双方约定的利率超过年利率36%，超过部分的利息约定无效。借款人请求出借人返还已支付的超过年利率36%部分的利息的，人民法院不予支持。"本案原、被告约定的4%月利率，即年利率48%，超过了法律保护的范围，故本院对于原告要求按照月息4%支付利息的请求不予支持。

某某公司主张，第二笔支付的32万元是超过年利率24%的利息，应当冲抵本金。一审法院认为，因年利率24%—36%之间部分属于自然债务，即双方已经履行完毕的，不得要求债权人返还。某某公司向周某某给付的第二笔利息32万元，因双方认可该款系第一份借款合同利息，系某某公司自愿履行，法院予以认可，故按照第一份《借款合同》实际借款本金768万元计算应冲抵2015年1月5日至2015年2月16日期间的利息。综上，确认借款利息1169867元，扣减某某公司已支付利息32万元，某某公司尚应支付利息为849867元。

三、关于违约金及其他费用认定。根据《民间借贷规定》第三十条之规定，出借人与借款人既约定了逾期利率，又约定了违约金或者其他费用，出借人可以选择主张逾期利息、违约金或者其他费用，也可以一并主张，但总计超过年利率24%的部分，人民法院不予支持。本案中，某某公司未按合同约定偿还借款，应承担违约责任，对于2015年7月18日之前某某公司的违约行为给周某某造成的损失，已在利息中予以补偿，故对周某某主张违约金309.6万元、其他费用32.5万元，因已远超过法定年利率24%，故应按照年利率24%为限。

四、关于保证人的承担责任。保证是保证人与债权人约定，当债务人不履行债务时，保证人按照约定履行债务或者承担责任的行为。本案中，周某某与高某某等人签订的《保证合同》约定，高某某等人对“主合同项下的借款人的全部义务、责任、陈述与保证及承诺事项”承担连带保证责任，故高某某等人应当对上述借款、利息及违约金承担连带清偿责任。

本案中，高某某不仅是保证人，亦提供股权质押，周某某仅选择请求其承担保证人担保责任，而对股权质押提起诉讼请求系其对自身权利的处分，故对某某公司辩称周某某应当先主张高某某股权质押，保证人对质押股权以外的债权承担保证责任的意见不予采纳。

综上，一审判决：一、被告某某公司于本判决生效后十日内偿还原告周某某借款本金836万元、利息849867元，合计9209867元；二、被告某某公司于本判决生效后十日内给付原告周某某违约金，按照借款本金836万元、年利率24%计算，自2015年7月19日起计算至本判决确定的履行期限届满之日止，以不超出原告主张的诉讼请求为限；三、被告某某公司于本判决生效后十日内给付原告周某某保全申请费5000元；四、被告高某某等人对上述第一、二、三项承担连带清偿责任；五、驳回原告周某某的其他诉讼请求。

◎二审判决

某某公司不服一审判决提起上诉称：1. 原审判决认定借款本金为836万元错误，周某某在出借900万元时在本金中扣除预先收取64万元后，还应在本金中扣除2015年3月24日向周某某支付32万元，周某某实际只向上诉人某某公司出借804万元；2. 原审判决关于利息计算标准及法律适用不当，借款期间的利息应按约定同期贷款利率四倍即20.4%计算，借期外利息未约定不应再计算利息。

二审法院认为：本案中，双方当事人于2015年7月24日对之前签订的两份《借款合同》的履行情况进行结算后重新出具《借条》，该借条是双方当事人真实意思的表示，符合当事人自愿原则。但该借条中确认的借款本金数额及利率约定不符合相关法律及司法解释的规定，故原审法院根据《民间借贷规定》，以实际出借的金额认定借款本金数额，将2015年1月4日上诉人某某公司借款当日支付的利息32万元认定为预先扣除的利息而在本金中予以扣除，将2015年2月11日实际汇款68万元确认为借款本金，上述认定符合法律规定。而上诉人某某公司主张2015年3月24日其向被上诉人周某某支付的32万元亦应从本金中扣除的诉请，不符合《民间借贷规定》第二十七条的适用情形，且上诉人某某公司在出具借条及本案诉讼期间均认可其支付该笔32万元系向被上诉人周某某偿还的利息，故原审法院根据借款合同的实际履行情况确认2015年3月24日向被上诉人周某某支付的32万元系上诉人某某公司支付的利息并冲抵借款期间的利息并无不当。

因双方当事人在2015年7月24日的借条中约定借款的月利率为4%，系对之前两份借款合同中利息约定的变更，故上诉人仍主张按原借款合同约定的同期贷款利率四倍计算利息的请求应不予支持，由于双方的月利率4%约定明显超过法律保护的范围，故原审法院对超出部分不予保护亦符合法律规定。另外，上诉人某某公司主张借期外利息未约定即不应支付的上诉请求缺乏法律依据，亦不符合常理，本院不予支持。

综上所述，原审判决认定事实清楚，适用法律正确。本院予以维持。二审判决：驳回上诉，维持原判。

◎律师评析

本案是《民间借贷规定》施行后处理多个利息问题的典型案例，其中包括出借人预先扣除利息，法院按实际借款数额判决偿付本息的问题。

一、关于预先扣除利息问题。本案有两笔32万元共计64万元属于预先扣除利息。第一笔是第一份《借款合同》约定借款800万元，某某公司于借款当日向周某某支付的32万元利息；第二笔是第二份《借款合同》约定借款100万元，借款人某某公司也出具100万元收据，而出借人周某某实际提供借款只有68万元，法院认定系变相预先扣除的利息。《合同法》第二百条规定："借款的利息不得预先在本金中扣除。利息预先在本金中扣除的，应当按照实际借款数额返还借款并计算利息。"《民间借贷规定》第二十七条规定："预先在本金中扣除利息的，人民法院应当将实际出借的金额认定为本金。"根据上述规定，法院认定：第一份《借款合同》约定借款800万元，减去预先扣除利息32万元，实际借款本金为768万元；第二份《借款合同》约定借款100万元，减去预先扣除利息32万元，实际借款本金为68

万元。于是，对两份《借款合同》共约定的900万元借款，法院只判某某公司偿还本金836万元。

二、关于法律不予保护的利率问题。《民间借贷规定》第二十六条第一款规定，“借贷双方约定的利率未超过年利率24%，出借人请求借款人按照约定的利率支付利息的，人民法院应予支持。”本案中，周某某与某某公司约定4%月利率，即年利率48%，是法律保护年利率的2倍，其中超过法律保护范围的另24%年利率的利息，法院不予支持，故按年利率24%判决给付利息。

三、关于自然债务问题。某某公司于2015年3月24日向周某某支付的32万元，虽然被认定为预先扣除利息在借款本金中减去，但双方均认可该款系支付第一份借款合同的利息。这32万元利息实际上处于年利率在24%—36%之间的“自然债务区”内。在“自然债务区”内，借款人已经自愿自动支付的，根据当事人意思自治原则，借款人事后反悔，请求出借人返还或者折抵本金的，法院不予支持，但可冲抵借款期间的利息。因此，某某公司在上诉中主张应从周某某出借本金中再扣除的理由不能成立。

四、关于违约金和其他费用问题。本案中，两份《借款合同》均约定，某某公司延迟履行的应当支付延迟期间的利息，某某公司未清偿债务的应当支付未清偿部分的30%的违约金，周某某实现债权的一切相关费用由某某公司承担。根据当事人意思自治原则，某某公司应当承担延迟履行息、违约金和其他费用的责任。但《民间借贷规定》第三十条规定：“出借人与借款人既约定了逾期利率，又约定了违约金或者其他费用，出借人可以选择主张逾期利息、违约金或者其他费用，也可以一并主张，但总计超过年利率24%的部分，人民法院不予支持。”也就是说，出借人与借款人既约定了逾期利率，又约定了违约金或者其他费用，出借人可以选择主张逾期利息、违约金或者其他费用，也可以一并主张，但总计超过年利率24%的部分。本案已经判决某某公司支付年利率24%的利息，如果再判决某某公司支付延迟履行息、违约金和其他费用，将大大地超过年利率24%，所以，法院驳回了周某某的这些诉讼请求。

[本案例根据新疆维吾尔自治区高级人民法院（2016）新民终字第562号民事判决书编写]

3. 复利

复利是出借人将前期应得而未得到的利息加入后期本金再计算的利息。复利的特点是将前一期利息计入后期本金重复计算利息。借款人逾期不支付利息是违约行为，将导致出借人不能按时取得合法利息的收益；出借人到期取得利息可以另行利用增加收入，如果借款人不能支付，出借人这部分的利益将受到损害。双方将应得利息计入本金再计收利息，在挽回出借人损失的同时也免除了借款人的有关违约责任（如提前收回借款、到期归还借款等），具有一定的合理性，所以我国现行法律并不禁止复利。

《民间借贷规定》第二十八条第一款规定："借贷双方对前期借款本息结算后将利息计入后期借款本金并重新出具债权凭证，如果前期利率没有超过年利率24%，重新出具的债权凭证载明的金额可认定为后期借款本金；超过部分的利息不能计入后期借款本金。约定的利率超过年利率24%，当事人主张超过部分的利息不能计入后期借款本金的，人民法院应予支持。"第二款规定："按前款计算，借款人在借款期间届满后应当支付的本息之和，不能超过最初借款本金与以最初借款本金为基数，以年利率24%计算的整个借款期间的利息之和。出借人请求借款人支付超过部分的，人民法院不予支持。"据此规定，复利没有超出年利率24%的属于合法利息，应受法律保护，但若约定的利率超过年利率24%的，法律对超过部分不予保护，借款人主张超过部分的利息不能计入后期借款本金的，法院应予支持。

案例解析

息转本再计息超过24%不受法律保护

◎案情简介

从2011年5月至2014年12月，某某小额贷款公司与邓某某多次签订《借款合同》，借款年利率在25‰或25.24%，后又多次订立《借款展期协议》。2014年7月20日，双方又签订一份《借款合同》，约定邓某某向某某小额贷款公司借款280万元，借款用途为利息转本金，借款期限为自2014

年7月21日起至2014年12月31日止，借款利息按年利率30%计算等。此前，邓某某三次向某某小额贷款公司借款1000万元、1500万元、1500万元，其中部分未付利息都转入该《借款合同》计入本金。

2015年4月15日，邓某某与某某小额贷款公司经结算签订了《还款协议书》。在该协议中，双方共同确认，邓某某尚欠某某小额贷款公司借款本金4280万元，逾期利息609.6998万元；邓某某承诺于2015年12月31日前偿还上述本息。

邓某某未按承诺期限偿还上述本息，某某小额贷款公司遂向法院起诉，请求判令邓某某偿还借款本金4280万元，并按年利率24%支付利息，此外还请求保证人承担连带保证责任等。

◎一审判决

一审法院认为，本案中双方先后签订五份借款合同，涉案本金5280万元，邓某某已偿还1000万元，尚欠借款本金4280万元及部分未支付的利息。为此，双方于2014年7月20日签订280万元《借款合同》，明确约定该款项用途为利息转本金。该合同系对前期借款本息结算后将利息计入后期借款本金并重新出具的债权凭证，相关款项并未实际支付。因前期年利率均超过了24%，故依民间借贷司法解释规定，超过部分的利息不能再计入后期借款本金，即280万元中除前述三笔借款的80万元、120万元、30万元合计230万元的利息可重新计入本金计算利息外，其余50万元不应再计入本金，故邓某某尚欠某某小额贷款公司借款本金4230万元。

于是判决：邓某某在本判决生效之日起十日内向某某小额贷款公司偿还借款本金4230万元，并按年利率24%支付利息；驳回某某小额贷款公司的其他诉讼请求。

◎二审判决

邓某某不服一审判决提起上诉认为：原审认定借款本金为4000万元，息专本230万元，同时又认定邓某某还应支付上述三笔借款至2014年7月20日期间的利息230万元，属于重复计算本息，故230万元应从4230万元本金中扣减。

二审法院认为，根据《民间借贷规定》第二十八条“借贷双方对前期借款本息结算后将利息计入后期借款本金并重新出具债权凭证，如果前期利率没有超过年利率24%，重新出具的债权凭证载明的金额可认定为后期借款本金；超过部分的利息不能计入后期借款本金。约定的利率超过年利率24%，当事人主张超过部分的利息不能计入后期借款本金的，人民法院应予支持。按前款计算，借款人在借款期间届满后应当支付的本息之和，不能超过最初借款本金与以最初借款本金为基数，以年利率24%计算的整个借款期间的利息之和。出借人请求借款人支付超过部分的，人民法院不予支持”之规定，涉案三笔借款截止到2014年7月20日的利息经由2014年7月20日280万元《借款合同》进行了息转本，因前期利息中有50万元超出了法律保护的年利率24%，故原判对超出部分的利息不予认定，而认定230万元作为息转本后的本金数额，此认定并无不当。

涉案230万元系按照年利率24%进行了息转本，原判再次计算230万元本金以及对息转本后的230万元借款再次计算利息，均存在不当，而应将230万元利息从本金中扣减，故涉案本金应为4000万元。

二审判决变更为：邓某某在本判决生效之日起十日内向某某小额贷款公司偿还借款本金4000万元，并按照年利率24%支付借款本金4000万元的利息。

◎律师评析

本案的争议焦点是复利问题。

复利是将前期利息加入后期本金再计算的重复利息，即利息转本金再计利息。根据《民间借贷规定》第二十八条规定，对复利不同情况应当分别进行处理：（1）前期利率没有超过年利率24%，因利息所转的金额可认定为后期借款本金；（2）超过年利率24%部分的利息，不能计入后期借款本金，已经计入后期借款本金，借款人主张不予支付的，法院应予支持，借款人未提出该主张的，法院对此不予审理、认定和判决；（3）对利息转本金，借款人在借款期间届满后应当支付的本息之和，不能超过最初借款本金与以最初借款本金为基数，以年利率24%计算的整个借款期间的利息之和。

本案三笔借款未支付利息280万元，双方通过订立《借款合同》转化为本金，但因其中前期利息有超出年利率24%的50万元的利息，根据《民间借贷规定》第二十八条“超过部分的利息不能计入后期借款本金”之规定，所以，一审和二审都认定涉案息专本为230万元。

《民间借贷规定》第二十八条规定，“借款人在借款期间届满后应当支付的本息之和，不能超过最初借款本金与以最初借款本金为基数，以年利率24%计算的整个借款期间的利息之和。”本案的最初借款本金为4000万元，据此规定，应当以4000万元本金为基数，以年利率24%为标准，计算整个借款期间的利息之和。而一审法院判决邓某某偿还借款本金4230万元，并以4230万元为基数按年利率24%计算支付利息，显然不符合上述规定，其中230万元属重复计算，因此，二审判决邓某某偿还借款本金4000万元，并以4000万元为基数按照年利率24%支付利息。

［本案例根据江西省高级人民法院（2016）赣民终字第469号民事判决书编写］

4. 没有约定利息

当事人没有约定利息，包括双方在订立的借贷合同中没有约定利息、无口头约定利息和借款人实际没有支付利息。双方虽在借贷合同中没有约定利息，但已口头有约定利息，且借款人有规律地向出借人支付利息，出借人也已实际收取利息的，就不能认为“没有约定利息”，在这种情况下，出借人能够举证证明借款人有规律地支付利息，应当认定有息借款，且应按照以往的利率继续支付利息。

《合同法》第二百一十一条规定：“自然人之间的借款合同对支付利息没有约定或者约定不明确的，视为不支付利息。……”这条规定仅对自然人之间借贷而言，而没有明确企业之间、自然人与企业之间的借款合同在对支付利息没有约定或者约定不明确的情况下是否支付利息问题。《民间借贷规定》第二十五条第一款在此基础上作扩大解释，规定：“借贷双方没有约定利息，出借人主张支付借期内利息的，人民法院不予支持。”这条规定不分自然人之间借贷、企业之间借贷、自然人与企业之间借贷，只要双方当事人没有约定利息，不论出借人是否主张支付借期内利息都应按无息处理。但没有约定利息仅是期内的无息，借款人如果逾期未偿还借款的，应当支付逾期利息。此外，当事人原本没有约定利息，但出借人主张利息，借款人也自愿支付的，根据意思自治原则，应当认为当事人以行为方式确认了有息借贷。

案例解析

没有约定利息视为不支付利息，但不免除逾期息

◎案情简介

2012年9月27日，贺某某向李某某出具一份借条，内容为："今借到李某某人民币贰佰万元整是实"。贺某某在借款金额及左下空白处加盖了某某公司项目部印章（贺某某系挂靠在某某公司名下的建筑承包人，即该公司某某项目负责人），李乙（系被告贺某某之妻）在借条"借款人"项下签名。蔡某某在借条上签名并书写"同意担保"。同时，贺某某向李某某出具《借款承诺》，内容为"今借李某某人民币贰百万元系某某项目部支付民工工资和购买所急需"，落款处加盖了某某公司项目部印章。贺某某将借条和《借款承诺》交给李某某后，李某某通过银行转账给付贺某某200万元。

2013年3月至2013年6月期间，李某某多次向贺某某、蔡某某催收借款，贺某某均以经济紧张为由请求暂缓偿还。蔡某某于2013年7月27日、2014年10月4日分别转账202000元、280000元给李某某，代替贺某某、李乙偿还本金。

2015年3月11日，李某某向法院提起诉讼称：被告某某公司、贺某某、李乙因某某公司项目部资金周转向原告李某某借款200万元，双方口头约定月利率2%、借款期限半年左右，并由被告蔡某某提供担保。李某某向被告贺某某支付200万元借款后，经多次催要，被告贺某某、李乙未偿还。现请求判令：一、被告某某公司、贺某某、李乙偿还借款本金200万元，并按月利率2%支付自2013年8月起至借款清偿日止的借款利息；二、被告蔡某某对上述借款本息承担连带清偿责任。

某某公司辩称：某某公司从未授权贺某某、李乙以公司名义对外借款，更没有收到过原告李某某提供的200万元借款，被告某某公司不是借款人，贺某某在借条上加盖的项目部印章系其私刻的印章。

贺某某、李乙承认向李某某借款本金200万元，但称将该笔借款给了某某房项目部，项目部用于购买材料、发放民工工资，并未用于其个人，故借款应由某某公司偿还；借条上没有约定利息，依法不应支付利息。

蔡某某辩称：李某某向蔡某某主张保证责任已经超过保证期间，蔡某某的保证责任已依法免除。

◎一审判决

一审法院认定：被告贺某某、李乙应当偿还李某某借款本金200万元；原告李某某主张被告某某公司承担借款清偿责任的诉讼请求不成立；原告李某某未在法定的保证期间要求保证人承担保证责任，被告蔡某某的保证责任依法免除。

关于利息问题，被告贺某某、李乙出具借条时并未书面约定利息、逾期利息和还款时间。原告李某某主张2012年9月27日被告贺某某在出具借条时与原告口头约定借款按月利率2%计息，但没有合理说明被告贺某某为何未在出具借条时一并书面承诺支付利息，原告李某某在诉讼中也未提供证据证明口头约定利息的事实，被告贺某某、李乙亦未向原告李某某支付过利息，庭审中被告贺某某、李乙又不认可该利息的约定。根据《合同法》第二百一十一条之规定，自然人之间的借款没有约定利息的应当视为不支付利息。故原告诉请被告自2013年8月起按照月利率2%起支付利息，没有法定或约定的依据。但依照《民间借贷规定》第二十九条第二款第（一）项之规定，原告有权要求借款人自逾期还款之日起按照年利率6%支付资金占用期间利息。根据原告李某某起诉请求债权的事实，被告贺某某、李乙应自原告起诉之日起，依照年利率6%向原告李某某支付资金占用期间利息至清偿之日止。

一审法院判决：一、贺某某、李乙在判决生效后五日内向李某某偿还借款200万元，并按年利率6%向李某某支付自2015年3月11日起至清偿之日止的资金占用期间的利息；二、驳回李某某的其他诉讼请求。

◎二审判决

李某某不服一审判决提起上诉。

二审期间，李某某提供了2013年7月27日蔡某某转账202000元给李某某以及2014年10月4日蔡某某转账280000元给李某某的银行转账凭证，拟证明李某某向担保人蔡某某催收借款，蔡某某代为归还借款的事实。

二审法院认为，贺某某、李乙向李某某借款并出具了借条，李某某已向贺某某提供200万元借款，双方的借贷关系成立，贺某某、李乙应按借条约定偿还借款。李某某主张的利息，因双在借条上没有约定利息，根据《合同法》第二百一十一条规定，自然人之间的借款没有约定利息的应当视为不支付利息。但贺某某、李乙没有按时归还借款，根据《民间借贷规定》第二十九条第二款第（一）项之规定，贺某某、李乙应支付李某某从起诉之日起的资金占用期间的利息（逾期利息）。

蔡某某在贺某某、李乙出具的借条上签名承诺“同意担保”，保证担保关系成立。蔡某某在贺某某、李乙没有归还借款后主动代为偿还了李某某的部分借款，其偿还借款的时间在其法定担保期限内，且至李某某起诉之日止没有超过法定的担保期限，蔡某某应承担担保责任。

贺某某系某某公司项目部的负责人，其职责是代表该公司负责该工程项目施工的相关事宜，没有权利对外借款，李乙不属于该项目的工作人员，与某某公司没有关系，贺某某、李乙虽在借条上注明了借款用途，并加盖了项目部公章，但该借款已超出贺某某的职责范围，且涉案借款汇至贺某某个人账户，故李某某主张某某公司共同偿还借款的理由不能成立。

综上，二审判决：一、撤销一审判决；二、贺某某、李乙在判决生效后五日内向李某某偿还借款151.8万元，并按年利率6%向李某某支付自2015年3月11日起至清偿之日止的资金占用期间利息；三、蔡某某对贺某某、李乙的上述债务承担连带清偿责任；四、驳回李某某的其他上诉请求。

◎律师评析

本案除债务主体、担保责任纠纷外，主要争议是有无利息约定以及借款人是否承担利息的问题。

借款合同没有约定利率和利息的，该借贷应为无息借贷。出借人李某某主张，双方口头约定月利率2%，但其不能对借条中未约定利息作出合理的说明，也不能提供证据证明口头约定利率，借款人贺某某、李乙也未曾向其支付过利息，且对李某某主张的口头约定利率不予认可。在此情形下，根据《合同法》第二百一十一条第一款“自然人之间的借款合同对支付利息没有约定或者约定不明确的，视为不支付利息”和《民间借贷规定》第二十五条第一款“借贷双方没有约定利息，出借人主张支付借期内利息的，人民法院不予支持”之规定，本案应当作无息借贷处理，借款人贺某某、李乙不负支付借期内利息的义务。但此规定仅限于“借期内”，并不排除借款人承担逾期利息的责任。

《民间借贷规定》第二十九条第二款第（一）项规定，借贷合同“既未约定借期内的利率，也未约定逾期利率，出借人主张借款人自逾期还款之日起按照年利率6%支付资金占用期间利息的，人民法院应予支持”。据此规定，在当事人未约定借期内利率的情况下，如果已经约定逾期利率的，根据当事人意思自治原则，应当从其约定支付逾期利息；出借人没有请求法院判令借款人支付逾期利息的，不论借贷合同有无约定逾期利息，法院都不能判决借款人支付逾期利息。本案属于“既未约定借期内的利率，也未约定逾期利率”的情形，且出借人李某某在诉讼中主张借款人贺某某、李乙支付利息（其中包括逾期利息），所以，法院判决贺某某、李乙按年利率6%向李某某支付自2015年3月11日起诉起至清偿之日止的资金占用期间的利息。

［本案例根据湖南省长沙市中级人民法院（2016）湘01民终字第2240号民事判决书编写］

5. 利息约定不明

《民间借贷规定》第二十五条第二款规定：“自然人之间借贷对利息约定不明，出借人主张支付利息的，人民法院不予支持。……”据此规定，自然人之间的借贷利息约定不明的，应当按无息处理，出借人主张支付借期内利息无效，借款人有权拒绝支付借期内利息。《民间借贷规定》第二十五条第二款规定，“除自然人之间借贷的外，借贷双方对借贷利息约定不明，出借人主张利息的，人民法院应当结合民间借贷合同的内容，并根据当地或者当事人的交易方式、交易习惯、市场利率等因素确定利息”。这说明，除自然人之间借贷外的其他主体之间借贷，包括企业之间（包括非法人企业）、自然人与企业之间的借贷，如果对借贷利息约定不明，出借人不主张利息的，按无息处理；出借人主张利息的，应当结合借贷合同的内容和当地或者当事人的交易方式、交易习惯、市场利率等因素确定利息。

案例解析

借贷利息约定不明，法院考虑综合因素判付利息

◎案情简介

2013年8月15日，某某小贷公司向法院起诉时提交一份《借款合同》。该《借款合同》约定：借款人袁某某、董某某向某某小贷公司、周某某借款1200万元作为流动资金，借款期限一个月，即自2013年8月15日起至2013年9月14日止，借款利率为每月4.5%，按月付息。同日，某某小贷公司、周某某与徐某某、某某投资公司签订一份《保证合同》，约定由徐某某、某某投资公司为袁某某、董某某上述《借款合同》项下全部债务提供连带责任保证。同日，周某某向袁某某、董某某指定账户支付借款1146万元。袁某某、董某某出具借条，载明借款1200万元，其中54万元以现金方式支付。在借款到期前后，袁某某、董某某陆续还款共计1160万元。

某某小贷公司、周某某向法院起诉称，袁某某、董某某尚欠借款本金802.4万元及利息。请求判令：1. 被告袁某某、董某某偿还原告某某小贷公司、周某某借款855万元及利息；2. 被告徐某某、某某投资公司承担连带清偿责任。

袁某某、董某某辩称：1. 某某小贷公司、周某某在本金1200万元中预先扣除利息54万元后，实际给袁某某、董某某的借款本金为1146万元；原告某某小贷公司与周某某在签订的借款合同中没有约定或利率约定，袁某某、董某某不再承担支付利息责任。法院应当驳回原告的诉讼请求。

◎一审判决

一审法院认为：某某小贷公司、周某某与袁某某、董某某签订的《借款合同》，某某小贷公司、周某某与徐某某、某某投资公司签订的《保证合同》，均系各方当事人的真实意思表示，合法有效。某某小贷公司、周某某向袁某某、董某某支付借款后，袁某某、董某某应当按照合同约定按期向某某小贷公司、周某某归还借款本息。袁某某、董某某未按约定归还借款本息，应当承担相应的还款责任。

关于实际出借的本金数额。袁某某、董某某主张收到借款本金1200万

元，其中54万元系某某小贷公司、周某某预先扣除的利息，某某小贷公司、周某某提供的银行支付凭证也显示其只向袁某某、董某某指定的账户支付借款本金1146万元，某某小贷公司、周某某亦认可预先在出借本金1200万元中扣除利息54万元。据此，法院认定某某小贷公司、周某某实际出借本金1146万元。庭审中，某某小贷公司、周某某明确其诉讼请求中向袁某某、董某某主张的借款855万元系尚欠借款本金及利息。

关于利息计算。双方在借款合同中约定借款利率为每月4.5%。审理中，某某小贷公司、周某某向本院提交利息计算明细，其中部分利息按年利率36%计算，另一部分利息按年利率24%计算。某某小贷公司系营利性质，未约定利率不符合常理，故以上述利率计算利息符合法律规定，应予支持。截至2015年12月30日，经结算，袁某某、董某某尚欠某某小贷公司、周某某借款本息共计8120066.40元。

某某小贷公司、周某某与徐某某、某某投资公司签订保证合同，符合双方合同约定及相关法律规定。

综上，一审判决：一、被告袁某某、董某某偿还原告某某小额贷款公司、周某某借款本息共计8120066.40元；二、徐某某、某某公司对上述款项承担连带清偿责任。

◎二审判决

袁某某、董某某、徐某某、某某投资公司共同上诉称：

一、本案在原一审中，原告某某小贷公司、周某某立案时提交的《借款合同》无利率约定，后换下无利率约定的《借款合同》，再提交的《借款合同》出现了每月4.5%的约定。对此问题，被上诉人某某小贷公司、周某某在原一审庭审中的解释是有两份借款合同，一份上有利率的约定，一份上没有利率，一审法院责令被上诉人某某小贷公司、周某某提供两份合同，但某某小贷公司、周某某始终未提交无利率约定的《借款合同》。显然，双方只有一份《借款合同》，而且该《借款合同》上根本没有约定利率，是被上诉人某某小贷公司、周某某在立案后自行填写的利率。一审法院忽视本案这一重要情节，直接认定借款合同有月息4.5%利率的约定，显然有悖客观事实。

二、一审认定被上诉人某某小贷公司、周某某系营利性质，未约定利率不符合常理，并支持其利息计算标准及利息计算，属适用法律错误。双方的借款合同约定的借款期限为1个月，自2013年8月15日至2013年9月14日止。上诉人袁某某、董某某自2013年11月开始陆续还款，至2015年10月1日已还款1160万元，由于原来没有约定利率，也没有约定本息的归还顺序，上诉人认为，已经偿还的1160万元均应认定为借款本金。即使按照《借款合同》上有利率的约定，也应按照年利率24%计息。

综上，一审判决认定有关利息部分事实错误，证据不足，请求二审法院依法撤销一审的错误判决，驳回被上诉人的部分诉讼请求。

二审法院认定：原告某某小贷公司、周某某承认当时就涉案借款签订了两份借款合同，原告所持的一份合同约定了月息4.5%的利率，被告袁某某、董某某没有拿走的一份合同没有约定利息，在起诉时提交的《借款合同》中利率一栏是空白的。据此，结合当事人在一、二审审理时的陈述及提供的证据，能够证明本案双方在签订《借款合同》时，对借款利息约定不明。依据《民间借贷规定》第二十五条第二款“自然人之间借贷对利息约定不明，出借人主张支付利息的，人民法院不予支持。除自然人之间借贷的外，借贷双方对借贷利息约定不明，出借人主张利息的，人民法院应当结合民间借贷合同的内容，并根据当地或者当事人的交易方式、交易习惯、市场利率等因素确定利息”的规定，结合小贷公司的经营范围、双方约定的借款期限、违约责任、借款人袁某某、董某某归还借款的情况，某某小贷公司、周某某请求袁某某、董某某按照年息36%支付2013年8月15日至2015年1月17日利息的诉讼请求，本院不予支持。袁某某、董某某应当按照年息24%支付借款利息。按实际出借本金1146万元和按照年息24%计算，袁某某、董某某应支付利息合计6562760元。袁某某、董某某共计还款1160万元，扣除利息6562760元后，余款5037240元冲抵本金，袁某某、董某某尚欠某某小贷公司、周某某借款本金6422760元。一审判决对借款合同利率的认定，依据不足，本院予以纠正。

综上，二审判决如下：一、维持一审判决第二项（即徐某某、某某投资公司对上述款项承担连带清偿责任）；二、变更一审判决第一项“被告袁某某、董某某偿还原告某某小贷公司、周某某借款本息共计8120066.40元”为“被告袁某某、董某某偿还原告某某小贷公司、周某某借款本金6422760元”。

◎**律师评析**

本案的争议焦点是双方对借款利率的约定是否明确以及如何确定借款利率的问题。

利息约定不明与没有约定利息是不同的。没有约定利息是出借人与借款人原本就没有支付利息和收取利息的意思表示，根据《民间借贷规定》第二十五条第一款规定，没有约定利息的，借款人可以不支付借期内的利息。利息约定不明是出借人与借款人有利息或利率的意思表示，但利率高低和利息多少的约定不确定，或者出借人提供证据证明有息借贷，而借款人提供证据证明无息借贷。对利息约定不明，应当根据《民间借贷规定》第二十五条第二款进行处理。

《民间借贷规定》第二十五条第二款规定："自然人之间借贷对利息约定不明，出借人主张支付利息的，人民法院不予支持。除自然人之间借贷的外，借贷双方对借贷利息约定不明，出借人主张利息的，人民法院应当结合民间借贷合同的内容，并根据当地或者当事人的交易方式、交易习惯、市场利率等因素确定利息。"据此规定，利息约定不明分两种情形进行处理：一是自然人之间借贷的，与没有约定利息一样，借款人可以不支付借期内的利息；二是自然人与企业之间或企业之间借贷的，不能一律作无息处理，而应根据借贷合同的内容，结合市场交易因素确定利息。企业和他人发生借贷关系与自然人之间借贷不同，自然人之间出于亲情友情、相互帮忙等原因，无息借贷是常见现象，而企业借贷绝大多数是市场交易行为，通常以获得营利为目的，所以无息借贷较为少见，因此，在利息约定不明的情况下需要考虑其利息收益问题。

根据上述规定，本案中有以下几个问题需要分析：

一、关于是否需要支付利息问题。根据《关于小额贷款公司试点的指导意见》（银监发〔2008〕23号）规定，小额贷款公司的性质是"由自然人、企业法人与其他社会组织投资设立，不吸收公众存款，经营小额贷款业务的有限责任公司或股份有限公司"，小额贷款公司经营贷款的利率为"上限放开，但不得超过司法部门规定的上限，下限为人民银行公布的贷款基准利率的0.9倍，具体浮动幅度按照市场原则自主确定"。由此可见，小贷公司是经营贷款的机构，以获取利息为经营目的，在正常情形下不可能发放无息贷款，所以，本案应当是有息借款，袁某某、董某某主张为无息借贷不符合常理，也不符合《关于小额贷款公司试点的指导意见》的规定。

二、关于借款人已支付利息问题。在两份借款合同有无约定利息不一致的情况下，袁某某、董某某按年利率36%或24%计付了部分利息，说明其以行为方式认可了涉案借贷为有息借贷，剩下只是借款利率多少缺乏证据而已，所以本案利息属于约定不明。

三、关于法律适用问题。因本案一方当事人是企业（某某小贷公司），故本案属于企业与自然人之间的借贷，而不是自然人之间借贷，因此不适用《民间借贷规定》第二十五条第二款“自然人之间借贷对利息约定不明，出借人主张支付利息的，人民法院不予支持”之规定，而应适用“除自然人之间借贷的外，借贷双方对借贷利息约定不明，出借人主张利息的，人民法院应当结合民间借贷合同的内容，并根据当地或者当事人的交易方式、交易习惯、市场利率等因素确定利息”的规定，因此，在利息约定不明的情形下，本案应当根据借贷合同的内容，综合考虑交易习惯、市场利率等因素，考虑出借人的合法利息收益。

四、关于利率的确定问题。本案当事人即使明确约定借款利率为每月4.5%，该约定也不符合《民间借贷规定》和《关于小额贷款公司试点的指导意见》的规定，显然属于高利贷，法律不予保护。如果双方约定年利率36%，借款人未支付利息的，法院也只能按照《民间借贷规定》判定年利率24%。

根据上述分析，二审法院判决袁某某、董某某按照年息24%向某某小贷公司、周某某支付借款利息。

［本案例根据甘肃省高级人民法院（2016）甘民终字第459号民事判决书编写］

第三篇
民间借贷委托代理篇

第十二章　民间借贷的委托代理及裁判案例解析

1. 委托代理出借

委托出借是出借人委托代理人代其出借资金的行为。代理人代理出借人出借资金，首先要有出借人的委托，只有基于出借人的委托，代理人才有权以出借人的名义在代理权限内将出借人的资金出借给借款人，但在借款到期后，借款债权属于出借人，而代理人既不享有债权也不承担债务。在没有出借人委托的情况下，所谓的代理人擅自出借他人资金，属于无权代理行为。接受出借人委托后，以自己的名义出借的，在通常情况下不构成代理出借，但是，如果符合《合同法》第四百零三条规定，也能构成委托出借，出借人可以依法行使介入权，直接要求借款人向其偿还借款。

案例解析

代理人以其名义出借，出借人可以行使介入权

◎案情简介

2011年12月30日，卞某以借款人的身份出具第一份借据，然后将该借据交给傅某持有。该借据的内容为“借到人民币壹拾伍万元，归还日期为2012年6月22日，逾期按银行一年期贷款利率四倍计息，并承担违约金日千分之一”。2012年2月13日，卞某又以借款人的身份出具第二份借据交给傅某持有。第二份借据的内容为“借到人民币贰拾伍万元，归还日期为2012年4月13日，逾期按银行一年期贷款利率四倍计息，并承担违约金日千分之一”。徐某作为担保人在上述两份借据上签名，并约定：担保人自愿为以上借款承担连带保证责任，担保期限为借款本息及违约金清偿完毕。傅某将上述两笔借款交付给卞某后，卞某于2012年3月至同年10月五次向傅某付款6万元（后被认定为利息）。借款到期后，卞某未偿还借款本金及其余利息，徐某亦未承担保证责任。

邹某某持上述两份借据，以卞某、徐某为被告向法院起诉称：原告邹某某委托案外人傅某出借资金，傅某代其与被告卞某办理了涉案两笔借款手续，借款到期后，卞某仅支付12000元利息，尚欠40万元本金及剩余利息未偿还，徐某也未承担连带保证责任。请求判令：两被告立即归还借款40万元，并支付自2012年6月22日起至偿清之日止按银行同期贷款利率四倍计算的逾期利息。

卞某、徐某辩称：卞某、徐某根本不认识邹某某，也从未向邹某某借过款，涉案借据虽未注明向谁借款，但事实是卞某与傅某发生了借贷关系，并给傅某出具借据，且与傅某往来交付款项，故邹某某不具有原告的主体资格。

经庭审经质证，卞某、徐某对原告邹某某提供的证据中其两人签名的真实性无异议，但认为借据中的出借人邹某某系其代理人傅某后添加的，实际出借人是傅某。傅某出庭作证承认其受邹某某的委托，其代理邹某某向卞某出借涉案款项。

◎一审判决

一审法院认为：原告邹某某诉称委托其代理人傅某与被告卞某办理借款手续，被告卞某、徐某辩称不认识原告邹某某，实际出借人是傅某。根据《合同法》第四百零三条第一款“受托人以自己的名义与第三人订立合同时，第三人不知道受托人与委托人之间的代理关系的，受托人因第三人的原因对委托人不履行义务，受托人应当向委托人披露第三人，委托人因此可以行使受托人对第三人的权利”之规定，即使被告卞某辩称不认识原告邹某某属实，原告邹某某作为委托人可以行使对被告卞某的权利，故邹某某是适格的原告。

一审法院认定，被告卞某应归还原告邹某某的借款本金40万元，利息应按银行同期贷款基准利率的四倍计算，被告徐某对被告卞某的债务应当承担连带清偿责任，一审法院据此作出判决。

◎二审判决

卞某、徐某不服一审判决提起上诉称：卞某与邹某某之间根本就不认识，邹某某在不熟悉、不了解卞某是否具有偿还能力的情况下，不可能将款项出借给卞某。一审法院已查明还款输出方的账户姓名为卞某，输入方的账户为傅某，在卞某与邹某某之间不具有给付现金、转账记录和委托出借资金的情况下，邹某某不是适格主体。原审判决认定的事实错误，证据不足，请求撤销原判决，依法改判或者发回重审。

二审法院认为：本案中，虽上诉人卞某主张与被上诉人邹某某之间根本就不认识，不知晓代理的存在，且涉案两张借据上没有明确注明出借人是被上诉人邹某某，但不能因此否定客观存在的代理事实及法律效力。《合同法》第四百零三条第一款规定："受托人以自己的名义与第三人订立合同时，第三人不知道受托人与委托人之间的代理关系的，受托人因第三人的原因对委托人不履行义务，受托人应当向委托人披露第三人，委托人因此可以行使受托人对第三人的权利……。"本案中，被上诉人邹某某作为借款的是实际出资人，有权要求上诉人卞某履行债务。故本院对于上诉人卞某、徐某关于被上诉人邹某某不是实际出借人，不是适格主体的上诉主张不予采信。二审判决驳回上诉，维持原判。

◎**律师评析**

本案是由口头委托出借资金引起的借贷主体纠纷，争议焦点是邹某某有无原告资格直接请求被告卞某偿还借款。

根据《民法总则》第一百六十二条（原《民法通则》第六十三条）规定，代理人只有以被代理人名义实施民事法律行为，才对被代理人发生效力。譬如，委托代理出借资金，代理人只有以被代理的出借人名义与借款人订立借款合同，该合同才对被代理的出借人发生效力，否则，代理人就有可能被认为是出借人享有债权，被代理的出借人反而与借贷无关，结果其债权有被侵害的风险。

《合同法》第四百零三条第一款规定："受托人以自己的名义与第三人订立合同时，第三人不知道受托人与委托人之间的代理关系的，受托人因第三人的原因对委托人不履行义务，受托人应当向委托人披露第三人，委托人因此可以行使受托人对第三人的权利，但第三人与受托人订立合同时如果知道该委托人就不会订立合同的除外。"这是委托人介入权的规定。介入权是在代理人因第三人的原因对被代理人不履行义务的情况下，代理人有义务对被代理人披露第三人，被代理人因此处在代理人的地位直接对第三人行使债权的权利。据此规定，委托代理出借中的出借人（委托人）行使介入权应当具备以下几个条件：(1) 出借人与代理人之间已经成立委托关系，且该委托合法有效，这是出借人行使介入权的基础法律关系；(2) 受托人（代理人）未以出借人的名义而以自己的名义与借款人订立了借款合同，且已拿出借人的资金向借款人提供了借款，此时借款人还不知道代理人与出借人之间事先存在代理关系；(3) 当借款人不履行借款合同义务而影响到出借人实现债权时，代理人向出借人披露了借款人不履行借款合同义务等情况。在具备上述条件的情况下，出借人可以行使介入权。出借人行使介入权，应当通知受托人与借款人，借款人接到通知后，除借款人与代理人订立借款合同时如果知道出借人就不会与其订立借款合同外，出借人取代受托人，有权向借款人主张债权。出借人行使介入权要求借款人直接偿还借款，对借款人而言只是向谁履行清偿债务问题，并不加重借款人的负担，因此出借人的介入权是可行的，且有利于债权人及时实现债权，并可减少当事人的诉累。

本案中，邹某某口头委托傅某代其出借资金，傅某便代理邹某某与卞某办理借款手续，但因口头委托不能提供书面证据，又因傅某未向卞某说明受托代理出借的情况，致使卞某认为自己直接向傅某借款，并以他与邹某某不认识，邹某某不可能将款项出借给他，且傅某将6万元利息也汇入傅某账户，他与邹某某之间不具有给付现金、转账等情况为由，认为邹某某不是实际出借人，不具有原告主体资格。卞某此主张如果成立，出借人便是傅某而不是邹某某，那么，法院就应当驳回邹某某的起诉。本案的事实是，傅某虽然未将委托代理的情况告知卞某，且直接与卞某发生款项往来，但事先已经成立口头委托合同，委托代理法律也已关系成立，且傅某将邹某某的出借资金交付给了卞某；卞某在借款到期后未偿还借款，傅某将两份借据交给了邹某某，也就履行了“受托人应当向委托人披露第三人”的义务，于是，出借人邹某某具备了行使介入权的条件，有权以原告的身份持两份借据直接以卞某为被告向法院提起诉讼，请求法院判令借款人卞某偿还本息。

［本案例根据江苏省射阳县人民法院（2014）射民初字第0525号民事判决书和江苏省盐城市中级人民法院（2014）盐民终字第02854号民事判决书编写］

2. 委托代理借入

委托代理借入是借款人委托代理人代其借入资金的行为。借款人需要向他人借款，但自己一时找不到出借人或者不方便直接与出借人办理借贷手续的，可以委托第三人出面代其向出借人借款，基于借款人的委托，代理人向出借人借款时，应当以借款人的名义与出借人订立借款合同，并将取得的款项交付借款人。如果代理人以自己的名义与出借人订立借款合同，所谓的代理人在通常情况下会被认为是借款人，故应由其承担偿还借款责任，但出借人在订立借款合同时就已知道代理人与借款人之间有代理关系，且订立的借款合同直接约束借款人和出借人的，该借款合同对借款人有效，故应由借款人偿还借款。

案例解析

代理人在代理权限内代借应由借款人偿还借款

◎案情简介

王某某系药业公司的法定代表人、股东。杨某某是药业公司的财务总监。2014 年 9 月 2 日，王某某代表药业公司向杨某某出具一份《委托书》。该《委托书》载明：王某某因即将出国，不便亲自到场，特委托杨某某为代理人办理：1. 若药业公司需要向银行、个人或者其他金融机构办理贷款的，由杨某某代表药业公司签署相关借款合同及相关法律文件，代表本人履行作为法定代表人应当履行的相关职责，办理作为法定代表人应当办理的其他相关事宜，签署相关文件；2. 受托人在委托权限、期限内实施的行为、依法签署的有关文件，委托人均予以确认；3. 委托期限至上述事项办理完毕时止。”同日，该《委托书》办理了公证手续。

2014 年 10 月 15 日，杨某某持公证书与彭某签订《借款合同》。《借款合同》的主要内容是：“债权人（甲方）：彭某。债务人（乙方）：药业公司、王某某。借款金额：贰佰万元正。借款支付方式：转账支付贰佰万元。借款利率：每月 2%。借款用途：流动周转。借款期限一个月，即自 2014 年

10月20日起至2014年11月20日。乙方委托甲方将借款汇入乙方杨某某指定账户。"《借款合同》签订当天，彭某通过网上银行向杨某某银行账户转帐支付200万元。

2015年2月16日，彭某以王某某、药业公司未履行还款义务为由诉至法院，请求判决王某某、药业公司连带偿还借款200万元，并支付该款自2014年11月20日起至实际归还借款之日止按照月利息2%的利息。

◎**一审判决**

一审法院认为：根据《民法通则》第六十三条第一款、第二款的规定，被代理人对代理人在代理权限内以其名义所实施的民事行为，依法应承担民事责任。本案中，被告王某某委托杨某某代理被告药业公司办理贷款，签署相关借款合同；代理其本人行使作为法定代表人、股东享有的一切权利，并明确委托期限至上述事项办理完毕时止。被告王某某与杨某某之间建立的委托关系的主体、内容符合法律规定。代理人杨某某与原告彭某签订《借款合同》时，出示了被告王某某的委托书，并以被告王某某、药业公司的名义签订《借款合同》，原告彭某有充分的理由相信被告王某某、药业公司系借款相对方，故依照上述法律规定，被告王某某、药业公司应对代理人杨某某与原告彭某签订的《借款合同》承担相应民事责任。被告王某某、药业公司系本案适格的主体。根据《民法通则》第八十四条的规定，原告彭某与被告王某某、药业公司签订的《借款合同》的内容不违反我国法律法规的禁止性规定，依法应受保护。原告彭某与被告王某某、药业公司之间因该《借款合同》建立了债权债务关系。原告彭某作为债权人在《借款合同》签订后，按照《借款合同》约定的付款方式履行了交付借款200万元的义务。现原告彭某在约定的借款期限届满后诉请债务人偿还借款人民币200万元，符合法律规定，予以支持。被告王某某、药业公司作为共同借款人，依法负有向原告彭某共同偿还借款的义务。

根据《合同法》第二百零七条的规定，被告王某某、药业公司在约定的还款期限届满后未向原告彭某偿还借款，现原告彭某请求判决被告王某某、药业公司支付自借款期限届满之日起至借款还清之日止的借款利息，符合法律规定，予以支持。原、被告约定借款利率为每月2%，该约定不违反我国法律法规的禁止性规定，亦予以支持。

综上，一审法院判决：被告王某某、药业公司于本判决生效之日起十五日内向原告彭某偿还借款200万元，并支付该款自2014年11月21日起至该款还清之日止的借款利息（按照每月2%计付）。

◎二审判决

王某某不服一审判决提起上诉称：被上诉人彭某提交的《委托书》系药业公司的授权行为，与上诉人王某某无关，一审法院判决上诉人王某某承担还款义务无事实及法律依据。

二审法院认为：本案中，上诉人王某某以药业公司法定代表人的身份委托杨某某代理药业公司签署借款合同并履行相关职责，故杨某某在代理权限内以药业公司的名义与被上诉人彭某签订《借款合同》并接收款项，药业公司作为被代理人，应对代理人的该代理行为承担民事责任，即作为借款人向被上诉人彭某返还借款200万元并支付相应利息。

《合同法》第四十八条规定："行为人没有代理权、超越代理权或者代理权终止后以被代理人名义订立的合同，未经被代理人追认，对被代理人不发生效力，由行为人承担责任。"本案中，上诉人王某某并未授权杨某某代理上诉人王某某个人向他人借款，故杨某某以上诉人王某某个人的名义签订《借款合同》系超越代理权的行为，在被上诉人彭某认可杨某某系持有经公证书与其签订《借款合同》的情况下，依照上述法律规定，该《借款合同》对上诉人王某某不发生效力，上诉人王某某无需向被上诉人彭某返还借款并支付相应利息。对于利息的计算方式，因上诉人王某某和药业公司均未提出异议，故本院予以确认。

综上，二审法院对一审法院认定事实清楚、适用法律及处理正确的部分，予以维持；其余部分，予以改判。二审判决如下：一、撤销一审判决；二、药业公司于本判决生效之日起十五日内向彭某偿还借款人民币200万元，并支付该款自2014年11月21日起至全部款项付清之日止的利息（按照月利率2%计算）；三、驳回彭某要求王某某共同偿还借款的诉讼请求。

◎律师评析

本案是一起因委托借款引起的代理借款纠纷案件。

根据《民法总则》第一百六十二条（原《民法通则》第六十三条）"代理人在代理权限内，以被代理人的名义实施民事法律行为。被代理人对代理人的代理行为，承担民事责任”之规定，代理人接受借款人委托向出借人借款应当同时具备以下三个条件：一是有已经成立有效的委托借贷关系，二是代理人以借款人的名义向出借人借款，三是代理人在代理权限内向出借人借款。

法院判决本案药业公司向彭某偿还借款，主要理由是：（1）王某某作为法定代表人代表药业公司给财务总监杨某某出具《委托书》，该《委托书》载明“若药业公司需要向银行、个人或者其他金融机构办理贷款的，由杨某某代表药业公司签署相关借款合同及相关法律文件”，且该《委托书》经过公证处公证，说明药业公司与杨某某之间存在委托借款的客观事实；（2）本案《借款合同》虽然由杨某某与彭某签订，但《借款合同》中明确记载借款人是药业公司和王某某，足以说明杨某某是代理人，所以杨某某不是本案的借款人；（3）涉案《委托书》虽然没有说明杨某某应当向谁借款以及借款数额、利率、期限等内容，但该《委托书》载明“受托人在委托权限、期限内实施的行为、依法签署的有关文件，委托人均予以确认”，这说明药业公司向谁借款以及借款数额、利率、期限等，全权委托给杨某某决定，因此，杨某某向彭某借款并无超出代理权限。由此可见，杨某某代理药业公司与彭某订立《借款合同》符合代理法律规定及其条件要求，所以，涉案借款应当由药业公司偿还。

关于王某某作为借款人问题。涉案《委托书》虽由药业公司法定代表人王某某出具，但从《委托书》的委托内容来看，王某某只是代表药业公司委托杨某某为药业公司借款，并未授权杨某某代理其个人向他人借款，而杨某某在涉案《借款合同》中将王某某个人作为共同借款人向彭某借款，这对王某某个人而显然是无权代理，事后王某某又不予认可，所以涉案《借款合同》对王某某个人无效，王某某不应承担共同偿还借款责任。

［本案例根据云南省昆明市中级人民法院（2015）昆民二终字第802号民事判决书编写］

第十三章　民间借贷的无权代借及裁判案例解析

1. 无权代理借款

无权代理借款，是指行为人在没有代理权的情况下以借款人的名义向出借人借款的行为。如行为人根本没有借款人委托而以借款人的名义与出借人签订借款合同，又如超越代借权而与出借人签订借款合同，再如代借关系终止后仍与出借人签订借款合同，都属于无权代借的行为。无权代借的借款合同的效力不必肯定无效，而可处于待定状态，事后，根据出借人是否行使撤销权，借款人是否予以追认等，再确定其效力。

案例解析

行为人无权代借应向出借人返还借款

◎案情简介

A公司承建安置房工程，任命潘甲为该安置房工程项目实际负责人，由潘乙在该安置房工程项目部负责相关事务。2008年3月14日，潘甲和潘乙以代A公司借款为由，向叶某某借款21万元，并出具了借据。该借据载明："今向叶某某借人民币贰拾壹万元整，用途：周转。借款时间：2008年3月14日。归还时间：2008年4月14日，如逾期归还，从逾期之日起，按逾期金额每天计收3%利息。该借款由潘乙承担连带责任保证，如借款人到期未还，由保证人潘乙代为偿还。"潘甲在借据借款人处签名，同时在借款人处盖有A公司置房工程项目部印章（该印章上刻有"此章用于经济合同往来无效"文字）。潘乙在借据中的保证人处签名。借款合同形成的当日，叶某某将款项汇入潘乙提供的潘丙的银行卡。此后，潘甲支付了 7 个月利息，潘乙支付了 2 万元，但未偿付借款本金及此后的利息。

2014 年 10 月，叶某某以借款人 A 公司、保证人潘乙为被告提起诉讼，请求判令 A 公司偿还借款 21 万元并支付利息，被告潘乙对上述款项承担连带偿还责任。

被告 A 公司辩称：A 公司未向原告叶某某借款，也未授权潘甲对外借款，更未收到原告叶某某支付的款项。原告叶某某提供的款项交付凭证显示款项汇入案外人潘丙的银行账户，涉案借款 A 公司无关。从借据及潘乙的陈述可知，借款系潘甲、潘乙经手使用，并非 A 公司所借。借据上项目部印章上刻有“此章用于经济往来无效”，说明该章不能用于对外借款，而原告叶某某对此未尽谨慎注意义务。原告叶某某陈述借款月利率为 1.5%，但从借据中并不能体现利息约定。请求驳回原告的诉讼请求。

被告潘乙辩称：原告叶某某诉称的情况属实，21 万元借款用于支付工程之前拖欠的水泥款。

法院向原告叶某某释明，可以追加潘甲为被告，但原告叶某某认为潘甲是为 A 公司代理借款，不同意追加潘甲参加本案诉讼。

◎法院判决

法院经审理认为：潘甲虽为被告 A 公司在安置房项目部的实际负责人，但借据上的项目部印章已表明“此章用于经济合同往来无效”，故该印章不能证明被告 A 公司具有借款的意思表示。现被告 A 公司不认可潘甲和被告潘乙可代理被告 A 公司借款，亦未对借款进行追认，故借款人应为潘甲。原告叶某某作为出借人应对经手人是否具有代理权进行相应审查，而原告叶某某提交的证据不能表明其已核对潘甲及被告潘乙的代理权，故借据的签章不足以证明被告 A 公司向原告借款。现原告提供的证据尚不足以证明被告 A 公司向其借款，本案借款应由行为人即实际借款人潘甲负责偿还，故对原告叶某某要求被告 A 公司偿还借款的诉讼请求，本院不予支持。

涉案借据虽未载明借款利息，但原告叶某某与被告潘乙均认可借款有约定利息，且原告叶某某陈述已收取 7 个月利息，法院予以采信。原告主张逾期利息按月利率 2% 计算，低于借据载明的按每日 3% 计收逾期利息，亦未超过同期同档次贷款基准利率的四倍，故本院予以支持。

原告叶某某与被告潘乙均认可被告潘乙于2012年农历年底支付原告叶某某2万元，因双方对款项性质未约定，根据法律规定应视为支付借款逾期利息。被告潘乙自愿在借据保证人处签名，为该借款提供连带责任保证，应对本案借款本息承担连带偿还责任。被告潘乙在偿还借款本息后可向实际借款人潘甲追偿。

法院判决：一、被告潘乙于本判决生效之日起十日内代为偿还原告叶某某借款本金21万元并支付逾期利息；二、驳回原告叶某某的其他诉讼请求。

◎**律师评析**

本案的争议焦点是潘甲为A公司代理借款有效还是无效的问题。

潘甲是A公司安置房工程项目部的负责人，以该项目部为实际使用人的名义借款，借据上盖有该项目部的印章，从表面上看此情形，潘甲的代理行为接近表见代理。但是，A公司安置房工程项目部不具有法人资格，该项目部印章又不是A公司印章，且该印章已表明“此章用于经济合同往来无效”，故潘甲使用该项目部印章不能证明A公司具有委托潘甲代理借款的意思表示，事实上A公司也未授权潘甲向叶某某借款，且叶某某将款项汇入案外人潘丙的银行账户，A公司及其项目部均未收到该笔借款，A公司又不予追认，所以，潘甲向叶某某借款属于无权代理，也不构成表见代理。

基于上述事实，本案借款应由行为人即实际借款人潘甲返还借款，然而，法院向叶某某释明可以追加借款人潘甲为被告后，叶某某以潘甲是为A公司代理借款为由不同意追加潘甲参加诉讼，因潘甲不是诉讼当事人，故法院不能判决潘甲返还借款。潘乙是本案借款的连带保证人，法院只能判决潘乙代为偿还借款。因本案认定实际借款人是潘甲，故保证人潘乙为潘甲代偿后，可以向潘甲追偿。

[本案例根据浙江省永嘉县人民法院（2014）温永城商初字第311号判决书编写]

案例解析

借条只约束代理人和出借人的由代理人偿还借款

◎**案情简介**

2014年11月22日，陈某某出具借条一张交刘某收执，借条内容为：

“今借到刘某现金叁拾万整，本人自愿用商品房买卖合同作抵押，借款时间暂定三月。借款人：陈某某2014年11月22日”。陈某某在借条上捺指印。陈某某将购房合同交与刘某，但未办理抵押登记。当日刘某从银行支取现金30万元交付陈某某。

借款到期后，陈某某未偿还。2015年12月9日，刘某向法院提起诉讼，请求判令陈某某偿还借款本金30万元，利息按月利率3%计算至起诉日18万元整，合计48万元。

陈某某辩称：涉案借款系本人受李某某的委托向刘某借款，且陈某某明知本人代借，借款也由李某某使用，故应由李某某偿还借款；借条未约定利息，陈某某不承担支付利息责任。

◎一审判决

一审法院认为：刘某与陈某某之间借款30万元，事实清楚，证据充分，陈某某也予以承认。至于陈某某辩称的此款系受李某某的委托向刘某借款，应由李某某偿还的主张，因陈某某与李某某的委托系另一法律关系，不予支持。刘某主张的利息，因借条中未约定，陈某某予以否认，刘某也未能举证证明有息借款，不予支持。一审判决：一、被告陈某某于本判决发生法律效力之日起10日内向原告刘某偿还借款30万元；二、驳回原告刘某的其他诉讼请求。

◎二审判决

陈某某不服一审判决提起上诉称：本案债务主张的对象应当是借款人李某某而不是代理人陈某某，请求二审法院：通知李某某作为第三人参加诉讼，判决李某某偿还借款。事实和理由如下：

一审证据不全、认定事实不清。陈某某在一审答辩中已指出，向刘某的借款系受李某某委托的代借行为，债务主张的对象应当是借款人李某某而不是代理人陈某某，并已提供了审核过的《某某区教育建设工程形象进度拨款申请表》、李某某出具的《委托代借资金协议书》和领取工程拨款的某某公司《法人授权证明书》，以及按李某某要求支配使用资金的2张收条证明等证据。但一审法院却认为：“刘某与陈某某之间借款30万的事实清楚，证据充分，陈某某也予以承认。”

陈某某是严格按委托人李某某的委托权限及第三人刘某的要求，向刘某履行借款隐名代理手续，这不是行纪行为，也不是转借行为，而是第三人刘某知道并要求的隐名代理行为。且该借款合同签订前，刘某知道并认同李某某与陈某某存在代理关系才同意借款的。刘某在陈某某要求追加却不追加借款委托人李某某，一审法庭也没有传唤全程见证人李某某的情况下，也没有实际借款人李某某的呈堂证供即作出判决。因此陈某某对法院"李某某的委托系另一法律关系"的认定不能认同。同时，受托人陈某某未在代理行为收受李某某和刘某任何一方的一分一厘，且在事态发展过程中已反映出刘某故意割裂事实，显示出其一开始就有"让别人承担风险，自己追逐利益"的"显失公平"之预谋。

二审诉讼中，陈某某还提交了李某某的证言。李某某证言的内容为：刘某与陈某某之间借钱及纠纷过程李某某全部参与了。李某某因承建某某安置房，在2014年年初以来缺乏周转资金，曾向刘某借款。刘某前期承揽了李某某土地上的电线供给业务，与刘某有生意上的合作关系。2014年10月底，因周转资金困难，李某某再次找刘某借款。刘某说李某某欠钱太多，担心不安全，要求其找一个有抵押物且有稳定工作的人来代借，以确保不出风险。于是李某某找到了在政府部门工作的陈某某，刘某认同陈某某。于是，李某某于2014年11月20日和陈某某签订了《委托代借资金协议书》。11月22日李某某与刘某、陈某某当面签订了借款30万元协议。陈某某将钱支付给了李某某的债权人王某10万元、李某20万元。刘某在与陈某某订立借款合同以前，就晓得并认可陈某某代李某某借款。刘某借出30万元全是李某某在支配，陈某某只是按李某某的委托授权范围并获得刘某认可，而以陈某某本人名义代李某某借款的代理人。

陈某某提交李某某证言的目的是证明刘某知道并认可陈某某与李某某之间委托代理关系。但刘某对李某某证言的真实性、合法性、关联性均有异议，并不予认可。

刘某在二审中陈述：本人对李某某不信任，不会借钱给李某某。本人是通过李某某介绍认识陈某某的，陈某某说是自己用钱，因陈某某是政府官员有固定收入，也有财产抵押，因此把钱借给了陈某某。

二审法院认为：从陈某某出具给刘某的借条及向刘某提供的商品房买卖合同、银行汇款的账号、刘某向陈某某交付借款以及双方当事人庭审陈述可以确认，本案出借人为刘某，借款人为陈某某，双方间的借款关系成立并生效。依照《合同法》第二百零六条“借款人应当按照约定的期限返还借款”之规定，刘某请求陈某某偿还借款的理由成立，一审对其请求予以支持正确，本院予以确认。

陈某某提出其是受案外人李某某的委托向刘某借款，刘某对陈某某的该主张不予认可，且刘某表示因对李某某不信任，不会借钱给李某某，对此陈某某也予以认可。陈某某仅提交李某某证言，不足以证明刘某知道并认可陈某某代理李某某借款。依照《合同法》第四百零二条“受托人以自己的名义，在委托人的授权范围内与第三人订立的合同，第三人在订立合同时知道受托人与委托人之间的代理关系的，该合同直接约束委托人和第三人，但有确切证据证明该合同只约束受托人和第三人的除外”之规定，陈某某提出其是受案外人李某某的委托向刘某借款，本案借款应由李某某偿还的理由不成立。

李某某不是本案必须共同进行诉讼的当事人，一审法院已告知陈某某其与李某某系另一法律关系，并对陈某某请求追加李某某为本案共同被告的申请不予准许正确。

综上，上诉人陈某某的上诉理由不能成立，一审判决认定事实清楚，适用法律正确。判决：驳回上诉，维持原判。

◎律师评析

本案的争议焦点是涉案借款是否属于委托代借的问题。

《民法总则》第一百六十二条规定：“代理人在代理权限内，以被代理人名义实施的民事法律行为，对被代理人发生效力。”据此规定，代理人接受借款人委托向出借人为借款人借入资金的，只有以借款人的名义与出借人订立借款合同，该借款合同才对借款人发生效力。代理人如果以自己的名义与出借人订立借款合同，出借人主张代理人偿还的，在通常情况下，代理人是实际借款人，故应向出借人偿还借款。

《合同法》第四百零二条规定：“受托人以自己的名义，在委托人的授权范围内与第三人订立的合同，第三人在订立合同时知道受托人与委托人之间的代理关系的，该合同直接约束委托人和第三人，但有确切证据证明该合同只约束受托人和第三人的除外。”从这条规定来看，代理人以自己的名义与出借人订立借款合同，出借人当时就知道借款人委托代理人代借，且明知借款由借款人使用的，说明代理人以其名义借款仅为形式表现，而出借人具有同意代借的真实意思表示，故该合同可以直接约束借款人和出借人，出借人已经向代理人提供借款的，届时可以直接要求借款人向其偿还借款；出借人不知道的，该合同不能约束借款人和出借人，出借人已经向代理人提供借款的，届时应当向代理人偿还借款。但《合同法》第四百零二条又规定“有确切证据证明该合同只约束受托人和第三人的除外”。譬如，代理人与出借人约定借款合同只约束代理人和出借人，且有证据证明如果借款人出面与出借人订立借款合同，出借人就不会与其订立借款合同的，在这种情况下，代理人以自己的名义与出借人订立借款合同，即使出借人知道代理人为借款人代理借款，该合同只对代理人和出借人有约束力，代理人就为实际借款人，而所谓的借款人对出借人不承担偿还借款的责任。

本案的借条是所谓的代理人陈某某出具给出借人刘某的，该借条还明确借款人为陈某某。从本案的客观事实来看，刘某在接收陈某某出具的该份借条前，虽然已经知道陈某某受李某某的委托向其借款，但刘某表示因其对李某某不信任而不给李某某借钱，后刘某基于对陈某某的信任而将钱借给陈某某。由此可见，涉案借条只约束陈某某和刘某，对所谓的借款人李某某不具有约束力，所以，法院判决陈某某向刘某偿还借款，至于陈某某与李某某的代借关系应当由其另行处理。

[本案例根据四川省资阳市中级人民法院（2016）川20民终字第538号民事判决书编写]

2. 借款人对无权代理的追认

《民法总则》第一百六十八条第一款规定：“代理人不得以被代理人的名义与自己实施民事法律行为，但是被代理人同意或者追认的除外。”《合同法》第四十八条也规定，行为人没有代理权以被代理人名义订立的合同，未经被代理人追认，对被代理人不发生效力，由行为人承担责任；相对人可以催告被代理人在一个月内予以追认，被代理人未作表示的，视为拒绝追认。这里所说的追认，是指借款人承认无权代理人代其借款的行为。

在形式上看，无权代借是无效的，但在实质上不一定都违背借款人的意志，也不一定都有害于借款人，在许多情况下的善意无权代借对借款人是有利于的，如借款人生病住院，代理人在无其委托的情况下代其借款交付医疗费。基于现实中的这些原因，我国法律将无权代理的效力置于待定状态，既不直接认定有效，也不直接认定无效，而根据当事人是否行使催告权、追认权、撤销权等再确定无权代借的效力。借款人追认的，无权代借转化为有权代借，借款由借款人偿还；借款人不予追认的，代借合同无效，出借人已经向代借人交付借款的，由无权代借人返还借款并赔偿利息等损失；借款人明知代借人无代理权却许可其代借，由此造成出借人借款及利息损失的，由借款人与无权代借人承担连带赔偿责任。

案例解析

借款人只对追认的代借款项承担偿还责任

◎**案情简介**

2011 年 9 月 18 日，某某公司出具《授权委托书》，委托毕某某全权办理某某公司在融资过程中的一切手续，包括但不限于土地抵押等。在此前后，毕某某向董某多次借款，董某向某某公司、毕某某支付款项共计 3629.06 万元。2013 年 4 月 23 日，毕某某与董某结算后，毕某某出具一份欠条给董某，确认截止到 2013 年 4 月 23 日共计欠董某借款本金 2090 万元，利息 8384533 元。在该欠条的落款处，毕某某作为某某公司授权代表签字。

2013 年 8 月 8 日，董某向某市中院起诉，请求判令：某某公司给付董某借款 2090 万元及利息。

◎**一审判决**

一审法院查明，在本案起诉后，某某公司法定代表人张某某与董某的谈话录像中认可涉案《授权委托书》中印章确属某某公司的真实印章，并与董某协商还款事宜。

一审法院认为：在 2011 年 9 月 18 日订立《授权委托书》以前，毕某某未经某某公司委托授权，其向董某借款经结算尚欠本金 7265728.8 元，应认定为毕某某的个人债务，由毕某某个人负责偿还；2011年9月18日以后，某某公司委托授权毕某某借款，经结算尚欠本金10520753.28元，属于毕某某代理某某公司借款，应由某某公司承担还款责任。

一审判决：一、毕某某偿还董某借款本金7265728.8元及利息；二、某某公司偿还董某借款本金10520753.28元及利息；三、驳回董某的其他诉讼请求。

◎二审判决

董某不服一审判决向某省高院提起上诉称：一审认定以2011年9月18日授权委托书之前的债务为毕某某个人债务，之后的债务为某某公司的债务是错误的，本案应以2013年4月23日毕某某签字确认的欠条作为认定欠款本金及利息的依据，一审法院不应再对借款情况进行核实，某某公司应当对本案全部欠款承担还款责任。请求予以改判。

某某公司上诉称：授权委托书不能单独作为认定民间借贷案件事实的证据，谈话录像也不能单独作为认定民间借贷事实的证据，毕某某的借款行为属于个人行为，应当认定为毕某某的个人借款。一审判决以2011年9月18日作为分割某某公司与毕某某借款主体及借款数额的分界线，但在认定还款数额时并没有按照该时间点分割，违反公平原则。

二审法院认为：根据《合同法》第二百一十条之规定，民间借贷合同系实践性合同，应自出借人将资金或支付凭证交付给借款人时生效。一审法院逐笔审查董某出借款项之证据，据以认定借款事实，符合法律规定。

关于某某公司是否应当承担还款责任，如应承担如何确定还款数额的问题。毕某某在诉讼中提供的《授权委托书》虽系复印件，不能单独作为认定案件事实之依据，但某某公司法定代表人张某某与董某的谈话录像证据中，张某某承认存在涉案《授权委托书》，从侧面印证了授权的真实性，且存在多笔借款直接汇入某某公司账户的情形，董某提供的证据已经形成完整的证据链，可以证明某某公司出具的《授权委托书》真实存在。董某提交的《授权委托书》内容为："委托毕某某全权办理某某限公司在融资过程中的一切手续，包括但不限于土地抵押等"，该授权书虽未明示包含借贷，但借贷作为融资手段之一，应包含在此概括授权范围内。据此，某某公司主张其与董某之间不存在借贷关系的主张不能成立。根据《民法通则》第六十三条之规定，代理人毕某某持《授权委托书》与董某发生民间借贷行为，直接对被代理人某某公司发生效力，某某公司应承担还款责任。

关于还款数额问题。2011 年 9 月 18 日前，毕某某未被授予代理权，某某公司亦未对授权前的借贷行为予以追认，此日期前毕某某的借贷行为对某某公司不发生效力，应认定为其个人借款。某某公司仅对 2011 年 9 月 18 日授权后发生的借款承担还款责任。

综上，原审判决认定事实清楚，适用法律正确。但因董某在二审期间提交了新证据，故应依据新证据依法变更债务人的还款本金及利息数额。二审判决：一、变更一审判决第一项为：毕某某偿还董某借款本金 8553924.41 元及利息；二、变更一审判决第二项为：某某公司偿还董某借款本金 10907097.37 元及利息；三、驳回董某的其他诉讼请求。

◎再审裁定

某某公司不服二审判决向最高院申请再审。

最高院认为：2011 年 9 月 18 日，某某公司出具《授权委托书》，委托毕某某全权办理某某公司在融资过程中的一切手续，包括但不限于土地抵押等。该《授权委托书》虽然是复印件，但事后得到某某公司法定代表人张某某的追认，应认定合法有效。2013 年 4 月 23 日，毕某某为董某出具欠条，确认截止到 2013 年 4 月 23 日共计欠董某借款本金 2090 万元及利息 8384533 元，落款处毕某某作为借款人某某公司的授权代表签字，该欠条证明董某与毕某某、某某公司之间存在事实上的借款关系。因授权委托书是 2011 年 9 月 18 日出具，原一、二审法院以该时间点作为毕某某与某某公司借款的分界线，并按照毕某某与某某公司对董某所负债务之比例确定对应的还款数额，符合本案客观事实，处理结果适当。

综上，某某公司的再审理由依据不足，其再审申请不符合《民事诉讼法》第二百条第（二）项规定的再审事由。依照《民事诉讼法》第二百零四条第一款之规定，裁定如下：驳回某某公司的再审申请。

◎律师评析

本案的主要争议是毕某某有无授权代借的问题。

就 2011 年 9 月 18 日以后毕某某向董某借款问题，某某公司虽然向毕某某出具了《授权委托书》，但毕某某诉讼中只提供复印件而不能提供原件，某某公司据此认为此复印件不能单独作为认定案件事实之依据。但某某公司法定代表人张某某与董某的谈话录像证据中承认某某公司向毕某某出具了授权委托书，且承认授权委托书上所盖的某某公司印章是真实的，就此，最高院最终认定“该《授权委托书》虽然是复印件，但事后得到某某公司法定代表人张某某的追认，应认定合法有效。”《授权委托书》被认定合法有效后，也就肯定了毕某某为某某公司的代借行为是有效代理行为，所以某某公司应当偿还2011年9月18日以后毕某某向董某的借款。但若张某某对《授权委托书》不予追认，毕某某又不能提供《授权委托书》原件，仅凭复印件是无法证明其与某某公司存在委托代理关系的，在此情形下，即使董某将多笔借款直接汇入某某公司账户，也可认为其使用借款所致，再者，某某公司又主张其与董某之间不存在借贷关系，那么，该笔借款就应由毕某某偿还。

就2011年9月18日以前毕某某向董某的借款，董某也认为其为某某公司代借，故与之后的借款一并要求某某公司偿还。但之前的借款发生在某某公司给毕某某出具《授权委托书》之前，故不存在毕某某为某某公司代借问题，且某某公司不予追认，所以，即使是代借也属无权代借，实际借款人应当是毕某某个人，故应由毕某某个人偿还2011年9月18日以前发生的借款。

综合上述分析得出一个结论：借款人只对追认的代借款项承担偿还责任，对不予追认的代借款项由行为人自行负责。

［本案例根据最高人民法院（2014）民申字第1787号民事裁定书编写］

第十四章　民间借贷的表见代理、代表行为及裁判案例解析

1. 民间借贷的表见代理

表见代理，是指对于行为人的无权代理行为，善意相对人有理由相信其有代理权，因而可使被代理人承担有效代理后果的一种特殊代理形式。表见代理也是一种代理，只是这种代理具有特殊性，其特殊性表现为使无权代理被认定为有效代理，从而保护善意相对人的合法权益。《合同法》第四十九条规定："行为人没有代理权、超越代理权或者代理权终止后以被代理人名义订立合同，相对人有理由相信行为人有代理权的，该代理行为有效。"对代理借款而言，这里的"行为人"是指为无权代理人，"相对人"是指出借人，"被代理人"是指借款人。

根据上述规定，无权代借行为构成表见代理的，应当同时具备以下四个基本条件：（1）代借人实施了无权代借行为，即在没有代理权、超越代理权或者代理权终止后以借款人的名义向出借人借款；（2）出借人有理由相信代借人有代理权；（3）借款合同或代借行为的内容和形式合法；（4）出借人出借资金必须善意且无过错。出借人善意有两点要求：一是不知道或者不应当知道代借人无权代理；二是没有故意损害借款人的利益。在上述条件中，"理由"是关键问题，且"理由"要达到足以使出借人相信的程度。在实践中，可使出借人相信无权代借人有权代借的理由比较多，如代借人持有公司和法定代表人的印章向出借人表示为公司代理借款，这就会使出借人有理由相信是公司委托该代借人代理借款。

无权代借人的代借行为构成表见代理的，其法律效果被视为正常的有效

代理，由被代理的借款人承担偿还借款责任。

案例解析

出借人有理由相信行为人有代理权的构成表见代理

◎**案情简介**

2010年1月20日，某某建筑公司与庄某某签订一份《内部承包施工合同》，该合同约定：某某建筑公司承接的某某工程全部交给庄某某组织施工，承包方式为包工包料、自主经营、自负盈亏；庄某某向某某建筑公司上交5%承包管理费；庄某某在经济核算上实行自负盈亏，对本项目形成的债权债务承担全部责任。合同签订后，庄某某即以“某某工程某某项目部”负责人的身份对某某工程开展建设施工和管理业务。

由于在施工过程中遇到资金短缺，庄某某于2010年5月、9月两次向闫某某借款65万元，然后合并两次借款出具一张借条给闫某某。该借条内容为：合计借款陆拾伍万元整，用于购买某某工程的施工材料，借款期限半年，借款利息按月息2.5%算。落款为“借款人：某某工程某某项目部负责人庄某某”。

2010年11月20日，某某建筑公司在报纸上刊登声明解除庄某某某某项目部负责人的职务。此前某某项目部财务管理人员已将庄某某任职期间的所有账册、记账凭证（包含闫某某借款65万元）等移交给某某建筑公司。卷中账册（记账凭证）表明，至2010年10月底，某某项目部账面开支数为6900315.58元，某某建筑公司拨付的工程款为4415000元，两比相差2713640.58元。

由于庄某某到期未偿还闫某某的借款，闫某某便向法院提起诉讼，请求判令某某建筑公司给付借款本金65万元及至实际给付之日的利息。

某某建筑公司辩称：庄某某向闫某某借款65万元是其个人行为，与某某建筑公司无关，不应由某某建筑公司承担还款责任。

庄某某述称：某某建筑公司某某项目部确实两次向闫某某借款共计65万元，用于项目建设，庄某某以某某项目部经理名义出具了借条。该笔借款系庄某某的职务行为，与个人无关，应由某某建筑公司负责还款。

◎一审判决

一审法院认为：本案的争议焦点在于庄某某向闫某某的借款，应由某某建筑公司偿还，还是由庄某某本人偿还。对此，庄某某的身份表象和借款行为是解决该争议焦点的关键。

首先，从某某建筑公司与庄某某签订的《内部承包施工合同》来看，某某建筑公司没有授权庄某某对外借款，即庄某某无权代理某某建筑公司对外借款，庄某某的借款行为，超出了《内部承包施工合同》约定，某某建筑公司事后也未追认，庄某某向闫某某的借款行为应认定为无权代理。

但闫某某有理由相信庄某某的借款行为是代表某某建筑公司所为。这是因为：

1. 庄某某在借款当时的身份是某某建筑公司某某项目部负责人，对该项目工程全面负责、管理，这是人们所能认知和认可的事实。

2. 庄某某的借款理由是工程资金不足，借款用途是“用于购买某某工程的施工材料”，这足以使闫某某有理由相信庄某某的借款行为代表某某建筑公司。

3. 庄某某借款符合当今建筑市场实际。根据《内部承包施工合同》的约定，工程款的支付办法为：某某建筑公司收到业主（建设单位）拨付的工程款后，3天内扣除相应费用，再根据庄某某提供的人工工资、材料支付凭证等，按照公司规定根据工程进度经核实后支付庄某某工程款。由此约定可以看出，庄某某必须先行垫付工程建设所需款项，然后再向某某建筑公司申请工程款，一旦垫资不能，或建设单位拨付的工程款迟延，或某某建筑公司支付的工程款迟延，庄某某除向他人借款用于工程建设外是别无选择的，否则就得“停工待料”。事实上庄某某借款时资金空缺已达数百万元。

4. 庄某某取得借款后的实际用途能够证明，该款项用于在建工程上。(1) 某某建筑公司某某项目部记账员证词证明，某某项目部因资金短缺，两次向闫某某借款共计65万元用于建设项目；(2) 某某建筑公司提交某某项目部财务账册及凭证表明，庄某某被免去职务时，工程实际支出已大于800万元，而业主（建设单位）在截至2010年11月9日时支付的工程款为623.5万元，资金空缺已达数百万元；(3) 闫某某借款65万元全部用于某某项目部工程建设。

5. 闫某某出借资金，尽管有利息因素，但出借本意应是善意的。

综上，庄某某向闫某某借款的行为，构成对某某建筑公司的表见代理，该行为所产生的法律后果应由某某建筑公司承担。一审判决：某某建筑公司于判决生效之日起十日内归还闫某某借款本金65万元及利息。

◎二审判决

某某建筑公司不服一审判决，以庄某某借款对其不构成表见代理为由提起上诉。

二审法院经审理后认为：

一、庄某某与某某建筑公司签订的《内部承包施工合同》表明，庄某某挂靠某某建筑公司承包某某工程项目，因此取得项目负责人的身份。建筑施工企业的项目经理是受企业法定代表人的委托对工程项目施工过程全面负责的项目管理者，是建筑施工企业法定代表人在工程项目上的代表人。一般而言，工程项目部虽然没有独立法人资格，但项目经理或项目负责人在工程项目上的行为，即为建筑施工企业的行为。庄某某虽为挂靠经营者，但其作为工程项目负责人客观上具有职务代理的表象，对方当事人一般不知道其与某某建筑公司的内部挂靠关系，也不知道庄某某系某某建筑公司的代理人。

二、本案中，庄某某在施工过程中以项目负责人的公开身份向闫某某借款，并言明用于工程项目，且并无证据证明闫某某明知庄某某不能代表某某建筑公司，也无证据证明该借款并未用于某某建筑公司所承包的工程项目，因此，可以认定闫某某在出借时其主观上善意且无过失地相信庄某某有代理权。因庄某某借款时在客观上形成具有代理权的表象，故庄某某向闫某某的借款行为构成表见代理，该代理行为有效。

二审法院认定，一审判决某某建筑公司就庄某某的借款向闫某某还本付息并无不当，某某建筑公司提出庄某某借款不构成表见代理的上诉理由不能成立。据此判决驳回上诉，维持原判。

◎律师评析

《合同法》第四十九条规定："行为人没有代理权、超越代理权或者代理权终止后以被代理人名义订立合同，相对人有理由相信行为人有代理权的，该代理行为有效。"据此规定，表见代理应当具备以下几个构成要件：

一是代理人无代理权，二是行为人的行为客观上具有代理权的表象足以使相对人有理由相信行为人有代理权，三是相对人必须善意无过失。

本案中，庄某某向闫某某借款符合上述三个条件，于是构成对某某建筑公司的表见代理。

1. 庄某某与某某建筑公司签订的《内部承包施工合同》没有授权庄某某对外借款，因此庄某某向闫某某借款对某某建筑公司而言属于无权代理。

2. 庄某某向闫某某借款的表象足以使闫某某有理由相信庄某某有代理权。一是庄某某具有某某建筑公司某某项目部负责人的身份，客观上具有职务代理的表象；二是庄某某向闫某某借款时言明用于工程项目，并在其出具的借条中载明借款“用于购买某某工程的施工材料”。

3. 出借人闫某某不知道《内部承包施工合同》，也无义务必须知道《内部承包施工合同》中某某建筑公司是否授权庄某某对外借款，闫某某只知道某某建筑公司所建工程资金短缺而提供借款属于正常出借资金，因此，闫某某出借时在主观上善意且无过失地相信庄某某有代理权。

二审法院认为，建筑施工企业的项目经理系受企业法定代表人的委托是建筑施工企业法定代表人在工程项目上的代表人，项目负责人在工程项目上的行为即为建筑施工企业的行为，客观上具有职务代理的表象，且庄某某承包某某建筑公司的工程项目是挂靠经营关系，便认定庄某某向闫某某的借款行为构成表见代理，所以维持一审判令某某建筑公司偿还闫某某借款本息的判决。

［本案例根据安徽省芜湖市中级人民法院（2013）芜中民一终字第00795号民事判决书编写］

2. 民间借贷的代表行为

《民法总则》第六十一条第一款（原《民法通则》第三十八条）规定：“依照法律或者法人章程的规定，代表法人从事民事活动的负责人，为法人的法定代表人。”第二款、第三款规定：“法定代表人以法人名义从事的民事活动，其法律后果由法人承受。法人章程或者法人权力机构对法定代表人代表权的限制，不得对抗善意相对人。”这里的“代表”，是指一个自然人的行为在法律上被直接视为一个法人行为的表象。法定代表人与其法人之间的关系是内部关系，但对外两者可视为同一主体，所以，法定代表人履行职务的行为应为本法人所吸收，也就是说，法定代表人行使职务行为实质上就是法人的行为。

根据上述规定，在民间借贷活动中，法定代表人对外借款应当同时具备以下两个基本条件才能构成代表行为：

一是行为人只能是法定代表人。法定代表人是一种职务，在履行职务时会产生代表行为，因而代表行为是一种职务行为。行为人虽为法定代表人，但其某种行为与履行职务无关的，是个人行为，而不是代表行为。法人企业中的其他成员不具有职务上的代表效力，所以其对外实施的民事行为不是代表行为，如不是法定代表人的公司副经理，在公司委托授权的情况下，可以与出借人订立借款合同，但这是委托代理关系，而不是代表行为。

二是法定代表人必须以本法人或者本组织名义借款。法定代表人在民间借贷活动中与出借人协商借款，订立借款合同，包括处理与此相关事务，都应当以本法人名义进行。如果以个人名义或者以他人名义与出借人订立借款合同，属于个人行为，不构成代表行为。

法定代表人在符合上述条件的情况下，以本法人的名义与出借人订立借款合同，法定代表人个人不是实体权利义务的主体，法律效果应当归属于本法人，即本法人享有取得借款的权利，到期负有还本付息的义务，而法定代表人个人不享有这些权利，也不承担这些义务。

案例解析

法定代表人借款构成代表行为，由法人偿还

◎案情简介

A公司于2013年12月向某某银行借款1700万元，2014年6月12日到期。B公司为其中900万元内提供连带保证责任。该笔贷款到期后，A公司偿还了部分借款，尚欠850万元未偿还。

2014年6月12日即贷款到期日，A公司和B公司共同向庆某借款800

万元用于偿还银行债务，并出具一份《借条》给庆某。该借条约定：A公司2013年12月向某某银行借款850万元，由B公司向某某银行提供担保，现该贷款于今日到期，急需800万元用于归还该笔贷款；现借庆某800万元，于本月27日之前归还，借款利息按日千分之三计算，到期带息还款；借款人A公司及B公司保证该笔借款专款专用，并保证共同归还庆某；A公司法定代表人赵某某及B公司汤某某自愿提供连带担保责任。在《借条》落款部分的借款人处，A公司加盖印章，赵某某在法定代表人（签名）栏签名；汤某某在B公司法定代表人（签名）栏签名，未加盖B公司印章。担保人处由赵某某、汤某某签名。

赵某某系A公司法定代表人，汤某某原系B公司法定代表人，两人系夫妻关系。2014年5月6日，汤某某与现法定代表人李某某等六人签订股权转让协议，约定汤某某将在B公司67%的股份出让。2014年6月2日，由他人担任B公司董事长，后办理了股权及法定代表人变更登记。

借款到期后，A公司偿还庆某借款450万元，尚欠庆某350万元。庆某诉至法院，请求判令：1. A公司和B公司共同归还庆某350万元，并按银行同期贷款利率的4倍支付利息；2. 赵某某、汤某某对上述借款及利息承担连带保证责任。

B公司辩称：汤某某向庆某借款时已不是B公司法定代表人，即使其是法定代表人，其借款行为也不必然代表公司，且该笔借款是A公司所借，B公司担保，借款未进入B公司账户，借条上面也未加盖B公司印章。另，B公司章程规定，公司对外担保要通过公司董事会，而原B公司法定代表人汤某某未经公司董事会同意以其个人名义提供担保与B公司无关。综上，B公司不应承担还款责任。

◎一审判决

一审法院认为，本案争议在于B公司是否应与A公司对案涉借款共同承担偿还义务。

一、关于偿还义务的承担问题。本案中，庆某与A公司、B公司之间形成合法的民间借贷关系，庆某是出借人，A公司和B公司是共同借款人。理由如下：

1. 借条系债权债务关系成立的书面凭证，从涉案《借条》约定的内容和查明的事实来看，A公司和B公司共同向庆某借款800万元，目的是用于偿还由B公司担保的A公司银行贷款，三方存在借款的意思表示。

2. 汤某某的签字行为属于职务行为，其后果应由B公司承担。首先，B公司虽于2014年7月25日进行法定代表人变更登记，但汤某某于2014年6月12日借款时仍为B公司的法定代表人。其次，借条中载明B公司系借款人，汤某某以法定代表人的名义而非个人名义签字。《合同法》第三十二条规定：当事人采用合同书形式订立合同的，自双方当事人签字或者盖章时合同成立。该条规定表明，当事人的签字或盖章都可以使合同成立。最后，B公司虽辩称根据公司章程汤某某无权代表公司借款或担保，但未提供证据证明其行为超越权限。即使汤某某超越权限，B公司也不能证明庆某知道或者应当知道汤某某超越权限，因此，庆某在客观上有理由相信汤某某能够代表B公司借款，在主观上系善意且无过错，故汤某某的代表行为应为有效。

3. 庆某在A公司和B公司借款的当日将800万元款项汇入A公司账户，已完成了交付钱款的义务。

综上，庆某与A公司、B公司之间的民间借贷关系成立，A公司、B公司对案涉借款负有清偿义务。

二、关于担保责任的承担问题。案涉《借条》中载明A公司法定代表人赵某某和B公司法定代表人汤某某自愿提供连带责任担保，并在担保人落款处签字，故赵某某和汤某某个人应对A公司和B公司所欠庆某借款本息承担连带清偿责任。

综上，一审判决：一、A公司、B公司于判决生效后十日内支付庆某借款本金350万元及利息；二、赵某某、汤某某对A公司、B公司的上述债务承担连带清偿责任；三、驳回庆某的其他诉讼请求。

◎二审判决

B公司不服一审法院判决上诉称：一审法院认定B公司与A公司为共同借款人系事实认定错误。

1. 案涉《借条》落款处，在B公司（盖章）一栏，没有公司盖章，只是在法定代表人（签名）一栏由汤某某个人签名，说明该借条形成于B公司法定代表人变更之后，否则不可能不加盖B公司印章。

2. 该借款直接汇到A公司，而A公司又是汤某某的家族企业，B公司有理由相信该借条是庆某与汤某某恶意串通而为，其目的是给B公司增加额外的债务负担。

3. 即使借条形成时间真实，但双方没有共同借款的基础关系，B公司没有借款，仅凭汤某某的签字不能认定B公司承担责任。

在二审中，B公司向本院提交了《委托鉴定申请书》一份，认为案涉2014年6月12日《借条》未加盖B公司印章，B公司有理由怀疑上述借条系2014年7月25日之后形成，故申请对借条的形成时间进行鉴定，确认该借条形成于2014年7月25日之后。

某某银行行长周某在二审庭审中陈述：因B公司担保的A公司在某某银行的贷款到期后，A公司与B公司无力还款，但又不想在银行的借款逾期。因此，李某某和汤某某找周某，让周某帮忙想办法找到朋友借到调头资金。在两人的请求下，周某找到同学庆某，介绍他们认识，具体事宜他们谈。

二审法院认为，本案二审争议焦点为：B公司是否为案涉借款的共同借款人。分析认定如下：

首先，从借条出具的背景看，A公司欠某某银行的850万元贷款于2014年6月12日到期，该笔贷款由B公司提供担保，两公司需要款项归还到期贷款。其次，从借条载明的内容看，向庆某借款800万元是为了归还B公司担保的A公司于2014年6月12日到期的银行贷款，该载明内容也与周某陈述一致。再次，从借条履行的情况看，庆某于2014年6月12日将该800万元借款汇至A公司的账户，A公司亦于当日用上述款项清偿了其在某某银行的贷款。最后，赵某某在签订案涉《借条》时虽不是A公司法定代表人，但该借条加盖有A公司印章，A公司对赵某某的签字行为也作出了解释。B公司上诉认为，2014年6月12日《借条》未加盖其公司印章，显然形成于B公司法定代表人变更之后。B公司此节上诉主张缺乏事实依据和证据支持，不予采信。

此外，本案中，汤某某转让其持有的B公司股权及B公司变更他人为公司董事长，虽发生在案涉《借条》签订之前，但B公司股权及董事长的变更属公司内部法律关系的变化，B公司对外行为仍应结合该公司的工商变更登记情况综合认定。因汤某某以B公司的名义出具借条时，其B公司法定代表人的身份尚未进行工商变更登记，其所借款项也用于归还B公司担保的贷款，庆某向A公司、B公司借款亦是基于某某银行行长周某的介绍，其有理由相信汤某某能够代表B公司对外借款，B公司也未提供证据证明庆某知晓B公司股权及董事长变更情况。故根据《民法通则》第四十三条有关企业法人对于它的法定代表人和其他工作人员的经营活动承担民事责任之规定，汤某某作为法定代表人在借条上签字行为的法律后果应由B公司承担。案涉《借条》签订后，庆某按照借款人的要求将款项汇付至A公司，该款项支付行为，不影响借款主体的认定，B公司以借款直接汇给A公司推论案涉《借条》系庆某与汤某某恶意串通形成缺乏事实依据，本院亦不予采信。基于上述分析，原审判决认定A公司与B公司为共同借款人并无不当，B公司的上诉理由不能成立，本院不予支持。

综上，原审判决认定事实清楚，适用法律正确。二审判决：驳回上诉，维持原判。

◎**律师评析**

本案有四个问题值得分析：一是赵某某为A公司借款是否构成代表行为；二是汤某某在《借条》上签名而无B公司印章是否构成代表行为；三是庆某出借行为是善意还是恶意；四是赵某某、汤某某提供担保是个人行为还是代表行为。

一、赵某某借款属于代表行为。本案发生在《民法总则》实施之前，故适用《民法通则》的有关规定。《民法通则》第三十八条规定："依照法律或者法人组织章程规定，代表法人行使职权的负责人，是法人的法定代表人。"第四十三条规定："企业法人对它的法定代表人和其他工作人员的经营活动，承担民事责任。"《民法总则》第六十一条第二款更加明确地规定："法定代表人以法人名义从事的民事活动，其法律后果由法人承受。"本案中，赵某某作为A公司法定代表人，为了偿还银行贷款向庆某借款，并在《借条》上签名，还在《借条》盖上了A公司的印章，根据上述规定，赵某某的这些行为显然属于代表行为，其所经手的借款当然由A公司偿还，所以，A公司服从一审判决未提起上诉。

二、在B公司未盖章的情况下汤某某借款是否构成代表行为。汤某某作为B公司法定代表人，为了解脱为A公司向银行贷款提供担保的问题，在《借条》上由其个人签字，但未在《借条》盖B公司印章。对此，B公司认为，借条形成于B公司法定代表人变更之后，否则不可能不加盖B公司印章；即使借条形成时间真实，仅凭汤某某的签字不能认定B公司承担偿还借款责任。在二审法院认定汤某某在出具借条时B公司法定代表人仍为汤某某后，接下去的争议是汤某某在《借条》上签字是否属于代表行为的问题。《合同法》第五十条规定："法人或者其他组织的法定代表人、负责人超越权限订立的合同，除相对人知道或者应当知道其超越权限的以外，该代表行为有效。"据此规定，出借人庆某如果不知道或者不应当知道汤某某超越权限为B公司借款的，汤某某借款就属于有效的代表行为。

三、关于庆某出借行为是善意还是恶意的问题。《民法总则》第六十一条第三款规定："法人章程或者法人权力机构对法定代表人代表权的限制，不得对抗善意相对人。"对民间借贷而言，这里的善意主要是指出借人在法定代表人以法人名义与订立借款合同时没有过错，也不存在故意损害法人利益的行为，其中包括不知道或者不应当知道法定代表人超越权限，如果知道或者应当知道法定代表人超越权限借款，或者与法定代表人恶意串通订立借款合同，故意损害法人利益的，则属恶意。本案中，B公司辩称根据公司章程汤某某无权代表公司借款，但未提供证据证明汤某某的行为超越权限，即使汤某某超越权限，B公司也不能证明庆某知道或者应当知道汤某某超越权限。本案的事实是，B公司和A公司共同向庆某借款的用途是偿还B公司为A公司担保的银行贷款，且《借条》对此已经明确约定，因此，庆某在客观上有理由相信汤某某能够代表B公司借款，在主观上系善意且无过错，故汤某某的代表行为应为有效。

四、关于提供担保是个人行为还是代表行为的问题。本案中的共同借款人是A公司和B公司，根据《担保法》有关规定，借款人不能为自己的借款提供保证担保，因而，作为B公司法定代表人的汤某某和作为A公司法定代表人的赵某某不可能再代表本公司提供保证担保，且《借条》已经载明赵某某和汤某某个人为保证人，赵某某和汤某某的担保行为不是代表行为，而是个人行为，因此，法院判决由其个人承担连带清偿责任。

[本案例根据安徽省高级人民法院（2015）皖民二终字第00380号民事判决书编写]

3. 法定代表人以个人名义借款用于企业生产经营

我们在实践中经常发现，许多民营企业主认为，企业是自己的，自己也是企业的，因而，不分个人债务还是企业债务，也不分有限责任还是无限责任，将以企业名义的借款转为个人使用，或者以个人名义取得的借款用于企业生产经营。

企业法定代表人或负责人以个人名义向出借人借款，但将借款用于企业生产经营的，就会出现借款人不是实际使用人，实际使用人不是借款人的情况。对此，《民间借贷规定》第二十三条第二款规定："企业法定代表人或负责人以个人名义与出借人签订民间借贷合同，所借款项用于企业生产经营，出借人请求企业与个人共同承担责任的，人民法院应予支持。"据此规定，企业法定代表人或负责人以个人名义借款，然后将借款用于企业生产经营的，出借人有权请求企业与个人共同承担偿还责任。

案例解析

法定代表人个人借款用于企业，两者共同偿还借款

◎案情简介

2011年7月14日至2012年4月30日期间，某某房开公司法定代表人卢某以某某房开公司的名义向许某某借款8次，卢某出具8张借据交给许某某，约定月息5分、3分不等，共计借款2300万元。

借款到期，某某房开公司和卢某未偿还借款本息，许某某向法院提起诉讼，请求判令某某房开公司和卢某共同偿还借款2300万元及利息（按同期银行贷款利率四倍计算）。

许某某在起诉时向法院提供录音资料，显示卢某认可本案债务是某某房开公司债务，卢某所收款项也都汇往某某房开公司。据此，许某某认为某某房开公司是实际借款人，应与卢某共同承担还款责任。

某某房开公司辩称：许某某提供的借据上只有其法定代表人卢某签字，没有某某房开公司名称和公章，涉案借款应由卢某个人负责偿还。

卢某答辩称：上述借款系卢某个人借款，与某某房开公司无关。

◎一审判决

根据许某某申请，一审法院依法调取了卢某在2011年7月至2012年5月期间的银行账户往来明细及某某房开公司交纳土地出让金、契税、城市建筑配套费的银行资金来源明细。上述银行明细显示，在2011年7月14日至2011年8月24日，卢某通过其个人银行账户向某某房开公司转款3620万元，某某房开公司用以交纳土地出让金、契税、城市建筑配套费的款项主要由卢某个人银行账户转款提供。

一审法院认为，许某某提供的8张借据系由某某房开公司法定代表人卢某所出具，各方当事人对此均无异议，该8份借据合法有效。卢某对8张借据上的债务均予认可，并同意由其个人向许某某承担债务清偿责任，符合法律规定，予以准许。

关于某某房开公司是否应在本案中向许某某承担清偿责任，各方存在争议。某某房开公司与卢某主张本案所涉借款是卢某个人借款，不应由某某房开公司偿还。卢某及某某房开公司的银行账目明细显示卢某个人资本在短期内转入某某房开公司3620万元，卢某将其个人资本用于某某房开公司经营。该银行账目明细与8份借据、许某某转款手续、卢某录音资料等证据相互印证，能够证明某某房开公司将卢某借取的款项用于其公司开发某某住宅小区项目建设及公司经营。对某某房开公司与卢某本案所涉借款是卢某个人借款的辩称，本院不予支持。某某房开公司作为实际借款人，应对本案债务与卢某共同向许某某承担连带清偿责任。

综上，一审法院判决：一、限某某房开公司、卢某于判决生效之日起十日内共同向许某某偿还借款2300万元及利息；二、驳回许某某的其他诉讼请求。

◎二审判决

某某房开公司不服一审判决提起上诉称：卢某具有个人及某某房开公司法定代表人双重身份，8张借据上仅卢某个人签名，借款转入了卢某个人账户，卢某也承认此8笔借款系其个人借款，一审判决某某房开公司、卢某共同向许某某偿还借款本息错误。

卢某称：本案是许某某与卢某个人之间的债务纠纷，与某某房开公司无关，某某房开公司不应承担还款责任，一审判决某某房开公司与卢某共同偿还借款无事实依据，应依法改判。

二审法院认为：本案二审的焦点问题是某某房开公司应否与卢某共同向许某某偿还借款2300万元及利息。

某某房开公司的银行明细载明2011年7月14日至2011年8月24日期间，卢某从其个人账户向某某房开公司转款3620万元，卢某未提供其向某某房开公司所转款项的来源的证据，也未对其转款来源及其所借许某某的巨额款项的去向作出合理说明，在此情况下，许某某辩称卢某借其款项通过由个人账户转入某某房开公司账户的方式，用于某某房开公司开发某某住宅小区的理由成立。且除某某住宅小区项目之外，某某房开公司未开发过其他项目，也未进行其他经营，某某房开公司亦未提供证据证明其开发资金的来源，故一审认定卢某所借许某某款项用于某某房开公司开发的某某住宅小区项目及公司经营并无不当。

《民间借贷规定》第二十三条第二款规定："企业法定代表人或负责人以个人名义与出借人签订民间借贷合同，所借款项用于企业生产经营，出借人请求企业与个人共同承担责任的，人民法院应予支持。"本案中，卢某作为某某房开公司法定代表人，其以个人名义所借许某某款项用于某某房开公司生产经营，原审判决某某房开公司与卢某共同承担还款责任于法有据，本院予以维持。某某房开公司主张涉案借款应由卢某个人偿还，其不应承担与卢某共同偿还责任的上诉理由不能成立，本院不予支持。

综上所述，二审判决：驳回上诉，维持原判。

◎再审裁定

某某房开公司不服二审判决向最高院申请再审，最高院裁定驳回其再审申请。

◎律师评析

本案的争议焦点是法定代表人以个人名义借款而用于企业生产经营由谁偿还的问题。

根据债的相对性原则，谁借款应由谁偿还，照此，本案借款人是卢某，应当由卢某向许某某偿还借款。但是，卢某是以某某房开公司法定代表人身份与许某某订立借款合同的，且借款用于某某房开公司的生产经营，这就有其特殊性。这里的特殊性在于卢某具有法定代表人和自然人个人的双重身份。当其作为自然人个人借款时，当然由其个人偿还借款。当其以法定代表人身份借款时，因企业不是借款合同中的借款人，故法定代表人在代表行为上又存在缺陷。在这种情况下，应当从借款实际使用人上找到突破口来解决借款主体问题，以更有利于保障债权人实现债权。

《民间借贷规定》第二十三条第二款规定："企业法定代表人或负责人以个人名义与出借人签订民间借贷合同，所借款项用于企业生产经营，出借人请求企业与个人共同承担责任的，人民法院应予支持。"这条规定显然把借款人与实际使用人作为共同连带债务人来处理，但企业与个人共同承担债务应当具备三个条件：一是法定代表人以个人名义与出借人签订借款合同，而企业不是借款合同中的借款人；二是法定代表人将所借款项确实用于本企业的生产经营，如果用于个人的，应当由其个人偿还，而不能让企业共同偿还；三是出借人请求企业与个人共同承担债务，如果只请求个人偿还，而放弃企业责任的，法院只能判决由个人偿还；如果只请求企业偿还，因企业是借款的实际使用人，故也应承担偿还责任。本案中，许某某起诉请求某某房开公司和卢某共同偿还借款，所以，法院根据上述规定，以依其请求判决某某房开公司和卢某共同偿还借款。

[本案例根据河南省高级人民法院（2016）豫民终字第280号民事判决书编写]

第四篇

民间借贷担保篇

第十五章　民间借贷的保证担保及裁判案例解析

民间借贷的保证担保，是指保证人与出借人约定，当借款人到期未履行偿还借款本金、支付利息的义务时，保证人按照约定代为履行债务的一种担保方式。在民间借贷活动中，出借人为了保障自己出借的资金能够安全收回，要求借款人提供保证担保，否则不予出借的，借款人要想取得该出借人的借款资金，就得请求第三人出面为其自己借款提供保证。第三人同意为借款人提供保证，并取得出借人同意，且订立保证合同的，便产生保证担保。根据《担保法》的规定，保证担保分为连带保证与一般保证，连带保证是民间借贷的普通保证方式，而一般保证是一种特殊的保证方式。

1. 连带保证及保证期间

连带保证（即连带责任保证），是指债权人与保证人在保证合同中约定，保证人对债务人的债务承担连带责任的一种保证方式。连带保证的成立有两种情形：一是保证合同明确约定为连带保证；二是保证合同没有约定保证方式或者约定不明确的，视为连带保证。对民间借贷而言，连带保证的特点是，借款债务到期后，不管借款人有偿还能力而主观上不愿偿还，也不管借款人客观上无能力而未偿还，只要借款人实际没有偿还，保证人就与借款人连带清偿债务。连带保证债务虽然具有从属性，但在借款合同到期后，借款人与保证人就不分先后顺序都有清偿全部债务的责任，而且，出借人可以要求借款人偿还借款，也可以要求保证人代偿，还可以同时要求借款人和保证人偿还。但若借款人已经偿还的，则不能再要求保证人代偿；但若保证人已经代偿的，则不能再要求借款人偿还。

保证期间，是指债权人主张保证债权和保证人承担保证责任的有效时间。根据《担保法》有关规定，民间借贷的保证期间分为约定期间和法定期间两种。约定保证期间，是出借人与保证人约定，自民间借贷合同履行期届满之日起，保证人在一定时间内承担保证责任的时限。法定保证期间，是出借人与保证人对保证期间未约定或者约定不明确的情况下，适用《担保法》及其司法解释规定的期间。

根据《担保法》和《担保法解释》有关规定，法定保证期间有两种：一是保证人与债权人未约定保证期间的，或者保证合同约定的保证期间早于或者等于主债务履行期限的，保证期间为债权人有权自主债务履行期届满之日起六个月；二是保证合同约定保证人承担保证责任直至主债务本息还清时为止等类似内容的，视为约定不明，保证期间为主债务履行期届满之日起二年。

但是，无论是约定保证期间还是法定保证期间，保证期间都是除斥期间，除适用诉讼时效中断外，不因任何事由发生中断、中止和延长的法律后果，也就是说，保证期间是不变期间，不能中止、中断和延长，保证期间届满后，保证人不再承担保证责任。

现在有一个问题值得探讨，即法定二年保证期间与诉讼时效期间的关系问题。法律对约定保证期限只规定开始时间（即从主合同履行期届满之日起），而未限定保证多长时间（即未规定限制保证时间的结束点），在此情况下，当事人如果约定保证期限长于诉讼时效期间，就会与诉讼时效期间产生矛盾。债权人超过诉讼时效期间提起诉讼有可能丧失胜诉权，债权人如果丧失胜诉权就不可能要求保证人继续承担保证责任，因此，《担保法解释》第三十二条第二款规定："保证合同约定保证人承担保证责任直至主债务本息还清时为止等类似内容的，视为约定不明，保证期间为主债务履行期届满之日起二年。"《民法通则》第一百三十五条规定，民事诉讼时效期间为二年。现在，《民法总则》将民事诉讼时效期间改为三年，那么，上述"二年"的法定保证期间，在《民法总则》于 2017 年 10 月 1 起实施后，是否也应适用"三年"的期间？此事有待司法解释作出明确规定。

案例解析

连带保证期间约定不明确时保证期间的确定

◎案情简介

某某公司向唐某某借款3000万元。2011年9月，丰某某、张某某、刘某某等作为保证人分别向出借人唐某某出具内容相同的《不可撤销担保书》各1份。担保书载明：1. 唐某某同意向某某公司提供3000万元的借款，本保证人同意为该借款人还款提供担保；2. 本保证书为无条件、不可撤销的保证书，担保范围包括该借款项下发生的所有费用包括但不限于本金、利息、律师费等；3. 本保证书保证归还借款人不按期偿还的全部或部分到期贷款本息等；4. 本保证书是一种连续担保和赔偿的保证，自签发之日起生效，至还清借款人所欠的全部借款本息和所有费用时自动失效。同日，某某公司向唐某某出具《借条》载明：1. 本公司为业务经营需要，向唐某某借款3000元整，本公司已收到前述借款；2. 借期为87天，12月26日前归还，如未能按期归还的，本公司愿意按照逾期金额每日1%标准支付违约金，并赔偿唐某某因此遭受的损失。

某某公司向唐某某借款1240万元。2012年6月20日，丰某某、张某某作为保证人分别向唐某某出具《不可撤销担保书》，为某某公司向唐某某借款1240万元提供保证担保，其他内容与上面的《不可撤销担保书》基本相同。次日，某某公司向唐某某出具《借条》载明："本公司为业务经营需要，向唐某某借款1240万元整，本公司已收到前述借款；借期为118天，10月17日前归还，如未能按期归还，本公司愿意按照逾期金额每日1%标准支付违约金。同日，某某公司向唐某某出具《收条》，载明：今收到唐某某支付的借款共计壹仟贰佰肆拾万元整，以银行转账方式支付。

2012年11月19日，某某公司向唐某某、张某某、丰某某出具《款项支付确认书》，确认某某公司向唐某某借款合计4240万元本金，确认以后按银行同期贷款利率4倍支付利息。

2013年9月25日，唐某某向法院提起诉讼，请求：（一）判令某某公司立即偿还唐某某借款本金4240万元及截至起诉之日的利息965.2万元，并判令某某公司偿还从起诉之日起至还清欠款之日止的利息；（二）判令丰某某、张某某、刘某某三人对上述借款本息承担连带清偿责任；（三）判令刘某某对某某公司借款本金中的3000万元及诉请第一项的利息部分承担连带清偿责任。

◎**法院判决**

一审法院经审理认定：某某公司向唐某某借款4240万元，且期内、逾期利息均约定为按人民银行规定的同期贷款利率的4倍计息。

关于涉案借款的保证担保问题。丰某某、张某某、刘某某等在其分别出具的《不可撤销担保书》中承诺：本保证书为无条件、不可撤销的保证书，担保范围为借款本金及该借款项下发生的所有费用；本保证书是一种连续担保和赔偿的保证；本保证书自签发之日起生效，至还清借款人所欠的全部借款本息和所有费用时自动失效；担保期限为借款发生之日至债权人全部债权实现之日；各担保人之间互相就上述担保事项承担连带责任”。依据《担保法解释》第三十二条第二款关于“保证合同约定保证人承担保证责任直至主债务本息还清时为止等类似内容的，视为约定不明，保证期间为主债务履行期届满之日起二年”的规定，上述担保期限的约定应当视为约定不明，保证期间应为自借款期限届满之日起两年内。唐某某于2013年9月25日向法院提起诉讼，要求上述保证人承担责任，并未超过法定期限。丰某某、张某某、刘某某等依约应对某某公司借款本息承担连带保证责任。

一审法院判决：一、某某公司于判决生效之日起十日内偿付唐某某借款本金4240万元及相应利息；二、丰某某、张某某和刘某某等对某某公司上述借款本息偿还承担连带保证责任；三、刘某某对某某公司上述借款中的3000万元借款本金及相应利息偿还承担连带保证责任；四、驳回唐某某的其他诉讼请求。

担保人刘某某等四人不服一审判决提起上诉，二审判决驳回其上诉，维持原判。

◎**律师评析**

本案中的《不可撤销担保书》实际上都是保证合同，其中，保证担保主体、保证担保数额、保证担保范围以及保证担保方式都已明确约定，所以法院确认是连带保证并作出判决。但涉案两笔借款的保证期间都约定“担保期限为借款发生之日至债权人全部债权实现之日”，对此，如何确认保证期间？

在民间借贷中，不少出借人为使保证人在借款人未清偿债务前不脱离保证责任，便与保证人约定保证责任到借款人清偿本息债务完毕止。这种保证期间的约定，只有约定的起点时间，却没有确定的终点时间，致使约定的保证期间不能明确。对此，《担保法解释》第三十二条第二款规定：“保证合同约定保证人承担保证责任直至主债务本息还清时为止等类似内容的，视为约定不明，保证期间为主债务履行期届满之日起二年。”这里的“二年”是法定保证期间。本案中，3000 万元主债务履行期届满之日为 2011 年 12 月 27 日，1240 万元主债务履行期届满之日为 2012 年 10 月 18 日，唐某某于 2013 年 9 月 25 日就已向法院提起诉讼，按此计算，这两笔借款的保证期间均未超过两年的法定保证期间，因此，各保证人应当承担连带保证责任。如果唐某某推迟到于 2013 年 12 月 28 日以后向法院起诉，因保证期间是除斥期间，不因任何事由发生中断、中止和延长的法律后果，本案的各保证人就不再承担保证责任。

［本案例根据湖北省高级人民法院（2013）鄂民一初字第 00008 号民事判决书编写］

2. 一般保证与“不能履行”

一般保证，是指债权人与保证人约定，当债务人到期不能履行债务时，由保证人承担保证责任的一种保证方式。《担保法》第十七条第一款规定：“当事人在保证合同中约定，债务人不能履行债务时，由保证人承担保证责任的，为一般保证。”该条第二款规定：“一般保证的保证人在主合同纠纷未经审判或者仲裁，并就债务人财产依法强制执行仍不能履行债务前，对债权人可以拒绝承担保证责任。”这里的“不能履行”是一般保证区别于连带责任保证的根本点，也是一般保证的主要特点。

一般保证中的“不能履行”，当然属于未履行，但不等于未履行。就民间借贷而言，未履行有两种主要情况：一是借款人确无能力而未履行，二是借款人有能力而未履行。这里的“不能履行”，是指借款人的财产经人民法院强制执行后仍无法全部清偿到期借款债务的情况，属于无能力履行的情况。《担保法解释》第一百三十一条规定："本解释所称'不能清偿'是指对债务人的存款、现金、有价证券、成品、半成品、原材料、交通工具等可以执行的动产和其他方便执行的财产执行完毕后，债务仍未能得到清偿的状态。"

根据上诉规定，在民间借贷纠纷案件，经审判或仲裁，并就借款人财产被强制执行后，借款人仍不能履行债务的，一般保证人才开始承担保证责任代为偿还借款债务。民间借贷纠纷既未经审判，又未对借款人的财产实施强制执行，出借人此时要求一般保证人代偿的，一般保证人可以行使先诉抗辩权，拒绝先行承担保证责任。

案例解析

介绍人承诺"保证执行到位"承担一般保证责任

◎案情简介

2004 年 5 月，潘乙、王甲夫妇开办大米厂，因资金不足，请潘乙其弟潘甲帮助借钱，经潘甲介绍，王乙三次借给潘乙、王甲 20 万元，崔某某借给潘乙、王甲 3 万元，约定月息 1 分，潘乙分别向王乙、崔某某出具了借条，潘甲在借条上署了"介绍人"。

2006 年 11 月 30 日，潘甲曾向王乙、崔某某出具一份承诺书载明：关于潘乙、王甲的财产如下：某某路 1 套房产，某某路门面店 3 间二层 1 套，一部车（大货车）、一部小车，另有单位工资，在某某市所开饭店，以上财产法院判决后，潘乙、王甲的财产不到位，潘甲负责追究，提供地址，保证执行到位。

2006 年 11 月 4 日，王乙、崔某某向法院提起诉讼，请求判令潘乙、王甲、潘甲还本付息，并相互承担连带责任。

潘甲答辩称：本人在借条上所写为介绍人，只从中联系，并不是担保人，不应承担保证责任。本人在出具的"以上财产法院判决后，潘乙、王甲的财产不到位，潘甲负责追究，提供地址，保证执行到位"的承诺，不具有保证性质，同保证行为是两个法律关系。

◎一审判决

一审法院认为，潘乙、王甲分4次向王乙、崔某某借款23万元并约定了利息，事实清楚，证据充分。王甲虽然未在借条上署名，但该借款发生在潘乙、王甲夫妻关系存续期间，属家庭债务，潘乙、王甲应共同承担连带清偿责任。潘甲是该借贷关系的介绍人，不应承担保证责任。

一审判决：一、潘乙、王甲于判决生效之日起十日内给付王乙借款20万元及约定利息，给付崔某某借款3万元及约定利息，潘乙、王甲与相互承担连带清偿责任；二、驳回王乙、崔某某对潘甲的诉讼请求。

◎二审判决

王乙、崔某某不服一审判决提起上诉称：一审判决潘甲不承担保证责任缺乏依据。王乙、崔某某原本不认识潘乙、王甲夫妇，是潘甲找到他们说，钱存在信用社能有几个利息，不如借给其哥潘乙做生意利息高，而且由其担保还款。由于王乙不认字，缺乏借贷、介绍、担保等法律知识，以致潘甲为逃避担保法律责任将“担保人”写成“介绍人”也未能及时纠正。借出的23万元现金，都是交由潘甲转交给潘乙、王甲的。潘甲写的承诺书具有保证的性质，符合《担保法》和《最高人民法院关于人民法院审理借贷案件的若干意见》的相关规定，请求改判潘甲承担保证责任。

潘甲答辩称：本人与王乙、崔某某间不存在债权债务关系，王乙、崔某某诉请的23万元债权是潘乙所借，王乙、崔某某说将借款交给本人不是事实，本人不是该笔借款的担保人，仅是双方的借贷介绍人，本人在字据上签字是负责协助，请求法院维持一审判决。

二审法院认为：潘甲在借贷中虽起联系介绍作用，但在提供债务人潘乙、王甲可供执行财产状况的同时“保证执行到位”，具有一般保证的意思表示。因此，潘甲对王乙、崔某某借款应承担一般保证责任。王乙、崔某某诉请潘甲对该借贷关系承担保证责任的上诉理由成立，予以支持。

二审法院判决：一、维持一审判决第一项（即潘乙、王甲给付王乙借款20万元及约定利息，给付崔某某借款3万元及约定利息，潘乙、王甲相互承担连带清偿责任）；二、撤销一审判决第二项（即驳回王乙、崔某某对潘甲的诉讼请求）；三、潘甲对潘乙、王甲向王乙、崔某某的借款承担一般保证责任。

◎**检察抗诉**

某省检察院抗诉认为：在潘乙分别向王乙、崔某某出具的借条中，潘甲均是以“介绍人”的名义署名。单凭此借条不能认定潘甲有为他人债务担保的明确意思表示，况且潘甲也没有与王乙、崔某某二人签订书面保证合同，从保证所具备的形式要件到实质要件都无法认定潘甲系本案债务的保证人。潘甲于2006年11月30日出具的财产清单，并不是担保中的保证，潘甲不应因此而承担保证责任。该财产清单的形成是应王乙、崔某某的要求，由原审法院法官史某所书写，目的是由潘甲提供潘乙、王甲的财产状况，督促二人尽快履行还款义务。潘甲在法官史某承诺不会判决其承担保证责任的情况下，才在该材料上签字，该事实已经得到史某的证明。由此可见，潘甲真实意思表示并不是为该债务承担保证责任，而只是督促王乙、崔某某二人尽快、充分地实现债权。二审法院混淆了协助执行行为与保证法律行为之间的概念内涵，据此判定潘甲为保证人的事实缺乏证据证明。

◎**再审判决**

某省高院再审认为：王甲作为借款人，亲笔书写了“关于借款经过”，该证据经潘乙辨认，系王甲的笔迹，王甲证实“潘甲说，嫂子我不会打条你打条我签字担保”。其证言与王乙、崔某某主张潘甲口头担保的意见一致。潘甲的行为符合担保的构成要件，应当承担保证责任。

潘甲诉称，其在欠条上署名介绍人而不是保证人，不应承担保证责任。经查，潘甲在欠条上签字并特别注明介绍人字样是在王乙的要求下书写的。从签字目的来看，王乙是为了让潘甲担保负责，潘甲应当知道王乙让其签字的目的，王乙所称潘甲是担保人的主张符合其当时的主观心态；从表面看，潘甲签字为介绍人，但其事后行为与介绍人身份不符。法院审理期间，潘甲在潘乙、王甲财产清单上签字，承诺“潘乙、王甲的财产不到位，潘甲负责追究，提供地址，保证执行到位”。在潘乙被判刑、王甲没有能力还款的情况下，潘甲保证执行到位，证明其对债务履行具有保证的意思表示。潘甲再审主张缺乏证据支持。王乙、崔某某主张潘甲口头担保的主张成立，潘甲的行为对潘乙、王甲夫妇所欠王乙、崔某某23万元欠款，构成一般保证，对该债务应当承担一般保证责任。

综上，判决维持本院二审判决。

◎**律师评析**

本案争议焦点是潘甲是介绍人还是保证人以及应否承担一般保证责任的问题。

民间借贷活动中的介绍人，只在借款人与出借人之间起中介作用，其本人既不出借资金又不借入资金，因而不是借贷当事人，不享有实体权利，也不承担实体义务。而民间借贷中的保证人则完全不同，保证人是保证合同中的当事人，在借款人届时未偿还借款的情形下，负有代替借款人清偿债务的责任。基于此，在民间借贷中，当因行为人是介绍人还是保证人发生纠纷时，出借人为了其利益往往主张是保证人，而行为人往往主张自己是介绍人。对此，《民间借贷规定》第二十一条规定："他人在借据、收据、欠条等债权凭证或者借款合同上签字或者盖章，但未表明其保证人身份或者承担保证责任，或者通过其他事实不能推定其为保证人，出借人请求其承担保证责任的，人民法院不予支持。"但债权凭证上即使表明是介绍人，而出借人主张是保证人的，我们还需探究所谓的介绍人有无保证担保的意思表示隐匿在背后，然后再确认是介绍行为还是保证行为。

本案中，潘甲在潘乙分别向王乙、崔某某出具的借条中均是以"介绍人"的名义署名，据此不能认定潘甲是为潘乙、王甲向王乙、崔某某借款提供保证担保的保证人，潘甲作为介绍人不应承担保证责任。但是，经过综合分析，并根据事后发生的事实，潘甲并非介绍人而是保证人。一是王乙本意是让潘甲提供保证担保，故要求潘甲在借条上特别注明介绍人字样，但由于其缺乏法律知识，不知道介绍人与保证人的区别，王乙对此也予以接受；二是借款人王甲亲笔书写的证言"关于借款经过"中说"潘甲说，嫂子我不会打条你打条我签字担保"，此证言经潘甲之兄潘乙辨认系王甲的笔迹，故此证言与王乙、崔某某主张潘甲口头承诺担保的意见一致；三是潘甲承诺"潘乙、王甲的财产不到位，潘甲负责追究，提供地址，保证执行到位"，在潘乙被判刑、王甲没有能力还款的情况下，潘甲保证执行到位，证明其对债务履行具有保证的意思表示。

在潘甲系保证人的情况下，法院为什么认定本案是一般保证而不是连带保证？《担保法》第十七条第一款规定："当事人在保证合同中约定，债务人不能履行债务时，由保证人承担保证责任的，为一般保证。"该条第二款规定："一般保证的保证人在主合同纠纷未经审判或者仲裁，并就债务人财产依法强制执行仍不能履行债务前，对债权人可以拒绝承担保证责任。"本案中，潘甲承诺"保证执行到位"有两个意思，一是保证担保，二是执行到位。这里的"执行到位"与"不能履行"有关联，也就是说，如果执行不到位，借款人若出现"不能履行"债务的情形，潘甲承诺承担保证责任，若执行到位，潘甲不再承担保证责任。这与一般保证的特征相符合，故法院认定潘甲承诺的是一般保证。

［本案例根据河南省高级人民法院（2012）豫法民再字第00013号民事判决书编写］

3. 连带保证与一般保证的区别

连带保证与一般保证的主要区别是"没有履行"与"不能履行"。在民间借贷中，"没有履行"是指借款人在借款到期后未清偿债务。"不能履行"是指借款人的财产经人民法院强制执行后仍无法全部清偿到期借款债务的情况。根据《担保法解释》第一百三十一条规定：不能履行是指对债务人的存款、现金、有价证券、成品、半成品、原材料、交通工具等可以执行的动产和其他方便执行的财产执行完毕后，债务仍未能得到清偿的状态。连带保证与一般保证的区别还表现为：

（1）两者在保证合同中的标示不同。《担保法》第十九条规定："当事人对保证方式没有约定或者约定不明确的，按照连带责任保证承担保证责任。"据此规定，保证合同上明确标示一般保证的才为一般保证方式，保证合同上明确标示连带保证或者未标示一般保证的都为连带保证；若出借人与保证人在保证合同中约定类似借款人不能履行债务时由保证人承担保证责任这些条款的，应当认定为一般保证；若保证合同中约定保证人不享有先诉辩权的，应为连带保证。

（2）保证人开始承担保证责任时间不同。一般保证和连带保证都自保证合同生效之日起成立，但开始承担保证责任时间不同。一般保证人在通常情况下以强制执行借款人财产后才开始承担保证责任，而连带保证人从民间借贷合同期满之日起开始承担保证责任。

（3）两者的抗辩权不同。一般保证人享有先诉抗辩权，而连带责任保证人不享有先诉抗辩权。

案例解析

担保方式约定不明确不能认定为一般保证

◎案情简介

2010 年 11 月 1 日，出借人鞠某某与借款人 A 公司及保证人王某某签订了一份《借款合同》约定：A 公司向鞠某某借款 860 万元，借款期限 10 个月，自 2010 年 11 月 1 日至 2011 年 8 月 31 日，10 个月后应一次性归还借款本金及借款期间的利息，年利率 25%，王某某为该借款提供连带责任担保。同日，鞠某某与 A 公司、B 公司还签订了《借款协议》，该协议注明：经三方协商，A 公司向鞠某某借款 860 万元，由 B 公司提供保证担保，若到期后 A 公司无力偿还借款本息，由 B 公司代偿。此后两日内，鞠某某通过银行分两次将 860 万元划至 A 公司账户中。借款到期后，A 公司未能还款。

2012 年 11 月 28 日，鞠某某与惠某某签订了《个人债权转让协议书》，鞠某某将其享有的对 A 公司的债权全部转让给惠某某。2012 年 12 月，鞠某某与王某某共同出具《债权转让通知书》，列明借款人为 A 公司，担保人为 B 公司与王某某，其中还注明：请贵单位将该笔借款本金和利息直接支付给惠某某，并请 B 公司、王某某向惠某某履行担保责任。该通知书中只有鞠某某与王某某的个人签字。2013 年 2 月 16 日，惠某某以特快专递的方式向 A 公司及 B 公司寄发了通知书，但未有对方收到的证明。

惠某某以 A 公司、B 公司、王某某为被告提起诉讼称：原出借人鞠某某向 A 公司提供借款 860 万元，王某某提供担保，此后，鞠某某分两次将借款 860 万元划转至 A 公司账户中。借款到期后，A 公司没有按时还款。2012 年 12 月 1 日，鞠某某将该债权全部转让给惠某某，并于 2013 年 2 月 16 日通知债务人。因债务人未履行还款的义务，担保人也没有履行担保责任。请求依法判决各被告偿还借款本金 860 万元及利息（按人民银行同期贷款利率计算）。

B 公司辩称：B 公司承担的是一般保证责任。借款协议中约定：若借款到期借款人无力偿还借款本息，由保证人代偿，符合《担保法》关于一般保证责任的规定，因此，B公司承担一般保证责任。但惠某某的债权已超过保证期间，B公司应免除保证责任。即使B公司承担的是连带责任保证，债权人未在法律规定的保证期间内要求保证人承担保证责任，保证人也不应再承担保证责任。

王某某辩称：《借款协议》约定的借款期限是2010年11月1日至2011年8月31日，根据《担保法》关于保证期限的规定，没有约定保证期限的保证期间为主债务届满之日起6个月，到2012年2月底王某某的担保期限已届满，并且该期间为除斥期间，因此王某某不应再承担保证责任，请求法庭依法驳回原告对王某某的诉讼请求。

◎一审判决

一审法院认为：本案中的借贷为各方当事人的真实意思表示，且不违背法律法规，为合法有效，鞠某某按约定向A公司支付了借款，A公司亦应按约定履行还款的义务。惠某某与鞠某某之间的债权转让不违反法律规定，合法有效。A公司应按《债权转让通知》向受让后的债权人惠某某承担还款责任。

本案争议的焦点为B公司与王某某是否应承担担保责任。

B公司与鞠某某、A公司所签订的《借款协议》中表明，由B公司提供保证担保，但未约定担保方式。对此，《担保法》第十九条规定：当事人对保证方式没有约定或者约定不明确的，按照连带责任保证承担保证责任，故应认定B公司为连带责任保证，王某某应按《借款合同》中的承诺承担连带责任保证。

因《借款协议》及《借款合同》中均未约定保证期间，根据《担保法》第二十六条的规定：连带责任保证的保证人与债权人未约定保证期间的，债权人有权自主债务履行期届满之日起六个月内要求保证人承担保证责任。在合同约定的保证期间和前款规定的保证期间，债权人未要求保证人承担保证责任的，保证人免除保证责任。惠某某未能提供在保证期间向保证人主张债权的有效证据，原出借人鞠某某等的证言，不能单独作为认定其债务履行期届满六个月内要求保证人承担保证责任的证据，所以，B公司与王某某的担保已过保证期间。虽然已过保证期间，但王某某又在《债权转让通知书》

上签字，应视为对债务重新提供了担保，据此，王某某应承担连带清偿责任。而B公司已过保证期间，保证责任应予免除，对于惠某某要求B公司承担还款责任的诉讼请求，应予以驳回。

一审判决：一、A公司于判决生效后十日内一次性偿还惠某某借款本金860万元及利息；二、王某某对以上还款承担连带清偿责任；三、驳回惠某某对B公司的诉讼请求。

◎二审判决

惠某某不服一审判决提起上诉称：

一、惠某某在原审中提交的物证以及证人证言足以证明，原债权人在保证期间内曾多次向B公司主张债权。惠某某在原审庭审中提交的证据已构成一条完整的证据链，可作为有效证据证明原债权转让人鞠某某向保证人王某某和B公司主张债权的事实。

二、王某某是B公司及主债务人A公司的实际控制人，惠某某向王某某主张债权即是向保证人主张债权。原债权人鞠某某之所以向主债务人A公司提供融资，完全是基于与王某某多年的信任关系。王某某虽然不是A公司的股东和法定代表人，但该公司实际由王某某控制。该项借款的担保人B公司，实际也由王某某控制，王某某的办公室就设在B公司。事实上，B公司是由某某公司更名而来，某某公司属于王某某实际控制的企业。基于该实际控制关系，原债权人鞠某某在保证期间内向王某某主张债权，即应视为向B公司主张保证债权。

综上，一审法院认定保证人保证期间已过，系认定事实不清、适用法律错误，请求二审法院改判B公司承担连带清偿责任。

B公司答辩称：B公司承担的是一般保证责任，而非连带保证责任。本案中，《借款协议》约定，若借款到期A公司无力偿还借款本息，由B公司代偿，故该约定符合担保法关于一般保证责任的规定。但保证合同未约定保证期间，惠某某在在六个月保证期间内既没有对主债务人A公司起诉或者申请仲裁，也没有要求B公司承担保证责任，故B公司的保证责任免除。

二审庭审中，B公司提交了三份证据：一份是B公司企业登记情况说明，主要内容是：2008年5月19日该公司的法定代表人、执行董事、经理由王某某变更为赵某某，监事由孙某某变更为祖某某。由于工商局启用新综合业务系统，新旧综合业务调整，在数据自动转换过程中出现王某某任执行董事兼经理，孙某某为监事的错误信息。自2008年5月19日至今，该公司的法定代表人、执行董事、经理为赵某某。第二、三份证据分别是B公司在工商局登记档案，以证明2008年5月19日到现在的法定代表人、执行董事、经理是赵某某。

二审法院认定：涉案的《借款合同》《借款协议》包括该合同及协议中的保证条款，是当事人真实意思表示，内容和形式不违反法律强制性规定，为有效合同。本案当事人争议的焦点问题是：B公司对A公司的债务应否承担连带保证责任。

二审法院认为：在涉案《借款协议》中，只约定若A公司到期无力偿还借款本息，由B公司代偿，并没有明确约定保证责任方式，因此推断不出是连带责任保证还是一般保证责任。依照《担保法》第十九条的规定，当事人对保证责任方式没有约定或者约定不明确的，按照连带责任保证承担保证责任。因该《借款协议》未约定保证期间，依照《担保法》第二十六条的规定，债权人有权自主债务履行期届满之日起六个月内要求保证人承担保证责任。故本案中，B公司应否承担连带保证责任，关键是看本案主债务届满之日起，即2011年8月31日起在六个月内债权人是否向B公司主张了权利。

一方面，在诉讼中，惠某某为证明其在主债务履行届满之日起六个月内向B公司主张了权利，在一、二审中提交了原债权人鞠某某等人的证人证言等，足以证明原债权人鞠某某在2012年2月29日前向王某某主张过权利。从另一方面讲，王某某作为B公司的原股东和原法定代表人，该笔借贷业务均是由王某某具体办理。二审庭审时，B公司的工商登记中，还依然载明王某某是B公司的执行董事，故原债权人鞠某某或现债权人惠某某有理由相信王某某的行为是其在B公司的职务行为，其向王某某主张权利即是向B公司主张权利。退一步讲，即使在法定保证期间内债权人只向王某某催过款，本院也应认定债权人向保证人B公司主张了权利。

二审判决如下：一、维持一审判决第一、二项（即维持A公司偿还惠某某借款本金860万元及利息、王某某对以上还款承担连带清偿责任）；

二、撤销一审判决第三项（即撤销驳回惠某某对B公司的诉讼请求）；三、B公司对A公司本案债务承担连带清偿责任。

B公司不服二审判决，以本案约定的保证方式属于一般保证且已超过保证期间应免除其公司保证责任为由，向最高院申请再审。

◎再审裁定

最高人民法院认为：

一、从案涉《借款协议》中关于“若借款到期A公司无力偿还借款本息，由B公司代偿”的约定来看，难以判断其中“无力偿还”的含义是否与担保法关于一般保证的定义中“不能履行”的含义一致，故对B公司一般保证的主张，本院不予支持。

二、因B公司在本案中提供的并非一般保证，故对其基于一般保证提出的关于保证期间认定错误的抗辩，本院不予支持。

三、二审法院结合本案二审时工商登记材料中王某某仍为该公司执行董事的事实和本案其他事实所作的有关推断，系对工商登记公示效力的肯定，并非认定原债权人鞠某某或现债权人惠某某在向王某某主张权利前曾经查询相关工商登记材料，与有关工商行政管理部门证明的事实亦并不矛盾。故对B公司关于惠某某向王某某主张权利并不代表向其主张权利的主张，本院不予支持。

四、根据《担保法》第二十二条关于“保证期间，债权人依法将主债权转让给第三人的，保证人在原保证担保的范围内继续承担保证责任。保证合同另有约定的，按照约定”的规定，以及鞠某某及惠某某有理由相信王某某的行为是其在B公司的职务行为的事实，对B公司关于鞠某某未将案涉债权转让通知该公司，以及对该公司不发生法律效力的主张，本院不予支持。

综上，B公司关于应当依法再审本案的主张均不成立，裁定如下：驳回B公司的再审申请。

◎律师评析

本案的争议之一是B公司的保证行为是一般保证还是连带保证的问题，其中《借款协议》中的“无力偿还”的含义与《担保法》中的“不能履行”的含义是否一致是关键。

连带保证与一般保证的主要区别是“没有履行”与“不能履行”。“没有履行”是连带责任保证的特点，民间借贷中，它是指借款到期后借款人没有偿还借款。“不能履行”是一般保证的特点，民间借贷中，它是指借款人的财产经人民法院强制执行后仍无法全部清偿到期借款债务的情况。

本案中，《借款协议》约定的“若A公司到期无力偿还借款本息，由B公司代偿”。其中“无力偿还”，如果属于“没有履行”则是连带保证，如果属于“不能履行”则是一般保证，但法院推断不出这是连带保证的意思表示还是一般保证的意思表示，那么，法院只能适用《担保法》第十九条规定作为担保方式约定不明确来处理。根据《担保法》第十九条的规定，担保方式约定不明确的，按照连带保证承担保证责任，所以，本案的担保行为不能认定为一般保证。

[本案例根据最高人民法院（2015）民申字第2583号民事裁定书、山东省高级人民法院（2015）鲁商终字第28号民事判决书编写]

4. 保证人的抗辩权

保证人的抗辩权，是指债权人行使债权时，保证人根据法定事由对抗债权人行使请求权的权利。保证人的抗辩权包括专属于保证人的抗辩权和保证人享有的债务人的抗辩权。

《担保法》第二十条第一款规定：“一般保证和连带责任保证的保证人享有债务人的抗辩权。债务人放弃对债务的抗辩权的，保证人仍有权抗辩。”这是保证人享有的债务人的抗辩权的规定。从履行债务的角度来说，保证人在某种程序上也是债务履行人，所以，保证人享有的债务人的抗辩权。保证人的抗辩权具有以下特点：（1）一般保证保证人和连带责任的保证人都享有债务人的抗辩权。保证人的抗辩权来源于债务人，所以，不因保证方式的不同而影响保证人对该权利的享有。（2）这种抗辩权虽然源于债务人，但是该权利不属于债务人专有，保证人的抗辩权不因债务人的放弃而丧失，保证人在债务人放弃抗辩权后，仍然可以行使抗辩权对抗债权人。保证人享有债务人的抗辩权具有以下几个特点：（1）对于债务人的抗辩权，不管是一般保证人还是连带保证人都可以行使；（2）保证人行使债务人的抗辩权，不受债务人的影响，也就是说，不管债务人是否放弃了行使其抗辩权，保证人都可以行使此权利；（3）保证人是以自己的名义独立行使抗辩权，而不是以债务人或其代理人的身份来行使这一权利的。

案例解析

连带保证人对借款利率超最高限额的可行使抗辩权

◎案情简介

朱某某系某某公司的实际股东和实际控制人。朱某某及某某公司因某某项目资金需要多次向楼某某借款。2014 年 3 月 10 日，楼某某与朱某某、某某公司、虞某某结算后签订一份《协议书》，载明：一、截至 2014 年 3 月 8 日，朱某某、某某公司尚欠楼某某累计借款本金金额 7300 万元，利息自 2014 年 3 月 8 日起按月息 2 分 2 厘按月结付；二、朱某某、某某公司承诺在 2014 年 12 月 30 日前归还 50% 本息，2015 年 5 月 30 日前全部付清；三、虞某某为 7300 万元本息及有关费用提供连带责任保证担保。

借款到期后，楼某某向法院起诉，请求判令：一、朱某某、某某公司偿还楼某某借款 7300 万元及利息；二、虞某某对上述债务承担连带清偿保证责任。

虞某某在辩称中提出，涉案借款中有 808.6812 万元高额利息，并非实际借款，应从 7300 万元中扣减。

◎一审判决

一审法院经审理认为：楼某某与朱某某、某某公司、虞某某之间签订的《协议书》，系各方当事人的真实意思表示，未违反法律、行政法规的强制性规定，内容合法有效。朱某某、某某公司理应按照约定履行归还义务，但其至今未按约支付款项，故楼某某有权要求朱某某、某某公司归还涉案借款本金及利息，虞某某应当承担连带清偿责任

一审法院认定：涉案 808.6812 万元系朱某某、某某公司已归还楼某某 8000 万元计算得出的超过司法解释规定的最高限额的利息；经质证结算，朱某某、某某公司尚欠楼某某借款本金 6184.83534 万元以及利息；虞某某与楼某某之间约定的保证方式为连带责任保证，保证期间为债务履行期限届

满后两年，现楼某某在保证期限内主张权利，故虞某某对朱某某、某某公司的上述债务承担连带保证责任。

一审判决：一、朱某某、某某公司于判决生效后十日内归还楼某某欠款6184.83534万元，并支付利息损失；二、虞某某对上述债务承担连带清偿责任；三、驳回楼某某的其他诉讼请求。

◎二审判决

楼某某不服一审判决上诉称：已归还的8000万元借款本息并非是本案所争议的标的金额，原审法院不应对该笔款项所涉争议进行审理，更不应认定虞某某提出利息过高抗辩理由成立从而扣减808.6812万元利息。虞某某并非借款人，其要求关于超出月息3分的款项用于抵扣本息的抗辩不符合《民间借贷规定》第二十六条第二款的规定。没有借款人的请求，人民法院并不能主动依据职权对超过年利率36%部分的利息按约定无效进行处理。故楼某某的债权数额应加上扣减的808.6812万元。

二审法院认为：楼某某主张已归还的8000万元借款本息并非本案所争议的标的金额，原审法院不应对该笔款项所涉争议进行审理，不应认定虞某某提出利息过高的抗辩理由成立从而扣减808.6812万元利息，且未以最终结算协议来认定借款本金及利息错误。朱某某、某某公司、虞某某则认为《协议书》与事实不符，不能作为认定本案借款金额的依据。

对此，首先，各方关于8000万元借款利息结算清单系作为本案《协议书》的附件四予以列明，且在《协议书》的内容部分也包含了对该8000万元款项结算的内容，应认定该8000万元借款与本案《协议书》的形成具有关联性。楼某某已依据该《协议书》提起本案诉讼，其主张8000万元本息与本案《协议书》所涉借款无关联性的理由不能成立。

其次，我国《担保法》第二十条第一款规定："一般保证和连带责任保证的保证人享有债务人的抗辩权。债务人放弃对债务的抗辩权的，保证人仍有权抗辩。"《民间借贷规定》第二十六条第二款规定："借贷双方约定的利率超过年利率36%，超过部分的利息约定无效。借款人请求出借人返还已支付的超过年利率36%部分的利息的，人民法院应予支持。"第二十八条第二款规定："按前款计算，借款人在借款期间届满后应当支付的本息之和，不能超过最初借款本金与以最初借款本金为基数，以年利率24%计算的整个借款期间的利息之和。出借人请求借款人支付超过部分的，人民法院不予支持。”据此，案涉8000万元借款的利率超过年利率36%部分的约定无效，虞某某作为保证人可以请求扣减该笔借款已支付的超过年利率36%部分的利息，原审法院扣减超出的808.6812万元利息以及其余尚欠借款以最初借款本金为基数按年利率24%计算整个借款期间的利息有事实和法律依据。楼某某的该上诉理由亦不能成立。

综上，原审判决认定事实清楚，适用法律正确，应予维持。二审判决：驳回上诉，维持原判。

◎再审裁定

楼某某不服二审判决，向最高院申请再审。

最高院经审查认为：依据原审查明的事实，楼某某依据2014年3月10日各方签署的《协议书》提起本案诉讼，各方关于8000万元借款本息的结算在《协议书》事实基础部分和附件四中均有记载。因此，原审判决认定该8000万元借款与本案《协议书》的形成具有关联性，并不缺乏证据证明。《中华人民共和国担保法》第二十条第一款规定：“一般保证和连带责任保证的保证人享有债务人的抗辩权。债务人放弃对债务的抗辩权的，保证人仍有权抗辩。”《民间借贷规定》第二十六条第二款规定：“借贷双方约定的利率超过年利率36%，超过部分的利息约定无效。借款人请求出借人返还已支付的超过年利率36%部分的利息的，人民法院应予支持。”第二十八条第二款规定：“按前款计算，借款人在借款期间届满后应当支付的本息之和，不能超过最初借款本金与以最初借款本金为基数，以年利率24%计算的整个借款期间的利息之和。出借人请求借款人支付超过部分的，人民法院不予支持。”依照上述法律规定，原审判决认定案涉8000万元借款的利率超过年利率36%部分的约定无效，虞某某作为保证人可以请求扣减该笔借款已支付的超过年利率36%部分的808.6812万元利息以及其余尚欠借款以最初借款本金为基数按年利率24%计算整个借款期间的利息，适用法律并无不当。因此，楼某某关于已归还的8000万元的借款本息并非本案所争议的内容、原审判决不应认定虞某某提出利息过高的抗辩理由成立从而扣减808.6812万元利息适用法律错误的申请再审理由不能成立。

最高院裁定驳回楼某某的再审申请。

◎**律师评析**

本案的争议焦点之一是连带保证人虞某某对808.6812万元高额利息是否有权抗辩的问题。

楼某某主张：(1) 虞某某并非借款人，其要求关于超出月息3分的款项用于抵扣本息的抗辩不符合《民间借贷规定》第二十六条第二款的规定；(2) 没有借款人的请求，人民法院并不能主动依据职权对超过年利率36%部分的利息按约定无效进行处理。故其债权数额应加上扣减的808.6812万元。楼某某的上述主张显然否定连带保证人享有债务人的抗辩权，这不符合法律规定。

首先，连带保证人享有债务人的抗辩权。《担保法》第二十条第一款规定："一般保证和连带责任保证的保证人享有债务人的抗辩权。债务人放弃对债务的抗辩权的，保证人仍有权抗辩。"从中可以看出，连带保证人享有债务人的抗辩权是基于债务人的抗辩权而产生的，即使债务人放弃抗辩权，也不影响连带保证人行使债务人的抗辩权。本案的借款人是朱某某、某某公司，但其未就808.6812万元非法高额利息向楼某某提出抗辩，说明其自愿承受了这笔利息，但朱某某、某某公司放弃这笔非法利息的抗辩权显然加重了虞某某的保证责任，因此，虞某某完全可以根据上述规定，基于朱某某、某某公司的抗辩权以自己的名义行使抗辩权。所以，楼某某认为虞某某并非借款人不享有抗辩权的主张是不能成立的。

其次，连带保证人行使债务人的抗辩权必须有法定事由。《民间借贷规定》第二十六条第二款规定，借贷双方约定的利率超过年利率36%，超过部分的利息约定无效。第二十八条第二款规定，借款人在借款期间届满后应当支付的本息之和，不能超过以年利率24%计算的整个借款期间的利息之和；出借人请求借款人支付超过部分的，人民法院不予支持。据此，案涉8000万元借款的利率超过年利率36%的部分约定无效，年利率超过24%的利息不予支持。据此，连带保证人虞某某主张扣减808.6812万元非法高额利息，符合上述规定，具有法定事由，故其抗辩成立。

[本案例根据浙江省高级人民法院(2016)浙民终字第597号民事判决书、最高人民法院(2017)最高法民申字第25号民事裁定书编写]

5. 一般保证人的先诉抗辩权

先诉抗辩权是一般保证人在主合同纠纷未经审判或者仲裁，并就债务人财产依法强制执行仍不能履行债务前，对债权人拒绝承担保证责任的权利。先诉抗辩权是一般保证人的专属权，连带保证人不享有先诉抗辩权。保证人行使先诉抗辩权，应当把握以下四点：(1）只有保证合同中明确约定为一般保证的，保证人才能享有先诉抗辩权；(2）根据《担保法》的规定，保证人在诉讼或仲裁前，或在诉讼或仲裁程序中以及强制执行程序中的任何时候都可以行使先诉抗辩权；(3）先诉抗辩权只有是在主债权人请求保证人履行保证责任时，一般保证人才能行使；若主债权人未向保证人作出履行债务的请求，则保证人无从行使该抗辩权；(4）先诉抗辩权的行使仅是暂时拒绝履行债务，延缓保证责任的承担时间，其作用在于防御和阻却、暂时停止或延缓主债权人请求权的行使，并不能否认或消灭债权人的权利和保证人的责任。

《担保法》第十七条第三款规定，一般保证人的先诉抗辩权出现以下情形将会丧失而不得行使：(1）债务人住所变更，致使债权人要求其履行债务发生重大困难的；(2）人民法院受理债务人破产案件，中止执行程序的；(3）保证人以书面形式放弃前款规定的权利的。此外，根据《担保法解释》第一百三十一条的规定，法院对债务人的存款、现金、有价证券、成品、半成品、原材料、交通工具等可以执行的动产和其他方便执行的财产执行完毕后，债务仍未能得到清偿的，一般保证人就将丧失先诉抗辩权。一般保证人丧失先诉抗辩权后，一般保证就转化为连带保证，一般保证人就应开始履行保证义务。

《担保法解释》第一百三十一条规定："本解释所称'不能清偿'指对债务人的存款、现金、有价证券、成品、半成品、原材料、交通工具等可以执行的动产和其他方便执行的财产执行完毕后，债务仍未能得到清偿的状态。"

案例解析

债务人财产不方便执行，一般保证人丧失先诉抗辩权

◎案情简介

尚某某、裴某某（夫妻关系）向黄某某10万元，由尚乙提供一般保证担保。借款到期后，尚某某、裴某某未偿还，黄某某向某某法院提起诉讼。某某法院于2015年5月11日作出判决：一、尚某某、裴某某于判决生效后立即共同偿还黄某某借款本金10万元及利息；二、在对尚某某、裴某某的财产依法强制执行后仍不能履行债务时，由尚乙承担保证责任；三、尚乙承担保证责任后，有权向尚某某、裴某某追偿。该判决生效后，因尚某某、裴某某未履行义务，黄某某向某某法院申请执行。

在执行过程中，某某法院依法对被执行人尚某某、裴某某的财产进行调查，尚某某在某某村有集体土地宅基地一处，用地面积192㎡，建有老房屋三间，厨房一间，办理了房产登记手续；紧邻该老房东侧建有二层楼房一幢共八间，该房未办理土地使用及建设规划手续。此外，某某法院未查到被执行人尚某某、裴某某名下有银行存款、车辆登记信息及其他可供执行的财产。据此，某某法院开始执行尚乙的财产，并于2015年11月3日作出执行裁定书，冻结了尚乙银行存款12万元。

◎执行法院裁定

尚乙向某某法院提出书面执行异议称：本人承担的是一般保证责任，享有先诉抗辩权，只有在对主债务人尚某某、裴某某财产强制执行后仍不能清偿债务的情况下，才由本人承担保证责任，某某法院才可以执行本人的财产。主债务人尚某某有位于某某村房屋两处，一处为老房，另一处为二层楼房，现某某法院作出的执行裁定书，冻结本人银行工资账户违法，请求法院撤销裁定，解除对本人的银行存款12万元的冻结，先执行被执行人尚某某的上述财产。

某某法院于2015年12月16日作出执异字第00039号执行裁定认为，在一般保证中，对主债务人的财产强制执行后仍不能清偿债务的情况下可依法执行保证人的财产。某某法院依强制执行程序对主债务人尚某某、裴某某的

财产进行了充分调查，其名下无存款、现金、交通工具等方便执行的动产。异议人所提出的主债务人有位于某某村的两处房屋，但该两处房屋的土地性质均为农村集体土地，不具备方便处置条件，异议人亦不能提供主债务人其他财产线索，应认定被执行人尚某某、裴某某不能清偿到期债务，故对一般保证人尚乙采取执行措施，冻结其工资并无不当，异议人请求撤销冻结裁定没有事实和法律的根据，本院对其请求不予支持。依照《担保法》第十七条和《担保法解释》第一百三十一条之规定，裁定驳回异议人尚乙的异议请求。

◎**复议法院裁定**

尚乙不服上述裁定申请复议称：某某法院认为尚某某两处房屋的土地性质均为农村集体土地不具备处置条件，但法院在执行处置类似房产时，具备一定条件是可以购买的，本人、妻子、儿子户籍均在某某村，且无宅基地，具备购买条件。某某法院在未对被执行人尚某某、裴某某的财产强制执行的情况下，裁定冻结一般保证人本人银行存款不当，请求撤销某某法院执异字第00039号执行裁定。

复议法院认为：某某法院经对被执行人尚某某、裴某某的财产执行调查，除尚某某名下登记有位于某某村三间一厨房屋及未经房产登记的二层楼房外，尚某某、裴某某名下经查无银行存款、车辆登记信息及其他可供执行的财产。尚某某所有的三间一厨房屋是其在农村村民住宅用地上建造，法律规定农村集体所有的土地的使用权不得出让、转让，故该三间一厨房屋不具备执行处置条件。尚某某在其老屋东侧建造的二层楼房未有合法的用地、建设规划许可手续，该二层楼房也不具备执行处置条件。因某某法院在对尚某某、裴某某的财产依法强制执行后仍不能履行债务，遂尚乙应承担保证责任，某某法院依法裁定冻结尚乙银行存款符合法律规定。故申请复议人尚乙的复议理由不能成立，本院不予支持。复议法院裁定如下：驳回申请复议人尚乙的复议申请，维持某某法院作出的执异字第00039号执行裁定。

◎**律师评析**

本案是一起一般保证人在执行程序中行使先诉抗辩权的案例。

本案的执行依据是某某法院于2015年5月11日作出的判决书，该判决书判决尚某某、裴某某共同偿还黄某某借款本金10万元及利息；尚乙承担一般保证责任，即在对尚某某、裴某某的财产依法强制执行后仍不能履行债务时由其承担保证责任。据此，法院应当先执行借款人尚某某、裴某某的财产，经法院强制执行，尚某某、裴某某仍不能履行债务的，尚乙就应代替尚某某、裴某某偿还借款债务。

某某法院经调查，被执行人尚某某、裴某某除了两处房屋外，没有财产可供执行。其中，尚某某名下登记有位于某某村的三间一厨房屋系在农村村民住宅用地上建造，因法律规定农村集体所有的土地使用权不得出让、转让，故该三间一厨房屋不具备执行处置条件。尚某某在其老屋东侧建造的二层楼房未取得合法的用地、建设规划许可手续处于违法状态，故该二层楼房也不具备执行处置条件。此外，尚某某、裴某某名下无银行存款、车辆登记信息及其他可供执行的财产。《担保法解释》第一百三十一条规定："本解释所称'不能清偿'指对债务人的存款、现金、有价证券、成品、半成品、原材料、交通工具等可以执行的动产和其他方便执行的财产执行完毕后，债务仍未能得到清偿的状态。"涉案的两处房屋属于不方便执行的财产，据此，法院认定尚某某、裴某某"不能履行债务"，尚乙便丧失了一般保证人的先诉抗辩权，此后尚乙就应开始承担保证责任，所以尚乙行使先诉抗辩权的理由不能成立，某某法院依法裁定冻结尚乙银行存款符合法律规定。

但若涉案两处房屋属于合法可转让财产，而法院未对该两处房屋进行处置之前，就强制执行一般保证人尚乙的财产，并裁定冻结其银行存款，尚乙就此行使先诉抗辩权就能成立，某某法院就应解除冻结，先执行涉案两处房屋，然后视两处房屋处置价款是否满足清偿尚某某、裴某某的借款债务的具体情况，再决定尚乙是否需要承担保证责任。

[本案例根据江苏省泰州市中级人民法院（2016）苏12执复字第7号执行裁定书编写]

6. 保证合同无效及过错责任

民间借贷保证合同无效，除了依照《民法总则》和《合同法》确认外，还应适用《担保法》的有关规定进行确认。《担保法》有关保证合同无效的规定，主要是从主体上进行界别。

（1）根据《担保法》第八条的规定，除经国务院批准为使用外国政府或者国际经济组织借款进行转贷外，国家机关不得为保证人。国家机关包括国家权力机关、行政机关、审判机关、检察机关以及军事、警察等机关。国家机关所需的财产和资金是通过国家预算拨款方式取得的，只能用于职能工作的需要，而不能为民间借贷提供保证担保。

（2）根据《担保法》第九条的规定，以公益为目的的企事业单位和团体不得为保证人。国家设立这些单位和团体，目的是为了社会公益事业，如果允许它们为他人提供保证担保，就避免不了承担担保责任而造成资金或者财产损失的风险，因而不利于公益事业的维持和发展。但从事经营活动的事业单位、社会团体可以为民间借贷提供保证担保人。

（3）法人的分支机构和内部所设的职能部门。法人的分支机构和内部所设的职能部门，因不具有独立的民事行为能力，所以不能作为民间借贷的保证人。但已经法人书面委托或者授权的，则可以在委托或者授权的范围内从事民间借贷保证活动，但由此发生的保证责任由法人承受。

民间借贷保证合同被依法确认无效后，当事人应当根据过错程度承担相应的民事责任。这里的民事责任主要是返还借款、赔偿损失。首先，不论是谁的过错造成保证合同无效，借贷债权都应得到保护，所以，借款人都应当如数向出借人返还借款。其次，借款人不能返还借款，并造成利息等损失的，由过错方予以赔偿。

关于借贷合同有效而其保证合同无效造成损失的赔偿问题。《担保法解释》第七条规定："主合同有效而担保合同无效，债权人无过错的，担保人与债务人对主合同债权人的经济损失，承担连带赔偿责任；债权人、担保人有过错的，担保人承担民事责任的部分，不应超过债务人不能清偿部分的三分之一。"根据这条规定，借款合同有效而其保证合同无效的赔偿责任，视担保当事人有无过错，分两种情况进行处理：一是出借人无过错的，保证人和借款人对出借人的经济损失承担连带赔偿责任。赔偿范围包括尚未收回的借款本金、利息和其他有关费用；二是出借人和保证人都有过错而造成出借人损失的，保证人承担赔偿责任部分，不应超过借款人不能清偿部分的二分之一。这里的"二分之一"是上限，并不要求必须赔偿二分之一，只要不超过二分之一即可。至于担保人赔偿二分之一以下的具体数额，应当根据保证人的过错程度而定。

关于借贷合同无效而导致其保证合同无效造成损失的赔偿问题。《担保法解释》第八条规定："主合同无效而导致担保合同无效，担保人无过错的，担保人不承担民事责任；担保人有过错的，担保人承担民事责任的部分，不应超过债务人不能清偿部分的三分之一。"根据这条规定，借贷合同无效而导致其保证合同无效，完全由出借人、借款人过错造成的，保证人无过错的，保证人不承担赔偿责任。保证人有过错的，承担赔偿责任的部分，不应超过借款人不能清偿部分的三分之一。

案例解析

国家机关提供保证无效，亦应承担赔偿责任

◎案情简介

2011年9月4日，李A（某某县人防办法定代表人）向李B出具一张2000万元借条，该借条载明："李C借现金贰仟万元整，月息5‰，期限3个月，到期利息300万元整。"某某县人防办在该借条中盖上财务专用章，并载明"同意担保"；周某等四人以证明人的身份在该借条上签字。同日，李B通过银行向李A指定的账户转款2000万元。借款到期后，李A偿还本金1000万元，收款人李C、周某等四人向李A出具了《收到条》。2011年12月30日，李A、李B、周某等四人订立《还款协议》，该协议载明：李A欠李C、周某等四人1000万元整，经双方协商同意，立此还款协议：1. 2013年6月30日还款500万元，2013年12月31日还款500万元；2. 只付本金，不付利息。

后李A未按照《还款协议》履行还款义务。李B于2013年8月6日持借条向法院提起诉讼，请求判令：1. 李A偿还借款本金1300万元及利息592.8万元（2011年12月31日至2013年7月31日，月息按2.4%计算）；2. 某某县人防办对上述借款本息承担保证责任。

李A辩称：本人为李C介绍借款，本人是介绍人，而不是实际借款人，不承担偿还借款责任。

◎一审判决

一审查明：李A所借2000万元款项，是由李B、周某等四人共同筹集。

李A偿还1000万元后，剩余款项其五人所占比例分别为28%、26%、16.25%、10.25%、19.5%。后周某等四人作为原告参加诉讼。某某县人防办为机关法人，李A当时是法定代表人。

一审法院经审理认定：

关于借款人问题。李A对李B提供的2011年9月4日借条的真实性无异议，因此李A与李B之间的借款关系成立。根据涉案《还款协议》和《收到条》记载的内容，结合李B提供的部分银行流水账，能够证实该笔借款已出借，李A与李B之间的借款合同为有效合同。李A本人亲自向李B出具借条，并亲自与李B等人签订《还款协议》，还由其本人亲自偿还了部分借款，所以，李A辩称其是李C的介绍人而不是实际借款人的理由不成立。

关于本金问题。2011年9月4日，李A借李B2000万元本金，李A偿还1000万元，剩余1000万元本金未清偿，与李A提供的《还款协议》双方确认李A还欠1000万元一致，故应认定李A偿还的1000万元为本金。

关于实际出资人问题。李B出借的款项是由李B、周某等四人共同筹集。李A偿还1000万元后，剩余1000万元本金及利息其五人所占比例分别为28%、26%、16.25%、10.25%、19.5%，李B对此无异议，予以确认。

关于借款利息问题。李A已还款1000万元，但对该笔款项是偿还借款本金，还是包括支付合同约定的利息300万元，双方存在争议。李A与李B之间的借款合同约定利率月息5‰，三个月的利息300万元，按照300万元利息数额及借款时间计算，月利率应为5%，借条显示的月息5‰应为笔误。李B未明确放弃该借款利息，虽然《还款协议》约定“只付本金，不付利息”，但该《还款协议》并未实际履行，故李B持借条请求李A支付利息，应予支持。本案当事人约定的利率5%超出同期银行贷款利率的四倍，根据《最高人民法院关于人民法院审理借贷案件的若干意见》第六条之规定，本案利息应按照同期银行贷款利率的四倍计算。

关于保证担保问题。《担保法》第八条规定，国家机关不得为保证人。《担保法解释》第三条规定，国家机关和以公益为目的的事业单位、社会团体违反法律规定提供担保的，担保合同无效。因此给债权人造成损失的，应当根据《担保法》第五条第二款的规定处理。涉案借条上虽加盖某某县人防办财务专用章，并签有“同意担保”字样，但某某县人防办属于国家机关，对外担保违反法律强制性规定，其与李B之间的担保合同应为无效合同。根据《担保法》第五条第二款的规定，担保合同被确认无效后，债务人、担保人、债权人有过错的，应当根据其过错各自承担相应的民事责任。《担保法解释》第七条规定，主合同有效而担保合同无效，债权人无过错的，担保人与债务人对主合同债权人的经济损失，承担连带赔偿责任；债权人、担保人有过错的，担保人承担民事责任的部分，不应超过债务人不能清偿部分的二分之一。李B作为债权人选择担保人时，应当负有谨慎审查义务，其对某某县人防办是否有担保的主体资格没有谨慎审查，主观上有过错，对于担保无效造成的损失，应承担相应的责任。某某县人防办作为国家机关违反法律强制性规定对外担保，亦有过错。故债权人李B与担保人某某县人防办均有过错，某某县人防办应在李A不能清偿部分的二分之一范围内向李B承担过错赔偿责任。

一审判决：一、李A于判决生效后十日内偿还李B、周某等四人借款本金1000万元及利息，李B周某等四人分别按照28%、26%、16.25%、10.25%、19.5%的比例受偿；二、某某县人防办对上述债务中李A不能清偿部分的二分之一承担赔偿责任；三、驳回李B、周某等四人其他诉讼请求。

◎二审判决

李A不服一审判决上诉称：李A仅为借款介绍人，不是实际借款人，不是本案适格当事人。本案实际借款人及用款人是李C，应由李C偿还借款本息。

某某县人防办上诉称：1. 李A在借条上加盖某某县人防办财务章进行担保的行为，事先未与单位其他负责人商议，事后也未通报，系李A个人行为，李B对其行为的违法性知道或应当知道，可见系借贷双方串通骗取某某县人防办提供担保，根据《担保法》第三十条的规定，某某县人防办不承担责任。2. 李B等人与李A订立《还款协议》时未征得某某县人防办的同意，根据《担保法》及《最高人民法院关于人民法院审理借贷案件的若干意见》的相关规定，保证人某某县人防办不应再承担保证责任，更不应当承担赔偿责任。

二审法院审理后认定：一审法院对本案借款主体、本金数额、借款利息等认定正确。

关于一审认定某某县人防办的保证行为无效的问题。李A作为某某县人防办的法定代表人，在借条上“同意担保”处加盖了某某县人防办的财务章，李B作为善意出借人有理由相信李A加盖公章的行为系职务行为，对该行为是否事先已与单位其他负责人商议、事后通报无审查义务，某某县人防办未提供证据证明其财务章对外无效，也无证据证明李A与李B串通、骗取某某县人防办提供保证或李B采取欺诈、胁迫等手段，使某某县人防办在违背真实意思的情况下提供保证。根据《担保法》第三十条的规定，某某县人防办不承担责任的上诉理由不能成立，本院不予支持。某某县人防办属于国家机关，对外提供担保违反法律强制性规定，担保无效。李B对担保人未尽谨慎审查义务，对担保无效造成的损失应承担相应的责任，某某县人防办作为国家机关，明知对外担保违反法律强制性规定，仍提供担保，对担保无效存在过错，亦应承担相应的过错责任。原审依据《担保法解释》第七条的规定，判决某某县人防办在李A不能清偿部分的二分之一范围内向李B承担过错赔偿责任并无不当，某某县人防办辩称其不应承担赔偿责任的上诉理由无法律依据，不能成立。

综上，原审判决认定事实清楚，适用法律正确，判决并无不当。二审判决如下：驳回上诉，维持原判。

◎律师评析

本案有多个争议，其中某某县人防办提供保证担保是否有效以及是否承担赔偿责任是焦点之一。

根据《防空法》的规定，人民防空办公室是管理人民防空工作的行政主管部门，经费列入地方各级预算，平时负责组织管理人民防空建设，战时负责组织开展城市人民防空袭斗争。《担保法》第八条规定，国家机关不得为保证人，人民防空办公室作为行政部门属于国家机关，如果提供保证担保，当属无效行为。

涉案借条中的借款内容是主合同，而借条中的保证担保条款是从合同。《担保法解释》第七条规定：“主合同有效而担保合同无效，债权人无过错的，担保人与债务人对主合同债权人的经济损失，承担连带赔偿责任；债权人、担保人有过错的，担保人承担民事责任的部分，不应超过债务人不能清偿部分的二分之一。”本案经法院审理认定，涉案借款有效，但涉案保证无效。对无效保证担保，债权人李 B 和保证人某某县人防办均有过错，根据上述规定，某某县人防办应当承担不超过债务人不能清偿债务部分的二分之一的赔偿责任。

《财政违法行为处罚处分条例》第十条规定：“国家机关及其工作人员违反《中华人民共和国担保法》及国家有关规定，擅自提供担保的，责令改正，没收违法所得。对单位给予警告或者通报批评。对直接负责的主管人员和其他直接责任人员给予警告、记过或者记大过处分；造成损失的，给予降级或者撤职处分；造成重大损失的，给予开除处分。”据此，某某县人防办向李 B 赔偿后，应当由有关部门给李 A 政纪处分，并应向李 A 追偿。

法院之所以认定某某县人防办是保证人，是因为李 A 是某某县人防办的法定代表人，且在借条上加盖某某县人防办财务章，于是认为李 A 的保证行为系职务行为（即代表行为），最后由某某县人防办承担赔偿责任。但若李 A 不是某某县人防办法定代表人，而是其他国家机关其他工作人员，当其提供保证担保既未受某某县人防办委托授权又不构成代表行为，而擅自拿某某县人防办的公章与债权人李 B 订立保证合同的，根据《合同法》第四十八条规定，李 A 提供保证担保行为所产生的法律责任应当由其个人承担，而不能将此责任转嫁给某某县人防办承担。

［本案例根据河南省高级人民法院（2015）豫法民一终字第 209 号民事判决书编写］

第十六章　民间借贷的抵押担保及裁判案例解析

抵押担保，是指债务人或者第三人不转移对财产的占有，将该财产作为债权的担保，债务人不履行债务时，债权人有权依照法律的规定以该财产折价或者以拍卖、变卖该财产的价款优先受偿的一种担保方式。设立抵押担保的目的在于，以担保物所具有的交换价值为对象，当债务人不履行债务时，使债权人凭借担保物权来处分担保物，就该抵押物的价款获得优先受偿权，而不是取得担保物的所有权、使用权和用益权。在民间借贷活动中，借款人向出借人借款，出借人要求借款人提供担保，借款人或者第三人可以与出借人约定采取抵押方式提供财产担保。

在民间借贷活动中，借款人可以提供自己的财产为自己的借款提供抵押担保，这是民间借贷抵押担保中常见的情况。第三人愿意为借款人借款担保的，也可以提供财产抵押。在民间借贷的抵押担保法律关系中，出借人是抵押权人，提供财产抵押的人是抵押人，抵押担保的主要特点之一是：抵押合同生效和抵押物登记后，抵押权人仅取得抵押权，抵押财产不转移为抵押权人占有，抵押人仍有权占有、管理和使用抵押财产，如借款人将房屋作为借款抵押物，该抵押房产不交付出借人，仍为借款人所有和居住；出借人虽不占有抵押物，但能取得完整的担保物权。

1. 债务人提供抵押担保

借款人为了取得借款和保证偿还借款，可以将自己所有的动产或不动产向出借人提供抵押担保。在民间借贷中，出借人的债权只有借款人提供抵押担保，届时借款人未偿还借款的，案件比较简单，只要处置借款人提供的抵押物来实现债权即可，但若同时存在第三人提供保证担保的，就需要处理抵押担保与保证担保之间的关系。

《物权法》第一百七十六条规定，被担保的债权既有物的担保又有人的担保的，债务人不履行到期债务或者发生当事人约定的实现担保物权的情形，债权人应当按照约定实现债权；没有约定或者约定不明确，债务人自己提供物的担保的，债权人应当先就该物的担保实现债权。据此规定，借款人提供其财产抵押，第三人同时提供连带保证的，在没有约定或者约定不明确的情况下，应当先处理借款人提供抵押的财产来清偿债务，而保证人只对剩余的担保债务承担代偿责任；如果有特别约定的，则应按照约定承担担保责任，如双方明确约定由保证人先行承担保证责任的，保证人则应先行承担保证责任；又如双方明确约定借款人的抵押担保与保证人的保证担保共同连带担保的，保证担保应当与抵押担保连带清偿担保债务。

案例解析

借款人提供抵押不一定适用“物保优于人保”

◎案情简介

2013年1月28日，马某某（借款人）与某某小额贷款公司签订《借款合同》约定：某某小额贷款公司同意向马某某发放借款100万元，借款期限自2013年1月30日起至2013年7月30日止，实行按月结息，利随本清，月利率18‰；借款人不按期归还贷款本息的，从逾期之日起按合同约定利率加付50%的利息，直至本息清偿为止。

同日，马某某（借款人、抵押人）与某某小额贷款公司签订《最高额抵押合同》约定：马某某自愿提供以其所有的某某花园房屋抵押担保；被担保的主债权期限自2013年1月29日起至2015年1月29日止；抵押担保的范围为全部债务本金和全部利息、逾期利息、复利、罚息等费用。2013年1月31日，马某某与某某小额贷款公司办理了抵押登记，抵押债权数额为120万元。

也于同日，钱某某等四人（保证人）与某某小额贷款公司签订《最高额保证合同》约定：钱某某等四人为担保某某小额贷款公司与马某某之间的《借款合同》项下的借款本金100万元及利息、复利等费用，保证方式为连带责任保证。

上述合同签订后，某某小额贷款公司向马某某发放了100万元借款。

2013年7月30日，借款到期后，马某某未能偿还借款，钱某某为马某某偿还了本金20万元，并为马某某支付了部分利息。

某某小额贷款公司向法院提起诉讼，请求判令：1. 马某某立即归还借款本金80万元及利息、罚息；2. 钱某某等四人对上述债务承担连带保证责任；4. 某某小额贷款公司对马某某的抵押房产享有优先受偿权。

钱某某等四位保证人经法院传唤未到庭应诉。

◎法院判决

法院经审理认为：某某小额贷款公司与马某某签订的《借款合同》《最高额抵押合同》以及与钱某某等四人分别签订的《最高额保证合同》，均系双方当事人的真实意思表示，且未违反法律、行政法规的强制性规定，合法有效。在借款期限届满后，钱某某代马某某支付了20万元本金，马某某未能偿还其余借款本金及利息，应当承担违约责任。故某某小额贷款公司要求马某某归还80万元借款本金及利息的诉讼请求，符合合同约定和法律规定。

根据钱某某等四人分别与某某小额贷款公司签订的《最高额保证合同》的约定，钱某某等四人应承担连带保证责任。

马某某以其所有的某某花园房屋抵押，并办理了抵押登记，上述抵押合法有效。根据其与某某小额贷款公司签订的《最高额抵押合同》的约定，某某小额贷款公司有权对马某某主张实现抵押权，马某某应按合同约定承担抵押担保责任。某某小额贷款公司要求就马某某的借款及其利息等以上述房产在拍卖、变卖或折价所得价款内优先受偿的诉讼请求，本院予以支持。

关于担保债务清偿顺序问题。《物权法》第一百七十六条规定，被担保的债权既有物的担保又有人的担保的，债务人不履行到期债务或者发生当事人约定的实现担保物权的情形，债权人应当按照约定实现债权；没有约定或者约定不明确，债务人自己提供物的担保的，债权人应当先就该物的担保实现债权；第三人提供物的担保的，债权人可以就物的担保实现债权，也可以要求保证人承担保证责任。但在本案中，钱某某等四人与某某小额贷款公司签订的《最高额保证合同》中约定："主债务在本合同之外同时存在其他物的担保或保证的，不影响债权人本合同项下的任何权利及其行使，债权人有权决定各担保权利的行使顺序，保证人应按照本合同的约定承担担保责任，不得以存在其他担保及行使顺序等抗辩债权人。”据此，某某小额贷款公司有权按照上述约定，在要求处置马某某的抵押房产的同时要求钱某某等四人承担连带保证责任。

综上，法院判决如下：一、马某某于本判决发生法律效力之日起立即归还某某小额贷款公司借款本金80万元及利息、罚息146133元；

二、钱某某等四人对上述马某某的债务承担连带清偿责任，钱某某等四人承担保证责任后，有权向马某某追偿；三、某某小额贷款公司有权对马某某所有的某某花园房产在拍卖、变卖后所得的价款（余额抵押）范围内优先受偿；四、驳回某某小额贷款公司的其他诉讼请求。

◎律师评析

本案是一起简单的担保案件，但其中是否适用“物保优于人保”值得分析。

“物保优于人保”，是指债务人以其财产提供物权担保的同时又有第三人提供保证担保，当事人对担保责任顺序没有约定或者约定不明确的，应以债务人的担保物先清偿债务，不足部分再由保证人代偿的清偿顺序模式。

本案中，马某某向某某小额贷款公司借款，以其所有的房地产抵押，既是借款人又是抵押人，同时，钱某某等四人为马某某借款提供连带保证，于是构成混合担保。《物权法》第一百七十六条规定：“被担保的债权既有物的担保又有人的担保的，债务人不履行到期债务或者发生当事人约定的实现担保物权的情形，债权人应当按照约定实现债权；没有约定或者约定不明确，债务人自己提供物的担保的，债权人应当先就该物的担保实现债权；第三人提供物的担保的，债权人可以就物的担保实现债权，也可以要求保证人承担保证责任。提供担保的第三人承担担保责任后，有权向债务人追偿。”据此规定，在没有特别约定的情况下，债务人自己提供物的担保的，债权人应当先就债务人的抵押物实现担保债权；如果有特别约定的，债权人应当按照约定实现债权。

本案属于有特别约定的情形，即钱某某等四人与某某小额贷款公司签订的《最高额保证合同》中约定：“主债务在本合同之外同时存在其他物的担保或保证的，不影响债权人本合同项下的任何权利及其行使，债权人有权决定各担保权利的行使顺序，保证人应按照本合同的约定承担担保责任，不得以存在其他担保及行使顺序等抗辩债权人”。此约定排除了“物保优于人保”的适用，即在债务人马某某提供抵押和钱某某等四人提供连带保证的情况下，某某小额贷款公司有权决定各担保权利的行使顺序。据此，某某小额贷款公司在诉讼中有权不分先后顺序，在主张马某某承担抵押责任同时主张钱某某等四人承担连带保证责任。此外，《最高额保证合同》还明确约定，保证人“不得以存在其他担保及行使顺序等抗辩债权人。”据此，钱某某等四位保证人即使提出先以马某某的抵押房产清偿债务的抗辩也是不能成立的，所以，法院判决某某小额贷款公司有权对马某某所有的某某花园房产在拍卖、变卖后所得的价款范围内优先受偿的同时判决钱某某等四位保证人对马某某的债务承担连带清偿责任。

2. 抵押登记及抵押权设立

抵押权设立有两种方式，即不动产抵押权以登记为条件设立，动产抵押权以抵押合同生效为条件设立。

抵押物登记，是指登记机关根据抵押当事人的申请将抵押物在不动产登记簿上予以记载的法律行为。抵押物登记是一种公示方式，这种公示方式具有很强的公信力，可以避免发生抵押争议，限制抵押人擅自转让抵押物，有利于保护债权人的抵押权。

《物权法》第一百八十七条规定：“以本法第一百八十条第一款第一项至第三项规定的财产或者第五项规定的正在建造的建筑物抵押的，应当办理抵押登记。抵押权自登记时设立。”《物权法》第一百八十条规定的应当登记的抵押财产都是不动产（包括不动产权利）：（1）建筑物和其他土地附着物；（2）建设用地使用权；（3）以招标、拍卖、公开协商等方式取得的荒地等土地承包经营权；（4）正在建造的建筑物抵押。根据上述规定，不动产抵押权设立以登记为生效要件，也就是说，未办理登记的，即使不动产抵押合同生效，抵押权也未设立。抵押权未设立的，债权人不能对抵押物享有优先受偿权。

在民间借贷中，当事人提供房地产抵押的，在订立抵押合同后，应当按照《物权法》和《不动产登记暂行条例》的规定办理抵押物登记，然后取得他项权证，该抵押登记才能完成，抵押权才能依法设立。当事人虽已申请登记，但未取得他项权证的，不能说明抵押权已经设立，此时，债权人尚不能享有抵押权。

案例解析

债权人未取得他项权证的房产抵押未设立

◎案情简介

2013年11月20日，A公司向卞某某借款100万元，期限自2013年11月20日至2013年11月22日，借款月利率3%，就此，A公司向卞某某出具《借条》一份。当日，卞某某以网银转账方式通过顾某某（A公司法定代表人）向A公司交付上述款项。

上述借款到期后，A公司未偿还借款。2014年1月22日，B公司向卞某某出具《承诺书》，该承诺书的主要内容为：2013年11月20日，A公司向卞某某借款本金100万元，对A公司所欠本息，B公司自愿以其房产作为抵押担保并办理相关担保手续，同时，除上述抵押担保手续外，B公司对A公司向卞某某所借的本息承担连带清偿责任。

2014年11月19日，顾某某向卞某某出具《确认书》载明：截至2014年11月20日，A公司尚应归还卞某某的借款本金为100万元及利息26万元，合计126万元，2014年11月20日后，A公司就上述借款本息未能归还的，按同期银行贷款利率的4倍计算借款利息。

为了方便办理抵押登记，卞某某与B公司签订了《抵押担保合同》再次明确B公司提供其房产为A公司向卞某某借款100万元抵押担保。而后，双方持《借条》《抵押担保合同》《承诺书》《确认书》及有关材料向房管部门申请办理抵押登记。

《确认书》确定的借款期限过后，A公司仍未偿还借款，卞某某便向法院起诉，请求判令：1. A公司向卞某某归还借款本金100万元，支付2014年11月20日前的借款利息26万元，2014年11月20日以后的利息按同期银行贷款利率的4倍计；2. B公司在金额为135.46万元范围内对A公司的债务承担抵押担保责任（即卞某某对B公司的房屋在价值135.46万元的范围内享有优先受偿权）；3. B公司对A公司的上述债务承担连带清偿责任。

B公司辩称：依据物权法的规定，房屋办理抵押必须经过土地所有权人同意，而本案房屋涉及的土地是年租制土地，由于当初政府不同意办理他项权，所以导致未能办理成功，并且该办理手续未进房管系统，故B公司不承担抵押责任。

◎一审判决

一审法院查明：B公司提供其房产为A公司向卞某某借款100万元抵押担保，为办理抵押登记，双方已向房管部门提交了有关材料，但至今未取得抵押他项权证，主要原因是，因涉及的房产所属的土地使用权是集体所有制，而且是B公司以年租制的形式向有关部门租赁的，房产抵押登记机关要求在办理房产抵押登记时须向房产所在地的政府部门盖章确认，由于B公司没有及时向政府部门交纳土地租金，故导致未能得到政府部门的盖章确认，但其他抵押登记机关所要求的手续均已完备。

一审法院认为：涉案房产抵押未经正式登记，卞某某未取得涉案抵押物的他项权证，抵押权尚未设立。B公司对A公司向卞某某所借的本息提供连带责任保证担保，但已超过保证期间，B公司不再承担连带保证责任，于是判决：一、A公司应于判决发生法律效力之日起十日内归还卞某某借款100万元并按约支付利息；二、驳回卞某某的其他诉讼请求。

◎二审判决

卞某某不服一审判决提起上诉请求：

一、关于抵押担保。抵押登记行为已发生，应视为抵押权已经设立。抵押权证未取得的原因是B公司拖欠集体土地租金，非卞某某的过错。即使未完成抵押登记，抵押担保合同也是有效的，B公司应当承担不能清偿的连带责任。

二、关于连带责任。2014年1月22日《承诺书》所确定的是约定连带责任，是B公司主动加入债务，与A公司共同连带承担的行为。即使认定《承诺书》的法律性质是B公司承担连带保证责任，根据卞某某与B公司办理抵押登记时的资料表明，当事人对于借款合同的履行期限作出了变更，债权履行期限至2014年7月20日止。自该届满日至卞某某起诉日未超过六个月，故不存在超过保证期间的问题。

综上，请求二审法院撤销原判、依法改判或发回重审。

二审中，卞某某提供了一份卞某某与A公司于2014年1月21日签订的提供抵押登记的《借款协议》复印件。该借款协议载明：A公司向卞某某借款，金额100万元，借款期限自2014年1月21日至2014年7月20日，借款方式为卞某某转账给付，利息为月息2%。

卞某某以此证明双方约定的借款履行期限至2014年7月20日，向B公司主张保证责任未过六个月保证期间。B公司对《借款协议》的真实性无异议。

二审法院经审理认为：

关于抵押问题，根据《物权法》之规定，以厂房等建筑物抵押的，应当办理抵押登记，抵押权自登记时设立。本案中，B公司与卞某某签订了《抵押担保合同》，并向抵押登记机关提交了相关材料，但卞某某至今未取得抵押他项权证，抵押登记未完成，所以抵押权未设立。卞某某主张B公司承担抵押担保责任即主张卞某某对涉案厂房享有优先受偿权无事实和法律依据，一审法院不予支持并无不当。

关于连带保证问题，卞某某认为根据生效的《抵押担保合同》，B公司应当承担连带清偿责任。在抵押权未设定情况下，按照有关法律规定，抵押人应视抵押合同效力及过错情况承担违约赔偿责任或缔约过失责任，现卞某某认为依据有效《抵押担保合同》要求B公司承担连带清偿责任，无法律依据，不予支持。

关于《承诺书》的性质问题，顾某某出具上述《承诺书》时是B公司的法定代表人，其承诺承担的连带清偿责任在法律性质是对A公司的债务承担连带保证责任，卞某某上诉认为系债务加入之主张，无事实依据。

关于连带保证的期间问题，根据《担保法》第二十六条之规定，该承诺书未约定保证期间，连带保证人B公司承担保证责任的期间为主债务履行期届满之日起六个月内。涉案《承诺书》明确担保的借款系“2013年11月20日，A公司向卞某某借款本金100万元”，即A公司于2013年11月20日向卞某某出具的借条中的债务，该债务履行期至2013年11月22日。卞某某二审中提供的《借款协议》，内容上未明确与2012年11月20日借款有关或系该借款的展期，且即使借期延展也未得到保证人同意，故其以此主张债务履行期至2014年7月20日故而保证期间至该日后的六个月内，无事实和法律依据。现卞某某无证据证明其在借款期满后即2013年11月22日后的六个月内向B公司主张了权利。卞某某以此为由要求B公司承担连带清偿责任，不予支持。

综上，二审法院判决：一、变更一审判决主文第一项为：A公司应于判决发生法律效力之日起十日内归还卞某某借款100万元、支付截至2014年11月20日的利息24万元和2014年11月20日以后的利息（自2014年11月21日起至实际归还之日止，按中国人民银行同期同档贷款基准利率四倍计算）；二、维持一审判决主文第二项（即驳回卞某某的其他诉讼请求）。

◎**再审申请**

卞某某不服二审判决申请再审，请求改判支持卞某某一审诉讼请求。事实和理由如下：

一、卞某某与B公司之间的抵押登记行为已发生，应当视为抵押权已经设立。抵押登记行为并非行政许可和批准行为，只要当事人有抵押合意，且履行了向房产登记机关递交相关抵押材料的行为，就应当视为抵押的登记行为成立。没有取得抵押财产的他项权证，责任不在卞某某，而是因为B公司拖欠集体土地租金的原因引起，B公司存在过错。即使抵押担保合同签订后未完成抵押登记的事项，也仅是不发生抵押担保的物权效力，但担保合同仍然有效，根据《合同法》第一百零七条的规定，抵押人仍应当在提供抵押担保的房产价值范围内承担债务人不能清偿余额的连带责任。

二、《承诺书》所约定的连带清偿责任，并非连带保证责任，而是B公司主动加入债务的行为，应与A公司共同连带承担债务。即使二审判决认定为连带保证责任的观点能够成立，但本案所涉保证也未超出保证期间，B公司仍应当承担连带责任。

三、《借款协议》是B公司办理房产抵押时必备的材料，是办理抵押登记的主合同，B公司对借款期限的重新约定是明知的，也是同意的。而《股东会决议》《承诺书》《抵押合同》《房屋登记申请书》等资料，均明确A公司向卞某某借款100万元做抵押担保，所担保的债务履行期限为2014年1月21日至2014年7月20日。因此，本案债务履行期限的届满日应当自2014年7月20日起算至起诉之日，并未超出六个月，故不存在B公司超出保证期间的问题。

法院再审认为：

关于抵押权是否设立的问题。根据《物权法》第一百八十七条的规定，以建筑物抵押的，应当办理抵押登记，抵押权自登记时设立。虽然B公司与卞某某就案涉房屋签订了《抵押合同》，该合同成立并生效，并且也向当地房管部门递交了申请抵押登记的相关文件，但最终因卞某某未能取得案涉房屋的他项权证书，故抵押权未设立。卞某某主张抵押权已设立，并主张对抵押房屋享有优先受偿权，于法无据，本院不予支持。

关于B公司应如何承担责任的问题。从涉案《承诺书》内容来看，B公司既承诺对涉案借款提供物保，同时明确表示愿意承担连带清偿责任，由于B公司对"承担连带清偿责任"的表述并不明晰，理解为债务加入或连带保证均无不可，如认定为债务加入，B公司对涉案债务应承担连带清偿责任，当无疑义，退一步讲，即使认定为保证承诺，鉴于借贷双方已对借款期限重新达成合意，延展至2014年7月20日，而从《承诺书》来看，其对此是明知的，故根据《担保法》第二十六条的规定，B公司承担保证责任的期间应为主债务履行期届满之日起六个月，也即自2014年7月21日起至2015年1月20日止。本案卞某某起诉时间为2014年11月8日，并未超出六个月的担保期限，故卞某某要求B公司承担担保责任的请求成立，本院予以支持。

综上，卞某某的再审请求部分成立，应予支持，其余部分再审请求不能成立，本院不予支持。二审判决认定事实及适用法律均有错误，应予纠正。

再审判决如下：一、撤销一审判决和二审判决；二、A公司于本判决发生法律效力之日起十日内归还卞某某借款100万元、支付截至2014年11月20日的利息24万元和2014年11月20日以后的利息至实际归还之日止，按银行同期同档贷款基准利率四倍计算；三、B公司对上述款项本息承担连带清偿责任；四、驳回卞某某的其他诉讼请求。

◎律师评析

本案的争议焦点是涉案房产抵押权是否设立以及B公司应否承担连带保证责任问题。

关于抵押权是否设立问题。本案中，B公司在其出具的《承诺书》中承诺：B公司对A公司所欠本息自愿提供其房产抵押担保，同时承诺承担连带清偿责任。据此，B公司提供了抵押和保证两种方式的担保。关于抵押担保，因B公司与卞某某已经并向抵押登记机关提交了相关材料，据此，卞某某认为，双方之间的抵押登记行为已发生，应当视为抵押的登记已经成立。但是，根据《物权法》第一百八十七条的规定，抵押人提供房产抵押的，应当办理抵押登记，抵押权自登记时设立。本案中，卞某某与B公司虽然已向房产登记机关递交相关抵押登记材料，但因B公司拖欠集体土地租金，抵押登记未能完成，卞某某未取得抵押他项权证，所以抵押权未设立，卞某某不能主张对抵押房屋享有优先受偿权。

关于抵押合同的效力问题。根据《合同法》和《物权法》有关规定，当事人订立的抵押合同，只要双方意思表示真实，且不违反法律、行政法规的禁止性规定，即为有效合同。涉案《抵押担保合同》不存在无效情形，也不因未办理登记而无效，故为有效。但B公司拖欠集体土地租金不能完成抵押登记，致使卞某某不能实现订立《抵押担保合同》的预期目的，对此，B公司负有缔约过错责任或者赔偿责任。

然而，本案还涉及连带保证责任或债务加入责任需要结合一起进行处理的问题。

关于连带保证问题。B公司在《承诺书》中在承诺提供房产抵押的同时承诺承担连带清偿责任。针对这里的“承担连带清偿责任”到底是债务加入责任还是连带保证责任？卞某某主张是债务加入责任。对此，法院再审在确认保证责任未过六个月保证期间后，认为“理解为债务加入或连带保证均无不可”。其实，债务加入责任是“连带清偿责任”，连带保证责任也是“连带清偿责任”，两者并无多大区别，所以，再审认定连带保证责任对卞某某实现债权并不产生影响。

[本案例根据江苏省高级人民法院（2016）苏民再字第383号民事判决书编写]

3. 农民住房抵押及其效力

农民住房是在农村集体经济组织所有的宅基地上建造的主要用于居住的建筑物。根据我国法律规定，农民住房是农民合法的私有财产，农民完全可以对其房屋行使所有权，但我国法律同时又规定，农民村民一户只能享有一处宅基地使用权，且农村宅基地使用权不得抵押。在农民住房与宅基地不可分离的情况下，如何处理农民住房抵押就成为难以处理的一个社会问题。

当前有两种不同意见：一种意见认为，农民私有房屋不得抵押，主要理由是：农民住房所占用的宅基地属于集体所有，而宅基地属于集体所有不许自由转让，否则必然损害村集体的利益；农民村民一户只能享有一处宅基地使用权，如果准许农民转让房屋，再申请宅基地就不予批准，结果会使其以后居无住所；我国房产管理法律规定，农民住房不得向城市居民出售，也不得批准城市居民占用农民集体土地建房，否则其交易行为和结果不受保护。

另一种意见认为，农民私有房屋可以用于抵押，主要理由是：《物权法》只是规定宅基地不得抵押，并没有规定宅基地上的房屋不得抵押，因而也可以与城市房产抵押一样实行“地随房走”的政策，在实现抵押债权转让房产时，只要计付房款而不计付地价即可，并不损害农村集体的利益。

对此，我们需要关注国家层面的以下几个文件：

《中共中央、国务院关于全面深化农村改革加快推进农业现代化的若干意见》（2014 年中央 1 号文件），该意见指出：“改革农村宅基地制度，完善农村宅基地分配政策，在保障农户宅基地用益物权前提下，选择若干试点，慎重稳妥推进农民住房财产权抵押、担保、转让。有关部门要抓紧提出具体试点方案，各地不得自行其是、抢跑越线。”

2015 年 8 月 10 日，国务院发出《国务院关于开展农村承包土地的经营权和农民住房财产权抵押贷款试点的指导意见》（国发〔2015〕45 号），决定慎重稳妥推进农民住房财产权抵押、担保、转让试点，做好农村承包土地（指耕地）的经营权和农民住房财产权抵押贷款试点工作。

第十二届全国人民代表大会常务委员会第十八次会议于 2015 年 12 月 27 日通过了《全国人大常民委员会关于授权国务院在北京市大兴区等 232 个试点县（市、区）、天津市蓟县等 59 个试点县（市、区）行政区域分别暂时调整实施有关法律规定的决定》。该决定授权国务院在北京市大兴区等 232 个试点县（市、区）行政区域，暂时调整实施《物权法》《担保法》关于集体所有的耕地使用权不得抵押的规定和集体所有的宅基地使用权不得抵押的规定，在防范风险、遵守有关法律和农村土地制度改革等政策的基础上，赋予农村承包土地（指耕地）的经营权和农民住房财产权（含宅基地使用权）抵押融资功能，在农村承包土地的经营权抵押贷款试点地区，允许以农村承包土地的经营权抵押贷款；在农民住房财产权抵押贷款试点地区，允许以农民住房财产权抵押贷款。

2016 年 3 月 15 日，中国人民银行中国银行业监督管理委员会、中国保险监督管理委员会、财政部国、土资源部住房和城乡建设部印发了《农民住房财产权抵押贷款试点暂行办法》。该办法推进了农民住房财产权抵押贷款试点，并就一个问题作出了规定。

根据《农民住房财产权抵押贷款试点暂行办法》的规定：（1）农民住房财产权抵押贷款，是指在不改变宅基地所有权性质的前提下，以农民住房所有权及所占宅基地使用权作为抵押、由银行业金融机构向符合条件的农民住房所有人发放的、在约定期限内还本付息的贷款。（2）农民住房财产权抵押应当同时符合以下条件：①具有完全民事行为能力，无不良信用记录；②用于抵押的房屋所有权及宅基地使用权没有权属争议，依法拥有政府相关主管部门颁发的权属证明，未列入征地拆迁范围；③除用于抵押的农民住房外，借款人应有其他长期稳定居住场所，并能够提供相关证明材料；④所在的集体经济组织书面同意宅基地使用权随农民住房一并抵押及处置。（3）借贷双方要按试点地区规定，在试点地区政府确定的不动产登记机构办理房屋所有权及宅基地使用权抵押登记。

《农民住房财产权抵押贷款试点暂行办法》虽然限于试点地区，但若试点成功加以推广，允许全国农民住房财产权设定抵押，将有效地解决“三农”发展资金缺和融资难的问题，对农村和农业经济发展具有重要的意义。

案例解析

法律并未禁止宅基地上合法建筑物设定抵押

◎案情简介

2012 年 4 月 18 日，谢某某、肖某某夫妇与某某信用社签订《个人担保借款合同》约定：谢某某向某某信用社借款 100 万元，两借款人提供其共有的位于某某村某某路 243 号房产（房屋所占土地用途为宅基地）抵押担保，并办理了抵押权登记。借款到期后，谢某某、肖某某未依约还款。2015 年 8 月 14 日，某某信用社向法院提出申请，请求法院裁定拍卖或变卖涉案抵押房产，在借款本息范围内由申请人某某信用社优先受偿。

◎**法院裁定**

某某区法院适用实现担保物权特别程序进行审理后认定，双方担保借款合同有效，谢某某、肖某某夫妇应当按约偿还某某信用社借款 100 万元本息。

某某区法院认为：《担保法》《物权法》虽然规定了宅基地使用权不得设定抵押，但对宅基地上的合法建筑物，法律并未禁止抵押。《土地管理法》第六十二条第四款规定："农村村民出卖、出租住房后，再申请宅基地的，不予批准。"由此可见，法律不禁止农村居民出租、出卖自己的房屋，仅仅是出卖、出租房屋后需承担不被批准再申请宅基地的不利后果。举重以明轻，既然农村房屋可以出卖，那么抵押作为一种处分行为，也应当允许。涉案抵押权的实现虽然存在一定风险，但并不妨碍抵押行为本身的有效性。因此，本院裁定准予对涉案房产采取拍卖、变卖方式变价，申请人某某信用社在 100 万元本息的范围内优先受偿。

◎**律师评析**

本案的争议焦点是农民以宅基地上合法建造的住房设定抵押是否有效的问题。

农民住房与宅基地不可分离，又因为《物权法》禁止宅基地使用权设定抵押，所以，以往法院在审理此类案件时都裁判农民住房抵押无效。2015 年以后，国家虽然放宽了农民住房抵押政策，但仅限于试点地区，且《关于全面深化农村改革加快推进农业现代化的若干意见》指出"各地不得自行其是、抢跑越线"。这给法院对农民住房抵押效力的认定带来尴尬，试点地区判决有效，而非试点地区判决无效。审理本案的某某区法院不是试点地区，不能适用试点政策来认定农民住房抵押的效力，但其另辟蹊径，认为《担保法》《物权法》虽然规定宅基地使用权不得设定抵押，但对宅基地上的合法建筑物，法律并未禁止抵押；《土地管理法》虽然规定村民出卖、出租住房后不得再申请宅基地，但农民出租、出卖房屋后仅承担不再被批准宅基地的不利后果，这并不妨碍抵押行为本身的有效性，据此裁定予以拍卖、变卖。

在非试点地区，农村宅基地上合法建筑物设定的抵押权还是一种有限制的抵押权，也就是说，农民住房抵押只对宅基地上的房屋抵押是有效的，其效力不能及于该房屋占用范围内的宅基地使用权。本案中，法院拍卖、变卖被执行人的农村房屋，必然涉及该房屋所占用范围内的宅基地可否转让的问题。对此该如何处置？

《土地管理法》关于“农村村民一户只能拥有一处宅基地”的规定，仅是规范宅基地的申请行为和宅基地分配上的限制，并非对宅基地使用权转让的禁止。《最高人民法院、国土资源部、建设部关于依法规范人民法院执行和国土资源房地产管理部门协助执行若干问题的通知》第二十四条第一款规定：“人民法院执行集体土地使用权时，经与国土资源管理部门取得一致意见后，可以裁定予以处理，但应当告知权利受让人到国土资源管理部门办理土地征用和国有土地使用权出让手续，缴纳土地使用权出让金及有关税费。”据此规定，集体土地使用权可作为执行标的并依法进行处理，但在实现抵押权时，抵押房地产的受让人应当办理土地征用和国有土地使用权出让手续，并缴纳土地使用权出让金及有关税费。

［本案例根据江苏省铜山区人民法院（2015）铜尚特字第00001号裁定书编写］

案例解析

农民住房抵押未经村委会同意的无效

◎案情简介

2016年3月15日，代某某、王某夫妇与某某村镇银行签订的《个人借款合同》约定：代某某、王某因购进粮食需要向某某村镇银行申请借款340万元，贷款期限自2016年3月15日至2017年3月14日，贷款年利率为11.4%。

同日，魏某某和刘某某夫妇以及刘某分别与某某村镇银行签订两份《保证合同》约定：魏某某和刘某某、刘某为代某某、王某与某某村镇银行《个人借款合同》项下的借款本金利息、复利及罚息、违约金、损害赔偿金和实现债权的费用提供连带保证；主合同同时有债务人或第三方提供的抵押或质押担保的，债权人有权自行决定行使权利的顺序，债权人有权要求保证人立即支付债务人的全部到期应付款项而无须先行行使担保物权；债权人放弃担保物权或其权利顺位或变更担保物权的，保证人仍按本合同承担保证责任而不免除任何责任；保证期间为主合同债务履行期限届满之日起两年。

同日，王某某、马某某夫妇与某某村镇银行签订《抵押合同》约定：王某某和马某某为了确保债务人代某某、王某与某某村镇银行《个人借款合同》项下债务人义务得到切实履行，抵押人自愿将其具有合法处分权的财产为抵押权人的债权设立抵押担保；抵押担保范围为本金金额为人民币340万元及利息、复利及罚息、违约金、损害赔偿金和实现债权及抵押权的费用；抵押人若所做陈述与保证不真实，致使抵押权未设立或无效的，抵押人应对债务人在主合同项下的债务提供连带责任保证。同日，王某某、马某某与某某村镇银行签订《抵押财产清单》作为《抵押合同》的附件。该清单载明抵押房产为：王某某、马某某的房屋坐落于某某村二组，建筑面积分别为737.25平方米和1126.50平方米，设计用途为商业。双方于2016年3月16日在某某县村镇集体土地房屋产权登记办公室办理了抵押登记。

2016年3月17日，代某某、王某与某某村镇银行签订《还款计划表》。同日，某某村镇银行按约向代某某、王某发放340万元贷款。贷款发放后，由刘某偿还利息至2016年8月21日。

王某某、马某某与某某村镇银行签订《抵押合同》及《抵押财产清单》时系夫妻关系。2010年9月19日，王某某与所在地某某村民委员会签订《合伙建房协议》，该协议约定：合伙人某某村民委员会（以下简称甲方），合伙人王某某（以下简称乙方）；甲方有房屋十一间，因城镇建设及镇区排污地下管网的铺设需拆迁旧房屋，拆迁后需重建村民委员会，经村民委员会研究，并与乙方协商同意，决定合伙重建；房屋拆迁后，南北43.1米，东西42米，作为合伙建房用地，由甲方提供，新建楼房由乙方负责，所需费用全部由乙方负担，电路、水路、下水道设施均由乙方负责安装完好，费用由乙方负担。房屋建成后，王某某取得《村镇房屋所有权证》，该房屋的土地为集体土地，房屋所有权人为王某某，所有权性质为私有，建筑面积737.25平方米。王某某、马某某与某某村镇银行签订《抵押合同》时提供该房产抵押。

某某村镇银行向法院提出诉讼，请求判令：1. 被告代某某、王某立即偿还借款本金340万元及利息、罚息；2. 被告王某某、马某某承担抵押担保责任；3. 被告刘某、魏某某、刘某某承担连带保证责任。

保证人刘某辩称：因涉案借款既有保证又有物的担保，刘某同意对物的担保以外的债权承担保证责任。

保证人魏某某、刘某某辩称：鉴于该笔贷款有两处楼房作为抵押，自己认为为该笔贷款提供保证风险不大，于是同意为代某某、王某贷款提供保证担保。答辩人同意原告在依照抵押合同的约定行使抵押权后，依法承担保证责任。

抵押人王某某辩称：涉案抵押的房屋所依附的土地是某某村民委员会集体所有的土地，房屋本身系小产权房，根据《担保法》的规定，属法律禁止抵押的房产，且答辩人在办理抵押贷款过程中没有征求某某村民委员会的意见，故依法应确认该抵押行为无效。因抵押行为无效产生的其他法律责任，答辩人自愿承担。

第三人某某村民委员会以第三人的身份申请参加诉讼并称：被告王某某建筑的某某村小区住宅楼的用地系村集体土地，至今没有办理过土地征收、出让手续，所建筑的房屋也没有村建规划许可和准建手续。房屋建成后王某某私自办理了小产权房的产权证，后又在未经村民委员会许可的情形下将该房屋抵押。根据《担保法》的相关规定，某某村镇银行与王某某抵押的房产属法律禁止抵押的范围，故依法应确认该抵押行为无效。根据我国《物权法》第一百八十二条的规定，房屋抵押的，土地随之抵押，而本案中涉案的抵押物所附着的土地仍属第三人村民委员会所有。在没有征求第三人村民委员会的同意下，某某村镇银行与王某某之间达成的抵押合同侵犯了第三人的合法权利，应认定为无效。

某某村镇银行续称：某某村镇银行与王某某、马某某办理的抵押房屋他项权证，登记机关为某某县人民政府、某某县村镇集体土地房屋产权登记办公室办理的抵押登记。根据《国务院关于开展农村承包土地的经营权和农民住房财产权抵押贷款试点的指导意见》国发〔2015〕45号文件和六部委印发《农民住房财产权抵押贷款试点暂行办法》的规定，该抵押为依法登记，合法有效。第三人某某村民委员会认为未征求其意见而抵押无效的观点不成立。

被告代某某、王某、马某某未作答辩。

◎**法院判决**

法院经审理认定：原告某某村镇银行与被告代某某、王某签订的《个人借款合同》及与被告各保证人签订的《保证合同》，系各方当事人的真实意思表示，合法有效，被告代某某、王某理应偿还尚欠的借款本息，被告各保证人对被告代某某、王某的债务应承担连带保证责任。

关于涉案房产抵押问题，根据《物权法》第一百八十二条“以建筑物抵押的，该建筑物占用范围内的建设用地使用权一并抵押”、“抵押人未依照前款规定一并抵押的，未抵押的财产视为一并抵押”之规定，被告王某某与第三人某某村民委员会合伙所建房屋即本案抵押物，占用范围内的土地系第三人某某村民委员会的集体土地，其设定抵押时未征得第三人村民委员会的同意；且根据《物权法》第一百八十四条的规定，本案所涉抵押物占用的建设用地属于没有变更成为商业用途的集体土地，应属不得抵押的财产，被告王某某、马某某在未合法取得该土地使用权的情况下，亦无权对该财产进行处分。《担保法解释》第五条第一款规定：“以法律、法规禁止流通的财产或者不可转让的财产设定担保的，担保合同无效。”故被告王某某、马某某与某某村镇银行签订《抵押合同》属于无效合同。

被告王某某、马某某明知其未依法取得土地使用权证，在办理抵押登记时却未向某某村镇银行和房地产管理机关说明，致使违法办理了登记。依照《担保法解释》第七条规定：“主合同有效而担保合同无效，债权人无过错的，担保人与债务人对主合同债权人的经济损失，承担连带赔偿责任……”同时被告王某某、马某某与原告在《抵押合同》中约定“抵押人若所做陈述与保证不真实，致使抵押权未设立或无效的，抵押人应对债务人在主合同项下的债务提供连带责任保证”，故被告王某某、马某某对被告代某某、王某债务应负连带保证责任。

综上，法院判决如下：一、被告代某某、王某于本判决生效后十五日内偿还原告某某村镇银行借款本金340万元，并自2016年8月22日起按双方约定利率给付利息至借款还清之日止；二、被告魏某某、刘某某、刘某对上述第二项借款本息承担连带偿还责任；三、原告某某村镇银行与被告王某某、马某某签订的《抵押合同》无效，被告王某某、马某某对上述第二项借款本息承担连带偿还责任。

◎律师评析

本案的争议焦点也是农民住房抵押是否有效的问题，但与上面案例法律并未禁止宅基地上合法建筑物设定抵押不同。在本案中，王某某虽然取得了《村镇房屋所有权证》（小产权证），并办理了抵押登记，在此情形下，根据《农民住房财产权抵押贷款试点暂行办法》的规定，该抵押应为合法有效。但是，本案农民住房抵押存在以下几个问题：一是抵押房屋所占用的土地系第三人某某村民委员会的集体土地，王某某在设定抵押时未征得第三人村民委员会的同意，更未变更成为商业用途，属于违法使用农村集体土地的行为，故不得用于抵押；二是王某某在办理抵押登记时未向某某村镇银行和房地产管理机关说明未征得第三人村民委员会同意的情况，结果违法办理了抵押登记，该抵押登记无效应视为未登记，抵押物未登记的抵押权未设立，抵押权未设立的，债权人对抵押物不能享有优先受偿权；三是王某某所在地并非全国人大常民委员会授权的试点地区，因而尚不能适用《农民住房财产权抵押贷款试点暂行办法》的有关规定确认农民住房财产权抵押为有效，即使可以适用该办法，也应按照该办法的规定，以取得所在的集体经济组织书面同意宅基地使用权随住房一并抵押及处置的意见为抵押条件，而王某某未取得村民委员会的同意，故不能按照该办法认定涉案抵押有效，所以，法院认定本案抵押无效。

[本案例根据内蒙古自治区宁城县人民法院（2016）内0429民初字第2947号民事判决书编写]

4. 再次抵押及其抵押顺位

再次抵押也称之为余额抵押，是指在同一财产上设定抵押后，以剩余价值为其他债权再次设定的抵押。《担保法》第三十五条第二款规定："财产抵押后，该财产的价值大于所担保债权的余额部分，可以再次抵押，但不得超出其余额部分。”法律允许抵押财产的保留价值再次用于抵押，有利于充分发挥抵押物的担保作用。这里的“不得超出其余额部分”不是禁止性规定，而是规范性规定，因此，债权人自愿接受超出抵押财产价值余额的再次抵押的，应当认定再抵押有效，由此造成再抵押债权不能全部实现的，由债权人自行承受。

实践中有这样一种情况：前手抵押权人为了防止抵押人将已经抵押的财产再次抵押给他人可能给自己带来不利，便在抵押合同明确约定抵押人不得再次抵押，否则，债权人有权提前收回借款。我们认为，这是限制抵押人权利的不合理条款，应当作无效处理；抵押人利用剩余价值设定再次抵押的，债权人不得以抵押人违约为由提前收回借款，更不得提前实现抵押债权。其实，抵押人设定再次抵押并不影响前手抵押权人实现抵押债权，前手抵押权对后手抵押权本身具有优先受偿权，后手抵押权只是就在前手抵押权优先受偿后的剩余价值受偿。

当事人在设定抵押时，通常以评估价值为依据并打折扣后确定抵押债权数额，但抵押财产评价后，由于市场原因或自身原因，在实现抵押债权时，有可能增值，也有可能减值，往往具有不确定因素。在抵押物增值的情况下，后手抵押权的债权人就有可能全部实现抵押债权；在抵押财产减值的情况下，后手抵押的债权人就有可能不能或者难以全部实现抵押债权。前手抵押中的债务人如果全部清偿债务或部分清偿债务，就会消灭或者减少前手抵押债权，这就会使后手抵押权的实际抵押价值增加。

案例解析

再次抵押未登记，抵押人承担连带责任

◎案情简介

2011年4月14日，借款人黄某因做生意需要向出借人王某借款，黄某、刘某某、贺某某作为抵押人（甲方）与王某作为抵押权人（乙方）签订了一份《抵押借款合同》。该合同约定：甲方向乙方借款1000万元，借款期限自2011年4月14日起至2011年6月13日；甲方以A大厦20号、21号门面、B大厦402室自有财产做抵押，向乙方提供担保。合同签订当日，王某

向黄某个人账户转账120万元，向黄某指定的B公司转账880万元，黄某于2011年4月14日向王某出具1000万元的借条。

同日，B公司向某某房开公司转账880万元，黄某用该款向某某房开公司购买B大厦403号及B大厦29楼9套房屋。2011年4月28日，黄某又以购买B大厦403号房屋名义向中行某某分理处按揭贷款690万元，该按揭贷款转账至某某房开公司账户。某某房开公司收到黄某690万元银行按揭贷款后，代黄某偿还本案王某借款本金85万元。2011年6月9日，黄某在借条上注明已还本金85万元，还余915万元。

2012年6月19日，王某与刘某某、贺某某签订《房屋过户协议》，该协议约定：1. 双方于2011年4月14日签订的《抵押借款合同》，刘某某、贺某某作为抵押人将其所有的A大厦20号、21号门面为黄某借款1000万元提供担保，现刘某某、贺某某自愿用上述门面抵偿该笔借款；2. 抵偿金额以双方共同指定的具有相关质资的评估公司评估的价值为准；3. 此房屋为没有发放产权证的房屋，过户时办理相关权证所需要的费用先由王某承担，此项费用另行计入该笔借款金额。2013年1月30日，A大厦20号、21号门面登记至闵某某名下，王某向韩某某支付门面办证费用30.1万元。诉讼过程中，法院根据刘某某、贺某某申请，委托房地产评估机构对A大厦20号、21号门面进行评估，评估机构确认市场价值为3149985元。

《借款抵押合同》中的抵押物B大厦402室，由刘某某、贺某某、易某某于2010年3月17日，按219.3711万元的价格以银行按揭的方式从某某房开公司购买，2011年1月12日办理产权登记，由易某某、贺某某、刘某某、蔡某按份共有，其中，刘某某占33.3%，贺某某占33.3%。2011年1月12日，刘某某、贺某某、易某某、蔡某作为债务人和抵押人将402室抵押给交行某某支行，担保债权额为109万元，并办理了他项权证。

王某向法院提起诉讼，请求判令：1. 被告黄某、刘某某、贺某某偿还借款本金731.347万元，并从2011年6月13日至全部借款清偿之日按中国人民银行同期贷款基准利率支付借款利息；2. 确认原告王某对被告黄某、刘某某、贺某某提供的抵押物即B大厦402号房屋享有优先受偿权。

被告黄某答辩称：1000万元是黄某向王某所借，刘某某、贺某某是抵押人，并非借款人。黄某办好B大厦403号门面的房产证后，即向银行贷款

690万元，由银行直接将该690万元按揭贷款转账到某某房开公司用于偿还黄某所欠借款。此外，2012年6月19日抵押人刘某某、贺某某与王某签订《房屋过户协议》，刘某某、贺某某将A大厦20号、21号门面抵债代偿黄某所欠王某的借款，该两处门面的价值至少400万元，故黄某向王某所借1000万元借款已经全部还清，原告王某无权再提起本次诉讼。

被告刘某某、贺某某答辩称：刘某某、贺某某是黄某向王某借款的抵押人，并非借款人；黄某向王某所借1000万元借款已经全部还清，王某无权再提起本次诉讼。王某与黄某、刘某某、贺某某签订的《抵押借款合同》中并未约定作为抵押物的B大厦402号房屋需要进行抵押登记，且合同签订后也未要求刘某某、贺某某办理抵押登记，根据物权法的规定，刘某某、贺某某提供用于作为抵押的房产因未办抵押登记而导致抵押权根本就未设立，王某不能对抵押物享有优先受偿权。

◎法院判决

法院经审理确认：被告刘某某、贺某某是本案的抵押人并非借款人；经质证和结算，被告黄某已经偿还借款本金85万元，抵押人刘某某、贺某某以抵押财产折价偿还314.9985万元，扣除折价房屋过户办证费用30.1万元，借款人黄某尚欠原告王某借款本金630.1015万元。

关于原告王某对B大厦402号房屋是否享有优先受偿权的问题。原告王某请求对B大厦402号房屋享有优先受偿权，但因该抵押物未依法办理抵押登记，抵押权未设立，故原告对该抵押物不享有优先受偿权。

关于刘某某、贺某某在本案中如何承担责任的问题。刘某某、贺某某与王某签订的《借款抵押合同》系当事人真实意思表示。抵押条款未违反法律法规禁止性规定。涉案抵押物虽然未登记，抵押权不成立，原告王某不享有对抵押物的优先受偿权，但抵押合同成立并有效，抵押人应当按该抵押合同有关抵押条款的约定履行自己的义务，并在抵押物的价值范围内承担相应的抵押担保责任。本案的抵押财产之一B大厦402号房屋，在签订《借款抵押合同》之前，以银行按揭贷款的方式抵押给了交行某某支行，担保的债权额为109万元，贷款期限为10年。根据《担保法》第三十五条的规定，“财产抵押后，该财产的价值大于所担保债权的余额部分，可以再次抵押，但不得超出其余额部分”。涉案的B大厦402号房屋抵押给交行某某支行时，按购买价其价值为219.3711万元，其担保的债权为109万元，如不考虑增值或贬值的可能，理论上可供再次抵押的余额有110.3711万元，该余额部分依法可供再次抵押，抵押人应当按抵押财产的余额承担担保责任。

原告王某主张刘某某、贺某某违反诚实信用原则，明知B大厦402号房屋已经抵押给交行某某支行，但其不履行告知义务，仍然以该财产再次抵押给原告王某，特别是在原告王某多次要求办理抵押登记，而被告刘某某、贺某某拒不履行登记义务，故刘某某、贺某某应对未进行抵押登记承担全部责任。法院认为，即使抵押人没有将前手抵押的事实告知原告王某，但在签订不动产抵押合同时，抵押权人仍有审查注意义务，而且不动产抵押登记具有公开告示、普遍告知功能。故可以认定原告王某作为本案抵押权人在与被告刘某某、贺某某签订《借款抵押合同》时应当知道抵押物已经被前手设置抵押，依照《担保法》第三十五条“财产抵押后，该财产的价值大于所担保债权的余额部分，可以再次抵押，但不得超出其余额部分”之规定，本案一审终结前已设置抵押的按揭贷款期限还未届满，交行某某支行所享有的抵押权处于有效期间，即使原告王某作为B大厦402号房屋的抵押权人对该抵押财产享有的担保价值最多只能是签订抵押合同时该抵押财产的余额部分。故刘某某、贺某某依法应在抵押物的余额价值范围内按所占份额承担担保责任。刘某某、贺某某占有的份额为66.6%，故刘某某、贺某某应当在73.5071万元的范围内承担连带责任。

因双方在《抵押借款合同》中未约定利息，本案借款应为定期无息借款。现原告要求被告按人民银行同期贷款基准利率支付2011年6月13日至借款实际清偿之日的逾期利息符合法律规定，本院予以支持。

综上，法院判决如下：一、被告黄某在本判决生效后十日内偿还原告王某借款本金6301015元及从2011年6月13日至借款本息实际清偿之日的利息（利息按银行同期贷款基准利率年利率6%计算）；二、被告刘某某、贺某某对上述借款本息在73.5071万元范围内承担连带偿还责任；三、驳回原告王某的其他诉讼请求。

◎律师评析

本案有多个争议，其中焦点之一是再次抵押是否有效以及抵押人是否承担担保责任的问题。

关于涉案再次抵押的效力问题。根据《担保法》第三十五条的规定，同一财产设定前手抵押后，该财产的价值大于前手抵押债权的，其余额部分可以再次抵押。再次抵押（后手抵押）的特点是：实现抵押债权的顺位排在前手抵押之后，抵押物处置的实际价款先由前手抵押权人受偿，剩余部分才由再抵押权人受偿。除此之外，再次抵押与正常抵押没有多大的区别，如再次抵押权依法登记才能设立的，只有实际办理登记手续后才能设立。本案刘某某、贺某某的B大厦402号房屋抵押给交行某某支行后，在再次抵押给王某时，双方当事人未办理登记手续，且未取得他项权证，故再次抵押权未能设立，王某对B大厦402号房屋没有优先受偿权。

关于担保责任问题。本案中，再次抵押权虽未设立，但借款合同和抵押合同都属有效合同，所以，不适用《担保法》及其司法解释有关主合同有效而担保合同无效或者担保合同无效而主合同有效的赔偿规定，在此情形下，担保人刘某某、贺某某虽不承担抵押责任，但其担保意思表示明确，不能免除其连带保证责任，所以法院判决其对担保余额及房产份额内的73.5071万元内的借款本息承担连带偿还责任。

关于抵押顺位变化问题。再次抵押债权的实现顺位依法应当排在前手抵押之后，但当前手抵押权发生变化的情况下，有可能使后手抵押权的顺位往前推进，如前手抵押权人放弃抵押权，或者抵押合同无效，或者抵押权未设立，或者债务人履行了债务，或者由于其他原因致使抵押权消灭的，在这些情形下，如无特别约定，后手抵押就有可能进入前手抵押的顺位，因而可能获得更多的担保债权受偿。

关于再次抵押的法律风险问题。首先在于再次抵押债权在抵押财产评估价值上的重叠。当事人如果超出抵押财产价值的余额设定再次抵押，就会使抵押物价值出现部分重叠的情况。例如，抵押财产评估价值为200万元，第一次抵押150万元，第二次抵押60万元，就会出现10万元价值重叠。在各个抵押合同均为有效的情况下，抵押财产价值重叠并不影响前手抵押的债权实现，抵押财产价款只要按照先后顺序清偿即可，但后手抵押债权只能在前手抵押债权优先受偿后就剩余抵押财产价款再受清偿，那么，后手抵押就重叠部分不能受偿。

其次在于抵押财产变现的价款能不能满足所有抵押债权，如果抵押财产的实际价款清偿前手抵押债务后没有剩余的，后手抵押债权就全部不能实现；如果清偿前手抵押债务后剩余价款不足清偿后手抵押债务的，后手抵押债权就不可能全部实现。

由此可见，后手债权人在接受再次抵押时，一要对抵押财产价值余额是否满足再次抵押要求有一个正确客观的评估；二要尽可能正确预测抵押财产价值从订立抵押合同到实现抵押债权这段时间的市场变化，以确保抵押财产在变现时有足够的价款余额来实现再次抵押债权；三要充分考察债务人的偿还能力，债务人有足够的偿还能力清偿前手价款，届时清偿了前手债务，就会将相应的抵押财产的价值留给后手抵押权人，否则，后手债权人就需充分考虑是否存在上述风险再决定是否接受再次抵押。

[本案例根据湖南省株洲市中级人民法院（2013）株中法民一初字第9号民事判决书编写]

5. “绝押”及其效力

出借人与抵押人在抵押合同中约定，在借款履行期届满后，借款人不履行到期债务的，抵押财产归出借人所有的，法理上称之为“绝押”。《物权法》第一百八十六条规定：“抵押权人在债务履行期届满前，不得与抵押人约定债务人不履行到期债务时抵押财产归债权人所有。”这是禁止绝押的规定。

抵押权是一种变价受偿权，抵押物未经过变价，预先就约定将抵押物所有权转移给抵押权人，尽管抵押人已经同意，但借款人到期没有偿还借款，出借人就取得抵押物的所有权就等于买卖关系，这就完全改变了抵押的功能和性质。绝押，因违反《物权法》禁止性的规定，故不论抵押合同当事人是否同意都为无效。但抵押合同中的绝押条款无效，并不影响抵押合同的其他有效内容，借款到期，借款人未偿还借款的，抵押人仍然承担抵押担保责任，抵押权人仍然就抵押物经过依法拍卖、变卖、变价所取得的价款优先受偿。

案例解析

当事人约定房产“绝押”无效

◎案情简介

2010年6月至2013年9月5日，唐某某因经营木材加工厂（个体工商户）需要，四次向黄某某借款共计75.2万元。其中，唐某某于2013年9月5日向黄某某出据载明：“唐某某欠黄某某钱，某某小区7号楼2层201号房证押给黄某某限2年期限，还不上钱，房屋归黄某某所有。”

唐某某与张某某原系夫妻关系，后于2013年9月18日离婚。

借款到期后，唐某某未偿还借款，黄某某向法院提起诉讼，请求判令：一、唐某某与张某某两被告共同连带偿还借款合计75.2万元；二、原告对唐某某所有的某某小区7号楼1单元2层201号房屋享有优先受偿权。

唐某某未作答辩。张某某辩称：原告所称的我前夫欠其75.2万元的事实不存在。我与前夫唐某某于2013年9月18日办理了离婚手续，双方不存在债权债务关系。

◎一审判决

一审法院认为：借贷双方通过签订借款合同、出具借据等以书面、口头或者其他方式达成借贷合意的，借款合同成立。依法成立的民间借贷合同，自款项实际交付借款人或者借款人指定、认可的接受人时生效。原告黄某某陈述，本案四笔借款均系现金交付。根据黄某某陈述，其出借给唐某某的款项来源，其中两笔借款30万元，黄某某提供了其姐姐的银行存取款记录及原始借据，对其提供的30万元借据进行补强，且唐某某、张某某于2013年9月、10月又分别作出以房还款30万元及以房还款的意思表示，可以认定。对另两笔借款款项来源，黄某某主张均为在家存放的现金，因另每笔借款达45.2万元，数额均较大，黄某某主张大额现金在家存放不符合日常生活常理，亦不符合借贷交易惯例，且黄某某未举证证明其有足够支付大额借款的能力，现张某某对款项交付提出异议，故黄某某仅凭借据起诉而未提供付款凭证，本院无法认定其履行了交付义务，其余借款45.2万元依现有证据无法支持。

关于黄某某要求张某某与唐某某共同履行还款责任问题，因借款发生在张某某与唐某某婚姻存续期间，且借款用于两人家庭经营的木材加工厂，故应按夫妻共同债务处理，张某某与唐某某应共同向黄某某履行返还借款30万元的义务。

关于黄某某主张对某某小区7号楼1单元2层201号房屋享有优先受偿权问题。唐某某于2013年9月5日向黄某某出据载明："唐某某欠黄某某钱，某某小区7号楼2层201号房证押给黄某某限2年期限，还不上钱，房屋归黄某某所有。"该出据虽已成立抵押，但其中"房屋归黄某某所有"的约定系绝押契约，违反了《物权法》第一百八十六条的规定，应认定无效。即便有效，亦因未办理抵押登记而导致抵押权未设立，故该诉请无法支持。

一审法院判决：一、被告唐某某、张某某于本判决生效之日起七日内返回原告黄某某借款30万元；二、驳回原告黄某某要求对某某小区7号楼1单元2层201号房屋享有优先受偿权及其他诉讼请求。

◎**二审判决**

黄某某不服一审判决提起上诉，提交了将其房屋出卖给胡某某的协议一份以及向亲属胡某某三人借款后转借给唐某某的证据，证明黄某某向唐某某出借有足够的资金来源。据此，黄某某称：1. 原审法院认定借据的真实性，但却未认定本人履行了交付义务，属于法律认定错误，请求二审撤销一审判决，改判唐某某与张某某偿还借款75.2万元；2. 唐某某向本人交付了房产证、土地证等房屋抵押材料，故应认定本人对唐某某的房屋享有优先受偿权。

二审法院对黄某某提供的证据综合评判认为：黄某某提供的证据能够间接证明其出借唐某某款项为75.2万元。唐某某与张某某在借款发生期间系夫妻关系，唐某某向黄某某借款系其夫妻共同债务。

关于黄某某主张对唐某某的某某小区7号楼1单元2层201号房屋享有优先受偿权问题。依据《物权法》第一百八十六条规定，黄某某与唐某某约定以房抵款协议无效，且未办理抵押登记而导致抵押权未设立，故黄某某上诉主张对诉争房屋享有优先受偿权无事实及法律依据，本院不予支持。

综上，二审法院判决如下：一、撤销一审判决；二、唐某某、张某某于本判决生效之日起七日内共同返还借款45.2万元、借款75.2万元；二、驳回黄某某的原审其他诉讼请求。

◎**律师评析**

本案争议焦点之一是“绝押”问题。

绝押，是指抵押担保双方当事人在设立抵押权时，约定债务人不履行债务时，债权人随即取得抵押物的所有权。《物权法》第一百八十六条规定：“抵押权人在债务履行期届满前，不得与抵押人约定债务人不履行到期债务时抵押财产归债权人所有。”这里的“不得”是禁止性规定。双方当事人违反这条禁止性规定约定绝押的，不论双方当事人是否同意都为无效。本案中，唐某某向黄某某出据中承诺“某某小区7号楼2层201号房证押给黄某某限2年期限，还不上钱，房屋归黄某某所有”，黄某某也予接受，双方绝押意思表示明确，但因违反《物权法》上述禁止性规定，故属无效。但抵押合同中约定的绝押条款无效，并不影响抵押合同的其他有效内容，所以，债权人对抵押财产仍然享有优先受偿权。但本案存在另一个问题，即黄某某和唐某某未办理抵押房产的登记手续，结果导致抵押权未设立，黄某某不能对抵押房产享有优先受偿权。

［本案例根据吉林省吉林市中级人民法院（2014）吉中民一终字第1043号民事判决书编写］

6. 债权人放弃抵押权及其法律后果

债权人放弃抵押权的后果是抵押权消灭，抵押权消灭仅就债权人与抵押人之间的抵押法律关系消灭，但同一债权还有其他担保的，债权人放弃抵押权可能会对其他担保人产生影响。

在按份共同抵押的情况下，因各个抵押人只对自己的份额承担抵押责任，所以，债权人放弃其中部分抵押权，并不影响其他按份抵押人的抵押责任，其他抵押人仍然在原约定的份额内承担抵押责任。

在按序抵押的情况下，根据《物权法》第一百九十四条第二款之规定，债权人放弃先顺序抵押权的，其他抵押人在抵押权人放弃抵押债权的范围内免除抵押责任，也就是说，债权人放弃先顺序抵押权的，后顺序的抵押人在其放弃先顺序抵押债权的范围内不承担抵押责任；如果放弃足以清偿全部债务的先顺序抵押权的，后顺序的抵押人就不再承担抵押责任；如果放弃只能清偿部分债务的先顺序抵押权，后顺序的抵押人对不足部分继续承担抵押责任。

在借款人提供财产抵押的情况下，除抵押合同有特别约定和其他抵押人承诺仍然提供担保外，债权人放弃对借款人享有的抵押权的，根据《物权法》第一百九十四条第二款之规定，其他抵押人在债权人放弃的范围内免除抵押责任。《担保法解释》第七十五条第一款也规定："同一债权有两个以上抵押人的，债权人放弃债务人提供的抵押担保的，其他抵押人可以请求人民法院减轻或者免除其应当承担的担保责任。"譬如，借款人借款100万元，借款人和第三人同时提供房产抵押，出借人如果放弃借款人房产抵押，该房产价值如果是80万元，就免除第三人80万元的抵押责任，第三人只对剩余20万元承担抵押责任；借款人房产价值如果是110万元，就应全部免除第三人的抵押责任。

在民间借贷的抵押担保中，无论连带责任抵押，还是按序、按份抵押都是为借款人取得借款而提供担保。借款人是主债务人，是借款债务的最终承担者，第三人即使承担了抵押责任，也有权向借款人追偿。所以，除有特别约定外，应当认为借款人提供的抵押是顺序在先的抵押，所以应先处理借款人的抵押物实现债权，出借人如果放弃借款人提供的抵押，应当免除其他抵押人相应的抵押责任。

案例解析

出借人放弃借款人财产担保，法院判决免除保证人责任

◎案情简介

2012年12月25日，朱某某、吴某某向史某借款100万元。次日，史某通过银行电汇交付朱某某100万元借款。2013年7月30日，三人重新签订借款合同，将100万元借款期限变更至2013年9月24日偿还，利息变更为每月1.8万元，朱某某、吴某某提供某某大楼2单元120室、202室房屋、某某公司股权为担保，何某某继续提供保证担保。在借款及担保合同形成过程中，房屋抵押和股权质押均未办理登记手续。此外，史某自述朱某某、吴

某某偿还利息至2013年11月24日，后一直未支付利息及本金。

借款到期后，朱某某、吴某某未偿还借款，史某提起诉讼，请求法院判令：1. 朱某某、吴某某偿还借款100万元，并支付利息及违约金；2. 对朱某某、吴某某提供担保的某楼2单元120室、202室房屋、某某公司股权享有优先受偿权；3. 保证人何某某对朱某某、吴某某的借款本息承担连带偿还责任。

◎一审判决

一审法院经审理认为：本案借款系当事人的真实意思表示，且借款已实际交付，故借款合同合法有效。借款到期后，朱某某、吴某某未偿还借款，史某要求朱某某、吴某某承担还款责任，理由正当，予以支持。

关于房屋抵押和股权质押。根据《物权法》之规定，以建筑物抵押的，应当办理抵押登记，抵押权自登记时设立；以股权出质的，质权自工商行政管理部门办理出质登记时设立。本案借款合同中约定的房屋及股权担保，均未办理登记手续，故抵押权、质权均未设立。

关于保证担保。保证人何某某在借款合同上签名，保证担保意思表示真实，应对借款本金及利息、违约金承担担保责任，在其履行担保责任后，可向朱某某、吴某某追偿。

关于史某主张的利息及违约。利息及违约金总额不应超过中国人民银行同期贷款的四倍，故史某主张的利息及违约金，应以100万元为基数，自朱某某、吴某某不再支付利息时计算，即从2013年11月25日起按中国人民银行同期贷款利率的四倍为标准计算至本判决生效之日止。

综上，一审判决：一、被告朱某某、吴某某共同偿还原告史某借款100万元，于判决生效之日起十日内履行；二、被告朱某某、吴某某共同偿还原告史某借款利息及违约金，以100万元为基数，按中国人民银行同期贷款利率的四倍为标准计算，自2013年11月25日起计算至判决生效之日止，于判决生效之日起十日内履行；三、被告何某某对上述第一、二项款项承担连带清偿责任，于判决生效之日起十日内履行；四、驳回原告史某的其他诉讼请求。

◎二审判决

何某某不服一审判决上诉称：涉案房屋、股权已经约定抵押、质押，但被上诉人史某与朱某某、吴某某均系明知而不去办理抵押登记，双方都存在明知的过错，保证人何某某没有过错。根据法律规定，债权人应当先就债务人提供的物的担保实现债权，而一审判决保证人何某某承担全部本金、利息及违约金的连带保证责任，侵害了保证人的合法权利。在涉案借款合同中，朱某某、吴某某约定以某某大楼两套房屋、某某公司的股权作为担保，在有合同约定的情况下，史某不办理抵押登记，应视为何某某在抵押财产价值范围内免除保证责任。为此，请求二审法院撤销原判并依法改判。

二审法院认为：涉案借款于2013年7月30日签订的最后一份借款合同中，约定朱某某、吴某某以某某大厦120室、202室房屋，某某公司股权为借款提供担保，该约定系借款人为借款的偿还而提供物的担保的意思表示。但史某自述在签订涉案借款后，朱某某、吴某某未能及时还款时，才发现合同约定用以抵押的房屋未登记在朱某某、吴某某名下，故未办理抵押登记。《物权法》第一百七十六条规定："被担保的债权既有物的担保又有人的担保的，债务人不履行到期债务或者发生当事人约定的实现担保物权的情形，债权人应当按照约定实现债权；没有约定或者约定不明确，债务人自己提供物的担保的，债权人应当先就该物的担保实现债权；第三人提供物的担保的，债权人可以就物的担保实现债权，也可以要求保证人承担保证责任。提供担保的第三人承担担保责任后，有权向债务人追偿。"据此，史某应当按照合同约定，及时行使权利，要求朱某某、吴某某按照合同约定履行办理抵押登记的义务。史某在连续签订三份借款合同长达半年多的时间内，未能及时了解抵押物状况，亦未按照合同约定促使朱某某、吴某某办理抵押登记取得抵押物权，使其自身不能享有抵押物权的同时也增加了保证人何某某所负担的责任风险。

何某某作为保证人在借款合同上签字时对于朱某某、吴某某提供的物的担保是知悉的，当然会产生基于法律规定享有物的担保优先清偿债权的合理信赖；并且办理抵押物之抵押登记是史某与朱某某、吴某某之间约定的权利义务，何某某对于抵押物的抵押登记情况也不能充分知晓。因此，史某在合同约定的担保物之价值远远大于借款本金数额的情况下，未及时按照合同约定行使要求朱某某、吴某某办理抵押登记的权利，导致其未能按照合同约定享有担保物权，系其自身过错所致，应视为对合同约定的担保物权的放弃，史某应依法承担相应责任，何某某在史某过错的范围内免除责任。

综上，一审判决对何某某应承担保证责任的认定有误，本院依法予以纠正。上诉人何某某的上诉请求，合法有据，本院予以支持。二审判决：一、维持一审判决第一、二、四项（即维持：一、被告朱某某、吴某某共同偿还原告史某借款100万元；二、被告朱某某、吴某某共同偿还原告史某借款利息及违约金；四、驳回原告史某的其他诉讼请求）；二、撤销一审判决第三项（即三、被告何某某对上述第一、二项款项承担连带清偿责任。）

◎律师评析

本案的争议焦点是，在借款人提供其房屋、股权担保但未登记的情况下，是否免除保证人的保证责任？

本案最后一份借款合同约定，借款人朱某某、吴某某提供其所有的某某大楼120室、202室房屋和某某公司股权担保，但均未办理登记。对此，一审法院认定本案抵押权、质权均未设立是正确的，但没有依照《物权法》有关规定处理好借款人以其物权担保与保证人提供保证担保之间的关系，便判令保证人对借款人的全部债务承担连带清偿责任，显然是错误的。

本案抵押、质押应当由担保合同的当事人进行登记，而未办理登记手续，致使抵押权、质权均未设立，属于担保合同当事人因过错造成，与保证人何某某无关。保证人何某某基于借款人朱某某、吴某某已经提供房产和股权担保再提供保证担保，据此，本案在抵押权、质权均未设立的情况下，将偿还本息的全部责任判由保证人代偿是不妥的。史某作为出借人即担保权人，未按照合同约定督促借款人即担保人的朱某某、吴某某办理抵押、质押登记，系其自身过错所致，因此不能享有抵押权和质权，应视为对出借人担保物权的放弃，此后果应由其自行承受。根据《物权法》第一百七十六条关于“债务人自己提供物的担保的，债权人应当先就该物的担保实现债权”之规定，出借人放弃借款人提供物的担保的，应当相应免除保证人的保证责任。本案担保物价值远远大于借款本息数额，故二审法院判决全部免除保证人何某某的保证责任。

［本案例根据山东省济南市中级人民法院（2015）济民五终字第84号判决书编写］

7. 抵押权与租赁权及其关系处理

抵押人提供已经出租的财产设定抵押，或者将已经设立抵押的财产出租，这会使同一财产上出现抵押权与租赁权重叠的情况。根据《物权法》和《担保法解释》的有关规定，这两种不同情况的抵押对租赁权有着不同的法律效应。

关于先出租后抵押问题。抵押人在订立抵押合同前已将财产出租，后又将该出租的财产设定抵押的，租赁合同和抵押合同都具有法律效力。《物权法》第一百九十条规定，“订立抵押合同前抵押财产已出租的，原租赁关系不受该抵押权的影响”。《担保法解释》第六十五条规定：“抵押人将已出租的财产抵押的，抵押权实现后，租赁合同在有效期内对抵押物的受让人继续有效。”这是“抵押不破租赁”的规定，即租赁合同不因后来设定抵押权而影响其效力，也就是说，抵押物因抵押人清偿抵押债务被转让的，租赁合同在有效期内对抵押权人和受让人继续有效，承租人有权继续行使租赁权而占有和使用租赁物。

关于先抵押后出租问题。租赁权不得对抗登记抵押权。因抵押人对抵押财产仍享有所有权及其收益权和处分权，所以，抵押人可以将已经设定抵押的财产出租给他人，而抵押权人不得反对抵押物出租，租赁合同也不因抵押权人反对而无效。但《物权法》第一百九十条规定，“抵押权设立后抵押财产出租的，该租赁关系不得对抗已登记的抵押权”。根据这条规定，抵押物已经依法办理登记手续，后来抵押人又将该抵押物出租的，不得影响抵押权人对抵押债权的实现，如在租赁有效期内，抵押物依法被拍卖、变卖的，该租赁合同对抵押物受让人不能继续有效，除受让人同意外，承租人不得继续占有和使用租赁物，由此造成承租人损失的，由抵押人或者承租人承担责任。抵押物未登记的，租赁权可以对抗抵押权，承租人在租赁合同有效期内可以继续占有和使用租赁物。

关于抵押人告知承租人该财产已经设定抵押的问题。《担保法解释》第六十六条第二款规定：“抵押人将已抵押的财产出租时，如果抵押人未书面告知承租人该财产已抵押的，抵押人对出租抵押物造成承租人的损失承担赔偿责任；如果抵押人已书面告知承租人该财产已抵押的，抵押权实现造成承租人的损失，由承租人自己承担。”据此规定，在先抵押后出租的情况下，抵押物被拍卖、变卖为受让人所有后，承租人不能继续占有和使用租赁物，由此造成损失的，应当根据抵押人是否告知承租人该财产已经设定抵押的情况作不同处理。抵押人在出租抵押物时已经书面告知承租人该财产已抵押的情况，承租人愿意承租该抵押物的，说明其自愿承受抵押权人实现抵押债权给其带来的风险，在这种情况下，抵押权实现造成承租人损失的，应当由承租人自己承担。抵押人未书面告知承租人该财产已抵押的情况，抵押权实现造成承租人损失的，应当由抵押人向承租人承担赔偿责任。

案例解析

未实际占有使用租赁物的，租赁权不得对抗抵押权

◎案情简介

2012年12月5日，罗某某与陈某签订《借款合同》和《房地产抵押合同》各一份，约定陈某向罗某某借款100万元，陈某提供其某小区6幢3单元502室的房屋抵押担保。同日，罗某某向陈某汇款100万元，陈某出具收条一份，双方并就抵押房产办理了抵押登记，罗某某取得上述房产的他项权证。

后因陈某未归还借款本息，罗某某于2013年12月25日起诉至法院。法院于2014年6月16日作出判决，判决陈某归还罗某某本息，且罗某某对某小区6幢3单元502室的房屋享有优先受偿权。

判决生效后，罗某某申请法院强制执行。在执行阶段，王某主张其与陈某在2010年7月25日曾签订《房屋租赁合同》一份，案涉房屋由其承租，租期20年，从2010年7月31日至2030年7月30日，租金每月2000元，于是王某向法院提出执行异议。法院作出第2号执行裁定，驳回王某的异议。王某于2015年5月18日提起执行异议之诉。

王某诉称：王某与陈某于2010年7月25日签订了《房屋租赁合同》，双方约定：陈某将坐落于某小区6幢3单元502室的房屋出租给王某使用，租赁期限为20年，从2010年7月31日起到2030年7月30日止，月租金2000元按年支付。王某请求：1. 判决确认王某与陈某于2010年7月25日签

订的《房屋租赁合同》合法有效，并确认其享有坐落于某小区6幢3单元502室房屋的20年使用权；2. 判令对讼争标的物坐落于某小区6幢3单元502室房屋停止执行。

罗某某辩称：王某与陈某签订的租赁合同不成立。罗某某与陈某存在借款关系，陈某向其借了100万元，将某小区6幢3单元502室房屋抵押给罗某某，并办理了抵押手续，罗某某因此取得该房屋的他项权证。后来由于陈某没有还钱，罗某某起诉到法院，法院判决陈某要归还借款。此外，王某与陈某签订的租赁合同租期为20年不合常理；月租金2000元明显低于市场价格，而且20年都不递增调整也不合常理。

原审被告陈某因下落不明未到庭参加诉讼。

◎一审判决

一审法院另查明：案涉房屋2014年7月至2015年1月电费缴纳发票保管于王某处。王某于2014年3月11日缴纳了2013年物业费110元。王某曾将案涉房屋租赁给案外人王某某使用，王某某曾于2015年5月12日缴纳过2014年物业费110元。王某在案涉房屋内办理过2014年5月30日至2015年5月30日的暂住证。2015年4月之后房屋已由罗某某实际控制。

一审法院经审理认为：第一，《物权法》第一百九十条规定，订立抵押合同前抵押财产已出租的，原租赁关系不受该抵押权的影响。抵押权设立后抵押财产出租的，该租赁关系不得对抗已登记的抵押权。根据上述规定，租赁权要对抗抵押权，需要租赁权设定在先。但王某除提交了一份落款时间为2010年7月25日签订的租赁合同外，其他如保管在王某处的电费发票、物业费收据、暂住证等证据均为2014年之后发生，上述证据不能证明王某已于2010年已实际占有租赁案涉房屋的事实。第二，王某与陈某签订的租赁合同租期长达20年，而租金则固定为每月2000元，此种交易方式有悖于一般社会交易惯例。

综上所述，王某与陈某签订的租赁合同真实性存疑，且未提交证据证明其主张的租赁权设定早于罗某某享有的抵押权设定。根据《民事诉讼法》第六十四条的规定，当事人对自己提出的主张，有责任提供证据。没有证据或者证据不足以证明当事人的事实主张的，由负有举证责任的当事人承担不利后果，故该院对原告王某的诉讼请求不予支持。于是判决：驳回王某的诉讼请求。

◎**二审判决**

王某不服一审判决提起上诉称：一审判决认定事实不清，混淆了抵押和查封概念，违反了买卖不破租赁的原则，请求二审法院撤销一审判决，依法改判，支持上诉人的一审诉讼请求。

一、一审判决采信证据片面认定事实不清，对租赁合同签订事实以及上诉人实际占有入住的事实应当认定而没有认定。

1. 上诉人与一审被告陈某于2010年7月25日签订了《房屋租赁合同》，出租方陈某亲自签字捺印，被上诉人经庭审辨认并无异议，尽管陈某没有出庭应诉，但该租赁合同的真实性不容置疑。房屋租赁合同由当事人协商订立，租期长短、租金高低、支付方式等具体内容因人而异，属于意思自治范畴，没有约定俗成的模式，不存在一般社会交易惯例之说。一审判决认为租金固定每月2000元以及租赁期限约定长达20年，“此种交易方式有悖于一般社会交易习惯”，该理由十分牵强，完全缺乏依据，采信证据片面。

2. 对订立抵押合同之前涉案房屋上诉人已经实际使用的事实没有认定。租赁合同签订后，上诉人于2010年年底入住。2012年，上诉人因生孩子，为方便家人照顾，搬至老家暂住，2014年3月，将涉案房屋转租给远房亲戚王某某、徐某使用。使用期间，水、电、煤气费及物业管理费均由原告及使用人王某某支付。一审判决对上诉人实际居住并出租给亲戚使用的事实没有认定，对上诉人何时实际居住的基本事实没有查明。

二、《房屋租赁合同》签订的落款时间为2010年7月25日，而被上诉人罗某某订立借款合同并办理抵押登记时间为2012年12月5日，上诉人且提供了部分电费发票、物业费收据等证据予以佐证，租赁权设定先于抵押权的事实清楚。《最高人民法院关于人民法院办理执行异议和复议案件若干问题的规定》第二十一条规定，“承租人请求在租赁期内阻止向受让人移交占有被执行的不动产，在人民法院查封之前已签订合法有效的书面租赁合同并占有使用该不动产的，人民法院应予支持”。该规定强调的是“查封之前”而非“抵押之前”。

二审本院认为：王某提起的执行异议之诉系案外人是否对执行标的享有足以阻止其转让、交付的实体权利并由此可排除法院的强制执行。

本案中，王某提供了落款时间为2010年7月25日其与陈某签订的《房屋租赁合同》1份，该合同系王某与陈某本人所签一节，罗某某未持异议，因此本院对该合同形式上的真实性予以认定。根据《最高人民法院关于人民法院办理执行异议和复议案件若干问题的规定》第三十一条的规定，承租人请求在租赁期内阻止向受让人移交占有被执行的不动产，不仅要在人民法院查封之前已签订合法有效的书面租赁合同，还必须有实际占有使用该不动产的事实，才能得到法院的支持。但案涉租赁合同并未登记备案，王某也未能提供有效证据证实其在签订上述租赁合同后即占有使用了案涉房屋。且王某不能提供任何证据证明其曾支付过2010—2013年租金的事实。综上，由于罗某某于2012年12月5日将案涉房屋办理了抵押登记手续的事实清楚，因此在王某仅提供了租赁合同，却没有有效证据表明房屋在抵押前陈某已经将房屋交付给王某并由其占有使用的情况下，原审法院对王某的租赁权不予保护并无不妥，也符合法律规定，是正确的。

王某的上诉理由缺乏事实和法律依据，本院不予支持。原审法院认定事实清楚，适用法律正确。二审判决：驳回上诉，维持原判。

◎律师评析

本案的争议焦点是租赁权可否对抗抵押权和强制执行的问题。

根据《物权法》第一百九十条之规定，在先抵押后出租的情况下，租赁权不得对抗登记的抵押权，但若抵押未登记，租赁权可以对抗抵押权。根据《物权法》第一百九十条和《担保法解释》第六十五条之规定，在先出租后抵押的情况下，租赁权可以对抗登记抵押权，也就是说，租赁关系不受该抵押权的影响，抵押权实现后，租赁合同在有效期内对抵押物的受让人继续有效。

本案中，《房屋租赁合同》签订的落款时间为2010年7月25日，而罗某某办理抵押登记时间为2012年12月5日，从形式上看，涉案租赁权的设定明显先于抵押权的设立，因而，王某的租赁权可以对抗罗某某的登记抵押权。但本案遇到了另一个问题，即“租赁合同”与“占有使用”之间的关系如何处理问题。

《最高人民法院关于人民法院办理执行异议和复议案件若干问题的规定》第三十一条第一款规定：“承租人请求在租赁期内阻止向受让人移交占有被执行的不动产，在人民法院查封之前已签订合法有效的书面租赁合同并占有使用该不动产的，人民法院应予支持。”据此规定，承租人阻止向受让人移交占有被执行的不动产的，应当具备两个条件：一是在人民法院查封之前已签订合法有效的书面租赁合同，二是承租人并占有使用该不动产。这里的“并”字要求，即有书面租赁合同又已占有使用的事实，承租人方可阻止向受让人移交占有被执行的不动产，如果只是占有使用而没有书面租赁合同，或者只有书面租赁合同而未实际占有使用的事实，都不能产生阻止的效力。所以，本案二审法院认为“承租人请求在租赁期内阻止向受让人移交占有被执行的不动产，不仅要在人民法院查封之前已签订合法有效的书面租赁合同，还必须有实际占有使用该不动产的事实，才能得到法院的支持。”这里的“承租人阻止向受让人移交占有被执行的不动产”，虽然是阻止法院的执行行为，但其实际的法律意义是对抗抵押权。本案中，王某未能提供有效证据证实其在签订上述租赁合同后占有使用了案涉抵押房屋的事实，且不能提供任何证据证明其曾支付过2010—2013年（抵押前）租金的事实，因此法院认定其并未占有使用案涉抵押房屋，王某的租赁权不能对抗罗某某的登记抵押权。

［本案例根据浙江省杭州市中级人民法院（2016）浙01民终字第307号民事判决书编写］

8. 抵押物上的追及权与涤除权

这里的追及权，是指抵押人未经抵押权人同意将抵押物转移给他人，抵押权的效力始终及于该抵押物，抵押权人可以追及抵押物而主张优先受偿的权利。抵押人擅自将抵押物转移给他人，导致抵押债权未能实现的，抵押权人可以依法行使追及权。譬如，我未经债权人同意将抵押房屋卖给你，又未清偿抵押债务，债权人可以主张我与你之间的房屋买卖无效，对已被你占有的房屋仍然享有优先受偿权。

这里的涤除权，是指在主债务人不履行债务时，受让人为了取得抵押物的所有权，代替债务人清偿债务，从而消灭抵押权的行为。涤除抵押权的方法主要有“提存”和代偿。譬如，抵押人未经债权人同意将抵押物出卖给买受人，买受人或者债务人将价款交付给债权人，全部清偿了债务，那么抵押权就告消灭。

《物权法》第一百九十一条第一款规定，“抵押期间，抵押人经抵押权人同意转让抵押财产的，应当将转让所得的价款向抵押权人提前清偿债务或者提存”。第二款规定：“抵押期间，抵押人未经抵押权人同意，不得转让抵押财产，但受让人代为清偿债务消灭抵押权的除外。”《担保法解释》第六十七条第一款规定：“抵押权存续期间，抵押人转让抵押物未通知抵押权人或者未告知受让人的，如果抵押物已经登记的，抵押权人仍可以行使抵押权；取得抵押物所有权的受让人，可以代替债务人清偿其全部债务，使抵押权消灭。受让人清偿债务后可以向抵押人追偿。”抵押人未经抵押权人同意转让抵押财产的，根据上述规定，应当处理好追及权与涤除权的关系。

抵押人擅自转让抵押财产，致使抵押权人未实现抵押债权的，抵押权人可以行使追及权，继续向受让人主张抵押物上的优先受偿权。但是，这种转让合同并非当然无效，其效力状态还要看受让人是否行使涤除权，受让人代替债务人清偿了全部债务的，抵押权消灭，转让合同有效。

案例解析

抵押物上追及权与受让取得所有权并不相悖

◎案情简介

2010年8月9日，建行某某支行与B公司签订了一份《最高额抵押合同》，约定B公司以其机器设备等动产为建行某某支行与B公司之间自2010年8月9日至2018年8月8日期间最高限额为2441万元的债权提供抵押担保，并办理了抵押权登记。2015年3月30日，某市中级人民法院（以下简称某市中院）裁定查封B公司包括上述抵押物在内的财产，但允许B公司继续使用抵押物，同时责令其妥善保管，不得转移、隐匿、毁损。2015年8月6日，某市中院对另案作出判决，判令B公司偿还建行某某支行借款本金共计53923750元，并支付利息、逾期罚息和复利，如B公司不按时履行债务，建行某某支行有权对B公司所有的机器设备等动产折价、拍卖、变卖所得款项以抵押债权2441万元为限享有优先受偿权。判决书所附

《抵押物清单》包括了冲压冲床、高速分条机等设备。上述判决后，2015 年 9 月 17 日，建行某某支行将上述对 B 公司享有的 2441 万元债权及抵押权转让给 F 公司。

2014 年 7 月 25 日，A 公司与 B 公司签订《买卖合同》，约定 B 公司将其所有的机器设备冲压冲床、高速分条机等设备（抵押物）出卖给 A 公司，价款为 378 万元。同日，双方又签订了《融资租赁合同》，约定 A 公司将前述机器设备租赁给 B 公司，租金为 4570744.50 元；如承租人未按约足额支付任何一期租金及其他费用，应按年利率 20% 加付逾期利息。

C 公司、E 公司、苏某某等三人也在同日签署了一份《保证书》，为 B 公司《融资租赁合同》的债务提供连带责任保证。B 公司支付了 2015 年 2 月前的租金，后续租金未能支付。

2015 年 11 月 24 日，法院裁定受理 B 公司破产。2016 年 5 月 24 日法院裁定受理 C 公司破产。

A 公司起诉称：A 公司以融资租赁方式向 B 公司出租机器设备，双方约定分期支付租金的时间及金额。C 公司、E 公司、苏某某等三人提供连带保证。但 B 公司仅支付了第 1—4 期的租金共计 413000 元。请求判令：一、解除 A 公司和 B 公司签订的《融资租赁合同》；二、B 公司立即归还 A 公司前述《融资租赁合同》项下的租赁物冲压冲床、高速分条机等设备；三、B 公司立即支付合同解除前已经到期的租金（暂计至 2015 年 3 月 19 日为 3 万元）；四、B 公司立即支付第 5 期租金的逾期利息；五、B 公司立即支付违约金 1146000 元，同时以履约保证金 700000 元冲抵剩余租金；六、B 公司支付自前述《融资租赁合同》解除开始至其实际返还租赁物期间的占有使用费；七、C 公司、E 公司、苏某某等三人承担连带清偿责任。

B 公司答辩称：本案名为融资租赁，实为民间借贷。融资租赁合同的租金总额为 4570744.5 元，而 B 公司实际取得的价款仅为 2527605.50 元，B 公司已经支付 413000 元，按此计算，融资的月利率高达 3.34%。本案应当按照借款合同处理，利率可以按照月利率 2% 计算。A 公司违约金的请求没有法律依据，并且金额明显过高。

第三人 F 公司述称：涉案融资租赁合同项下的租赁物已于 2010 年 8 月 9 日抵押给建行某某支行，并且已经办理了动产抵押登记。另案，某市中院作出第16号判决，确认建行某某支行对涉案《融资租赁合同》项下的租赁物享有优先权。2015年9月17日，F公司受让了16号民事判决中确认的债权和抵押权。F公司认为，其对涉案租赁物的抵押权在先，A公司与B公司签订设备买卖合同以及回租协议，明显存在过错，其返还租赁物的请求权不能对抗F公司的抵押权，请求法院确认A公司和B公司签订的《买卖合同》《融资租赁合同》无效。

◎**法院判决**

法院经审理认为：首先，涉案《买卖合同》和《融资租赁合同》系A公司和B公司的真实意思表示。合同标的物虽然原为B公司所有，但是根据《最高人民法院关于审理融资租赁合同纠纷案件适用法律问题的解释》第二条之规定："承租人将其自有物出卖给出租人，再通过融资租赁合同将租赁物从出租人处租回的，人民法院不应仅以承租人和出卖人系同一人为由认定不构成融资租赁法律关系"，故A公司和B公司之间的法律关系应当认定为融资租赁合同关系，B公司、C公司主张为民间借贷关系欠缺依据。

其次，《物权法》第一百九十一条第二款规定："抵押期间，抵押人未经抵押权人同意，不得转让抵押财产，但受让人代为清偿债务消灭抵押权的除外。"故抵押权设定后，抵押人对抵押物的处分权受到限制，即必须征得抵押权人的同意。但是，这并不意味着抵押人未经抵押权人同意而转让抵押财产的行为即告无效。《担保法解释》第六十七条第一款规定："抵押权存续期间，抵押人转让抵押物未通知抵押权人或者未告知受让人的，如果抵押物已经登记的，抵押权人仍可以行使抵押权；取得抵押物所有权的受让人，可以代替债务人清偿其全部债务，使抵押权消灭。受让人清偿债务后可以向抵押人追偿。"，即抵押权人对抵押物的追及权与受让人取得所有权并不相悖，受让人可以取得抵押物的所有权而抵押权人则保留对抵押物的追及权而继续行使抵押权，抵押物受让人也可代为清偿债务而消灭抵押负担。因此在建行某某支行已经对涉案机器设备办理抵押登记手续，F公司又已受让建行某某支行的债权的情况下，F公司对A公司买受取得的涉案机器设备享有优先受偿权，但该优先受偿权不影响涉案《买卖合同》的效力。

最后法院确认：涉案《买卖合同》和《融资租赁合同》应定性为融资租赁关系，《融资租赁合同》合法有效；C公司、E公司、苏某某等三人为

B公司提供连带责任保证，故应当按约对B公司的上述债务承担连带责任；B公司应向A公司支付租金885000元、逾期利息4333元、违约金679500元。

法院判决：一、原告A公司与被告B公司签订的《融资租赁合同》于2015年6月27日解除；二、被告B公司于本判决生效之日起十日内返还原告A公司《融资租赁合同》项下租赁物冲压冲床、高速分条机等设备；三、被告B公司于本判决生效之日起十日内支付原告A公司租金885000元；四、被告B公司于本判决生效之日起十日内支付原告A公司租金的逾期利息4333元；五、被告B公司于本判决生效之日起十日内支付原告A公司违约金679500元；六、被告C公司、E公司、苏某某等三人对被告B公司上述第二项至第五项债务承担连带责任；七、驳回原告A公司的其他诉讼请求。

◎律师评析

本案是一起买卖与租赁引起的合同纠纷，所以重点审理和解决买卖与租赁的问题。作为抵押权人的F公司仅以第三人身份参加诉讼，所以法院对抵押物的追及权未作判决。但因F公司提出追及权问题，故法院对涉案的抵押权作了评析。

本案中，B公司向建行某某支行贷款，并将其所有的机器设备冲压冲床、高速分条机等设备抵押给了建行某某支行；建行某某支行将贷款债权转让给F公司，F公司在取得建行某某支行的贷款债权的同时取得了抵押权，即对B公司的机器设备冲压冲床、高速分条机等设备享有优先受偿权。

在F公司对B公司的抵押物享有优先受偿权的情况下，B公司与A公司签订了《融资租赁合同》，将抵押物出租给A公司，所以，F公司认为，A公司的返还租赁物的请求权不能对抗F公司的抵押权，请求法院确认A公司和B公司签订的《融资租赁合同》无效。

《物权法》第一百九十一条第二款规定："抵押期间，抵押人未经抵押权人同意，不得转让抵押财产，但受让人代为清偿债务消灭抵押权的除外。"据此规定，抵押人未经抵押权人同意转让抵押物的，一是抵押权人有权行使追及权；二是受让人可以行使涤除权，代为清偿债务而消灭抵押权。据此，法院认为：抵押权人对抵押物的追及权与受让人取得所有权并不相悖，受让人可以取得抵押物的所有权而抵押权人则保留对抵押物的追及权而继续行使抵押权，抵押物受让人也可代为清偿债务而消灭抵押负担，因此，F公司对A公司买受取得的涉案机器设备享有优先受偿权，但该优先受偿权不影响涉案《买卖合同》的效力，故抵押人未经抵押权人同意而转让抵押财产的行为不一定作无效处理。

法院最后认定本案属于融资租赁纠纷，在判决解除《融资租赁合同》的同时，判令B公司向A公司返还租赁物冲压冲床、高速分条机等设备。

因本案属于买卖和租赁合同纠纷，故法院对抵押权追及权未作出判决，但F公司在此之后可以对行使抵押物追及权，请求法院处置抵押物来实现抵押债权，A公司也可以代替B公司向F公司清偿债务，从而涤除抵押权而取得涉案设备的所有权。

［本案例根据浙江省宁波市中级人民法院（2015）浙甬商外初字第91号民事判决书编写］

9. 抵押物抵债及其效力

抵押物抵债，是指抵押人将其抵押财产作价移转给债权人（抵押权人）所有，从而抵销其相应抵押债务的一种清偿方式。抵押物抵债是以物抵债的一种情形，与其他以物抵债不同的只是以已经设定的抵押财产抵债。抵押物抵债通常有三种情况：一是债务到期后协议抵债，即抵押人与债权人双方经协议一致，以抵押财产抵偿债务；二是执行程序中的同意抵债，即案件进入执行程序后，经申请执行的债权人和被执行的抵押人同意，法院不经拍卖、变卖，直接将被执行的抵押财产作价交申请执行的债权人抵偿债务；三是流拍后的抵债，即抵押物在拍卖时无人竞买或者第二次拍卖仍流拍的，法院将抵押物作价交给债权人抵债。抵押财产全部抵债后，抵押债务消灭，抵押人不再承担抵押责任；主债务仍未清偿完毕的，剩余债务由主债务人继续清偿。

案例解析

以物抵债合同生效可消灭抵押债务

◎案情简介

2011年8月12日，出借人何某与借款人某某公司签订《借款合同》约定：借款1000万元，期限为1年，即自2011年8月15日起至2012年8月14日止；年利率为24%，借款人需每三个月支付一次利息，并于借款期限到期之日一次性归还借款本金及全部剩余利息。

同日，何某与某某公司签订《房地产抵押合同》，约定：1. 某某公司提供坐落于某某镇两幢别墅抵押，双方约定抵押的房地产总价值为1800万元整；2. 被担保债务为双方签订的《借款合同》，借款金额1000万元整，月利率为2%；3. 抵押房地产担保范围为借款本金、利息、违约金和用于实现债权的一切合理费用。上述合同订立后，双方办理了抵押登记，何某取得房屋他项权证书。

同年8月18日，何某通过银行汇款将借款1000万元汇入某某公司账户。后某某公司向何某汇付160万元。

2013年6月4日，某某公司向何某出具《还款承诺书》，约定：某某公司承诺分三期还清借款本息；届时如未能还清借款本息，何某有权在所抵押的两幢别墅中选择一幢购入，某某公司有义务办理过户登记手续，将别墅登记在何某名下，价款视为某某公司已归还何某借款。

2013年11月26日，何某与某某公司签订两份《商品房买卖合同》，约定由某某公司将其开发的两幢别墅以每幢500万元价款出售给何某抵偿价款债务，其中还约定“签约当日，付清全款，合同生效”。

何某认为，某某公司未偿还到期借款，也未将合同约定的两幢别墅过户登记到其名下，遂向法院提起诉讼。请求判令：1. 被告某某公司归还1080万元，并支付逾期利息；2. 原告何某对某某公司名下的两幢别墅以折价或者拍卖、变卖的价款优先受偿。

某某公司辩称：一、某某公司已分2次归还现金160万元的借款本金；某某公司向何某出售了两幢别墅，售房款1000万元已经折抵了何某的借款本金和利息，不存在再支付借款本金的问题。双方订立的以房产抵借款的协议约定的两幢别墅是现房，且已经抵押在何某名下，因何某未及时办理房产权证，责任不在某某公司。请求法院驳回何某的诉讼请求。

◎**一审判决**

一审法院经审理认定：何某与某某公司签订的《借款合同》及《房地产抵押合同》，均系各方的真实意思表示，不违反法律、法规的禁止性规定，合法有效，各方均应按照合同约定履行各自的义务；某某公司已经归还现金160万元，尚欠借款本金1000万元和借款期间的利息80万元及自2012年8月19日起至还款之日止的利息。

一审法院认为，本案主要争议的焦点是：何某对某某公司名下的抵押物两幢别墅是否享有优先受偿权。

何某与某某公司签订的《还款承诺书》约定，何某有权购买抵押物两幢别墅抵偿借款，双方还签订了购买两幢别墅的《房屋买卖合同》。根据《还款承诺书》的约定，某某公司有义务办理房产过户登记手续，将别墅登记在何某名下，待别墅登记在何某名下后，才能视为某某公司已归还借款。但某某公司至今未将两幢别墅过户到何某名下。在签订《商品房买卖合同》时，两幢别墅已建好并可以交付。但某某公司没有提供证据证明其在《商品房买卖合同》签订后已通知何某来收房，该两幢别墅至今未交付给何某，一直由某某公司管理、使用。因此，某某公司辩称其已以抵押物两幢别墅抵偿借款1000万元，没有事实和法律依据，本院不予采信。

某某公司以其自有房屋作为借款的抵押担保，并进行了抵押登记。根据《担保法》第三十三条、《物权法》第一百七十条的规定，债务人不履行到期债务，担保物权人依法享有就担保财产优先受偿的权利。因某某公司没有履行还款义务，何某要求对某某公司提供抵押的两幢别墅享有优先受偿权，符合法律规定，应予以支持。

综上所述，一审判决如下：一、某某公司应在本判决生效之日起十日内向何某偿还借款期限内的利息80万元和借款本金1000万元及逾期利息；二、如某某公司不履行上述义务，何某有权以某某公司的抵押物两幢别墅折价或拍卖、变卖的价款优先受偿。

◎**二审判决**

一审判决后，某某公司不服提起上诉称：

一、上诉人已经以500万元每幢的价格用两幢别墅折抵了1000万元的借款本金，不应再计算利息。双方合同约定的“折抵”条件成就与否的标准是房屋登记，而判决书认定的标准是“是否交房”。双方约定的条件中没有通知交房的义务，一审判决以双方没有约定的“通知交房”，作为判定“折抵”条件不成就，显然不当。并且，房产登记不是单方行为，除房屋买卖合同外，必备的前提条件就是购房人履行缴纳契税等法定义务后，才能办理房屋登记。一审不要求购房人先履行法定义务，片面要求出卖人办理房屋登记，完全是强人所难。结合《还款承诺书》以及《商品房买卖合同》的约定内容，从《商品房买卖合同》签订之日起，借款本金已经折抵完毕，无须再计算相应利息。

二、本案《商品房买卖合同》属于有效合同，出卖人有权按合同约定，要求买受人立即支付购房款，上诉人主张的债权抵销的答辩主张是有法律依据的；在没有当事人诉请撤销也没有法定理由撤销《商品房买卖合同》之前，一审判决拍卖抵押房屋，违反双方的承诺书约定条款。《还款承诺书》缺少买受人缴纳相应税费的条款，因而无法进行房产过户登记的操作，其责任都在于何某，不在于某某公司，因此，拍卖优先受偿的条件并不成就。

二审法院在庭审调查中核实，两幢别墅为精装修现房，具备入住条件，某市房管部门已将《房屋所有权证》办至某某公司名下，开发商已将钥匙交给某某公司。

二审法院认为，本案二审争议的焦点是：1. 两幢别墅是否已经抵偿借款本金；2. 被上诉人何某是否就两幢别墅折价、拍卖、变卖的价款享有优先受偿的权利。

涉案《还款承诺书》约定，何某有权选择购买抵押的两幢别墅抵偿借款，某某公司有义务办理房产过户登记手续，将别墅登记在何某名下，待别墅登记在何某名下后，才能视为某某公司已归还借款；某某公司同意以每幢500万元的价格销售给何某，何某无须支付每幢500万元的购房款。据此，何某与某某公司签订两份《商品房买卖合同》，约定由某某公司将其开发的两幢别墅房出售给何某，该两份合同的第六条关于付款方式及期限明确约定

"签约当日，付清全款，合同生效"。

根据我国《合同法》第四十四条第一款之规定："依法成立的合同，自成立时生效。"上述《借款合同》《还款承诺书》《商品房买卖合同》的签订均系各方当事人真实意思表示，并未违反法律法规强制性规定，均为有效合同。

根据《商品房买卖合同》约定，何某自愿选择了以房抵债。虽然《还款承诺书》第二条约定"待别墅登记在何某名下后，视为某某公司已归还乙方人民币500万元"，但《商品房买卖合同》第六条又约定"签约当日，付清全款，合同生效"。因《还款承诺书》签订在前，《商品房买卖合同》签订在后，故《商品房买卖合同》关于"付款方式及期限"的约定应是对前面约定的更改，是双方当事人最终的真实意思表示。《商品房买卖合同》与《还款承诺书》及《借款合同》是相互关联不可分割开来的。何某与某某公司签订《商品房买卖合同》是为了抵偿债务而签订的，两份《商品房买卖合同》签订后，应视为双方已经达成以房抵债意愿并完成了两幢别墅抵偿借款的行为，因两幢别墅已实际抵偿了借款本金，某某公司无须再支付借款本金1000万元。现何某认为《商品房买卖合同》无效是不诚信的行为，其理由不成立。

关于被上诉人何某是否就两幢别墅折价、拍卖、变卖的价款享有优先受偿的权利问题。因本院已经认定上诉人的两幢别墅已抵偿了被上诉人的借款本金，故已不存在何某就两幢别墅通过折价、拍卖、变卖而享有优先受偿权利的问题。

二审判决如下：一、撤销一审关于"何某有权以某某公司的抵押房产折价或拍卖、变卖的价款优先受偿"的判决；二、某某公司于本判决生效之日起十日内支付何某1000万元的利息（按照年利率24%计算，从2011年8月19日起计至2013年11月26日止，再扣除已支付的160万元）；三、驳回何某的其他诉讼请求。

◎律师评析

本案是一起典型的抵押物抵债纠纷的案件，争议焦点实际上是抵押物抵债合同是实践性合同还是承诺性合同的问题。

一审法院的观点是实践性合同。实践性观点认为，当事人在债务已届清偿期后约定以物抵债，系以他物替代清偿，因代物清偿为实践性法律行为，故在未办理物权转移手续前，代物清偿行为尚不成立，只有债权人受领抵债物才能使相应债务消灭。本案一审法院认为，在签订《商品房买卖合同》时，两幢别墅已建好并可以交付，但某某公司未将两幢别墅交付给何某，一直由某某公司管理、使用，因此，涉案抵押物抵债尚未成功，何某有权对抵押物两幢别墅折价或拍卖、变卖的价款优先受偿。

二审法院的观点是承诺性合同。承诺性观点认为，当事人在债务已届清偿期后约定以物抵债，该约定若为双方真实意思表示的，根据《合同法》第四十四条第一款“依法成立的合同，自成立时生效”之规定，应认定以物抵债合同已经成立并生效，债务已被抵销，债务人未交付抵债物并不影响以物抵债合同的效力，且应承担违约责任。本案二审法院认为，何某与某某公司签订《商品房买卖合同》是为了抵偿债务而签订的，《商品房买卖合同》签订后，应视为双方已经达成以房抵债意愿并完成了两幢别墅抵偿借款的行为，因两幢别墅已实际抵偿了借款本金，某某公司无须再支付借款本金1000万元，所以判决撤销某某公司偿还借款和何某对抵押物两幢别墅享有优先受偿权的一审判决。

这里还需要解释一下抵押物抵债与绝押的区别。根据《物权法》第一百八十六条的规定，在债务履行期届满前，抵押权人不得与抵押人约定债务人不履行到期债务时抵押财产归债权人所有。据此规定，绝押有两个条件构成，一是时间上，绝押约定发生在债务履行期届满前，二是债权人与抵押人在抵押合同中明确约定，债务人在债务到期后不履行债务的，“抵押财产归债权人所有”。而抵押物抵债不同：一是抵押物抵债的行为通常发生在债务到期后，而非债务到期前；二是抵押物抵债是双方经协商达成的新的抵债协议或者买卖合同，而非抵押合同中约定的“抵押财产归债权人所有”；三是即使在债务到期前双方订立新的抵债协议或者买卖合同约定抵押物抵债，此约定也不同于“债务人不履行到期债务时抵押财产归债权人所有”。本案中，借款于2012年8月14日到期，直到2013年6月4日，某某公司与何某才签订《还款承诺书》约定“届时如未能还清借款本息，何某有权在所抵押的两幢别墅中选择一幢购入”。2013年11月26日，何某与某某公司又签订两份《商品房买卖合同》，约定由某某公司将其开发的两幢别墅出售给何某，且明确约定以每幢500万元价款折抵1000万元的借款本金。由此可见，本案的抵押物抵债是债务到期后的行为，且是双方经协商达成的新协议，且有买卖合同约定，故为合法的抵债行为，而非“债务人不履行到期债务时抵押财产归债权人所有”的无效绝押。

[本案例根据海南省高级人民法院（2015）琼民一终字第13号民事判决书编写]

第十七章　民间借贷的质押担保及裁判案例解析

质押担保，是指债务人或者第三人为担保债务的履行，将其动产或者财产权利交付给债权人占有或者办理登记，在债务人不履行到期债务或者发生当事人约定的实现质权的情形下，债权人（质权人）有权就该动产或者财产权利优先受偿的一种担保方式。在民间借贷中，当事人设立质押担保的，出借人是质权人，出质人是借款人或第三人。借款人请求出借人给予借款，出借人要求借款人提供担保，借款人或者第三人提供财产出质，出借人接受与之订立质押合同，出质人交付质物为出借人占有或者办理质押登记的，质权设立。

质押财产可以是动产，也可以是财产权利，因此财产质押分为动产质押与权利质押两种。不动产由于其性能决定不可转移占有，所以只能适合抵押担保。有些动产既可抵押也可以质押，如车辆，以抵押方式提供担保，还是以质押方式提供担保，由当事人自主约定，但有些动产适宜抵押而不宜质押，如正在建造的船舶不能交付债权人占有，因而适宜抵押而不宜质押；又如，《物权法》第二百二十三条规定的汇票、支票、本票、债券、存款单、仓单、提单等财产权利一般适用于质押，而不宜适用抵押。

质物通常不可重复质押。某一财产的价值能够满足两个以上抵押担保债权要求的，抵押人可以同时或者先后就同一财产向两个或者两个以上的债权人提供抵押而形成多个抵押权。质押以质物交付质权人占有为生效要件，当某一财产作为质物交付质权人占有后，出质人不可能就同一财产再交付另一个债权人占有，因而无条件再质押。

1. 动产质押及其交付与占有

《物权法》第二百一十二条：“质权自出质人交付质押财产时设立。”质押设立的主要条件是质物交付债权人占有或者依法办理登记手续。"交付"与"占有"是质押担保区别于抵押担保的一大特征。占有是对物的实际控制和掌握，是财产所有权中的一个权能。出质人交付质押物，出借人占有质押物后，便形成出质人对质物享有所有权与出借人对质物占有权的分离状态。出质人仍拥有所有权，但不实际控制质物，成为不完整的所有权；出借人取得质物占有权，直接控制质物，但没有所有权。因占有权具有控制功能，限制所有权人作出事实上的处分，故可为担保所利用。

质物交付占有主要有以下几种方式：

（1）转移交付，也称现实交付。出质人将用于质押的财产转移到出借人住所或者指定地点，由出借人直接占有和保管，这是最为常见的交付与占有的方式，主要适用于体积小、易移动、易保管的质押财物。

（2）交付管理权。这种交付方式表现为，出质人不需要搬动质物，不需要移动地点，只要将质物的管理权交付给出借人即可。譬如，借款人以大宗产品出质，为了节约搬运和保管成本，质押财产在原地不动，只是向出借人交付产品清单和仓库钥匙，即交付了控制权和管理权，也就被视为占有。

（3）委托他人占有或者管理。有些质物，出质人交付后，出借人不便保管或者无条件保管而委托他人管理的，也是一种占有方式。如有些质物保管需要设备和技术，出借人委托有相应的设备和技术的单位或者个人收取并保管，出质人向受托人交付的，受托人占有质物，也被视为交付出借人占有。

（4）交付权利凭证。出质人以有凭证的财产权利质押的，在订立书面质押合同后，应当向质权人交付权利凭证，质权自权利凭证交付质权人接受时设立，如以汇票、支票、本票、债券、存款单、仓单、提单出质的，权利凭证交付给质权人后，质权人就可以有效地控制该财产权利，故也视为占有质物。

（5）登记控制。出质人以财产权利质押，该财产权利依法办理登记手续，出借人就有效地控制了该财产权利。在这种情况下，质权人虽然没有直接占有质物，但登记对财产权利控制与占有具有相同的效力。

案例解析

车辆质押只要将车辆交付出借人即设立质权

◎案情简介

2013年4月10日，借款人李某某向出借人成某某借款，与成某某签订《汽车质押借款合同》。该合同约定：借款本金55万元，月利率4%，借款期限至2013年8月10日止，质押物为李某某所有的奔驰牌轿车；如李某某逾期还款，成某某可依法处置质押物奔驰牌轿车，实现担保物权，同时李某某应承担违约金计人民币30万元。该合同签订当日，李某某将质押物奔驰牌轿车及相关证明材料交成某某保管，成某某便通过银行转账向李某某交付55万元借款。借款到期后，李某某仅支付借款期限内3个月的利息，而未偿还借款本金，也未支付剩余利息及违约金。

成某某向法院提起诉讼，请求法院判令：一、被告李某某偿还原告借款本金51.37万元整，支付利息9900元及违约金；二、如被告李某某未履行上述债务，则判令原告有权拍卖、变卖或折价被告提供的质押物奔驰牌小轿车，所得价款由原告优先受偿。

李某某未作答辩，亦未在举证期限内向法院提供证据。

◎法院判决

法院经审理认为：原告成某某与被告李某某之间签订的《汽车质押借款合同》系双方真实意思表示，内容真实，除月利率和违约金约定过高外，其余内容均合法有效。原、被告双方签订《汽车质押借款合同》之日，被告李某某即将约定的质押物奔驰牌轿车及相关证明材料交付给原告成某某保管，原告成某某占有了质押物奔驰牌轿车，对该车辆的质权合法有效，故本院对原告成某某要求在被告李某某未履行上述债务情形下拍卖、变卖质押物奔驰牌小轿车，所得价款由原告优先受偿的诉请予以支持。被告李某某经本院合法传唤无正当理由拒不到庭，视其放弃抗辩权利，依法可缺席判决。

法院判决如下：一、被告李某某于本判决生效之日起十日内偿还原告成某某借款本金51.37万元及利息（2013年7月份利息9246元，自2013年8月11日起至判决确定之日止利息按月利率1.8%计算）；二、若被告李某某未履行上述债务，原告成某某有权以依法拍卖、变卖被告提供质押的奔驰牌轿车所得价款优先受偿；三、驳回原告成某某的其他诉讼请求。

◎律师评析

本案事实清楚，判决正确，本无争议可以分析，但从中可以看出，车辆质权的设立不以登记为条件。

本案借款人李某某与出借人成某某签订《汽车质押借款合同》后，李某某将质押物奔驰牌轿车及相关证明材料交成某某保管，这一质押行为符合《物权法》第二百一十二条“质权自出质人交付质押财产时设立”之规定，所以质权有效设立，成某某对质押物奔驰牌轿车的处置价款享有优先受偿权。

提供车辆担保如果采取抵押方式，情况就不一样。根据《物权法》第一百八十八条之规定，以交通运输工具抵押的，抵押权自抵押合同生效时设立；未经登记，不得对抗善意第三人。据此规定，车辆抵押与车辆质押比较有两个事情明显不同：一是以车辆抵押的，抵押权自抵押合同生效时设立，也就是说，只要抵押合同生效就能设立抵押权，而无须将车辆交付给债权人占有。提供车辆担保采取质押方式的，即使质押合同生效，但未将车辆交付债权人占有的，该质权也未设立，债权人就不能对所谓的质押车辆主张优先受偿权。

2. 质押和抵押的区别

第一，质押和抵押的根本区别在于担保物是否转移为担保权人占有。当事人设定抵押担保，抵押人不将抵押物转移给质押权人占有，抵押物仍由抵押人使用和保管，而当事人设定质押担保，出质人应当将质物交付给质权人占有或者登记，否则质权不能设立。

第二，担保物的种类不同。抵押物通常是不动产，部分动产虽然也可以抵押（如车辆），但采用质押方式的较多，且比较方便，而不动产（如房产）因不能交付占有，故不能质押，所以质物都是动产和财产权利。

第三，担保物权的设立条件不同。不动产抵押以登记为条件设立抵押权，而动产质押无须登记，只要向质权人交付质物就能设立质权，动产登记只是加强对抗第三人的效力而已。

第四，担保物的处置权不同。抵押权人对抵押物不具有直接处置权，要想实现抵押债权，就必须与抵押人协商或通过诉讼途径来处置抵押物；而质权设立后，在债务人出现不履行到期债务或者发生当事人约定的实现质权的情形时，质权人无须经过诉讼程序就可通过依法处置质物来实现质押质权。

第五，损失赔偿责任不同。因抵押物仍由抵押人保管使用，故抵押物的毁损、灭失或价值减少，由抵押人自行承受损失，而质押将质物交付给质权人占有后，质权人负有保管质物的义务，因此，质物毁损、灭失或价值减少，在通常情况下应由质押权人承担赔偿责任。

案例解析

借款人许可出借人使用担保车辆是质押而不是抵押

◎案情简介

1997年12月22日，斯某某、徐某某签订《借款协议》约定：1. 斯某某向徐某某借款30万元，利息为月息2%，借期10个月；2. 斯某某用本田雅阁轿车一辆抵押20万元，轿车抵押期内，抵押轿车归徐某某使用，使用期内费用由徐某某负责；3. 斯某某归还借款和利息时，徐某某归还轿车，如有损坏徐某某需修好归还；4. 如斯某某违约，本田雅阁轿车抵押价20万元归徐某某所有。后因斯某某未按约归还借款本息，徐某某于2003年11月4日向法院提起民间借贷纠纷诉讼，斯某某提出收回抵押本田雅阁轿车，法院告知其应另案处理，便判决斯某某归还徐某某借款本金245000元及相应利息，该判决于2014年11月执行完毕。

斯某某于2014年11月24日向法院提起诉讼，要求徐某某折价34万元返还本田雅阁抵押车辆，赔偿损失416160元。

徐某某辩称：斯某某无法证明其系车辆的合法所有人，且本田雅阁轿车因无号牌已被公安机关没收，故斯某某无权向徐某某主张返还本田雅阁轿车。

◎一审判决

一审法院另查明：涉案本田雅阁轿车登记的所有人为案外人李某某，于2013年11月7日出让给他人，并办理了转移登记手续。

一审法院经审理认为：斯某某、徐某某之间的《借款协议》中约定的本田雅阁轿车抵押条款属于抵押合同性质，根据《担保法》第四十条之规定，订立抵押合同时，抵押权人和抵押人在合同中不得约定在债务履行期届满抵押权人未受清偿时，抵押物的所有权转移为债权人所有。故斯某某、徐某某约定本田雅阁轿车抵押价20万元归徐某某所有这一条款应属无效。

本案中，斯某某已根据双方的约定，在借款不久即向徐某某交付了抵押物本田雅阁轿车，徐某某一直占有使用该车辆，基于双方约定的车辆抵押价20万元归徐某某所有的条款系无效条款，故徐某某应将抵押车辆返还斯某某。

关于徐某某辩称，斯某某非本田雅阁轿车的合法所有人问题，一审法院认为，虽然斯某某向徐某某交付的车辆号牌不真实，斯某某也未能提供该车辆经合法登记的相关证据，但并不能据此否认徐某某从斯某某处获得本田雅阁轿车这一事实，也不能否认该车辆本身所具有的价值，徐某某也无法举证证明本田雅阁轿车因无合法牌照被公安机关没收，故徐某某的上述辩解于法于理不符。但徐某某已无法返还原物，故应折价补偿。

关于赔偿数额问题，斯某某要求赔偿损失416160元，鉴于斯某某具有明显过错，且对损失也缺乏相应的证据，本院不予支持。斯某某主张该车辆在交付时价值为34万元，但其提供的证据显然不能证明这一事实。双方在《借款协议》上已明确约定车辆以20万元抵押，可见双方在签订合同时对该车辆的价值均一致认可为20万元，据此可以认定本田雅阁轿车价值为20万元。

一审判决：一、徐某某应折价返还斯某某20万元，限判决生效之日起十日内付清；二、驳回斯某某的其余诉讼请求。

◎二审判决

斯某某不服一审判决提起上诉称：一、原审法院以在《借款协议》中的车辆折价20万元抵押，从而认定讼争的本田雅阁轿车价值为20万元错误；二、既然本案讼争车辆是抵押物性质，被上诉人便无权使用该车辆，而上诉人一直在使用本案车辆，故应赔偿相应的损失。

二审法院认为：本案中，上诉人斯某某将讼争本田雅阁轿车交付给被上诉人徐某某作为借款担保，根据《担保法》第六十三条第一款关于“本法所称动产质押，是指债务人或者第三人将其动产移交债权人占有，将该动产作为债权的担保。债务人不履行债务时，债权人有权依照本法规定以该动产折价或者以拍卖、变卖该动产的价款优先受偿”之规定，涉案本田雅阁轿车抵押，实际是质押，本案应为质押合同纠纷，原审法院将案由认定为抵押合同纠纷不当。

关于被上诉人徐某某是否应赔偿上诉人斯某某车辆使用期间的损失问题。1997 年 12 月 22 日，双方在借款合同中约定：“如斯某某违约，本田雅阁轿车抵押价 20 万元归徐某某所有”。该条款为流质条款，应为无效，但流质条款的无效不影响质权合同其他部分内容及质权的效力。

上诉人斯某某认为，既然本案讼争车辆是担保物性质，被上诉人便无权使用该车辆，而被上诉人一直在使用本案车辆，故应赔偿相应的损失。一审认为，《物权法》第二百一十四条规定：质权人在质权存续期间，未经出质人同意，擅自使用、处分质押财产，给出质人造成损害的，应当承担赔偿责任。从双方《借款协议》关于“轿车抵押期内，上诉人原轿车归被上诉人使用、使用期内费用有被上诉人负责；上诉人归还借款和利息时，被上诉人归还轿车，如有损坏被上诉人需修好归还”的约定内容来看，上诉人斯某某同意被上诉人徐某某在车辆质押期间内使用车辆，故对该部分使用费用，被上诉人徐某某不应予以赔偿。

但是，徐某某于 2003 年 11 月 4 日向法院提起民间借贷纠纷诉讼时，法院告知就本田雅阁轿车抵押问题另案处理，而徐某某没有及时提起诉讼。根据《物权法》第二百二十条关于“出质人可以请求质权人在债务履行期届满后及时行使质权；质权人不行使的，出质人可以请求人民法院拍卖、变卖质押财产。出质人请求质权人及时行使质权，因质权人怠于行使权利造成损害的，由质权人承担赔偿责任”之规定，本案被上诉人徐某某存在怠于行使质权的情形，且被上诉人徐某某现无法提供本案讼争车辆，故应承担相应的赔偿损失的责任。鉴于被上诉人对本案讼争车辆未及时行使质权，使得因该车辆变价、折价或拍卖后的价款无法及时折抵借款，导致上诉人斯某某需对被上诉人徐某某归还更多的利息，故本院对上诉人要求按银行同期贷款基准利率计算损失予以支持。本院对该利息的损失期间以另案判决书生效之日即 2004 年 2 月 18 日起算。另，根据一审法院查明的事实，本案所涉车辆系套牌车，该车辆性质限制及影响车辆的使用及变现，对此，上诉人斯某某存在过错，故本院酌定双方当事人对上述的利息损失各自承担二分之一的责任。

综上，上诉人的上诉主张部分成立，一审法院适用法律部分错误，应予以纠正。二审判决如下：一、被上诉人徐某某应折价返还被上诉人斯某某20万元，并支付自2004年2月18日起至2014年11月20日止按中国人民银行同期贷款利率计算的利息损失的二分之一；二、驳回斯某某的其余诉讼请求。

◎律师评析

本案的事实并不复杂，但有以下四个质押的法律问题值得分析：

一、关于本案的物权担保方式问题。斯某某、徐某某在签订的《借款协议》中约定“斯某某用本田雅阁轿车一辆抵押20万元”，其中明确约定担保方式为“抵押”，故一审法院据此认定本案是抵押担保。但在《借款协议》签订后，斯某某把本田雅阁轿车交给了徐某某，后来由徐某某占有并使用多年，这一事实符合《物权法》第二百零八条“债务人或者第三人将其动产出质给债权人占有”的规定，而抵押担保不能将担保财产交付给债权人占有，所以，二审法院认定涉案物权担保是质押担保，而不是抵押担保。

二、关于本案的流质问题。《物权法》第二百一十一条规定：“质权人在债务履行期届满前，不得与出质人约定债务人不履行到期债务时质押财产归债权人所有。”这是禁止“流质”（即绝质）的规定。绝质与绝押一样，担保财产未经过依法处置变价，预先就约定将所有权转移给债权人，这就不能体现担保功能，而相同于买卖关系。涉案《借款协议》约定，“如斯某某违约，本田雅阁轿车抵押价20万元归徐某某所有”。这一约定显然属于流质条款，根据上述规定，该流质条款应为无效。但是，流质条款的无效不影响质押合同其他部分的内容及质权的效力，所以，徐某某对本案的质物本田雅阁轿车仍然享有质权，然而本案的事实并非到此为止。

三、关于质权人使用质物造成损害的赔偿问题。《物权法》第二百一十四条规定：“质权人在质权存续期间，未经出质人同意，擅自使用、处分质押财产，给出质人造成损害的，应当承担赔偿责任。”据此规定，质权人在出质人同意的情况下使用质物，致使质物损失的，可以不承担赔偿责任，但未经出质人同意擅自使用质物，致使质物毁损、灭失或价值减少的，质权人应当承担赔偿责任。涉案《借款协议》约定"轿车抵押期内，抵押轿车归徐某某使用，使用期内费用由徐某某负责。"据此约定和上述规定，徐某某可以不承担赔偿责。但涉案《借款协议》还有后文约定，即"斯某某归还借款和利息时，徐某某归还轿车，如有损坏徐某某需修好归还"。有此约定，徐某某在不能返还本田雅阁轿车的情况下，应当赔偿相应的损失，所以，法院判决徐某某折价返还斯某某20万元。

四、关于怠于行使质权问题。《物权法》和《担保法》没有规定质权时效，在此情况下，质权人如果利用占有质物的有利因素迟迟不行使质权，就很有可能使质物的质地变坏、价值降低、价格下跌等，结果造成出质人损失。为了防止质权人迟迟不行使质物而给出质人带来损失，《物权法》第二百二十条第一款规定："出质人可以请求质权人在债务履行期届满后及时行使质权；质权人不行使的，出质人可以请求人民法院拍卖、变卖质押财产。"第二款规定："出质人请求质权人及时行使质权，因质权人怠于行使权利造成损害的，由质权人承担赔偿责任。"本案出质人斯某某在另案民间借贷纠纷中提出收回质物本田雅阁轿车，法院告知斯某某和徐某某另案处理，而徐某某从1997年12月占有本田雅阁轿车开始至斯某某2014年11月提起诉讼，使用质押车辆将近7年时间，显然属于"怠于行使质权"的不作为行为，由此造成斯某某损失的，徐某某应当承担相应的赔偿责任。由于法院已经判决徐某某折价返还斯某某20万元，剩余的损失只是因徐某某未及时行使质权，使得质物价款没有及时折抵借款而增加了斯某某的利息支出，所以，徐某某从另案判决书生效之日即2004年2月18日起，对斯某某这部分的利息损失应当承担相应的赔偿责任。

[本案例根据浙江省绍兴市中级人民法院（2015）浙绍商终字第746号民事判决书编写]

3. 质权与抵押权并存及其处理

质权与抵押权并存，是指在同一动产上既设立抵押权又设立质权的情形。按照物权效力的一般原理，在同一财产上质权与抵押权并存时，由于质权与抵押权均为担保物权，两者具有相同的效力，原则上应以担保物权的设立先后顺序受偿，顺序相同的按照担保债权比例清偿。然而，《担保法解释》第七十九条第一款规定："同一财产法定登记的抵押权与质权并存时，抵押权人优先于质权人受偿。"据此规定，不论质权先设，还是抵押权先设，抵押权都优先于质权受偿，这对质权人极为不利，有失公平之嫌疑。但是，从担保功能和社会效应看，抵押权只要经过订立合同、办理登记就能在动产上设立，且在抵押期间不影响抵押人使用权，抵押动产能够继续发挥资源作用，而动产质押必须将质物交付质权人占有，且质权人不得使用质物，结果使绝大多数质押动产处于闲置状态而浪费了资源。两者相比之下，司法解释倾向于鼓励和引导当事人选择抵押担保，所以也就有了"抵押权优先于质权受偿"的规定。

从上述规定来看，"抵押权优先于质权受偿"有两个条件限制：一是仅限于动产担保，理由是不动产不适于质押，故不动产抵押权不可能与质权并存；二是动产抵押已经法定登记，但若未登记，不得对抗质权，质权人仍然享有优先受偿权。

案例解析

未登记的抵押权不得对抗已占有的质权

◎案情简介

2014年4月8日，陈某某、王某某夫妇与李某某签订《抵押协议》。该协议载明，"陈某某自2010年10月4日至2014年4月8日，分多次借李某某人民币累计410万元"，据此约定：陈某某、王某某两人自愿将夫妻名下所有的财产作为抵押，其中，所有人为陈某某凯迪拉克牌轿车一辆，如到期不能还款，凯迪拉克牌轿车归李某某所有。

2014年8月28日，陈某某、王某某又与贾某某签订《车辆质押借款合同》约定：陈某某、王某某向贾某某借款18万元，陈某某将凯迪拉克牌轿车质押给贾某某。

因陈某某、王某某未偿还李某某的到期借款，李某某向某区法院提起民间借贷纠纷诉讼，并申请财产保全，某区法院裁定查封了陈某某的凯迪拉克牌轿车登记手续。后陈某某、王某某与李某某达成和解协议，陈某某将凯迪拉克牌轿车抵偿给李某某。某区法院据此裁定扣押了凯迪拉克牌轿车，准备过户给李某某。

2015年9月28日，贾某某向某区法院提出书面执行异议，请求某区法院撤销对凯迪拉克牌轿车的查封和扣押。某区法院裁定驳回了贾某某的执行异议。

贾某某不服该裁定向某区法院提起诉讼，请求撤销对凯迪拉克牌轿车查封和扣押的执行裁定。

◎一审判决

某区法院认为：李某某已于2014年4月8日同第三人陈某某、王某某签订《抵押协议》，并已经取得凯迪拉克牌轿车的车辆登记证、行驶证、车辆购置税完税证明等车辆权利证明及相关车辆手续，后第三人陈某某、王某某与原告贾某某于2014年8月28日签订的《车辆质押借款合同》。该质押合同虽约定陈某某将诉争车辆质押给贾某某，但未交付上述车辆权利证明及相关车辆手续，亦未在车管所登记备案。该质押借款合同只对出质人和质权人具有约束力，不能对抗善意第三人。一审判决驳回贾某某的诉讼请求。

◎二审判决

贾某某不服一审判决上诉请求依法改判。事实和理由：一是上诉人贾某某与第三人陈某某所订立的质押合同成立并生效，并自生效之日起将车辆交付到上诉人贾某某手中，上诉人贾某某已尽到了谨慎审查的义务，对诉争车辆依法享有质权；二是被上诉人李某某与第三人陈某某、王某某虽签订了抵押协议，但因未办理登记手续不能对抗上诉人的质权；三是被上诉人李某某与第三人陈某某之间的和解协议因损害了上诉人贾某某的优先受偿权而应认定为无效；四是执行法院对涉案车辆的查封措施，不能损害上诉人贾某某的优先受偿权。

李某某辩称：上诉人贾某某与王某某、陈某某签订的质押合同不能对抗法院的执行行为。

二审法院另查明，2014年8月28日，陈某某、王某某将涉案凯迪拉克牌轿车、车钥匙及伪造的行驶证交于贾某某。

二审法院认为，本案的关键是李某某的抵押权和贾某某的质权是否成立，车辆质权能否对抗车辆抵押权，贾某某的质权能否排除人民法院强制执行。

一、关于抵押权和质权是否成立的问题。根据《物权法》第二十四条“船舶、航空器和机动车等物权的设立、变更、转让和消灭，未经登记，不得对抗善意第三人”、第一百八十八条“以本法第一百八十条第一款第四项、第六项规定的财产或者第五项规定的正在建造的船舶、航空器抵押的，抵押权自抵押合同生效时设立；未经登记，不得对抗善意第三人”的规定，李某某对涉案车辆的抵押权成立，但因未登记而不能对抗善意第三人。在查封之前，涉案车辆已交付贾某某，依照《物权法》第二百一十二条“质权自出质人交付质押财产时设立”的规定，贾某某取得了涉案车辆的质权。

二、关于本案车辆质权能否对车辆抵押权的问题。根据《物权法》第二十四条规定，车辆质权作为车辆物权的一种，不得对抗善意第三人。所谓善意，是指不知情，无重大过失。本案中，李某某在对涉案车辆设立抵押权时，可以进行登记而未进行登记，致使王某某、陈某某得以将车再行质押，给自身抵押权的实现带来了重大风险，属于有重大过失，故贾某某的质权得以对抗李某某的抵押权。

同时，根据《最高人民法院关于适用〈中华人民共和国物权法〉若干问题的解释（一）》第二十条，转让人将物权法第二十四条规定的船舶、航空器和机动车等交付给受让人的，应当认定符合物权法第一百零六条第一款第三项规定（转让的不动产或者动产依照法律规定应当登记的已经登记，不需要登记的已经交付给受让人）的善意取得的条件，以及《物权法》第一百零六条第三款“当事人善意取得其他物权的，参照前两款规定”的规定，对于船舶、航空器和机动车等特殊动产，物权变动时，交付占有即视为登记。虽然，本案不能直接适用上述第二十条的规定，但认定的标准是一致的。

综上，贾某某未经登记的车辆质权能对抗李某某未经登记的车辆抵押权。

三、关于贾某某的质权能否排除人民法院强制执行的问题。根据《最高人民法院关于人民法院执行工作若干问题的规定》第四十条“人民法院对被执行人所有的其他人享有抵押权、质押权或留置权的财产，可以采取查封、扣押措施。财产拍卖、变卖后所得价款，应当在抵押权人、质押权人或留置权人优先受偿后，其余额部分用于清偿申请执行人的债权”之规定，贾某某对涉案车辆所享有的质权不能排除人民法院强制执行，但可就该车辆拍卖、变卖价款优先受偿。

综上所述，贾某某的上诉请求不能成立，二审判决：驳回上诉，维持原判。

◎**律师评析**

本案是典型的质权与抵押权并存的物权担保纠纷案件。

根据《担保法解释》第七十九条规定，同一财产法定登记的抵押权与质权并存时，抵押权优先于质权受偿。但该规定的“抵押权优先于质权受偿”是以“法定登记”为前提条件的。

在动产质押中，质物由质权人占有，出质人难以实施转移质物而侵害质权的行为，因而，《物权法》第二百一十二条规定“质权自出质人交付质押财产时设立”，而没有强调通过登记设立质权。动产抵押不一样，因抵押物仍为抵押人占有，抵押人就有机会通过买卖、赠送等方式转移抵押物而侵害抵押权，因而，《物权法》第一百八十八条规定，以动产抵押的，可以登记，也可以不登记，但不论是否登记，抵押权都自抵押合同生效时设立，但未经登记的，不得对抗善意第三人。

本案中，李某某与陈某某、王某某签订了《抵押协议》，陈某某将其凯迪拉克牌轿车抵押给李某某，根据《物权法》第一百八十八条“抵押权自抵押合同生效时设立”的规定，李某某的抵押权已经设立，问题是李某某的抵押权未经登记留下了“不得对抗善意第三人”的法律风险。后来，陈某某、王某某又将凯迪拉克牌轿车质押给贾某某，并签订《车辆质押借款合同》，且将车辆登记证、行驶证、车辆购置税完税证明等车辆权利证明及相关车辆手续以及凯迪拉克牌轿车交付给了贾某某，贾某某的质权设立。因为，抵押权未经登记不得对抗善意第三人，所以，本案李某某的抵押权不得对抗贾某某的质权。二审法院也指出：“李某某在对涉案车辆设立抵押权时，可以进行登记而未进行登记，致使王某某、陈某某得以将车再行质押，给自身抵押权的实现带来了重大风险。”

［本案例根据温州市鹿城区人民法院（2014）温鹿藤商初字第362号判决书编写］

4. 质物保管及其损失责任

质物虽然成为担保财产，但出质人对其仍享有所有权，所以，质权人在有权占有质物的同时负有保管质物的义务，如果未尽此义务造成质物损失的，则应向出质人承担赔偿责任。《物权法》第二百一十五条第一款规定："质权人负有妥善保管质押财产的义务；因保管不善致使质押财产毁损、灭失的，应当承担赔偿责任。"质物毁损、灭失如果是质权人造成的，质权人照此规定承担赔偿责任是没有问题的，但若不可归责于质权人的，根据《合同法》"谁违约，谁责任"和《侵权责任法》"谁侵权，谁责任"的通用规则，就要看是谁造成质物毁损、灭失的，再来确定赔偿责任人。从实践来看，质物毁损、灭失大致有以下三种情形：

一是质物在质权人占有前的交付过程中毁损、灭失，如出质人将质物运送至质权人处的途中发生交通事故致使质物毁损、灭失。此前，双方虽然已经订立质押合同，《物权法》也规定质权自出质人交付质物时设立，但在交通事故发生时，出质人尚未真正把质物交付给质权人占有，因而质权尚未设立，不存在质权人负有妥善保管质物的义务，因而不可能让质权人承担赔偿责任。

二是质权人委托他人保管质物，受托人因保管不善造成质物毁损、灭失。《物权法》上"交付"包括出质人向质权人委托的管理人移交质物，受托管理人收到质物后，视为出质人已经向质权人履行了交付义务，质权人实际占有了质物。后因受托管理人保管不善造成质物毁损、灭失的，应当由受托管理人承担赔偿责任，如果质权人依法负有连带赔偿责任，质权人也应向出质人连带赔偿。

三是质权人自己保管不善或者擅自使用质物造成质物毁损、灭失，如质权人擅自使用质押车辆造成车辆损坏的，质权人应当按照《物权法》第二百一十五条第一款的规定承担赔偿责任。

行为人承担此种赔偿责任并不否定质权的效力，质权人仍可依法行使质权，如对剩余质物仍然享有优先受偿权，如对他人应当向出质人支付的赔偿金基于质押的权利可以行使代位权等。

案例解析

质物在监管中灭失，监管人与质权人连带赔偿

◎案情简介

2012年8月8日，某某物流公司质押监管中心向胡某某出具《监管点质物日报表》一份，载明：“出质人为A公司，质权人为胡某某，监管人为某某物流公司质押监管中心；当日库存为铜杆200吨、废铜（光亮铜）400吨。”

2012年10月22日，A公司与胡某某又签订《借款协议》一份，约定：A公司因资金需要，向胡某某借款20028264.66元；本次借款期限从2012年9月22日起至2012年11月22日止；A公司自愿提供监管于质押监管中心的废铜648吨（价值3013万元）为本协议约定之借款向胡某某提供质押担保（详见《货物质押监管协议》及监管点日报表）。

同日，胡某某与A公司、质押监管中心又签订《货物质押监管协议》载明：为保障上述《借款协议》的履行，胡某某与A公司、质押监管中心签订《货物质押监管协议》一份，约定：A公司提供胡某某认可的质押物作为胡某某提供借款的动产质押担保，由质押监管中心代胡某某进行占有和履行监管责任；仓储、监管的货物为铜杆200吨、废铜（光亮铜）400吨；胡某某委托质押监管中心代为保管、监管质物，质押监管中心代胡某某接收、占有质物，即承担质物的保管、监管义务；在货物监管期间，在胡某某依法行使质权时，质押监管中心承诺予以协助、配合并提供便利；质押监管中心若违反协议约定造成质押物的损毁灭失，导致质物价值不足质物最低价值造成胡某某发生实际损失的，需根据货物损毁灭失或质权落空的价值在实际损失范围内对胡某某承担赔偿责任；若质押监管中心举证证明该损失非因质押监管中心过错造成，则质押监管中心不承担损失赔偿责任；若A公司串通质押监管中心损害胡某某利益的，A公司、质押监管中心对融资合同项下的债务本息、费用承担赔偿责任。该协议还约定了监管费用。在该协议的尾部有胡某某的签名，并加盖有A公司的印章和其法定代表人的私人印鉴，以及质押监管中心的印章和该质押监管中心负责人罗某的印鉴。

2012 年 10 月 10 日，质押监管中心向胡某某发出《质押物监管场地变更说明》载明：“胡某某与 A 公司、质押监管中心签订的《货物质押监管协议》指定监管仓库为某某镇某某村，现将仓库地址变更为某某县某某路工业园内。”

2013 年 8 月 15 日，胡某某向某某物流公司发出《通知函》，载明：“因 A 公司未按时偿本付息，现通知某某物流公司在未接到胡某某书面通知前，不得向 A 公司及其他任何单位提取质押物。”

2013 年 8 月 29 日，胡某某向质押监管中心发出《提货函》，载明：“因 A 公司未能按照约定向胡某某偿还借款，胡某某已于 2013 年 8 月 27 日前往质押监管中心的仓库要求提货，但是被仓库负责人告知，该仓库并非质押监管中心所有，且从未以任何方式提供给质押监管中心使用。鉴于此，胡某某要求质押监管中心立即核实相关事宜，并对胡某某委托质押监管中心监管的质押物 648 吨废铜向胡某某办理提货。”

质押监管中心负责人罗某在接受公安局讯问时陈述：某某物流公司监管点更换时，质押物 648.4 吨废铜的去向不清楚。A 公司股东兼财务负责人的赵某在接受公安局讯问时陈述：存放于某某县某某路工业园内的 648.4 吨废铜，由 A 公司报某某物流公司同意后拉去加工成铜杆后变卖了，变卖所得款项用于偿还某某银行的贷款。

胡某某向法院提起诉讼，请求判令：1. 某某物流公司赔偿款项 20028264.66 元；2. 某某物流公司支付逾期利息；3. A 公司对某某物流公司的上述债务承担连带清偿责任。

A 公司未作答辩。

在本案审理期间，胡某某依据本案所涉《借款协议》《货物质押监管协议》等证据将 A 公司另案起诉至某市中院，请求判令 A 公司偿还借款 20028264.66 元及支付利息。某市中院经审理后认定：签订于 2012 年 8 月 9 日和 2012 年 10 月 22 日的《货物质押监管协议》的签订主体分别为胡某某、A 公司及某某物流公司；胡某某与 A 公司之间的质押借款关系合法有效，判令 A 公司于该判决生效之日立即偿还胡某某借款 20028264.66 元，并支付利息及逾期罚息。该判决生效后，胡某某向某市中院申请强制执行。某市中院于 2015 年 9 月 16 日作出执行裁定，以暂未发现 A 公司可供执行的财产为由，裁定终结执行程序。

◎一审判决

一审法院经审理认定：涉案《货物质押监管协议》的签订主体为胡某某、A公司、某某物流公司；协议所约定的质押物已经交付给质权人胡某某，根据《物权法》第二百一十二条“质权自出质人交付质押财产时设立”之规定，胡某某已取得相关质押物的质权。

关于某某物流公司是否应当承担赔偿责任的问题。首先，《货物质押监管协议》是各方当事人的真实意思表示，不违反法律、行政法规的强制性规定，合法有效。在质押物已经交付的情况下，某某物流公司应当根据协议约定切实履行监管义务。其次，对于质押物的现状，某某物流公司和A公司坚持称质押物未交付，而罗某在接受公安机关讯问时称，仓库地址变更为某某县某某路工业园内，在撤离原仓库地址时，其不知质押物的现状。赵某称，质押物在征得某某物流公司同意的情况下已由A公司全部拉走变卖。综合以上情况，目前虽未查明质物即保管物下落，但至少可以认定质押物已从监管地点灭失，因此，某某物流公司在履行监管职责时存在过错。综上，根据《货物质押监管协议》的约定，某某物流公司应当对胡某某的损失承担赔偿责任。

此外，涉案《质押监管协议》的性质决定了监管人只有在债务人不能依约清偿债务时，监管人才承担赔偿责任，即监管人的赔偿责任应以债务人不能清偿的债务数额为限。就本案而言，某某中院判令A公司归还胡某某借款20028264.66元，并支付利息及逾期罚息，据此可以确定A公司所负担的债务金额。某某中院执行裁定则证明了A公司现不能清偿上述债务。胡某某要求某某物流公司赔偿的数额并未超过某某中院判决确认的A公司应负担的债务本金和利息的数额。

关于A公司是否应当承担连带赔偿责任的问题。首先，胡某某依据《货物质押监管协议》，以其委托某某物流公司监管的质押物灭失为由，提出本案之诉，因此，赔偿义务人首先应是某某物流公司。其次，即使赵某所述的A公司是在征得某某物流公司同意的前提下才将质押物全部拉走变卖的情况属实，也只能证明某某物流公司未按照协议约定尽到监管之责，而不能仅凭此就认定A公司串通某某物流公司损害胡某某的利益。最后，A公司已在某某中院判决中承担了清偿债务本息的责任，胡某某再次要求A公司承担连带赔偿责任缺乏法律依据。

综上所述，一审判决：1. 某某物流公司于本判决生效之日立即赔偿胡某某损失20028264.66元及利息；2. 驳回胡某某的其他诉讼请求。

◎二审判决

某某物流公司不服一审判决提起上诉。A公司经法院合法传唤，无正当理由拒不到庭。

某某物流公司上诉请求：依法撤销原审判决，改判驳回胡某某的全部诉讼请求。主要事实及理由：

1. 原审判决认定涉案质押物已经实际交付，证据不足。某某物流公司在一审中抗辩没有实际收到涉案质押物，某某物流公司保管涉案物品是某某银行的质押物，A公司对此亦予以认可。

2. 原审判决认定某某物流公司系涉案《货物质押监管协议》的签约主体有误。原审判决认定罗某在涉案《货物质押监管协议》签字的行为是职务行为，缺乏事实依据。《货物质押监管协议》既没有某某物流公司的签章，也没有某某物流公司法定代表人或者委托代理人的签字，依法不能对某某物流公司产生法律效力。该协议的实际签约主体是质押监管中心。该质押监管中心是某某物流公司对外专门从事质押监管业务的内设机构，其签约行为不能当然代表某某物流公司。某某物流公司不清楚该协议的签署情况，也没有收取任何监管费用，不应当对该协议的签订承担民事责任。

二审法院认为，本案的争议焦点是：1.《货物质押监管协议》的签订主体问题；2. 本案质押物是否已完成交付问题。

关于《货物质押监管协议》的签订主体问题。质押监管中心系某某物流公司的内设机构，亦系某某物流公司对外从事质押监管业务的专门部门，该质押监管中心的主要职能是代表某某物流公司对外开展质押监管业务。据此，质押监管中心及其负责人罗某对外签署《货物质押监管协议》的行为，亦足以让胡某某有理由相信系其代理某某物流公司的行为，该行为已构成表见代理。

关于本案质押物是否已完成交付的问题。根据胡某某与A公司签订的借款协议之约定，A公司出质给胡某某的质押物已经处于质押监管中心实际占有保管的状态。而胡某某将质押物委托质押监管中心代为占有、保管及监管需要进行的交付即为指示交付。质押监管中心多次出具的质物日报表也表明，胡某某委托其代为占有保管的质押物已经完成交付，且实际处于质押监管中心的实际监管之下。且不论实际质权人是谁，某某物流公司均应根据《货物质押监管协议》的约定对质押物履行有效监管的义务。现有证据证明质押物已实际灭失，某某物流公司则应当按照协议约定承担相应的赔偿责任。

综上所述，二审判决：驳回上诉，维持原判。

◎律师评析

本案的是保管人造成质物灭失承担赔偿责任的典型案件。

本案中，A 公司向胡某某借款，并提供648 吨废铜质押，胡某某和 A 公司共同将质物交付给质押监管中心监管，于是产生两个法律事实：一是 A 公司已经向胡某某交付了质物，胡某某实际占有了质物，质权设立；二是三方当事人订立《货物质押监管协议》，成立财物保管关系。

关于质物保管不善的赔偿责任问题。《合同法》第三百六十九条第一款规定：“保管人应当妥善保管保管物。”第三百七十四条规定：“保管期间，因保管人保管不善造成保管物毁损、灭失的，保管人应当承担损害赔偿责任……”本案中，法院经审理认定，《货物质押监管协议》合法有效，胡某某已经将质物实际交付质押监管中心监管，质押监管中心作为某某物流公司从事质押监管业务的专门部门，其保管不善造成被保管的质物灭失，根据上述规定，某某物流公司应当承担赔偿责任，所以判决某某物流公司赔偿胡某某损失 20028264. 66 元及利息。

关于借款偿还问题。A 公司向胡某某借款应当偿还。对此，在另案中，某某中院已经判令 A 公司归还胡某某借款 20028264. 66 元并支付利息，但是，某市中院在执行过程中未发现 A 公司可供执行的财产，裁定终结了执行程序，胡某某的借款债权没有实现，因而本案需要判决某某物流公司赔偿胡某某的损失。如果胡某某的债权在另案中已经实现，质物应当返还给 A 公司，胡某某无权再要求某某物流公司赔偿。但是，质押监管中心因保管不善造成质物灭失，由此造成 A 公司财产损失的，A 公司也就有权要求某某物流公司赔偿损失。总之，某某物流公司无论对胡某某还是对 A 公司都逃避不了赔偿责任。

本案中，只有赵某陈述质物在征得某某物流公司同意的情况下已由A公司全部拉走变卖，而无其他证据予以有效印证，在此事实无法证实的情形下，A公司在质物灭失中不存在过错，再者，《货物质押监管协议》亦无质物灭失A公司应当承担连带赔偿责任的约定，因此，本案不适用《物权法》第二百一十五条第一款规定来追究A公司的连带赔偿责任。

[本案例根据重庆市高级人民法院（2016）渝民终字第329号民事判决书编写]

5. 股权质押及其登记

我们这里说的股权，是指证券登记结算机构登记以外的“其他股权”，包括有限责任公司的股权，非公开发行的股东在200人以下的股份有限公司的股权等。股权是一种权利，这种权利具有财产性和可转让性，所以是一种适格的质物。《物权法》规定股权可以出质而成为质物。股权质押是出质人以其所拥有的股权作为质押标的物而设立的质押。

《物权法》第二百二十六条规定，以股权出质的，当事人应当订立书面合同；以证券登记结算机构登记的股权出质的，质权自证券登记结算机构办理出质登记时设立；以其他股权出质的，质权自工商行政管理部门办理出质登记时设立。据此规定，借款人或者第三人提供“其他股权”质押，与质权人订立质押合同后，只有到工商行政管理部门办理出质登记，质权才能设立，但若未登记，股权质权不能设立，也不能对抗善意第三人。

案例解析

股权质押未按约登记不能设立质权

◎案情简介

丁某某因投资成立公司需要资金向朋友季某某借款。2012年10月20日，丁某某和季某某签订《股权质押合同》约定：1. 季某某向丁某某发放20万元整的贷款，贷款年利率7%，贷款期限自2012年10月20日至2015

年10月19日；2. 丁某某提供在某某公司投资的股权及派生的权益质押，质押股权金额为20万元，占该公司20%股份，每年期末，丁某某将应得红利以现金的方式汇入季某某指定账户；3. 丁某某应当在本合同订立十日内就质押事宜征得公司董事会同意，并将季某某出质股份写于股东名册上办理登记手续；4. 本合同是所担保贷款合同的组成部分，经双方签章并自股权出质登记之日起生效。在该股权质押合同签订时，丁某某投资的公司尚未成立，故在《股权质押合同》上涉及公司名称处均未填写公司的名称。

2012年10月22日，季某某将20万元款项交付丁某某。后丁某某投资的公司成立，丁某某享有该公司50%的股权。该公司成立后，因公司股东会不同意丁某某将股权质押给季某某，故季某某至今未获得该公司的股权质权。丁某某于2014年1月6日归还季某某5万元后，将公司的股权转让给了他人。

◎一审判决

季某某向法院提起诉讼，请求判令：丁某某返还款项15万元及利息，丁某某对季某某在某某公司的股权享有优先受偿权。

一审法院经审理认为：当事人对合同的效力可以约定附条件，附生效条件的合同自条件成就时生效。本案中，季某某和丁某某约定《股权质押合同》自股权出质登记之日起生效，系双方当事人真实的意思表示，不违反法律法规的强制性规定，该约定应属有效。但因丁某某未将其在公司中享有的20%的股份出质给季某某并办理出质登记，且丁某某已将股权转让给他人，依据该约定，涉案股权质押合同未生效。丁某某未将股份出质给季某某是导致涉案股权质押合同未生效的原因，故丁某某应当返还季某某交付的款项。丁某某于2014年1月6日支付了季某某5万元，故季某某可要求丁某某返还剩余未归还的款项15万元。至于季某某的损失，因股权质押合同未生效，丁某某应按照银行同期贷款利率6.15%向季某某赔偿损失。

据此，一审判决：一、丁某某应于判决生效之日起十日内返还季某某款项15万元；二、丁某某应于判决生效之日起十日内赔偿季某某损失15067.5元，此后的损失以15万元为基数，按上述标准计算至款项还清之日止；三、驳回季某某的其他诉讼请求。

◎二审判决

丁某某不服一审判决提起上诉，二审判决：驳回上诉，维持原判。

◎律师评析

本案股权质押存在以下两大缺陷：

一是未能取得公司董事会同意。《公司法》第七十一条规定，有限责任公司股东向股东以外的人转让股权的，应当经其他股东过半数同意。出质股东向本公司股东以外的人出质股权，如果未经其他股东过半数同意的，该出质行为无效。本案《股权质押合同》第三条约定：丁某某应当在本合同订立十日内就质押事宜征得公司董事会同意，并将季某某出质股份写于股东名册上办理登记手续。丁某某所在公司的股东会不同意丁某某将股权质押给季某某，故其股权出质合同不符合《公司法》第七十一条的规定而不能生效。

二是本案《股权质押合同》第九条约定：本合同经双方签章并自股权出质登记之日起生效。本案股权质押因股东会不同意，且丁某某已将股权转让给他人，结果不能办理出质登记，致使股权质权未能依法设立。

本案股权质押存在的上述两大缺陷均由出质人丁某某过错造成，所以丁某某应当承担相应的民事责任。

[本案例根据浙江省杭州市中级人民法院（2014）浙杭商终字第1782号判决书编写]

6. 保证金质押及其“特定化”要求

保证金，是指买方或卖方按照交易市场规定标准交纳的资金，专门用于订单交易的结算和履行约定的担保。民间借贷和银行贷款在通常情况下不适用保证金的担保方式，原因是这两种借贷的标的物本身就是金钱，不可能再拿金钱交付给出借人抵押或出质。但保证金经“特定化”后可以用于质押担保。

《担保法解释》第八十五条规定：“债务人或者第三人将其金钱以特户、封金、保证金等形式特定化后，移交债权人占有作为债权的担保，债务人不履行债务时，债权人可以以该金钱优先受偿。”这里的特户，是指为了担保主债务的履行，将金钱在银行开设的专门账户。该特户上的金钱不能随便支取，即使支取，至少保证账户内的资金不得低于担保的主债务数额。这里的封金是指将质押担保的资金存入银行作为专款封存，该款在担保期间内不得支取。

由此可见，借款人或者第三人将其金钱通过合法形式特定化，并移交债权人占有（包括控制）后，可以用于民间借贷或银行贷款的质押担保。

案例解析

保证金未“特定化”不能设立质权

◎案情简介

某某信用社与某某担保公司于2010年10月签订了《最高额质押担保合同》和《合作协议》，双方约定：某某担保公司在某某信用社“开立专项保证金质押账户，存入一定额度的保证金”“保证金不低于人民币1000万元”“某某担保公司为在某某信用社开立的质押金专户中的质押金提供质押担保”，但未约定存入保证金的确切数额及所提供债务的具体数额。据此，某某担保公司以自己的户名为存款人名称在某某信用社开立了账号为××××××28567的账户。

徐某向赵某某借款，某某担保公司提供连带保证担保，借款到期，徐某未偿还，赵某某提起诉讼，经某市法院调解，徐某偿还赵某某借款本息31.8万元，某某担保公司继续承担连带保证责任。徐某没有履行调解书明确的义务，赵某某申请某市法院强制执行，某市法院在执行过程中，作出了第121号执行裁定书，扣划了某某担保公司在信用社××××××28567账户中的存款31.8万元。

某某信用社向某市法院提出执行异议，某市法院于2015年2月25日作出第121－1号执行裁定书。该裁定认定：1. 账户内保证金余额根据双方的合作业务量的变化而不断变动，不符合法律规定的出质物（保证金）必须“特定化”要件；2. 被执行人某某担保公司以自己为存款人户名的保证金账户，保证金仍在被执行人某某担保公司的银行账户中，而不是在异议人信用社的账户中，不符合法律规定的出质物（保证金）必须“移交质权人占有”的要件，因而所涉的款项是储蓄业务，不是质押物交付。据此，某市法院裁定驳回某某信用社的执行异议。

某某信用社提起执行异议之诉称：原告某某信用社与第三人某某担保公司质押关系成立，原告某某信用社对质押账户中的质押款具有优先受偿权。

请求：1. 停止第121－1号执行裁定的执行；2. 依法确认原告某某信用社对第三人某某担保公司依据担保协议设立的账号为××××××28567的账户内的保证金具有优先受偿权。

◎一审判决

一审法院经审理认为：原告某某信用社与第三人某某担保公司签订合作协议，第三人某某担保公司按照协议以自己为存款人户名在原告某某信用社开立银行账户的事实清楚。原告某某信用社与第三人某某担保公司在协议中仅约定"保证金不低于人民币1000万元"，未明确约定存入保证金的具体数额及所担保债务的具体数额，账户内的保证金余额也根据业务量的变化而变化，不符合法律规定的出质物需"特定化"的要件。第三人某某担保公司是以自己为存款人户名在原告某某信用社开立银行账户，账户内的保证金仍存于第三人某某担保公司名下，没有将保证金移交给某某信用社占有作为债权担保的事实。根据《物权法》第二百一十条"设立质权，当事人应当采取书面形式订立质权合同。"和《担保法解释》第八十五条"债务人或者第三人将其金钱以特户、封金、保证金等形式特定化后，移交债权人占有作为债权的担保，债务人不履行债务时，债权人可以以该金钱优先受偿"的规定，原告某某信用社与第三人某某担保公司之间的行为不具备质押的法定要件，故原告某某信用社主张优先受偿权，并要求停止执行第121－1号执行裁定的诉讼请求，理由不成立的。一审判决：驳回原告某某信用社的诉讼请求。

◎二审判决

一审宣判后，某某信用社不服，向某市中院提起上诉。

二审法院认为：根据《物权法》第二百一十条和《担保法解释》第八十五条的规定，保证金要产生对抗第三人的担保法律效力应具备两个条件，一是质押物应当特定化，不能随意变更变动；二是质押物应当移交债权人占有。本案中，上诉人某某信用社与第三人某某担保公司之间仅设立了一个账户，双方约定该账户为保证金账户，账户内余额根据双方合作业务量的变化而不断变动，该特点不符合法律规定的质押物“特定化”的要求，且上诉人某某信用社所称的保证金仍在作为被执行人的某某担保公司名下，而不是存在上诉人某某信用社自身名下的账户中，不符合质押物应当移交债权人占有的法律规定。某某信用社仅是利用自身的优势和条件控制了某某担保公司的资金，故不能产生对抗第三人的担保法律效力，某某信用社对该账户中的资金无优先受偿权，上诉人某某信用社主张停止对诉争款项的执行无事实及法律依据。二审判决：驳回上诉，维持原判。

◎**再审裁定**

某某信用社不服二审驳回其上诉的判决，向某省高院申请再审。

某省高院认为：该案的核心问题是某某信用社对某某担保公司账户中的资金是否有效设立了质权，是否具有优先受偿权等成为本案争议的焦点。

对于这个问题，保证金质押的设立应当具有完备的要件，才能产生对抗第三人的效力。金钱作为一种特殊的动产，具备一定形式要件后，可以用于质押。在以保证金账户中金钱作为履约担保即金钱质押的交易中，保证金作为金钱质押的标的物，要在金钱质物上设定质权，根据《物权法》第六条规定，“动产物权的设立和转让，应当依照法律规定交付”。第二十三条规定：“动产物权的设立和转让，自交付时发生效力，但法律另有规定的除外。”第二十七条规定：“动产物权转让时，双方又约定由出让人继续占有该动产的，物权自该约定生效时发生效力。”上述是物权法关于动产作为质物出质时必须交付和转移占有的规定。因此，金钱可以以保证金的形式转移占有而成立金钱质押，并可通过所谓的“特定化”来确立质押权人的优先受偿权。

关于保证金这一金钱质押“特定化”的问题，《担保法解释》第八十五条规定：“债务人或者第三人将其金钱以特户、封金、保证金等形式特定化后，移交债权人占有作为债权的担保，债务人不履行债务时，债权人可以以该金钱优先受偿。”

首先，金钱质押是《担保法解释》第八十五条项下的“保证金”，而不是其他方式出质，应以“保证金”的形式进行质押。《担保法解释》关于质押部分的解释，规定了金钱质押有三种形式，即特户、封金和保证金。关于封金，理论上通常认为，应指将现金封存。封存现金可以使其退出流通领域，并与其他货币相区分。某某信用社再审称，特户是指为出质金钱而开立的专用账户，依据不足。经原审查明："某某信用社与某某担保公司之间仅设立了一个账户，双方约定该账户为保证金账户，账户内余额根据双方合作业务量的变化而不断变动。"本案中，某某担保公司《开立单位银行账户申请书》记载账户性质专用，某某信用社与某某担保公司签订的《银行结算账户管理协议》中约定，由某某担保公司开立保证金专用存款账户，并明确保证金账户的户名、账号、开户行等，但该保证金仍存于某某担保公司账户名下。对此，涉及另案某市法院能否为赵某某的执行申请扣划保证金的问题，实质是某某信用社的债务人某某担保公司账户中的保证金是否具有质押担保法律效力的问题。对于此种保证金账户的担保法律效力，某某信用社主张对"某某担保公司名下的保证金已经设定质押，其对某某担保公司账户下的资金享有优先受偿权"。而赵某某辩称："某某信用社与某某担保公司双方之间的账户管理协议不能对抗外部债权人赵某某的权利，对外部债权人没有约束力。"

综合双方当事人的诉辩主张，省高院认为，《担保法解释》第八十五条中的所谓"特定化"是指所涉金钱专款专用，只用于为合同约定的债务提供担保，不得用于其他用途。某某担保公司账户内的保证金余额根据双方合作业务量的变化而不断变动，不符合法律规定的"特定化"要件，尤其是保证金仍在被执行人某某担保公司名下的银行账户中，而不是存在某某信用社自身名下的账户中，不符合法律"移交债权人占有"的规定，也将无法对抗善意第三人。

综上，再审裁定驳回某某信用社的再审申请。

◎律师评析

本案的争议焦点是涉案保证金是否"特定化"的问题。

某省高院在作出本案裁定中的最后一段评判足以说明这个问题，引用如下：

金钱作为特殊的动产，它的一些法律特性将影响到法律规定并导致和一般的交易产生差异，也导致风险的移转与一般的动产质押不同。理由如下：

首先，金钱作为流通之物，它必然具备通过交付即完成所有权转移的特点。这一点和一般的动产交付不转移所有权给质权人不同，否则即成为类似于《担保法》和《物权法》上禁止的流质契约。为此，就需要对金钱作为特殊形式动产的质押进行“特定化”，以使金钱从种类物中区别出来，并在其被出质的过程中只转移占有而并不导致所有权也转移给质权人。

其次，金钱作为流通的种类物，遵守后手权利优于前手权利的原则。这意味着，在一般情形下，金钱一旦通过交付，后手持有该金钱的人就不受前手在该金钱权利上因各种瑕疵导致的任何抗辩理由的影响，因为该金钱一经混同即无法识别。但经过特定化之后的金钱却仍受该抗辩的影响，因为该金钱仍能识别。

最后，是占有形式的不同，金钱作为特殊形式的动产质押，与一般的动产质押有区别的地方就在于它是无形的。权利质押必然具备权利证书和文件，存单质押也是因为可以公示占有的文件。其他动产质押更是有可见的动产作为出质的标的物并转移占有以作公示，从而产生对抗第三人的效力。

综上，金钱质押之所以要求“特定化”，实际也是和“转移占有”这个法律上的对抗要件有关系的，金钱作为种类物需要经过“特定化”才能成为质押项下的“质物”，从而完成可见的或可识别的以及可被转移占有的转换，完成质押权人的公示要件以对抗第三人。即使将客户的保证金转入特定的保证金账户，如果该账户内的资金未能做到“特定化”，那么占有该资金因而能主张自己有质押权的信用社，也有很大可能会丧失优先权。与此一个和金钱质物占有以及特定化之间相关的问题是，在金钱质押问题上只有完成“特定化”之后才能完成质物占有。金钱质物必定是占有在先而特定化在后，因而金钱质权在交付或转移占有之后，只有再经特定化后质权才告成立。这一点和一般动产质权成立的时间点是不一样的。由于金钱的所有权往往与占有合为一体，金钱占有的取得通常即为所有权的取得，故以金钱提供债权的担保而移转其占有，所有权亦随同移转时，与质权的设定不移转所有权的性质不符。但是如能加以特定，使之成为特定物，则仍可为质权之标的物，作为特定化质物的特定金钱仍然应当以转移到质权人账户中为占有改变之标识。因此，保证金账户应由信用社以自身名义开立，以满足“移交债权人占有”要求，才能做到定分止争。

［本案例根据黑龙江省牡丹江市中级人民法院（2015）牡民终字第390号民事判决书和黑龙江省高级人民法院（2016）黑民申字第634号民事裁定书编写］

7. 提单质押及其质权设立

根据《物权法》第二百二十四条和第二百二十五条的规定，以提单出质的，当事人应当订立书面合同，质权自提单交付质权人时设立；提单的提货日期先于主债权到期的，质权人可以提货，并与出质人协议将提取的货物提前清偿债务或者提存。

这里的提单，是用以证明货物运输合同和货物已经由承运人接收或者装运，以及承运人保证据以交付货物的单证。提单中载明的向记名人交付货物，或者按照指示人的指示交付货物，或者向提单持有人交付货物的条款，构成承运人据以交付货物的保证。提单是物权凭证，且具有流通性，故可以通过空白背书、记名背书进行转让，因而也可以作为财产权利提供质押。提单质权设立后，在提单持有人到期不清偿其债务时，质权人有权提取、处置提单项下的货物，并对所得的价款享有优先受偿权。

案例解析

提单质押须订立合同并交付提单才能设立质权

◎案情简介

2012年11月，A公司向建行某某支行申请开立贸易融资额度为8592万元的远期信用证。为开立该信用证，A公司向建行某某支行出具了《信托收据》，双方还签订了《保证金质押合同》。《信托收据》确认，自该收据出具之日起，建行某某支行即取得上述信用证项下所涉单据。《保证金质押合同》约定，A公司交纳981万元保证金，为上述债务提供质押担保。

此外，建行某某支行还与A公司签订了《关于开立信用证的特别约定》，其中，第九条第二款约定：一旦A公司违约或发生《贸易融资额度合同》中约定的可能危及建行某某支行使债权情形之一的，建行某某支行有权行使下述一项或几项权利；第四项约定，建行某某支行有权行使担保权利；第五项约定，建行某某支行有权要求甲方追加保证金或乙方认可的其他担保。

信用证开立后，A 公司从国外进口了 164998 吨煤。随后建行某某支行对该信用证进行了承兑，并向 A 公司放款 84867952.27 元，用于 A 公司偿还信用证垫付款。

同年 12 月，建行某某支行与 A 公司签订了《贸易融资额度合同》及相关附件，约定自 2011 年 12 月起至 2012 年 11 月，建行某某支行向 A 公司提供最高不超过等值 5.5 亿元的贸易融资额度。建行某某支行分别与 B 公司、C 公司、蓝某某签订了《最高额保证合同》《最高额自然人保证合同》，约定：B 公司、C 公司、蓝某某为上述 A 公司贸易融资合同项下的债务提供最高限额的连带责任保证。同时，建行某某支行与蓝某某签订《最高额权利质押合同》，约定蓝某某以其所持有的 A 公司 6% 的股权，为建行某某支行与 A 公司签订的借款合同项下的债务提供最高额权利质押担保，并办理了股权质押登记手续。

A 公司进口的 164998 吨煤炭到岸后，A 公司将提货单交付给了建行某某支行。但因其他纠纷，该批煤炭被某区法院查封，因而建行某某支行未能提货变现。

借款到期，A 公司尚欠建行某某支行信用证垫付款本金 84867952.27 元，各担保人也未履行担保义务。

建行某某支行向法院起诉，请求判令：1. A 公司清偿原告信用证垫付款本金 84867952.27 元及利息；2. 原告对信用证项下 164998 吨煤处置所得款项优先清偿上述信用证项下债务；3. B 公司、C 公司、蓝某某对 A 公司的上述债务承担连带清偿责任；4. 原告对蓝某某持有的 A 公司 6% 的股权享有优先受偿权。

A 公司及 B 公司、C 公司、蓝某某辩称：A 公司信用证项下 164998 吨煤炭的货物提单已交付建行某某支行，A 公司已履行了还款义务，无须再履行还款责任和承担担保责任。

建行某某支行续称：A 公司虽然已将 164998 吨煤炭的提单交付给原告，但根据双方签署的《信托协议》约定，该提单实际具有质押性质，现质押债权尚未实现，故建行某某支行对 164998 吨煤炭享有优先受偿权，B 公司、C 公司、蓝某某应当承担连带担保责任。

本案争议较多，我们在这里只分析提单质押问题。

◎一审判决

关于建行某某支行对164998吨煤炭是否享有优先受偿权问题。原告建行某某支行认为，A公司已将164998吨煤炭的提单交付给原告，双方也签署了《信托协议》，该提单实际具有质押的性质，故原告对164998吨煤炭享有优先受偿权。一审法院认为，原告建行某某支行虽持有164998吨煤炭的货运提单，但根据《物权法》第二百二十四条的规定，以提单出质的，当事人应当订立书面合同。建行某某支行与A公司并未就该提单依法定程序签订质押合同。信托收据及提单的交付即便具有为本案债务进行担保的含义，但其效力也仅限于双方当事人之间，因A公司有其他纠纷，该批煤炭被某区法院查封，故其质押效力不产生对抗第三人。综上，对原告建行某某支行要求确认其对164998吨煤炭享有优先受偿权的诉请，不予支持。

一审判决：一、A公司自判决发生法律效力之日起十日内向建行某某支行偿还信用证垫款本金84867952.27元及利息；二、B公司、C公司、蓝某某对上述债务承担连带清偿责任；三、建行某某支行对蓝某某持有的A公司6%的股权享有优先受偿权；四、驳回建行某某支行对164998吨煤炭享有优先受偿权的诉讼请求。

◎二审判决

建行某某支行不服一审判决提起上诉。

二审认为：本案的质押是动产质押。动产质权的设立应以出质人交付质押财产为要件。根据《担保法解释》第八十八条的规定，出质人以间接占有的财产出质的，质押合同自书面通知送达占有人时视为移交。本案中，尽管《信托收据》中存在将处置涉案煤炭的价款用于偿还建行某某支行借款的内容，A公司也将提单交付给建行某某支行，但并没有证据证明建行某某支行或A公司将涉案煤炭设定质权情况通知占有涉案煤炭的承运人，故建行某某支行对涉案煤炭不享有质权。于是，判决维持一审驳回建行某某支行对涉案煤炭享有优先受偿权的诉讼请求。

◎再审判决

建行某某支行不服二审判决申请再审称：A公司向本行出具的《信托收据》具有质押合同的性质，在A公司已将提单交付本行的情况下，根据《物权法》第二百二十四条有关权利质押从权利凭证交付质权人时设立的规定，应认为已经设立提单质押，故本行对提单项下的货物享有优先受偿权。原二审判决将本案质押误认为是动产质押，并根据物权法有关动产质押的规定认为本行不享有质权，进而驳回本行对涉案货物享有优先受偿权的诉讼请求，适用法律错误。

法院再审认为，根据《物权法》第二百二十四条有关设立权利质押的规定，设立提单权利质押应当同时具备两个要件：一是双方签订了设立提单权利质押的书面合同；二是满足物权公示要件，将权利凭证即提单交付质权人。建行某某支行持有提单，具备了提单权利质押设立的公示要件，故考察其是否享有提单权利质权，关键要考量是否具有合同依据。

A公司与建行某某支行签订的《关于开立信用证的特别约定》第九条第二款中约定，一旦A公司违约或发生《贸易融资额度合同》中约定的可能危及建行某某支行债权的情形之一的，建行某某支行有权行使下述一项或几项权利，其中第四项约定有权“行使担保权利”，第五项约定有权“要求甲方追加保证金或乙方认可的其他担保”。从本案查明的事实看，“其他担保”应当包括保证金担保、连带责任保证、股权质押，也应包括第四项约定的“担保权利”。这里的“担保权利”，综合合同约定以及案件事实，可以认为其指的就是提单权利质押。故应当认定建行某某支行享有提单权利质权。

原二审判决认定建行某某支行关于以提单项下货物处置价款优先受偿的主张是动产质权，并以动产未交付为由驳回其此节的诉讼请求，显属适用法律错误。

综上，原审判决认定事实基本清楚，但适用法律存在错误，处理结果部分不当。于是判决：建行某某支行对案涉信用证项下提单对应的货物处置所得的价款享有优先受偿权。

◎律师评析

本案的争议焦点是提单质押有无合同依据以及提单质权是否设立的问题。

一审认为：建行某某支行虽持有164998吨煤炭的货运提单，但其与A公司并未就该提单依法定程序签订质押合同，故未设定质权，于是驳回其对164998吨煤炭享有优先受偿权的诉讼请求。

二审认为：本案的质押是动产质押。根据《担保法解释》第八十八条的规定，A 公司将提单交付给建行某某支行后，没有将涉案煤炭设定质权的情况通知承运人，故建行某某支行对涉案煤炭不享有质权。

《物权法》第二百二十四条规定："以汇票、支票、本票、债券、存款单、仓单、提单出质的，当事人应当订立书面合同。质权自权利凭证交付质权人时设立；没有权利凭证的，质权自有关部门办理出质登记时设立。"提单是货物的权利凭证，当事人提供提单质押的，双方当事人先应订立书面质押合同，然后将提单交付质权人占有，在两者具备的情况下才能设立质权。如果仅凭提单交付占有，而无质押合同为依据，且一方当事人不认可质押的，该质权设立有无合意就成了大问题。

再审认为，涉案质押不是动产质押，而是提单权利质押。并从《关于开立信用证的特别约定》有关约定进行综合分析后认为，双方成立提单质押有合同合意的依据，且涉案提单已交付建行某某支行占有，故提单质权设立，建行某某支行对涉案提单享有质权。

[本案例根据最高人民法院（2015）民提字第 126 号民事判决书编写]

8. 转质及其法律效力

转质，是指在质权关系存续期间，质权人经出质人同意，为担保自己的债务，以其占有的质物为其债权人再设定质权的行为。其中，质权人在转质中是转质人；接受转质人是转质权人，转质权人取得的是转质权，转质权的效力优于原质权，也就是说，质物处置的价款先由转质权人受偿，剩余的再由原质权人受偿。

《担保法解释》第九十四条第一款规定："质权人在质权存续期间，为担保自己的债务，经出质人同意，以其所占有的质物为第三人设定质权的，应当在原质权所担保的债权范围之内，超过的部分不具有优先受偿的效力。转质权的效力优于原质权。"第二款规定"质权人在质权存续期间，未经出质人同意，为担保自己的债务，在其所占有的质物上为第三人设定质权的无效。质权人对因转质而发生的损害承担赔偿责任。"据此规定，转质有无法律效力，关键要看出质人是否同意：出质人同意转质的，转质有效，转质权人在原质权所担保的债权范围之内享有优先受偿权；未经出质人同意的，转质无效，质权人因转质而对出质人或转质权人造成损害的，应当承担赔偿责任。

案例解析

不交付所有权的“转让”实为转质

◎案情简介

简某某与搭档林某某签订一份《汽车转押协议》约定：经原车主范某同意，原车主在林某某处质押的宝马车，以转让价格22.7万元转押给简某某，由简某某保管、使用，转押日期为2014年8月25日；林某某保证对该车享有质押权及转押权利，并保证该宝马车是车辆所有人抵押。简某某、许某某、林某某在该协议上签名。同日，扣减车辆的违章费用1900元后，简某某通过工商银行向许某某转账140010.8元、向邵某某转账85100元，共计225110.8元。简某某称，因许某某委托林某某与自己签订《汽车转押协议》，这两个账户均为林某某指定账户，所以将该笔费用转账给许某某和邵某某。

简某某取得宝马车后，将该车停放在某某停车场，车主范某通过gps定位找到宝马车位置，便将宝马车开走，并向公安机关报案。

简某某以许某某、邵某某、林某某为被告向法院起诉，请求：1. 确认《汽车转押协议》无效；2. 判令三被告返还转让款225100元，并支付利息；3. 判令三被告赔偿损失34900元；4. 判令三被告对返还价款及利息承担连带责任。

◎一审判决

一审查明：涉案宝马车车主为案外人范某，范某通过某某汽车服务公司将该车租赁给案外人周某。周某因缺少资金，向许某某借款16万元，同时，在未征得车主范某同意的情况下，将该车质押给许某某，后许某某通过林某某与简某某签订涉案《汽车转押协议》，将涉案车辆转押给简某某。

一审法院经审理认为，本案的争议焦点在于：1. 涉案协议的性质为质押合同抑或债权转让合同；2. 涉案协议是否有效；3. 被告邵某某是否应当承担民事责任。

一、关于讼争协议的性质问题。一方面，该协议的履行实际是由简某某支付钱款给许某某，许某某再将宝马车交付给简某某。从简某某提交的谈话录音可以看出，许某某在收到钱款、将车交付后，并没有要将车辆取回的意思表示，简某某则表示出希望退车退款，双方就该协议的真实意思及实际履行明显为车辆转让。另一方面，该协议既不能体现借款合同的相关情况，亦未约定借贷的利息问题，仅凭涉案《汽车转押协议》无法看出双方借款关系的存在，无法认定该协议为借款质押合同；同时该协议未约定也不能体现出双方将该车的质权就此转给了简某某、由许某某的债务人径行向简某某承担债务的意思表示，故不宜认定该协议为债权转让合同，应为车辆转让合同。

二、关于讼争合同的效力问题。《最高人民法院关于审理买卖合同纠纷案件适用法律问题的解释》第三条规定："当事人一方以出卖人在缔约时对标的物没有所有权或者处分权为由主张合同无效的，人民法院不予支持。出卖人因未取得所有权或者处分权致使标的物所有权不能转移，买受人要求出卖人承担违约责任或者要求解除合同并主张损害赔偿的，人民法院应予支持。"据此规定，本案中，许某某对讼争车辆权利的瑕疵并不影响车辆转让合同的效力，但因权利瑕疵而导致该合同不能实际履行，合同目的已无法实现，许某某、林某某应将合同价款退还给简某某。

三、关于被告邵某某是否应当承担民事责任的问题。虽然邵某某提供账户收取了简某某部分款项，但仅凭现有证据尚不足以证明其是合同当事人，邵某某不应在本案中承担民事责任。简某某当庭撤回要求三被告赔偿其损失34900元的诉讼请求，属于对自身权利义务的合法处分，予以准许。

综上，一审判决：一、解除原告简某某与被告许某某、林某某签订的《汽车转押合同》；二、被告许某某、林某某应于判决发生法律效力之日起十日内向原告简某某返还价款225100元及相应利息。

◎二审判决

许某某、林某某认为，本案应为债权转让纠纷，双方之间的讼争协议有效，且已经履行完毕，不构成返还之条件，故不服一审判决提起上诉。

二审另查明，车主范某因怀疑其车辆被周某诈骗，于2014年9月26

日向公安局报案。周某在讯问笔录中承认其在与许某某之间的借款质押合同中，由车主范某签名的借款合同、质押申请表、车辆转让协议等资料均由周某本人在范某不知情的情况下冒充范某名义签署。许某某在询问笔录中称，周某向其质押车辆时，曾向其出示了车主为范某的车辆行驶证，因周某说车主欠她钱，且车主一直在国外联系不上，宝马车就由她来处理。许某某还承认机动车抵押登记/质押备案申请表、借款合同都是周某本人代签。

二审法院经审理认为：《汽车转押协议》第一条约定，涉案车辆是“经原车主同意”以22.7万元的价格转押给简某某，由简某某“保管、使用”；第二条约定，林某某享有对车辆的质押权，享有转押权利；第五条约定林某某保证该车辆是车辆所有人抵押。根据上述合同内容分析，双方的真实意思表示应为：简某某以支付22.7万元的方式获得以林某某作为质权人的车辆质押权，即该22.7万元是林某某向简某某出让宝马车质押权的对价，并非简某某向林某某的借款。因此，该协议虽然名为“转押”，但并不存在林某某向简某某以宝马车出质的主债务合同。并且，双方在合同中并未确认林某某享有涉案车辆的所有权，也未确认简某某以支付合同对价的方式获得宝马车的所有权，简某某获得的只是车辆的质权，故原审法院认定该《汽车转押协议》实际为车辆所有权转让协议，属认定事实错误。根据双方的合同内容，该《汽车转押协议》实际为质权转让合同，即简某某在向林某某支付22.7万元后，获得宝马车的质权。

林某某、许某某作为涉案质权的出让方，应当确保涉案质权在转让时真实有效。《汽车转押协议》第二条和第五条亦明确约定林某某须保证对车辆享有质押权，保证该车辆是所有人抵押，不是非法所得。但根据周某在公安机关所做的讯问笔录，其承认涉案车辆是其从车主范某处租赁而来，在车主范某不知情的情况下，冒充范某名义签署借款合同、质押申请表、车辆转让协议等资料，将涉案宝马车出质给许某某，故周某的出质行为系无权处分。许某某在接受公安机关询问时，亦承认知晓机动车抵押登记/质押备案申请表、借款合同等文件都是周某本人代签的，可见其对周某的代签行为是明知的。许某某作为专业的二手车交易人员，在办理车辆权利负担或转移手续时，应具备更为审慎的注意义务，但其在明知周某系代签合同的情况下，轻信周某之言，未进一步审核车辆信息，也未确认车主本人对周某出质行为的态度，即为其办理车辆质押手续，存在重大过失。根据许某某职业身份、与周某签署合同的过程、对周某代签行为的了解程度，难以推断许某某对周某的无权处分行为为善意，这也导致其将质权转让给简某某时未能善尽权利瑕疵保证义务，亦属无权处分。

虽然质权转让的合同效力并不因此受到影响，但简某某因为车主范某行使所有权人对车辆的追及权导致无法行使对宝马车的质押权，其签署《汽车转押协议》的合同目的已然落空且无法继续履行，在此情况下，原审判令解除《汽车转押协议》，并判令许某某、林某某返还简某某支付的转让合同对价，于法不悖，本院予以确认。

二审最后认定，一审判决虽然对涉案协议的性质认定不当，但实体处理正确。二审判决：驳回许某某、林某某的上诉，维持原判。

◎律师评析

本案的争议焦点是《汽车转押协议》是转让合同还是转质合同以及转质是否有效的问题。

关于涉案《汽车转押协议》的性质问题。一审认为《汽车转押协议》实际是由简某某支付钱款给林某某，林某某将宝马车交付给简某某，故该协议为车辆转让合同。转让合同的特点是受让方支付价款后取得标的物的所有权。但是，本案二审经审理后认定，涉案协议虽然名为“转押”，但林某某与简某某之间并不存在债权债务关系的主合同，并且，双方在协议中并未确认林某某享有涉案宝马车的所有权，也未确认简某某以支付对价的方式取得宝马车的所有权，简某某只是获得宝马车的转质权，所以，本案的《汽车转押协议》实际上是转质合同。

关于转质合同的效力问题。根据《担保法解释》第九十四条的规定，出质人同意转质的，转质有效；未经出质人同意的，转质无效。本案中，周某从车主范某处租来涉案宝马车，然后冒充范某将宝马车质押给许某某，后许某某通过林某某与简某某签订《汽车转押协议》，将涉案车辆转质给简某某，这个过程说明转质关系已经成立。对此转质，周某未表示反对，可以视为同意转质，故本案转质应为有效。但因周某将租赁范某的宝马车出质属于无权处分行为，后因范某行使追及权，导致简某某无法行使对宝马车的转质权，在此情况下，简某某请求解除《汽车转押协议》并返还价款的诉讼请求成立，所以法院判决，解除《汽车转押协议》，许某某、林某某返还价款。

［本案例根据广东省深圳市中级人民法院（2015）深中法民终字第2041号民事判决书编写］

第五篇
民间借贷债权债务篇

第十八章　民间借贷债之转移及裁判案例解析

债之转移，是指债所规定的权利、义务内容不变，而债之主体的变更，即所债所规定的权利、义务在债权人或债务人之间的转移。民间借贷债之转移，从债的性质上看可分为债权转让与债务转移，从法律规定来看可分为协议转移与法定转移，民间借贷债之转移与其他债之转移一样有以下几个特点：一是债的主体即债权人或债务人发生变更，而债权债务的内容不变；二是原来的债权债务仍然存在而不产生新的债权债务；三是只是转移金钱之债，而不涉及出借人和借款人其他财产之债的转移（除物权担保之外）。

1. 民间借贷的债权转让

债权转让，是指债权人与第三人协议，将其债权全部或者部分出让给第三人的行为。在民间借贷的债权转让关系中，出借人是债权人，即债权让与人；第三人接受债权转让的是受让人，即新的债权人，而借款人作为债务人不变。譬如，你借我的钱，我可以与他商议一致，叫你不用把钱还给我，而直接还给他，这里的我是债权让与人，他是债权受让人，当我与他订立债权转让协议后，我通知你，今后由你向他履行债务，这一转让的法律效果是，我与你的债权债务关系消灭，而他与你的债权债务关系产生。

《合同法》第八十条第一款规定："债权人转让权利的，应当通知债务人。未经通知，该转让对债务人不发生效力。"根据这条规定，出借人与第三人约定债权转让，不需要取得借款人的同意，出借人只要"通知"借款人就对借款人产生效力；出借人未"通知"借款人的，债权转让对借款人不产生效力。《合同法》将债权人"通知"债务人作为债权转让对债务人生效的条件，目的是使债务人知道债权转让的事实，使债务人知道向谁履行债务。因此，出借人“通知”应当到达借款人，且应当全面正确，如转让借款本金数额、时间、利息、受让人姓名（名称）、地点等都必须明确告知借款人。

案例解析

出借人已通知债权转让，借款人应向受让人清偿债务

◎案情简介

2011年7月25日，A公司与B公司、叶某某签订《借款保证合同》（以下简称第一份借款合同）约定：A公司借给B公司5000万元，借款期限从2011年7月25日至2011年8月3日，共计10天；合同到期后B公司未能按时还款即构成违约，A公司有权自B公司违约之日起按借款总额以每日7‰向借款方收取违约金直至全部还款；叶某某对上述借款承担无限连带保证责任。同日，C公司与B公司、叶某某签订《借款保证合同》（以下简称第二份借款合同）约定，C公司借给B公司3000万元，借款期限从2011年7月25日至2011年8月8日，共计15天，其他内容与第一份借款合同相同。

上述两份借款合同签订后，D公司向A公司、C公司交付商品房销售许可证241本作为叶某某的保证担保，A公司、C公司如约向B公司提供了借款。借款到期后，B公司未还款借款。

2011年10月10日，A公司、C公司分别与李某签订《债权转让协议》约定，A公司、C公司各自将对B公司享有的本金、利息、违约金等全部债权转让给李某。该协议签订后，A公司、C公司将D公司交付的商品房销售许可证241本转交给李某，并将债权转让事宜邮寄通知B公司和叶某某。

2011年10月19日，李某（贷款方）与B公司（借款方）、D公司（保证人）、叶某某（保证人）签订《借款担保合同》（以下简称第三份借款合同）约定：（1）借款10500万元，其中5000万元至2011年11月2日一次性还清，5500万元至2011年11月18日一次性还清；（2）D公司和叶某某自愿以其提供的财产承担无限连带保证责任；（3）B公司未能按时还款即构成违约，李某有权自违约之日起按借款总额以每日5‰向B公司收取违约

金。当日，B 公司给李某出具收到李某 10500 万元的收款收据。

第三份借款合同约定的还款期限届满后，B 公司未履行还款义务，D 公司、叶某某也未履行担保义务。李某遂向法院起诉，请求判令：1. B 公司偿还借款 10500 万元及至付清本金之日止的违约金；2. D 公司以其提供的财产对上述请求承担无限连带保证责任；3. 叶某某对上述请求承担无限连带保证责任。

B 公司答辩称：第一，B 公司与 A 公司、C 公司签订的借款合同，约定借款的本金为 8000 万元，故 B 公司、叶某某只承担还款 8000 万元本金的义务。第二，李某与 A 公司、C 公司之间进行债权转让，B 公司是在本案诉讼后才知晓，该债权转让对 B 公司并未生效。第三，2011 年 10 月 19 日，B 公司与李某就借款 10500 万元事宜虽然签订了借款合同，但李某至今未履行合同约定的出借义务，且借款期限已经届满，故李某要求 B 公司偿还 10500 万元的请求无事实和法律依据。

D 公司答辩称：D 公司虽然承诺以商品房销售许可证为李某与 B 公司所签借款协议作担保，但该协议签订后，李某实际未履行合同的出借义务，故 D 公司不应承担相应的担保责任，请求驳回李某对其所提诉请。

叶某某答辩称：同意在 8000 万元本金的范围内承担连带保证责任。

◎一审判决

一审法院认为：A 公司和 C 公司分别与 B 公司、叶某某签订的两份借款合同是各方当事人的真实意思表示。A 公司、C 公司为债权人，B 公司为债务人、叶某某为保证人，各方的权利义务关系明确，应予确认。

A 公司、C 公司分别与李某签订《债权转让协议》，亦为真实意思表示。《债权转让协议》签订后，A 公司、C 公司已将债权转让事宜通知 B 公司、叶某某。故该债权转让对 B 公司、叶某某已经发生法律效力。李某与 B 公司、D 公司、叶某某签订的第三份借款合同亦是当事人的真实意思表示。第三份借款合同是前两份借款合同的延续，是在 B 公司、叶某某违约的情况下，各方就上述两份《借款保证合同》如何履行达成的一致协议，并非与前两份借款合同没有关联的新合同。

违约金数额是在前两份借款合同约定的基础上，经各方协商，最终李某作出让步而确定的。在 A 公司和 C 公司将 8000 万元借给 B 公司的合同中，双方约定了逾期不还，按总额的日7‰承担违约金。李某与对方签订的第三份借款合同，约定借款10500万元，该10500万元中有延续过来的8000万元，另2500万元为2011年7月25日至2011年10月18日8000万元欠款的违约金，第三份借款合同还约定如不还款，按日5‰承担违约金，各方当事人签订的合同均为真实意思表示，但考虑合同中约定的违约金明显过高，虽然B公司等没有以合同中约定的违约金过高为由提出适当减少违约金的请求，但其已主张同意按8000万元本金并抗辩不承担违约金和不承担保证责任的意见，可视为减少违约金的意思表示。故以8000万元为基数，从2011年7月25日起至判决确定的还款之日止，按中国人民银行同期贷款利率四倍支付违约金。

综上，一审判决：（一）B公司于判决生效后十日内给付李某借款8000万元及违约金，违约金从2011年7月25日起至判决确定的给付之日止，按中国人民银行同期贷款利率四倍给付；（二）D公司以提供的241套商品房销售许可证对上述欠款及违约金承担连带保证责任；（三）叶某某对上述欠款及违约金承担连带保证责任；（四）驳回李某的其他诉讼请求。

◎二审判决

B公司不服一审判决上诉称：

一、一审判决认定事实错误。（1）A公司、C公司转让债权时并未通知B公司和叶某某，该债权转让对B公司不发生效力，李某无权向B公司主张债权。（2）第三份借款合同签订当日，应李某要求，B公司出具借款金额为10500万元的《收款收据》，但李某至今未履行出借义务，李某请求B公司偿还10500万元借款不成立。（3）第三份借款合同完全独立，没有任何内容能够证明第三份借款合同是当事人在前两份借款合同履行的基础上重新达成的协议，也非前两份借款合同的延续。

二、李某主体资格不适格。债权转让协议送达的地址并不是B公司的实际住所地，也不是实际经营地，由此可见，李某与A公司、C公司的债权转让协议根本没有生效，也从未通知债务人B公司，李某没有依据前两份借款合同提出归还借款的权利。案涉三份合同无论从合同主体还是约定内容，彼此完全独立，不具备延续性和关联性。综上所述，B公司不是适格被告，李某也不是适格原告，一审存在严重程序错误。

D公司上诉称：第三份借款合同不是两份借款合同的延续，一审法院对此项事实认定错误。D公司只是第三份借款合同的保证人，但是该合同并未实际履行，故D公司不应承担保证责任。

李某答辩称：B公司与D公司的上诉请求不成立，主要事实和理由：

（一）案涉三份合同均为各方真实意思表示，内容不违背法律、法规的强制性规定，是合法有效的。鉴于B公司、叶某某未履行前两份借款合同约定的还款义务，各方当事人才通过协商在降低违约金数额的基础上，就前两份借款合同确认的8000万元借款本金、违约金的金额及偿还问题，共同签订了第三份借款合同，确认借款本金为8000万元、违约金2500万元，两项共计10500万元。第三份借款合同是基于前两份借款合同约定的本金和违约金偿还达成的还款协议，非独立的新合同。

（二）原债权人A公司、C公司以邮寄方式已将债权转让事宜通知债务人，邮寄地址是B公司的实际办公地点，在一审过程中，法院也曾向此地址送达法律文书并由B公司签收，因此，债权转让符合法律规定，李某为合法的债权人。

（三）D公司为借款提供保证担保属对已经发生的债权提供担保，符合我国《担保法》关于保证担保的相关法律规定，是合法有效的，故应该按照合同约定承担连带保证责任。

（四）《借款担保合同》约定债务人不按期还款应当支付违约金的内容，现债权人主动将违约金标准降低至按中国人民银行同期同类贷款利率四倍计算，此请求有事实依据且不违背法律法规规定，应当得到法院支持。

二审法院经审理认为：

一、关于案涉三份借款合同的效力和关系问题

1. 关于前两份借款合同的性质及效力。前两份借款合同均属于民间借贷，合同中约定的所谓日7‰违约金，实际是借款的高额利息。《最高人民法院关于人民法院审理借贷案件的若干意见》第六条明确规定，最高不得超过银行同类贷款利率的四倍，超出部分的利息不予保护。涉案前两份借款合同约定的违约金属于利率过高，超出规定部分的利息不予保护，但涉案利率过高并不影响整个合同其他条款以及当事人之间由此形成的法律关系的合法有效性。而且，从一审法院已经查明的事实可知，各方当事人均承认C公司

和A公司已经履行了合同约定的出借款项义务，故B公司有义务于合同约定期限届满时归还本金并支付相应的利息。

2. 关于前两份借款合同之间的关系问题

首先，各方当事人对第三份借款合同的真实性、合法有效性均不持异议。该合同亦属于民间借贷性质，除了其中违约金条款属于约定利率过高而应予调整外，对整个合同的合法有效性应予认定。

其次，关于第三份借款合同到底是前两份借款合同的本金、违约金以及还款期限等问题重新协商所作出的约定，还是与前两份借款合同并无关联的、李某与B公司之间另行发生了新的民间借贷法律关系的问题，由于合同无直接、明确约定，故应当结合案件实际情况，作出评判。本院认为，第一，第三份借款合同约定的借款数额为1.05亿元，面对数额如此巨大的借款关系，如果真的是李某与B公司之间发生的新的借贷关系，对双方当事人的权益都有重大影响，各方都应当慎重处置。B公司在合同签订当天未收到款项前出具收据、事后对方既不依约支付借款又不交还收据的不利情形下，仍然不积极主动地维护自己的权利，不符合常理。第二，B公司作为借款人，在本案中涉及多份由其签订的借款合同，从前两份借款合同约定内容看，均有关于资金交付日期、方式及指定账户等细化条款，并清楚地列出B公司收取借款的开户行、户名以及账号等详细的信息和内容。而第三份借款合同中，则未就这些问题作出任何约定，与B公司签订的其他借款合同存在明显不同。而且，第三份借款合同如果是独立、新的借款合同的话，涉及过亿元的款项往来，彼此不可能连资金交付方式、账户信息等如此重要而基本的问题都不作出约定。第三，李某受让C公司和A公司的债权行为发生在先，与B公司签订第三份借款合同的时间在后。按照B公司和D公司所说第三份借款合同是新发生的借贷关系，那么作为债权人的李某在明知B公司尚欠其8000万元本金及利息期满未能归还的情形下，为什么还冒着极大的风险另外再向其出借1.05亿元款项？李某对B公司提出的此种质疑，并非没有道理。在各方当事人说法不一、又都没有更加充分有力的证据佐证自己观点的情形下，相比较而言，李某一方关于第三份借款合同属于前两份借款合同变更、延续的观点，更有说服力。

3. 基于前述理由，第三份借款合同系对前两份借款合同今后履行问题的重新约定，本意并非李某与B公司之间再发生新的、独立的借款关系，故关于第三份借款合同中所谓的借款本金问题，无须李某另行实际履行。

二、关于李某的诉讼主体资格。A公司C公司分别与李某签订《债权转让协议》，将各自基于前两份借款合同所享有的债权全部转让给了李某。自此，本案所涉两笔共计本金8000万元的借款关系，债权人全部变为李某一人。因此，一审法院认定债权转让行为是当事人真实意思表示，内容合法，并无不当。由于法律对债权转让并无必须在限定期限内通知到债务人方面的规定，且A公司、C公司发出通知的邮寄地址是B公司的实际办公地点，一审法院也曾向此地址送达法律文书并由B公司签收，再者，在不增加债务人义务的情形下转让行为亦无须债务人作出同意与否的意思表示，所以在当事人已经发生纠纷诉讼至法院后，一审法院认定C公司、A公司已经履行了通知义务，债权转让行为对B公司有效的结论，并无不当。B公司在二审中主张李某不是本案适格主体，本院不予支持。

三、关于D公司应否承担连带保证责任的问题。D公司虽然未直接参与前两份借款合同的签订，但在第三份借款合同中提供了保证担保，因第三份借款合同涉及和指向的是前两份借款合同中的借款关系，所以D公司应当就B公司所欠债务承担连带保证责任。

综上所述，B公司通过与C公司、A公司分别签订借款合同，共计向两公司借款8000万元，后两公司相继将借款合同项下的全部债权均转让给李某，故转让行为合法有效。在B公司未及时履行8000万元借款的还款付息义务情形之下，债权人李某与之就前述借款归还的数额、期限等问题进行协商和确认，双方签订第三份借款合同。由于第三份借款合同是就此前已经发生的借款关系如何处置的约定，故无须李某另行实际履行付款义务。案涉借款关系实质属于民间借贷性质，除关于利息问题的约定不得超出规定外，三份借款合同的其他合同条款整体应当是合法、有效的。关于借款本金数额问题，李某主张第三份借款合同中的本金1.05亿元，是由前两份借款合同中的本金8000万元和逾期不还违约金2500万元构成。因一审法院已经按照民间借贷目前允许的最高利率标准支持李某的诉讼请求，故最终认定借款本金为8000万元，符合实际。D公司为案涉借款关系担保，应当就B公司本案中归还本金及利息的债务承担保证责任。

综上，一审判决认定事实清楚，适用法律正确，应予维持。B 公司、D 公司的上诉请求和理由均不能成立，不予支持。二审判决：驳回上诉、维持原判。

◎律师评析

本案的主要争议是债权转让对 B 公司有无效力以及担保人应否担保责任的问题。

首先，本案需要解决的是三份借款合同有无关联的问题。本案债权转让的标的是前两份借款合同约定的本金和违约金，所以只有确认第三份借款合同是前两份借款合同的延续，涉案《债权转让协议》才成立，如果与前两份借款合同不具关联性，涉案《债权转让协议》就不能成立。由于三份借款合同之间有无关联的问题没有直接、明确的约定，双方对此持截然不同的观点。李某和 A 公司、C 公司都主张第三份借款合同是基于前两份《借款保证合同》约定的本金和违约金偿还达成的还款协议，而非独立的新合同，故债权转让有效，B 公司应当向李某清偿债务，而 B 公司主张，案涉三份借款合同无论从合同主体还是约定内容，彼此完全独立，不具备延续性和关联性。对此，法院结合案件实际情况进行分析后，支持了李某的主张，认定第三份借款合同是基于前两份借款合同而订立的，是前两份借款合同的变更、延续，这为债权转让确定了基础关系。

其次，本案需要解决的是 A 公司、C 公司将债权转让给李某对 B 公司有无法律效力的问题。《合同法》第八十条第一款规定："债权人转让权利的，应当通知债务人。未经通知，该转让对债务人不发生效力。"根据这条规定，债权人无须取得债务人同意就有权将债权转让给他人，但只有将债权转让的情况通知到达债务人才对债务人生效；债权人未通知债务人的，债权转让对债务人不产生效力。此外，这条规定没有规定通知期限，何时通知债务人则由债权人自行决定。本案中，出借人 A 公司、C 公司有无通知借款人 B 公司债权转让的情况是借款人 B 公司是否承担清偿债务责任的关键问题。如果已经通知借款人 B 公司，涉案债权转让对借款人 B 公司产生法律效力；如果未通知借款人 B 公司，则对借款人 B 公司不产生法律效力。A 公司和 C 公司主张其已于 2012 年 1 月 19 日将债权转让事宜邮寄通知 B 公司，邮寄地址是 B 公司的实际办公地点，一审法院也曾向此地址送达法律文书并由 B 公司签收。而B公司在诉讼中主张，邮寄送达的地址不是B公司的实际住所地，也不是实际经营地，B公司从未收到通知，根本不知道A公司、C公司将债权转让给李某，因此其债权转让对B公司无效，李某无权向B公司主张债权。对此，法院认为，由于《合同法》第八十条并无对债权转让必须在期限内通知到债务人的规定，而且在不增加债务人义务的情形下转让行为亦无须债务人作出同意与否的意思表示，所以在当事人已经发生纠纷诉讼至法院后，应当认定C公司、A公司已经履行了通知义务。

关于D公司应否承担连带保证责任的问题。《担保法》第二十二条规定："保证期间，债权人依法将主债权转让给第三人的，保证人在原保证担保的范围内继续承担保证责任。保证合同另有约定的，按照约定。"据此规定，担保权利在没有特别约定的情况下，应当随着主债权的转移而转移。理由是，债权转让只是改变了债权人，并不影响担保人的担保责任，所以，担保人对新的债权人仍应承担担保责任。但是，债权人与受让人明确约定放弃担保，或者担保合同约定主债权转让担保人不承担保证责任的，该担保权利不随主债权转移。此外，债权转让不得加重担保人的责任，担保人对加重部分不承担担保责任。本案中，保证人D公司虽然未直接参与前两份借款合同的签订，但在第三份借款合同中提供了保证担保，因第三份借款合同涉及和指向的是前两份借款合同中的借款关系，再者，本案的保证担保没有特别约定A公司、C公司转让债权D公司不承担保证责任，且李某请求D公司承担保证责任也未加重D公司的保证责任，所以涉案担保权利应当随主债权转移而转移，法院据此认定D公司应当就B公司所欠债务承担连带保证责任。

［本案例根据最高人民法院（2012）民一终字第119号民事判决书编写］

案例解析

债权消灭后再转让无效

◎案情简介

2010年6月18日，李某甲向靳某出具欠条一张，该欠条载明："今欠靳某人民币共记贰拾壹万肆仟伍佰元整（214500.00元），借期壹个月，逾期不还承担自借款之日起同期银行贷款利率的四倍利息，还款时必须一次还清。”2011年4月8日，靳某与李某乙签订债权转让协议，该协议约定如下主要内容：一、靳某将对李某甲享有的债权，债权数额为21.45万元转让给李某乙（及利息以实际计算为准）；二、靳某将享有李某甲的债权凭证交付给李某乙，用以证实靳某对李某甲享有债权的事实；三、该债权转让后靳某负有书面通知李某甲债权转让的事实。此后，靳某与李某乙对该协议内容进行了补充，即在“该债权转让后靳某负有书面通知李某甲债权转让的事实”之后，以手写的方式添加了五个字“或乙方通知”（李某甲认为添加的是“或已方通知”）。李某乙以EMS方式向李某甲邮寄的债权转让协议复印件中未添加上述手写内容。

2012年9月12日，李某乙以靳某已将其对李某甲享有的债权转让于她为由，将李某甲诉至法院，要求法院判令李某甲归还借款214500元及利息74131.2元。2012年9月13日，法院认为，转让事宜应由靳某通知李某甲，李某乙虽通过邮递的方式通知了李某甲，但债权转让协议对李某甲尚不发生效力，不符合人民法院受理民事案件的条件，便作出民事裁定书，驳回了李某乙的起诉。

2013年3月11日，李某乙再次以李某甲为被告提起诉讼，请求判令李某甲归还借款214500元，并支付利息（以214500元为本金，按照银行贷款利率的四倍计算至李某甲还款之日止）。

李某甲辩称：自己于2010年7月24日、8月1日、8月27日分三次通过中国建设银行向靳某账号存入214500元，已经还清靳某借款，有中国建设银行付款单据为证，请求法院驳回李某乙的诉讼请求。

在审理过程中，李某甲申请对其记忆中是否存在已经向靳某返还借214500元的相关信息进行心理测试，并认可以该测试的结论作为认定案件事实的依据，李某乙亦认可以该测试的结论作为认定案件事实的依据。经法院委托，中国人民公安大学公安学研究所心理测试中心作出公大（心）测字（2013）第038号心理测试报告，测试结果为：李某甲记忆中存在返还靳某借款214500元的相关信息。

◎一审判决

一审法院经审理认为：债权人转让权利的，应当通知债务人；未经通知，该转让对债务人不发生效力。本案中，李某甲以靳某没有通知其债权转让的相关事宜为由，抗辩该债权转让协议对其不发生效力。但在此前的原审法院在审理中，李某甲已经知晓靳某将相关权利转让给李某乙，且靳某亦到庭确认债权转让的相关事宜，并当庭再次告知了李某甲。因此，对于李某甲的该项抗辩不予采信，应当视为李某甲已经接到债权转让的通知。李某甲以其已经向靳某返还了借款214500元为由进行抗辩，且根据双方的陈述及其各自提交的证据，结合中国人民公安大学公安学研究所心理测试中心出具的心理测试报告进行综合分析后，能够认定李某甲已经于靳某与李某乙签订债权转让协议前的2010年7月24日、8月1日、8月27日分三次通过中国建设银行汇款清偿了靳某214500元的借款债务，故靳某转让给李某乙的债权实际系已经消灭，李某乙以此再向李某甲主张返还借款无事实和法律依据。因此，对于李某乙的诉请不予支持。据此，一审判决驳回李某乙的诉讼请求。

◎二审判决

李某乙以一审判决认定事实及适用法律错误为由提起上诉，但没有提供新的证据。二审法院经审理查明的事实与原审一致，最后判决：驳回李某乙的上诉，维持原判。

◎律师评析

本案的争议焦点主要是，债权是否已经消灭及受让人在债权消灭后再主张受让债权是否成立的问题。

本案二审法院指出：《合同法》第七十九条规定，债权人可以将合同的权利全部或者部分转让给第三人，因此，债权人转让债权是法定的权利，但权利人行使权利要以合法为原则，合法有效债权转让的条件之一是债权转让须有效债权的存在，债权的有效存在是债权转让的根本前提。以无效的债权转让他人，或者以已经消灭的债权转让他人，是转让的标的不能。

在本案中，靳某与李某甲的债权债务关系形成于2010年6月18日，此后，李某甲于2010年7月24日、8月1日、8月27日分三次通过中国建设银行汇款偿还了靳某214500元借款，靳某与李某甲的债权债务关系消灭。但靳某于2011年4月8日又与李某乙签订债权转让协议，将其与李某甲已经消灭的债权再转让给李某乙，因而，李某乙以涉案债权转让成立，李某甲应承担还款责任的主张和理由，因缺乏事实依据而不能成立，故法院不予采信，驳回李某乙的诉讼请求。

［本案例根据江苏省徐州市中级人民法院（2014）徐民终字第1867号判决书编写］

2. 民间借贷的债务协议转移

债务协议转移，是指债务人与第三人协商，将其债务的全部或者部分转给第三人清偿的行为。《合同法》第八十四条规定："债务人将合同的义务全部或者部分转移给第三人的，应当经债权人同意。"据此规定，借款人经出借人同意可以将借款债务转移给他人清偿。借款债务协议转移后，第三人取代借款人成为新的债务人，借款人不再偿还借款，而出借人作为债权人不变。

债务协议转移与债权协议转让是相反的，债权协议转让只是变更了债权人，不影响债务人履行债务。而债务协议转移改变了债务人，对债权人是否实现债权有着直接影响，所以《合同法》规定，债务协议转移必须取得债权人的同意，把债务协议转移是否生效的决定权交给债权人。债权人同意债务人将债务转移给第三人清偿，以后债权能否实现的风险就由债权人自己承担。未经出借人同意，借款人与第三人转移债务对出借人不产生法律效力。

在民间借贷中，出借人之所以同意借款人将债务转移给第三人清偿，主要是因为债务转移对出借人实现债权可能更为有利，如借款人无力偿还借款而第三人有能力清偿，这时债务转移对出借人有利而无弊；如果借款人有足够偿还借款能力而第三人无清偿债务能力，出借人就不可能同意债务转移。

民间借贷债务经出借人同意后转移，将产生以下三个法律效果：

一是借款人与第三人订立的债务转移协议生效，新的债务人按照债务转移协议约定向出借人履行偿还借款、支付利息等义务；借款人与出借人的债权债务关系就已经转移部分脱离关系，出借人只能向新债务人请求履行债务义务，而不能再向原借款人要求偿还借款。

二是借款人的抗辩权也随之转移给新的债务人。《合同法》第八十五条规定："债务人转移义务的，新债务人可以主张原债务人对债权人的抗辩。"例如，借款利率超出法定最高限度，借款人本身就可以抗辩，但未提出抗辩就已转移了债务，新债务人在支付利息时也可以提出抗辩，即主张利率超出法定最高限度部分对其无效。

三是新债务人承担有关的从债务。《合同法》第八十六条规定：“债务人转移义务的，新债务人应当承担与主债务有关的从债务……”从这条规定中可以看出，除双方当事人有特别约定和从债务专属于借款人外，从债务应当同时转移，如债务转移后产生的利息，应当随之转移至新债务人，新债务人应当向出借人支付。

案例解析

债务协议转移后由新债务人偿还借款

◎案情简介

原告成某某诉称：2009年6月8日，李某某的二嫂胡某某向原告借款1万元，借款到期后未能偿还，原告诉至法院要求胡某某及其丈夫（李某某二哥）偿还借款。原告起诉后，李某某来原告家要求原告撤诉，所欠1万元由李某某偿还，并书写了“还款计划”。该还款计划载明：“2009年二嫂（胡某某）借成某某现金壹万元整（10000元）。李某某全权还款，日期2014年9月10日前全部还清，不再拖欠。李某某2014.6.14。”还款计划到期后，李某某未能偿还上述款项，为此，原告提起诉讼，请求判令李某某偿还借款1万元，并按照银行贷款利息的四倍支付利息。

被告李某某辩称：成某某的1万元钱是借给胡某某的，应该由胡某某偿还，被告没有借成某某的钱，所以不存在由被告偿还借款及利息的问题。被告对“还款计划”的真实性没有异议，但“还款计划”不是借条，被告写的“还款计划”是替胡某某和丈夫来协调借款怎么偿还的问题，而没说由被告偿还借款，故本案被告主体不合法。另外，成某某请求的按照银行四倍偿还利息，没有事实和法律依据。

◎法院判决

法院经审理查明：2009年，胡某某向成某某借款1万元，2014年6月14日，李某某给成某某书写一份“还款计划”，承诺全权还款，并与2014年9月10日前全部还清。此“还款计划”到期，李某某未偿还上述款项。上述事实，有成某某的陈述，李某某的答辩，“还款计划”等证据予以证实。

法院认为，本案中，李某某虽然没有直接向成某某借款，也未实际使用借款，但李某某认可其书写的“还款计划”。该还款计划从形式和实质上均已经具备了我国合同法关于债务移转的规定。胡某某将其还款义务转移给第三人李某某并经过成某某同意，李某某作为新的债务人应当承担原债务人胡某某的全部合同义务。李某某在“还款计划”中约定了还款期限，且明确表示由其“全权还款”，足以证实双方已形成新的合同关系，由李某某取代胡某某地位，成为新债务人向成某某履行债务。故本院对成某某要求李某某偿还借款1万元的诉讼请求予以支持。成某某主张李某某按银行同类贷款利率的四倍支付利息的诉讼请求，因双方未约定利息，依法应视为不支付利息，故本院不予支持，但可依法支付逾期还款的利息。据此，法院判决：李某某于本判决生效后三日内一次性偿还成某某1万元，并自2014年9月11日起按年利率6%计算利息至还清之日止。

◎律师评析

债务人与第三人协议将其债务的全部或者部分转给第三人清偿，并经债权人同意的，即为有效债务转移。债务有效转移的结果是，债务人脱离了债务，不再向债权人清偿债务，而受让债务的人成为新的债务人，新的债务人应当向债权人清偿债务。

本案中的李某某虽然没有直接向成某某借款，也未实际使用借款，但在胡某某对成某某负有1万元借款债务的情况下，李某某给成某某书写的“还款计划”中明确承诺替胡某某“全权还款”，胡某某未持反对意见，便被认为同意其将债务转移给李某某清偿；成某某接受此“还款计划”，应当视其同意胡某某将借款债务转移给李某某清偿，于是，该笔借款的债务转移有效，胡某某不再承担偿还借款责任，而应由李某某向成某某清偿债务，因而，成某某只诉李某某而不诉胡某某。成某某如果单诉胡某某或者在诉李某某的同时也诉胡某某，则不符合《合同法》有关债务转移的规定。

《合同法》第八十六条规定：“债务人转移义务的，新债务人应当承担与主债务有关的从债务……”对民间借贷而言，主债务是借款本金，从债务主要是利息。据此规定，除有特别约定外，在本金债务转移的同时从债务利息应当同时转移至新债务人清偿。本案中的出借人成某某与借款人胡某某没有约定利息，属于无息借款，故不涉及利息随着本金同时转移的问题。

《合同法》第八十五条规定："债务人转移义务的，新债务人可以主张原债务人对债权人的抗辩。"本案原告成某某要求被告李某某按银行同类贷款利率的四倍支付利息，李某某基于胡某某与成某某未约定利息的事由，可以抗辩成某某要求支付利息，依法不承担支付利息的责任。李某某逾期未清偿债务，成某某主张其支付逾期利息，属于李某某违约所应承担的责任。

[本案例根据张家口市宣化区人民法院（2015）宣区民初字第92号判决书编写]

3. 债务协议转移的担保责任

《担保法》第二十三条规定："保证期间，债权人许可债务人转让债务的，应当取得保证人书面同意，保证人对未经其同意转让的债务，不再承担保证责任。"《担保法解释》第二十九条规定："保证期间，债权人许可债务人转让部分债务未经保证人书面同意的，保证人对未经其同意转让部分的债务，不再承担保证责任。但是，保证人仍应当对未转让部分的债务承担保证责任。"根据这些规定，民间借贷设定保证担保后，借款人与第三人约定债务转移，出借人表示同意的，债务转移有效，保证人也表示同意的，应当对新债务人继续承担保证责任；未经保证人同意或者保证人不同意，出借人同意借款人将债务转移给第三人清偿的，保证人不再承担保证责任。理由是，在借款保证合同中，保证人只为借款人提供保证担保，而债务受让人不是被保证人，保证人对其没有担保义务，再者，借款人如果有足够还款能力，届时保证人就不需要代为清偿，债务受让人如无清偿能力，也让保证人承担保证责任，显然对保证人不利。因此，借款人转让债务只有取得保证人同意，成立新的保证担保关系，保证人才对债务受让人承担保证责任。

在实践中，有些出借人认为自己享有担保权利，在同意借款人转移债务的同时，也同意擅自将担保权利转移为债务受让人，在这种情况下，债务转让即使有效，其效力不也及保证人。因此，债务协议转让应当以"取得保证人书面同意"为保证人对债务受让人承担保证责任的有效条件。

案例解析

担保人同意债务转移应当继续承担担保责任

◎**案情简介**

2013年1月27日，出借人范某某与借款人林某某、A公司签订5100万元借款协议（以下简称协议1），借款期限为2个月，利息为月息2%。2013年2月6日范某某与林某某签订800万元借款协议（以下简称协议2），借款期限为1个月，利息为月息2%，A公司作为该笔借款保证人。上述两笔借款到期后，林某某未偿还。2013年5月3日，借款人林某某、A公司与郑某协商，由郑某承担上述债务，范某某同意此债务转让，三方重新签订了《债务承担协议书》，约定：范某某和王某某将A公司的全部股权转让给郑某，由此郑某承担5900万元债务，若逾期还款按日加收5%的违约金，同时约定林某某对转让后的债务承担无限连带责任，郑某提供B公司的全部股权担保。郑某与范某某签订股权质押合同后，办理股权质押登记。此后，郑某相继偿还3073万元，其余本息不能按期偿还。2013年8月27日，郑某与范某某再一次达成《补充协议》，确认第一笔借款尚欠本金2600万元，第二笔借款尚欠本金800万元，并约定2013年11月30日前偿还，其间利息共计688万元，由C公司提供保证担保。

借款到期，郑某未按《补充协议》清偿债务，范某某向法院提起诉讼，请求法院判令：郑某偿还借款，支付利息和违约金；林某某、C公司、A公司、B公司承担连带清偿责任。

郑某辩称：第二笔借款800万元的协议中约定："为确保乙方能按期归还甲方借款，甲方要求乙方提供某某大厦31楼使用权作为抵押担保，丙方作为保证人。"该条款约定是800万元借款担保的前提条件，且该协议的相对人是林某某与范某某，债务承担协议中的债务转让由于所附条件没有达成，所以未能生效，债务并没有发生转移，所以，郑某对此800万元债务不承担偿还责任。

◎**一审判决**

一审法院经审理确认：郑某尚欠范某某本金3400万元，其中，郑某对本金2600万元应从2013年7月18日起、对于本金800万元应从2013年8月7日起至借款实际清偿之日止，按中国人民银行公布的同期同类贷款基准利率的四倍支付利息和违约金。

一审法院就债务转移及担保责任作如下评判：

一、关于债务转移的效力问题

2013年5月3日，经范某某同意，原借款人A公司、林某某与郑某协商，将本案两笔债务转移给了郑某，三方分别就协议1、协议2项下的借款及附带义务签订了《债务承担协议书》，约定所有借款由郑某负责偿还，原借款人林某某承担连带保证责任。一审认为，三方签订的债务承担协议系当事人真实意思表示，未违反法律法规的强制性规定，该债务转移合法有效。此外，按《债务承担协议书》约定，范某某和王某某将持有的A公司100%的股权全部转让给郑某，此股权已按照约定进行变更。

二、关于林某某、C公司、A公司、B公司是否应对借款及利息违约金承担连带清偿责任的问题。

1. A公司不承担连带清偿责任。依照《担保法》第二十三条的规定，保证期间，债权人许可债务人转让债务的，应当取得保证人书面同意，保证人对未经其同意转让的债务，不再承担保证责任。三方签订的《债务承担协议书》表明，对之前800万元借款协议承担保证责任的A公司，并没有参与签订《债务承担协议书》，遂不再对转让后的债务承担保证责任。

2. 林某某应当承担连带清偿责任。根据三方签订的《债务承担协议书》第十条载明，林某某自愿继续提供保证担保，故对本债务承担连带责任。

3. C公司应当承担连带清偿责任。根据范某某、郑某及C公司于2013年8月27日签订的《补充协议》表明，C公司自愿担保未偿还债务并签字盖章，应对借款本息、违约金等承担连带保证责任。

4. 郑某应以其享有的B公司全部股权承担质押责任。根据2013年5月3日签订的《债务承担协议书》约定及股权质押合同与股权出质通知书，表明郑某自愿提供B公司100%的股权作为质押对5900万元的债务进行担保，故应承担连带清偿责任。

关于郑某主张《债务承担协议书》中第二笔债务800万元的债务转让由于所附条件没有达成而未能生效，债务并没有发生转移的问题，其依据是

800万元借款协议中约定："为确保乙方能按期归还甲方借款，甲方要求乙方提供某某31楼使用权作为抵押担保，丙方作为保证人。"一审法院认为，这并不涉及郑某的债务转移，也不是债务转移的前提条件。涉案债务转移的条件是范某某和王某某将A公司的全部股权转让予郑某，由此郑某自愿承担林某某800万元的债务。为此，范某某提供的工商登记信息清楚地表明，股权已按照约定进行变更，所以涉案800万元债务转移的条件已经成就，此笔债务转移有效。

综上，根据三方签订的《债务承担协议书》《股权质押合同》《补充协议》的约定，林某某、C公司、郑某以B公司100%股权对未偿还的借款本金及利息、违约金承担连带清偿责任。

一审判决：一、郑某在判决生效之日起十日内偿还范某某借款本金3400万元；二、郑某在判决生效之日起十日内向范某某支付利息和违约金：对于本金2600万元从2013年7月18日起、对于本金800万元从2013年8月7日起至判决确定的给付之日止，按中国人民银行公布的同期同类贷款基准利率的四倍支付利息和违约金；三、林某某、C公司对未偿还的借款本金、利息及违约金承担连带清偿责任；郑某B公司100%的股权对未偿还的借款本金、利息及违约金承担连带清楚责任；四、驳回范某某的其他诉讼请求。

郑某不服一审判决，以本案实为股权转让纠纷，债务转移不成立等理由提起上诉。

◎二审判决

二审法院认定本案是债务转移纠纷，郑某主张实为股权转让纠纷不成立。

二审法院认为：《合同法》第八十四条规定："债务人将合同的义务全部或者部分转移给第三人的，应当经债权人同意。"根据上述规定，经债权人同意，债务人可将合同的义务转移给第三人。从本案查明的情况看，2013年5月3日，范某某与郑某、A公司就A公司所欠范某某共计5900万元的债务转移给郑某签订了《债务承担协议书》。2013年8月27日，范某某与郑某、C公司就案涉两笔债务偿还问题又签订了《补充协议》。这两份协议为当事人真实的意思表示，未违反法律、行政法规的强制性规定，应为合法有效，当事人应当按照约定履行自己的义务。案涉《补充协议》第二条约定："对案涉两笔债务的还款时间延期至2013年11月30日。"第四条约定："如到期郑某还款金额超过2000万元，剩余债务偿还期限另行商议确定，如到期郑某还款低于2000万元，郑某将C公司20%股权质押给范某某。"从上述约定看，范某某与郑某就案涉两笔债务的偿还问题重新进行了约定。但《补充协议》签订后，郑某并未按照约定履行义务，构成违约。

原审判决依据《补充协议》的约定，判令郑某偿还所欠范某某的债务具有合同依据。此外，从《补充协议》的约定看，该协议第四条有关"如到期郑某还款低于2000万元，郑某将C公司20%股权质押给范某某"的内容属于对郑某所欠范某某债务的担保，并没有改变当事人约定的债务偿还期限，且不论该权利质押设立与否，均不影响郑某应向范某某承担的还款义务。

综上，二审法院判决：驳回上诉，维持原判。

◎律师评析

本案的主要纠纷是涉案债务协议转移是否有效和担保人应否承担担保责任的问题。

在债务转移中，借贷合同是否有效以及债务转移是否有效是担保人对转移后的债务应否继续承担担保责任的前提条件。首先，一、二审法院都认定两份借款协议有效，这为后来的债务转移提供了合法的前提条件，但债务转移是否有效还要看债务转移自身是否符合法律规定而定。

《合同法》第八十四条规定："债务人将合同的义务全部或者部分转移给第三人的，应当经债权人同意。"据此规定，债务转移只要具备两个条件即为有效，一是未违反法律、行政法规的强制性规定，二是经债权人同意。本案的《债务承担协议书》和《补充协议》是双方当事人自愿协商一致达成的，既未违反法律、行政法规的强制性规定又已经债权人范某某同意，且范某某和王某某将A公司的全部股权转让予郑某为条件转移其中800万元的债务，因此该协议应当有效，郑某作为新的债务人应当承担清偿债务责任。

本案值得分析的还有债务协议转移后不同的担保人在不同情况下是否承担担保责任各有不同。

《担保法》第二十三条规定："保证期间，债权人许可债务人转让债务的，应当取得保证人书面同意，保证人对未经其同意转让的债务，不再承担保证责任。”这里的“取得保证人书面同意”是保证人在转移债务后继续承担保证责任的必备条件。本案中的A公司虽然在之前的800万元借款协议中自愿提供保证担保，但没有参与签订《债务承担协议书》，没有承诺为新的债务人郑某继续提供保证担保，说明涉案债务转移未取得保证人A公司的同意，根据上述规定，A公司不再承担保证责任。而本案中的林某某《债务承担协议书》中自愿提供保证担保，C公司在《补充协议》中盖章表示提供保证担保，故林某某和C公司应对新债务人郑某的受让债务承担连带清偿责任。

[本案例根据最高人民法院（2014）民一终字第246号民事判决书编写]

4. 民间借贷债务的法定转移

债务法定转移是按照法律规定直接将债务人的债务转移给新的债务人承担，而无须当事人采用合同方式进行合意。民间借贷中的债务法定转移常见的有三种情况：一是根据《继承法》规定继承人继承遗产的，在遗产范围内直接承受被继承人的债务。二是根据《合同法》规定，企业合并的，由合并后的企业履行债务；企业分立的，由分立的企业对债务承担连带清偿责任。三是合伙企业不能清偿债务时，普通合伙人承担无限连带责任。

案例解析

企业借款后分立承担连带偿还责任

◎案情简介

2012年7月10日，A公司因偿还银行贷款需要向陈某借款300万元，并出具借条一份给陈某，但未约定还款期限和借款利息。当日，陈某通过商业银行以转账方式向A公司交付了300万元借款，并持有商业银行个人业务回单。

A公司由瞿某某和陈某某夫妻两个股东组成，从事鞋业生产经营。2013年2月2日，A公司通过某报公告企业分立，即A公司分设B公司。2013年4月8日，A公司通过签订分立协议，派生设立了B公司，并将A公司的部分资产转移到B公司。B公司股东仍为瞿某某和陈某某夫妻，同样从事鞋业生产经营。

陈某向A公司、B公司提出偿还借款，A公司、B公司未予偿还。2014年1月20日，陈某以A公司、B公司为共同被告提起诉讼称：2012年7月10日，被告A公司以还贷需要资金周转为由向原告借款300万元，并给原告出具一份借条，原告于当日通过银行转账向A公司交付了300万元借款。借款期间，原告曾多次向被告A公司催讨归还，但被告A公司以土地使用权尚未转让等为由一直未归还。2013年4月8日，被告A公司分设了B公司，并将被告A公司的主要资产（包括土地使用权）转移到被告B公司名下，企图逃避债务。现原告起诉，请求法院判令两被告连带偿还300万元借款，并支付自2013年5月1日起至判决确定的履行之日止的利息损失。

A公司、B公司未作答辩，亦未提供相关证据材料。

◎法院判决

法院审理后认为：原告陈某与被告A公司之间形成的民间借贷关系，系双方自愿，内容合法，依法应认定有效。原、被告双方对借款期限没有约定，原告可以要求被告在合理期限内返还借款。原、被告双方对支付利息没有约定，视为不支付利息。经原告催告后，被告仍未返还借款，应支付给原告自起诉之日起按中国人民银行公布的同期同档次贷款基准利率的标准计算至判决确定的履行之日止的逾期利息。A公司分立为A公司、B公司，属于企业法人分立行为，其债务应由分立后的法人共同承担，故本案的债务由A公司和B公司承担连带清偿责任。

法院判决：被告A公司、B公司在本判决发生法律效力之日起十日内共同偿还原告陈某借款300万元，并支付自2014年1月20日起按中国人民银行公布的同期同档次贷款基准利率的标准计算至判决确定的履行之日止的逾期利息。

◎律师评析

本案的主要问题是，借款人是A公司而不是B公司，A公司分设B公司后，B公司是否共同承担清偿债务责任。

《合同法》第九十条规定，当事人订立合同后分立的，除债权人和债务人另有约定的以外，由分立的法人或者其他组织对合同的权利和义务享有连带债权，承担连带债务。《民法总则》第六十七条第二款规定："法人分立的，其权利和义务由分立后的法人享有连带债权，承担连带债务，但是债权人和债务人另有约定的除外。"本案B公司与陈某没有发生借贷关系，原本不是借款主体，但其是从A公司分立出来，且从A公司移入部分财产，根据上述规定，B公司应当与A公司承担连带债务。这种连带债务不是约定的，而是由法律直接规定的，不论分立出来的企业是否愿意接受都不可推脱，本案被告A公司和B公司即使未出庭应诉，法院也应按照法律规定直接判决B公司与A公司承担连带偿还借款责任。

这种连带清偿责任的范围不以分立后的新设企业从本企业取得的财产为限，而应当以企业全部财产清偿连带债务。法律如此规定连带责任，堵住了企业借分立之机逃避债务之门道，有效地保护了债权人的合法权益。

[本案例根据浙江省温岭市人民法院（2014）台温商初字第270号判决书编写]

5. 民间借贷的债务加入

在实践中，有些第三人向债权人承诺或者与债权人约定，由其偿还债务人的债务，这种情况既不是保证担保又不是债务转移，对此，司法实践称之为"债务加入"。债务加入通常是指第三人加入债的关系中与债务人共同向债权人承担债务的方式。债务加入的主要特点是第三人进入新债务人角色，但不免除原债务人的债务，债务由新债务人（第三人）和原债务人共同清偿。

案例解析

债务加入的认定

◎案情简介

1. 2008年4月14日，出借人王某某与借款人A公司、担保人B公司签订借款协议书一份，约定：A公司向王某某借款32万元，借款期限12个月，自2008年4月14日至2009年4月13日，借款月息2.5%，到期还本；

A 公司和 B 公司以某某公司厂房作抵押。王某某按约向 A 公司支付了借款。2010 年 6 月 3 日，王某某、A 公司签订一份借款延期协议书，约定 A 公司借王某某 32 万元，延期两年至 2011 年 4 月 13 日前偿还，原合同其他事项不变。

2. 2008 年 4 月 18 日，出借人王某某与借款人 A 公司、担保人 B 公司又签订借款协议书一份，约定：A 公司向王某某借款 64 万元，借款期限 12 个月，自 2008 年 4 月 18 日至 2009 年 4 月 17 日，借款月息 2.6%，到期还本；A 公司和 B 公司以某某公司厂房作抵押。协议签订后，王某某按约向 A 公司支付了借款。2010 年 6 月 3 日，三方又签订一份借款延期协议书，约定 A 公司借王某某 64 万元，延期两年至 2011 年 4 月 17 日偿还，原合同其他事项不变。

3. 2010 年 6 月 3 日，王某某与 A 公司签订抵押借款合同，A 公司以某某公司厂房作抵押向王某某借款 180 万元，借款期限 12 个月，自 2010 年 6 月 3 日至 2011 年 6 月 2 日，月息 1.6%，到期还本。同日，A 公司收到王某某交付的借款 183 万元。

4. 2011 年 8 月 5 日，C 公司向王某某出具承诺书，该承诺书载明："鉴于某某公司房屋已出售，原 A 公司、B 公司以某某公司房屋作抵押由和甲（B 公司法定代表人）、和乙（B 公司法定代表人）与赵某某、王某某签订的借款协议均有效，并承担全部责任。"

王某某提起诉讼称：A 公司尚欠王某某共计 329 万元本金，经延期后 A 公司仍未按约偿还，担保人也未履行担保义务，请求判令：1. 被告 A 公司偿还借款本金 329 万元并按约支付利息；2. 被告 C 公司、和乙按照约定承担连带清偿责任；3. 原告对被告 A 公司、B 公司的抵押厂房享有优先受偿权。

庭审中，王某某自认 A 公司已经向其归还利息 146 万元。

◎一审判决

一审法院经审理认为：王某某与 A 公司、B 公司签订借款协议书及厂房抵押借款合同系各方真实意思表示，合法、有效，当事人应按约履行。协议签订后，王某某已经向 A 公司给付借款。借款到期后，王某某与 A 公司又签订借款延期协议书，将借款的期限延长。双方约定的借款延期到期后，A

公司未按约偿还借款329万元本金及部分利息，应承担相应的还款责任。涉案借款协议书约定的部分利率违反《最高人民法院关于人民法院审理借贷案件的若干意见》的规定，故本院依照银行同期贷款基准利率的四倍计算利息；180万元借款约定月息1.6%合法，应当予以支持。

按照协议的约定，利息为每月清偿，到期还本，故可认定王某某自认A公司归还的146万元应属利息，故A公司实际应向王某某清偿借款本金329万元及利息335193.60元。

本案中，A公司在向王某某借款时以某某公司的厂房作为抵押，但并未办理抵押登记，且借款抵押时无某某公司的签字认可，故某某公司对A公司的借款不承担连带担保责任。2011年8月5日，C公司出具承诺书，承诺对A公司的债务承担全部责任，故C公司应对A公司的借款承担连带保证责任。

B公司自愿为A公司向王某某借款96万元提供担保，且对A公司与王某某的延期借款亦无异议，故B公司应对借款96万元本金及利息承担连带保证责任。和甲与和乙分别作为A公司、B公司的法定代表人及财务人员，其两人与王某某签订借款协议及借款均属于职务行为，故其两人不应承担清偿责任。

一审判决：一、A公司于本判决生效后十日内向王某某偿还借款本金329万元及利息335193.60元；二、C公司对上述借款本金329万元及利息承担连带清偿责任，C公司承担保证责任后有权向A公司追偿；三、B公司对上述借款本金96万元及利息承担连带清偿责任，B公司承担保证责任后有权向A公司追偿；四、驳回王某某的其他诉讼请求。

◎二审判决

王某某和B公司均不服一审判决提起上诉。

二审法院审理后认定：A公司向王归还的146万元利息中超出法律保护的部分应当冲抵本金；A公司尚欠王某某借款本金2640614.10元及利息489146.27元；和乙在担保人一栏内签字并加盖个人印章的行为应视为履行B公司的职务行为，不应承担64万元借款的连带清偿责任；B公司为A公司32万元和64万元的借款提供保证担保，因B公司在两份借款延期协议中没有作为保证人盖章，也没有B公司法定代表人签字，涉案借款延期未经B

公司同意，且已过保证期间，故应依法免除B公司的保证责任。

关于B公司应否对借款本金329万元及利息承担连带清偿责任的问题。C公司于2011年8月5日向王某某出具承诺书，承诺对A公司的债务承担全部责任。对C公司在该承诺书中的意思表示，因是在债务履行期满后作出的愿意承担还款责任的承诺，应认定为债务加入行为，C公司应作为共同债务人与A公司共同承担借款本息的清偿责任。原审法院在未对C公司出具承诺书的行为性质是债务加入行为还是保证担保行为进行认定的情况下，就认定C公司承担连带保证责任，这表明原审法院将C公司作出承诺的行为认定为保证人愿意承担保证责任，但由于C公司出具承诺书时三笔借款均已到期，且在该承诺书中C公司并无明确的愿意承担保证责任的意思表示，因此，原审法院认定C公司应承担连带保证责任不当。C公司因其债务加入行为从而在双方当事人之间形成了债权债务关系，C公司应与A公司共同承担本案借款的清偿责任，C公司认为其不应承担还款责任的上诉理由不能成立，上诉请求不予支持。

综上，二审判决：一、撤销一审判决；二、A公司、C公司于本判决生效后十日内向王某某偿还借款本金2640614.10元及利息489146.27元；三、驳回王某某的其他诉讼请求。

◎**律师评析**

本案涉及多个争议，其中包括C公司承诺对A公司的债务“承担全部责任”到底是连带保证还是债务加入的问题。

债务加入与连带保证有许多共同之处，如第三人都进入债权债务关系圈，债务人与第三人并存债务，两者都具有连带责任性质，并增强了债务人履约的保障，同时都不免除原债务人的债务，但两者是两个不同的概念，性质也不相同。债务加入通常是第三人加入债的关系中与债务人共同向债权人承担债务的方式，而连带保证是当事人约定由保证人为债务人提供担保而与债务人连带清偿债务的一种保证方式。两者的主要区别是：（1）第三人一旦加入债务就与债务人并存债务，并共同承担债务清偿责任，新的债务人（原第三人）与原债务人对债权人的债务没有主从之分，而在连带保证中，保证债务是从债务；（2）第三人加入债务后，除非原债务人彻底清偿了债务，否则在通常情况下不可解脱，但连带保证人在好多情况下是可以解脱担保债务的，如债权人超过保证期间未主张保证人承担保证责任，又如债权人与债务人协议转移债务未经保证人书面同意等，连带保证人就不再承担保证责任；（3）在责任形式上，债务加入表述为共同清偿债务，而连带保证表述为债务担保或债权担保；（4）债务加入以债务已经产生为基础条件，因而债务加入不可能发生在债务产生之前，而应发生在债务产生之后，保证担保则可以在债务发生前预先约定，也可以发生在债务产生的同时或以后。

本案中，C公司在承诺书中的意思表示是对A公司的债务“承担全部责任”，从中可以看出，C公司不存在提供保证担保的意思。因C公司的上述承诺，结果与出借人王某某形成了债权债务关系，且发生在三笔借款期满之后，具有债务加入的基本特征，所以，一审法院认定C公司应承担连带保证责任确属不当，二审法院认定为债务加入，并判决A公司、C公司共同向王某某偿还借款本息。

［本案例根据宁夏回族自治区高级人民法院（2013）宁民终字第32号民事判决书编写］

第十九章　民间借贷的债务清偿及裁判案例解析

债务清偿又称债务履行，是指债务人根据法律的规定或合同的约定履行自己的债务以清除债权债务关系的行为。民间借贷的债务清偿是借款人按照借款合同的约定向出借人偿还本金、支付利息的行为。出借人向借款人提供借款后享有债权，而出借人实现债权依赖于借款人清偿债务。

《民法总则》第一百七十六条规定："民事主体依照法律规定和当事人约定，履行民事义务，承担民事责任。"《合同法》第六十条第一款规定："当事人应当按照约定全面履行自己的义务。"据此规定，借款人应当按照借贷合同约定的数量全部清偿本息债务。借款人只有全部清偿本息债务，出借人的债权才能全部得以实现，民间借款债权债务关系才得以全部消灭。

清偿债务是民间借贷最为重要的内容，借款人应当按遵循以下几个原则进行清偿：一要实际清偿，即借款人必须严格按照借款合同约定，以金钱支付方式清偿借款债务，在未经出借人同意的情况下，不能以交付其他财物代替金钱支付，更不能以承诺代替实际清偿；二是全面清偿，即借款人必须按照借款合同约定，偿还全部本金，支付全部利息，如有违约金、逾期利息的约定且合法的，应当支付违约金、逾期利息，借款人只有全面清偿债务，债权债务关系才能彻底消灭；三是正确履行，即履行的主体、期限、地点和方式等内容应当符合借款合同的约定和法律规定的条件。

1. 按份债务及其清偿

民间借贷中的按份责任，是指两个或两个以上债务人按各自的份额向出借人清偿债务的一种责任承担方式。《民法总则》第一百七十七条规定：

"二人以上依法承担按份责任，能够确定责任大小的，各自承担相应的责任；难以确定责任大小的，平均承担责任。"第一百七十八条第二款规定："连带责任人的责任份额根据各自责任大小确定；难以确定责任大小的，平均承担责任。……"

从上述规定和实践情况看，民间借贷的按份责任大致有三种情况：一是出借人与各借款人明确约定按份偿还责任；二是各借款人共同向出借人借款，本应承担连带偿还责任，后各借款人协议按份偿还并经出借人同意的，连带清偿责任转化为按份清偿责任；三是本来约定连带责任，但难以确定责任大小的，依据《民法总则》第一百七十八条第二款规定平均承担责任，这里的"平均承担责任"也是按份清偿责任。按份责任的特点是各债务人按各自的份额向出借人清偿债务，与其他共同债务人对出借人所负的债务无关，一个或部分债务人已经清偿自己份额的债务不免除其他债务人的债务，其他债务人未按份清偿债务的，不增加已清偿债务人的债务、

这里还需要提醒一下，各借款人依照约定应当承担连带清偿责任，而各借款人内部约定按份清偿，但未经出借人同意或者出借人不同意的，各借款人不得以各借款人内部约定按份清偿为由对抗出借人，出借人仍有权要求各借款人连带清偿债务。

案例解析

出借人接受债务分割的，借款人按份清偿债务

◎案情简介

2013年7月16日，向某某、陈某某夫妇通过信用社向胡某某的账户转账30万元，出借给陈某、胡某某（原系夫妻关系，于2013年4月27日协议离婚）。2014年10月16日，陈某某通过建设银行向陈某的账户转账10万元，出借给陈某、胡某某。借款后，陈某、胡某某偿还5万元本金，尚欠35万元本金未偿还。陈某于2015年1月1日出具17.5万元的借条给向某某、陈某某，承诺2016年2月1日前还款。胡某某于2015年2月1日出具17.5万元的借条给向某某、陈某某，承诺2016年2月8日前还款。

上述还款期限届满后，陈某、胡某某未偿还借款，向某某、陈某某遂向

法院提起诉讼，请求判令：陈某、胡某某连带偿还借款本金35万元，并按2%的月利率计算支付自2016年2月8日起至兑现之日止的利息。

◎一审判决

一审法院经审理认为：陈某、胡某某出具借条向向某某、陈某某借款时，在借条上约定了具体的还款时间，陈某、胡某某理应如期偿还借款，现向某某、陈某某要求陈某、胡某某偿还借款本金的请求成立。因陈某、胡某某出具借条给向某某、陈某某时未在借条上对利息的支付进行约定，应视为不支付利息的民间借贷，现向某某、陈某某要求陈某、胡某某按2%的月利率计算支付自2016年2月8日起至兑现之日止的利息的请求不能成立。因陈某、胡某某已于2013年4月27日协议离婚，而本案的民间借贷在2013年10月以后才发生，向某某、陈某某要求陈某、胡某某连带偿还借款的理由不能成立。

一审判决：陈某、胡某某分别于判决生效后二个月内各自偿还向某某、陈某某借款本金人民币17.5万元。

◎二审判决

一审判决后，向某某、陈某某不服提起上诉，请求撤销原判，支持其一审诉讼请求。理由如下：

1. 40万元是陈某、胡某某的共同借款，二人已偿还借款5万元。陈某、胡某某分别出具17.5万元借条的行为不能改变40万元是二人共同借款的法律事实，且这两份借条是陈某、胡某某单方作出的还款承诺，虽然具有对共同借款分割的性质，但不能对抗债权人。

2. 原判未判决陈某、胡某某给付逾期还款利息属适用法律错误。两份借条明确约定了还款时间为2016年2月1日前和2016年2月8日前，向某某、陈某某主张偿还自2016年2月8日起资金占用利息是合法的，即使按照月利率2%支付利息偏高，至少应当按照年利率6%判决支付利息。

被上诉人陈某、胡某某二审未答辩。

二审法院经审理认为：本案借款事实虽然发生之前陈某和胡某某已经于2013年4月27日协议离婚，但借款之后，陈某、胡某某共同偿还5万元借款，应视为40万元借款是陈某和胡某某的共同借款。向某某、陈某某在起诉状中陈述，2015年其因急需用钱向陈某、胡某某追偿借款时，才知道陈某、胡某某早已离婚，且陈某、胡某某对所欠债务已约定各自清偿一半，并据此各自向向某某、陈某某出具借条，承诺2016年2月前还清借款。综合以上分析，40万元虽然是陈某、胡某某的共同借款，但陈某、胡某某出具借条给向某某、陈某某明确了各自的还款金额，向某某、陈某某在案件审理过程中提交两份借条的行为，视为其认可陈某、胡某某按份偿还债务的事实。故向某某、陈某某请求陈某、胡某某承担连带责任没有事实依据和法律依据。

关于本案利息问题，《合同法》第二百零七条规定："借款人未按照约定的期限返还借款的，应当按照约定或者国家有关规定支付逾期利息。"《民间借贷规定》第二十九条第二款（一）项"未约定逾期利率或者约定不明的，人民法院可以区分不同情况处理：（一）既未约定借期内的利率，也未约定逾期利率，出借人主张借款人自逾期还款之日起按照年利率6%支付资金占用期间利息的，人民法院应予支持"。结合本案查明的事实，借款事实发生后，陈某、胡某某分别出具了还款期限为2016年2月1日前和2016年2月8日前还款的借条，借条上虽未约定逾期还款应当支付逾期利息，但依照上述法律规定，向某某、陈某某请求支付2016年2月8日起逾期还款利息的请求成立，故应当按照年利率6%计算支付利息，向某某、陈某某的上诉理由部分成立。

二审判决如下：一、维持一审判决结果，即陈某、胡某某分别于判决生效后二个月内各自偿还向某某、陈某某借款本金17.5万元；二、由陈某、胡某某分别按照各自应偿还的本金17.5万元支付逾期利息给向某某、陈某某（按照年利率6%计算自2016年2月8日起至借款清偿之日止）。

◎律师评析

本案的争议焦点是借款人陈某、胡某某对借款债务承担连带清偿责任还是承担按份清偿责任的问题。

首先，借款人陈某、胡某某对借款债务应当共同承担连带清偿责任。主要理由是：向某某和陈某某夫妇在不知道陈某、胡某某已经离婚的情况下出借40万元，且其本意是借给陈某、胡某某夫妇的，所以不等额地向胡某某的账户转账30万元、向陈某的账户转账10万元，如果是按20万元份额借款，则不可能发生不等额提供借款，后来陈某、胡某某又共同偿还了5万元借款，这就会使向某某、陈某某有理由相信陈某、胡某某共同借款，故应认定本案借款是陈某和胡某某的共同借款，两借款人应当连带偿还借款。

后来，陈某、胡某某分别出具17.5万元借条给向某某、陈某某，明确了各自分担一半承担17.5万元还款责任，此时，向某某、陈某某是可以不接受的，陈某与胡某某分割债务对出借人向某某、陈某某无效，陈某与胡某某不能据此对抗向某某、陈某某要求其共同连带偿还的主张。但本案的事实是向某某、陈某某予以接受，说明向某某、陈某某同意陈某、胡某某按份分割债务，于是，本案的共同连带责任转化为按份责任，所以，向某某、陈某某不能再向陈某、胡某某主张连带清偿责任。

[本案例根据云南省昭通市中级人民法院（2016）云06民终字第1092号民事判决书编写]

2. 连带债务及其清偿

《民法总则》第一百七十八条第一款规定："二人以上依法承担连带责任的，权利人有权请求部分或者全部连带责任人承担责任。"在民间借贷中，连带债务分约定连带债务和法定连带债务两种情况。这里所说的是约定共同借款所产生的连带债务，专指每一借款人相互之间不分份额对共同借款债务都负有全部清偿责任的一种债务承担方式。也就是说，在共同借款中，每个借款人都负有清偿全部借款债务的义务，其中一个或者部分借款人清偿了全部债务，借款债权债务关系就告消灭，其他连带借款人不再向出借人清偿债务；如果清偿了部分债务，则免除其他连带借款人的相应借款债务，但对剩余债务，所有借款人仍应连带清偿。

案例解析

共同借款应当连带偿还

◎案情简介

2011年8月29日，李某某（A公司法定代表人）向张某某出具一份

《借据》。该《借据》载明：兹借到张某某人民币2100万元，借款期限自2011年8月29日起至2011年11月28日止；出款方式由借款人李某某指定出借人张某某将上述款项划入孙某某的银行账户。在该借据的借款人栏下，李某某签字并按捺指模，A公司加盖印章。同日，张某某将借款划付到李某某指定的孙某某（B公司法定代表人）银行账户。

2011年11月26日，出借人张某某与李某某、孙某某、于某某等人签订一份《协议》约定：李某某向张某某借款2100万元，李某某、孙某某、廖某某、于某某等人承担无限连带责任，直至借款额还足额度终止。在该《协议》落款处，李某某、廖某某、于某某等人签字并按捺手指模，孙某某没有签名，也没有按捺手指模。同日，张某某与李某某、孙某某、廖某某、于某某等人签订《协议承诺书》约定：因债务人李某某向张某某借款2100万元，如果不能如期履行偿还，每月支付1%的违约金。该协议承诺书落款没有孙某某签名和按捺手指模，其他人均签署了名字并按捺手指模。

借款到期后，李某某未予偿还。2012年9月10日，张某某向法院提起诉讼，请求法院判令：1. 李某某、孙某某、B公司、A公司共同连带清偿借款本金2100万元及违约金；2. A公司、廖某某对违约金承担连带清偿责任。

李某某答辩称：李某某只是名义上的借款人，并非实际的借款人，款项的实际使用人是孙某某和B公司，应当由孙某某和B公司承担清偿责任。

B公司答辩称：B公司不是本案借贷关系的债务主体，张某某无权要求B公司承担还款责任。

A公司答辩称：A公司是独立的企业法人，在《借据》上加盖A公司的公章既没有A公司的授权，也没有A公司的股东决议，A公司也没有接收或使用该借款，没有在借款行为中收取任何利益，本案所涉的借款行为是李某某及孙某某等人的行为，与A公司没有任何关系，A公司不应承担偿还借款的责任。

廖某某答辩称：廖某某既不是借款人，也不存在违约行为，张某某无权要求廖某某承担责任。

◎一审判决

一审法院经审理认为：

关于被告李某某、A公司在借款中的地位如何确定的问题。李某某向张某某借款2100万元，双方签署《借据》。该借据是当事人真实意思表示，内容合法，属有效合同。张某某按《借据》约定将款项划入李某某指定的孙某某账户，已履行了约定的义务，且各方当事人已在2011年11月26日的《协议》《协议承诺书》中确认了张某某的出借款项金额。李某某在该两份协议中均承诺还款，但一直未按约定履行还款义务，其行为构成违约。张某某与李某某签署《借据》，张某某依据其指令划付款项，双方已构成完整的借贷关系，根据合同相对性原则，款项应由李某某偿还，该款项由谁使用均不能免除李某某承担还款的责任。A公司在涉案《借据》的借款人栏中盖章，应视为其与李某某共同向张某某借款，虽然A公司在此后的《协议》《协议承诺书》中没有盖章确认，但其借款人的地位没有改变，应与借款人李某某共同承担偿还借款2100万元本息的责任。

关于廖某某对本案借款应否承担责任的问题。廖某某在《协议》《协议承诺书》中签名，并在协议中约定廖某某对还款承担无限连带责任，直至借款额还足额度终止，该约定是廖某某的真实意思，其辩称不是借贷关系的债务主体及无须对借款承担责任没有事实及法律依据，不予采纳。

关于孙某某对本案借款应否承担责任的问题。孙某某在《借据》《协议》《协议承诺书》中均没签名，因而该三份证据对孙某某没有效力，而张某某要求孙某某承担连带责任的依据为李某某出具的《确认书》，但该《确认书》仅为李某某单方所出具，并没有孙某某的确认，因此，该确认书并不能约束孙某某，张某某要求孙某某承担还款责任没有事实及法律依据。

关于廖某某对本案借款应否承担责任的问题。孙某某虽是B公司法定代表人，但B公司并没有在《借据》《协议》《协议承诺书》及李某某出具的《确认书》中盖章确认，其效力不能及于B公司，张某某要求B公司承担还款责任证据不足。

依据《协议承诺书》约定，李某某不能如期归还借款，李某某必须于每月10日前按照欠款额每月支付违约金1%计付，该约定未违反法律强制性规定，故张某某请求从2011年11月29日逾期起以欠款金额按月1%计付违约金的诉讼请求，应予支持。

一审判决：一、限李某某、A公司于判决生效之日起十日内向张某某偿还借款2100万元，并支付从2011年11月29日起以欠款金额按月1%计付的违约金；二、廖某某对上述债务承担连带清偿责任；三、驳回张某某的其他诉讼请求。

◎二审判决

张某某不服一审判决提起上诉称：孙某某虽然没有在本案的《借据》《协议》，以及《协议承诺书》上签名，但李某某出具的《确认书》已确认本案所涉的借款是由其代表签字与孙某某、B公司共同所借，本案所涉的借款也确实汇到了孙某某的账户，孙某某是本案款项的共同借款人。请求二审法院改判孙某某共同连带清偿借款本金2100万元，并支付违约金。

二审法院认为，本案二审争议的焦点问题是孙某某是否为本案所涉借款的共同借款人，应否承担连带还款责任。

张某某借款2100万元给李某某、A公司，有李某某、A公司出具的《借据》及张某某的汇款凭证为证，借款关系合法真实。张某某按李某某的指定将借款汇入B公司法定代表人孙某某账户后，与李某某、廖某某等人于2011年11月26日签订的《协议》《协议承诺书》，虽然有约定借款使用人孙某某、廖某某对李某某欠张某某的借款承担连带清偿责任，但孙某某在《协议》《协议承诺书》中均没签名或按捺手指模，故该约定对孙某某不产生约束力。李某某出具给张某某的《确认书》是李某某的单方行为，并没有得到孙某某的确认。张某某以上述《协议》《协议承诺书》《确认书》为依据，认为孙某某是共同借款人，证据不足。李某某将借得的款项交给孙某某使用，属李某某与孙某某之间的另一法律关系。综上，一审法院不支持张某某关于孙某某是本案所涉款项的共同借款人应承担连带还款责任的诉讼主张，并无不当。

二审认定张某某的上诉理由不成立，判决：驳回张某某的上诉，维持原判。

◎律师评析

本案的争议焦点是李某某、A公司以及孙某某是否承担连带偿还借款的问题。

根据《民法总则》第一百七十八条（原《民法通则》第八十七条）规定，二个以上借款人共同向借款人借款不分份额的，依法应当承担连带责任，出借人有权请求部分借款人或者全部借款人清偿全部借款债务。据此规定，如果其中一个或者部分借款人不是共同借款人的，则不承担共同偿还借款的责任。本案有以下两种不同情况。

关于A公司的共同借款问题。李某某作为A公司的法定代表人向张某某借款2100万元并出具出《借据》，并在该借据的借款人栏下签字按捺指模，同时A公司加盖了印章。这里有两个表象，一是李某某是A公司的法定代表人，二是《借据》上盖有A公司印章，这两个表象足以使出借人张某某相信A公司是共同借款人。后来自2015年9月1日起施行的《民间借贷规定》第二十三条第一款也规定："企业法定代表人或负责人以企业名义与出借人签订民间借贷合同，出借人、企业或者其股东能够证明所借款项用于企业法定代表人或负责人个人使用，出借人请求将企业法定代表人或负责人列为共同被告或者第三人的，人民法院应予准许。"也就是说，企业法定代表人以企业名义借款，即使由其个人使用，出借人也可以将企业及其法定代表人个人作为共同被告提起诉讼。因此，李某某在《借据》上加盖A公司公章，即使没有A公司的授权，即使A公司没有收到借款，也不能否定A公司是共同借款人，故A公司应当与李某某承担连带偿还借款本息的责任。

关于孙某某是否共同借款问题。涉案《借据》载明"出款方式由借款人李某某指定出借人张某某将上述款项划入孙某某的银行账户"，后张某某按照该《借据》的约定，向李某某指定的孙某某银行账户划入涉案借款。此过程只能说明张某某使用借款的去向，再者，涉案《借据》《协议》《协议承诺书》《确认书》均无记载和表述孙某某是共同借款人。因孙某某不是共同借款人，所以不与李某某、A公司一起承担连带偿还借款的责任。至于孙某某是不是本案借款的实际使用人以及应否向李某某、A公司返还款项问题，属于另一法律关系，不是本案审理范围，而应另行处理。

［本案例根据广东省高级人民法院（2013）粤高法民二终字第21号民事判决书编写］

3. 连带责任变更为按份责任及其效力

在民间借贷中，出借人与各借款人约定共同借款或者连带清偿债务后，根据当事人意思自治和自主处分权利的原则，出借人可以与各借款人重新约定将连带责任变更为按份责任，也就是说，将每个借款人对借款债务都负全部清偿责任，改变为各借款人按照份额向出借人清偿借款债务。

从保障债权实现来看，连带责任显然对出借人有利，出借人如果同意连带责任变更为按份责任，其中有的借款人若无清偿能力或者清偿能力不足，就会对出借人的实现债权带来不利因素，因此，出借人应当在充分考虑债权实现的安全因素后，再决定是否接受变更。但债权人一旦同意将连带责任变更为按份责任，这种变更就会产生法律效力，出借人只能要求各个借款人在其份额内清偿债务，而不能再主张连带责任，但若有部分债务人无力清偿其份额债务，由此造成的不利后果只能由出借人自行承受。

案例解析

连带债务转化为按份债务，出借人再主张连带清偿无效

◎案情简介

2010年7月28日，孙某某、纪某某向董某某出具一份欠条，该欠条载明："今欠现金柒万柒仟元整，￥77000元，欠款人孙某某、纪某某，2010.7.28。"此后，孙某某于2011年5月19日偿还2万元，董某某在欠条中予以注明。

2013年4月，董某某提起诉讼，要求孙某某、纪某某二被告偿还借款57000元及利息。在诉讼期间，董某某与孙某某经协商，孙某某再偿还28200元，合计偿还48200元，剩余借款由纪某某偿还。双方商定后，孙某某交付了28200元，并于2013年5月25日签订债务清偿协议书。该协议书约定：董某某同意孙某某偿还48200元后，不再就本次诉讼主张的借款向孙某某主张任何权利；董某某就剩余本息向纪某某个人主张，无论最终债权实现与否，均不再向孙某某要求清偿或承担。但在庭审中，董某某坚持要求孙某某、纪某某共同偿还剩余借款28800元及相关利息。

被告纪某某辩称，该借款属共同借款，应当共同偿还；董某某与孙某某2013年5月25日签订的债务清偿协议，自己不知道，也不予认可，原告董某某还欠我饲料款未偿还。

被告孙某某辩称：本人与纪某某共同向原告董某某借款77000元属实，但本人已经2次偿还了48200元，对剩余28800元，于2013年5月25日与

孙某某签订债务清偿协议书，约定本人不再偿还，请求驳回原告董某某对本人的诉讼请求。

◎一审判决

一审法院经审理认为：被告孙某某、纪某某向原告董某某借款，共同出具借据系其真实意思表示，二被告应当承担共同清偿责任。原告董某某与被告孙某某在被告纪某某未知的情况下，于2013年5月25日签订的债务清偿协议书，涉及被告纪某某的权利义务，被告纪某某对该协议不予认可；该协议约定原告董某某不再向被告孙某某主张权利，但在庭审中未撤回对被告孙某某的诉讼请求，故对被告孙某某的主张不予采信。原、被告在欠条中未约定利息，原告董某某称口头约定利息，二被告不认可，故对原告董某某要求给付利息的主张不予支持。本院对原告董某某主张被告孙某某、纪某某偿还借款的诉讼请求予以支持。在庭审中，被告孙某某于2013年5月25日给付原告现金28200元，应在立案诉讼请求的57000元中减去，被告孙某某、纪某某还应给付原告28800元。被告纪某某称原告董某某欠其饲料款，但在庭审中未能提供证据，且本案属民间借贷纠纷，饲料款债权债务与本案不是同一法律关系，应另行处理。

一审法院判决：一、被告孙某某、纪某某共同偿还原告董某某借款28800元，限判决书生效后十五日内给付；二、驳回原告董某某要求给付利息的诉讼请求。

孙某某上诉称：一审判决认定事实和适用法律错误。理由是：涉案欠条虽然没有约定是连带债务还是按份债务，但后来订立的债务清偿协议书已经表明为按份债务，且该债务清偿协议书合法有效，被上诉人推翻该协议书没有任何证据。一审判决以纪某某不知道、不认可和被上诉人没有在庭审中撤回对上诉人的诉讼请求为由，对上诉人根据债务清偿协议书提出的主张不予采信，这是不能成立的，一是协议书明确约定了该债务是按份债务，被上诉人自愿不再向上诉人主张权利，这是其对自己权利的自主处分，而且上诉人已经偿还了自己应承担的份额，甚至多承担了份额，债务已经清偿完毕，上诉人与被上诉人之间的债权债务关系已经消灭，因此，一审把原告董某某违背协议书的不诚信行径当成了不采信协议书的裁判理由，然后认定为连带债务，无法可依，显然错误。综上所述，请求二审法院驳回被上诉人对上诉人的诉讼请求。

◎二审判决

二审法院经审理认为，本案双方当事人争议的焦点是：上诉人与被上诉人签订的债务清偿协议是否有效，原审判决孙某某、纪某某共同偿还董某某借款28800元是否正确。

根据上诉人孙某某、被告纪某某向被上诉人董某某所出具的欠条，可以看出涉案借款属于孙某某、纪某某的共同债务，二人应承担连带清偿责任，其中每人均负有履行全部债务的义务，被上诉人董某某有权向孙某某、纪某某二人主张债权，也可以向其中一人主张全部债权。被上诉人董某某为实现自己利益最大化与上诉人孙某某之间签订了债务清偿协议，该协议是双方当事人的真实意思表示，且不违反法律禁止性规定，应认定该协议合法有效。本案当事人达成的债务清偿协议系债权人董某某对自己权利的自由处分，董某某为尽快实现部分债权，可以放弃要求两债务人连带偿还的权利，同时该协议并没有损害纪某某的利益，且协议已实际履行。现被上诉人反悔，仍然要求上诉人孙某某继续连带偿还剩余债务，违背诚实信用原则，故对其主张不应支持。至于两债务人内部如何承担，可另行处理。

综上所述，上诉人的上诉理由成立，其诉讼请求应予支持，原审判决应予纠正。二审判决：一、维持一审判决第二项，即"驳回原告董某某要求给付利息的诉讼请求"；二、变更一审判决第一项为"原审被告纪某某偿还被上诉人董某某借款28800元，限本判决生效后五日内给付"；三、驳回被上诉人董某某对上诉人孙某某的诉讼请求。

◎律师评析

本案的争议焦点是，共同借款形成的连带债务是否有效转变为按份债务问题。

连带债务是每一债务人相互之间不分份额对同一债务都负有全部清偿的一种债务承担方式。按份债务是两个或两个以上债务人对同一债务各自按照约定的份额分担清偿的一种债务承担方式。两者的主要区别是：在按份债务中，各债务人只需在整个债务中承担属自己份额的债务即可，对其他债务人的债务不负清偿义务。如本案，如果是按份债务，孙某某只需偿还其份额债务，对纪某某的份额债务不负清偿责任；如果是连带债务，债权人董某某有权向每个债务人主张债权，也可以向其中一人主张全部债权，而每个债务人都负有履行全部债务的义务，因此孙某某在偿还48200元借款后对剩余28800元借款仍应与纪某某一起不分份额共同偿还。

按份债务需要特别约定，如无特别约定按份债务，则被视为连带债务。孙某某和纪某某共同向董某某借款，没有约定偿还份额，故应为共同借款，承担连带清偿责任。

孙某某向董某某偿还了48200元后，双方重新签订了债务清偿协议，将剩余28800元由连带债务改变为按份债务，即孙某某承担已经偿还的48200元债务，剩余28800元由纪某某偿还，董某某放弃了对孙某某享有的连带债权，此协议就成为按份债务的特别约定。在连带债务情况下，债权人要求债务人连带清偿是其依法享有的权利，同时，债权人也有权自由处分连带债权的权利。本案债权人董某某为尽快实现部分债权而放弃两债务人连带偿还的权利而订立债务清偿协议，这是董某某对自己权利的自由处分，且该协议已实际履行，没有损害纪某某的利益，故按份清偿约定有效。在此情形下，董某某反悔，仍然要求孙某某继续连带偿还剩余债务，违背了诚实信用原则，属于无效反悔行为，故被二审法院驳回诉讼请求，判决由纪某某单独偿还董某某剩余借款债务28800元。

［本案例根据山东省德州市中级人民法院（2014）德中民终字第1042号判决书编写］

4. 借贷履行主体及其正确履行

民间借贷中的履行主体，包括履行债务的借款人和领受债权的出借人。履行债务是指债务人根据法律的规定或合同的约定清偿债务的行为，这是出借人的应尽义务。债权受领是指债权人接受债务人清偿债务的行为，这是质权人的应有权利。债权受领的前提是履行债务，债务人不履行或未履行，不可能有债权人的受领。

根据债务履行相对性原则，借款人向谁借款就应当向谁偿还，所以在正常情况下应当将还款资金直接交付给出借人或者汇入出借人账户，但借款人正确履行债务并不限于这一种交付方式，借款人采取以下几种交付方式，也应视为有效清偿债务：(1) 借款人根据出借人指示将还款资金交付给第三人受领，第三人受领后，即使擅自占用未转交给出借人的，应视为借款人已经清偿债务；(2) 借款人将还款资金交付给出借人的配偶，而配偶未转交出借人的，因夫妻之间具有表见代理的资格，故应视为借款人已经清偿债务；(3) 借款人将还款资金交付给出借人的法定代理人（监护人）或者委托代理人的，也应视为直接向出借人清偿债务；(4) 借款合同已经明确约定由债务人向第三人履行债务的，借款人按约向第三人交付借款用于清偿债务的；(5) 借款人为了出借人的利益，善意将还款资金交付给第三人，如将还款资金交付给出借人的债权人用以清偿出借人债务的，应当认为借款人为出借人代偿债务，出借人对此不予认可，要求借款人继续偿还借款的，其主张不能成立。

但是，借款人未尽清偿债务的安全义务，在未经出借人指定或者同意的情况下，将还款资金交付给出借人的亲戚、朋友、同事以及分家析产的兄弟姐妹等，这些第三人如果占为己有或者挪作他用而未转交给出借人，出借人又不认可借款人偿还借款的，将被视为尚未清偿借款债务，借款人仍对出借人负有履行债务的义务，至于第三人恶意占有不当得利，借款人只能另行追索。

案例解析

履行债务主体错误，借款人须再偿还借款

◎案情简介

李某某、胡某某、薛某是同村村民，胡某某是薛某儿媳。2011 年 7 月 29 日，李某某、张某某因急需用钱，经胡某某夫弟即薛某之子介绍，向胡某某借款 8 万元，并向胡某某出具借条一份。借条载明："今借到胡某某现金捌万元整。借款人李某某、张某某 2011 年 7 月 29 日。" 2012 年 5 月 1 日，李某某将该笔借款归还给胡某某的婆婆薛某，薛某以胡某某名义向李某某出具收条，载明："今收到李某某、张某某二人交来欠款 80000 元（捌万元整），利息已清。胡某某　2012 年 5 月 1 号。"

2014 年 4 月 3 日，胡某某持借条提起诉讼，请求法院判令李某某、张某

某偿还8万元并按约支付利息。

被告李某某辩称：借款发生时，薛某、李某（胡某某夫弟）在场，胡某某不在场，当时自己不知道胡某某是谁，李某口述让自己写了借条，自己认为薛某即是胡某某，所以自己把借款偿还给薛某。自己已经偿还了借款，请求驳回胡某某的诉讼请求。

被告张某某辩称，自己是担保人，而不是借款人。

第三人薛某辩称：借款时胡某某不在场，是自己将8万元现金交给李某某，并要求李某某出具欠胡某某名字的借条，借条一直由自己保管，胡某某持保险柜钥匙将借条从保险柜中私自取走。自己是债权人，有权收取李某某归还的8万元。

◎一审判决

一审法院经审理后认为：2011年7月29日，被告李某某、张某某借原告胡某某8万元，有李某某、张某某为胡某某出具的借条为证，借条原件现由原告胡某某持有，双方借贷事实清楚，证据充分，应认定原告胡某某与被告李某某、张某某形成债权债务关系，李某某、张某某理应将欠款归还原告胡某某。

被告李某某、原告胡某某和第三人系同村居民，且该借款系经原告夫弟即第三人薛某之子介绍所借，因此，被告李某某辩称由于不认识胡某某，将薛某误认为胡某某，不符合常理，且原告胡某某对被告李某某将8万元归还给第三人薛某的行为不予追认，故对被告李某某主张借款已经偿还的辩称理由，本院不予采纳。

第三人薛某认可收到李某某偿还的8万元，但辩称本人是债权人，原告胡某某对该事实予以否认，因借条中的借款人是原告胡某某，另原件由原告胡某某持有，且第三人薛某未提供证据证明其主张，故对第三人薛某主张其是债权人的辩称理由，本院不予采纳。在审理中，第三人薛某不同意将收到李某某归还的8万元返还原告胡某某，原告胡某某也不要求第三人薛某承担还款责任，故被告李某某将借款8万元归还第三人薛某，系履行债务主体不适当，双方可另行处理。

被告张某某辩称其仅为担保人，与其和李某某共同向原告胡某某出具借条的事实不符，且未提供证据证明其主张，本院对其辩称理由不予采纳，故张某某应与被告李某某承担共同还款责任。

一审法院判决：限被告李某某、张某某于判决生效后三日内给付原告胡某某借款8万元及利息（自2014年4月3日起至判决确定给付之日止按照中国人民银行同期同类贷款利率计算）。

◎二审判决

李某某、张某某不服一审判决提起上诉称：上诉人并无必要搞清楚谁是胡某某，谁是薛某，只要将该借款归还给借给他钱的人就行，既然当初上诉人从第三人薛某那里拿走了钱，那么，上诉人将钱在归还给第三人的行为并无不当。退一步讲，被上诉人与第三人是婆媳关系，且借款时二人又没有分家仍在一起居住，上诉人归还借款时，完全有理由相信，第三人薛某代替被上诉人胡某某收到款项，应当认定为表见代理。8万元借款系被上诉人与第三人家庭共同财产，上诉人将8万元归还了被上诉人婆婆薛某，完全履行了自己的还款义务。因此，一审判决让上诉人重复还款，显然与事实和法律相悖。请求撤销原判、驳回被上诉人的诉讼请求。

二审法院经审理认为：涉案借条载明的债权人为胡某某，且胡某某持有该借条，并依据该借条主张权利，理由正当，李某某、张某某应当将借款归还胡某某。至于李某某、张某某与薛某之间的款项往来关系，与胡某某和李某某、张某某之间的民间借贷关系不属于同一法律关系，本院在本案中不予评判。原审判决认定事实清楚，适用法律正确。上诉人李某某、张某某的上诉理由不能成立。二审判决如下：驳回上诉，维持原判。

◎律师评析

本案的争议焦点是债务人履行债务主体是否适当及第三人收受款项的主体是否适格的问题。

根据债务履行相对性原则，借款人应当向特定的出借人偿还借款，除出借人同意、指定交付、有效代理、纯为出借人利益外，借款人若将还款资金交付给第三人，第三人占为己有或者挪作他用而未转交给出借人，出借人又不予认可的，属于履行债务主体不当或错误，将被视为尚未偿还借款，出借人仍有权要求借款人继续清偿债务，至于第三人恶意占有或者挪用该笔资金，借款人可另行追索。

胡某某持有李某某、张某某出具给其的记名借条，并凭此借条主张债权，主体适格，理由正当，李某某、张某某应当将借款偿还给胡某某，然而，李某某、张某某将偿还款项交付给薛某，薛某不转交给胡某某，李某某、张某某又以误认为薛某是胡某某、胡某某与薛某系婆媳关系等理由拒绝履行债务，致使胡某某的债权落空，显然有悖于债务履行相对性原则。

关于表见代理问题。同住同生活的婆婆代替儿媳收受借款人偿还的款项，在正常情况下可以认定具有表见代理。但是，本案的借款人李某某、张某某认为薛某是出借人，而不认可胡某某是出借人，这就无法适用表见代理的有关规定。薛某与胡某某虽然是婆媳关系，但毕竟是两个不同的民事主体。根据《合同法》第四十九条的规定，表见代理有两个非常重要的条件，即有理由相信行为人有代理权和行为人必须善意且无过错。本案在确认胡某某为出借人的基础上，薛某代收李某某、张某某偿还给胡某某的款项，既没有得到胡某某的指示或委托，又占为己有不转交给胡某某，主观上具有恶意。在胡某某没有指示、委托薛某收款的情况下，李某某、张某某将偿还胡某某的款项交给薛某，因未尽注意履行主体的义务存在过错，故应继续向胡某某偿还借款。

薛某占有李某某、张某某交付的款项属于不当得利，李某某、张某某有权要求薛某返还该款，从而挽回损失，但不得以此为由对抗胡某某要求其清偿债务的权利。

[本案例根据河南省焦作市中级人民法院（2014）焦民二终字第00480号判决书编写]

5. 夫妻债务及其清偿

夫妻债务有共同债务与个人债务之分。夫妻共同债务，是指在婚姻关系存续期间，夫妻双方或者一方为维持共同生活需要或出于共同生活目的所引起的债务。夫妻共同债务应当以夫妻共有财产清偿，共有财产不足清偿的，应以个人各自的财产连带清偿。夫妻个人债务，是指夫妻约定为个人负担的债务或者一方从事无关家庭共同生活时所产生的债务。夫妻一方的个人债务由一方以个人财产清偿，配偶对其个人债务不负清偿责任。

《最高人民法院关于适用〈中华人民共和国婚姻法〉若干问题的解释

(二)》第二十四条规定："债权人就婚姻关系存续期间夫妻一方以个人名义所负债务主张权利的，应当按夫妻共同债务处理。但夫妻一方能够证明债权人与债务人明确约定为个人债务，或者能够证明属于婚姻法第十九条第三款规定情形的除外。"这条规定说明，夫妻一方以个人名义所负的债务，原则上以按夫妻共同债务处理，如果主张或认定是一方个人债务的，需要有证据证明债权人与债务人明确约定为个人债务，或者能够证明夫妻约定婚姻关系存续期间所得的财产以及婚前财产归各自所有，否则以夫妻共同债务论处。

《婚姻法》第四十一条规定："离婚时，原为夫妻共同生活所负的债务，应当共同偿还。共同财产不足清偿的，或财产归各自所有的，由双方协议清偿；协议不成时，由人民法院判决。"根据这条规定，在离婚时夫妻所负的共同债务未作处理的，对共有债务的处理有三种方法：共同财产足以清偿的，应当以共同财产偿还；共同财产不足清偿的，或者财产归各自所有的，由双方协议清偿；协议不成时，由人民法院根据案件的具体情况判决清偿。此外，夫或妻一方死亡的，生存一方应当对婚姻关系存续期间的共同债务承担连带清偿责任。

案例解析

夫妻借款后离婚的，配偶仍应共同偿还

◎案情简介

丁某某（女）因经营足疗养生馆缺资，于2011年11月21日和2012年9月29日两次向同学冯某借款共9万元，先后出具两份借条交给冯某。后因冯某催收，丁某某于2013年3月23日向冯某出具承诺书，承诺于2013年5月31日前归还4.5万元，2013年11月30日前归还4.5万元。2014年1月24日，丁某某再次向冯某出具承诺书，承诺书载明：三年前，因本人办足疗养生馆，向同学冯某借款9万元，承诺于2014年2月28日前一次全部还清。并于当日向冯某出具附言，附言载明：2014年2月28日还款9万元，利息1万元整，共计10万元整。

冯某提起诉讼称：被告丁某某在与被告时某某婚姻存续期间向原告借款

9 万元，丁某某承诺支付利息 1 万元，共计 10 万元；两被告离婚前没有约定各自财产归各自所有，离婚时也未偿还该笔借款；被告丁某某借款用于与时某某共同经营的足疗养生馆，该笔债务属于两被告夫妻共同债务。请求法院判令丁某某、时某某共同偿还借款本息 10 万元。

被告时某某辩称：自己与丁某某于 1985 年 6 月 20 日登记结婚，于 2013 年 9 月 25 日协议离婚。在丁某某向原告借款前，两人早已分居，不在一起共同生活，自己对丁某某这该笔借款毫不知情。丁某某在 2014 年 1 月 24 日向冯某出具的承诺书中明确记载借款用途为办足疗养生馆，该足疗养生馆与自己无关，丁某某也未将足疗养生馆的收入用于家庭共同生活，因此，丁某某这笔借款不属于原夫妻共同债务，应由丁某某个人偿还。请求法院驳回原告冯某的诉讼请求。

被告丁某某辩称：原告所诉借款属实，但这笔借款是本人个人借款，与前夫时某某无关。

◎法院判决

法院经审理认为：被告丁某某分别于 2011 年 11 月 21 日、2012 年 9 月 29 日两次向原告冯某借款 9 万元，2014 年 2 月 28 日承诺支付利息 1 万元，共计 10 万元，并出具了借条及承诺书。在庭审中，被告丁某某对原告主张的借款事实无异议，故本院对原告持上述证据要求被告丁某某偿还借款的诉讼请求，依法予以支持。

《最高人民法院关于适用〈中华人民共和国婚姻法〉若干问题的解释(二)》第二十四条第一款规定："债权人就婚姻关系存续期间夫妻一方以个人名义所负债务主张权利的，应当按夫妻共同债务处理。但夫妻一方能够证明债权人与债务人明确约定为个人债务，或者能够证明属于婚姻法第十九条第三款规定情形的除外。"涉案债务发生于两被告婚姻存续期间，两被告又未举证证明在借款时与原告明确约定为被告丁某某的个人债务，也无证据证明约定各自独立负担各自的债务，因此，被告丁某某向冯某借款所形成的债务应当认定为丁某某与冯某的原夫妻共同债务，本院对原告冯某要求被告丁某某与时某某共同偿还借款本金 9 万元的诉讼请求予以支持。

关于利息部分，被告丁某某向原告冯某借款时虽未约定借款利息，但被告丁某某向原告冯某出具承诺书时自愿支付利息1万元，本案予以认定。被告丁某某向原告冯某承诺支付利息1万元时，两被告已经离婚，该利息支付的承诺不能约束被告时某某，故对原告冯某要求被告时某某共同清偿利息债务的诉讼请求不予支持。

综上，法院判决：一、被告丁某某于判决生效之日起十日内偿付原告冯某借款9万元；二、被告丁某某于判决生效之日起十日内偿付原告冯某利息1万元；三、被告时某某对上述借款本金9万元承担共同偿还责任；四、驳回原告冯某的其他诉讼请求。

◎二审判决

时某某不服一审判决提起上诉，二审法院认为原审判决认定事实清楚，适用法律正确，判决结果并无不当，遂判决：驳回上诉，维持原判。

◎律师评析

本案的争议焦点是丁某某的借款是否属于夫妻共同债务。

《婚姻法》第十九条第三款规定："夫妻对婚姻关系存续期间所得的财产约定归各自所有的，夫或妻一方对外所负的债务，第三人知道该约定的，以夫或妻一方所有的财产清偿。"《最高人民法院关于适用〈中华人民共和国婚姻法〉若干问题的解释（二）》第二十四条第一款规定："债权人就婚姻关系存续期间夫妻一方以个人名义所负债务主张权利的，应当按夫妻共同债务处理。但夫妻一方能够证明债权人与债务人明确约定为个人债务，或者能够证明属于婚姻法第十九条第三款规定情形的除外。"根据这两条规定，在婚姻关系存续期间，夫妻一方以个人名义的借款首先推定为夫妻共同债务，但有以下几种情形可认定为一方个人债务：一是夫妻双方约定财产归各自所有，并为出借人所知；二是借贷双方明确约定为借款一方个人债务；三是出借人认为是一方个人债务或者放弃夫妻共同债务只是主张借款一方个人债务。

本案两被告于1985年6月20日登记结婚，于2013年9月25日协议离婚，9万元借款发生在2011年11月21日和2012年9月29日，尚在婚姻存续期间，所以原告冯某坚持主张这9万元借款属于夫妻共同债务具有法律依据，而被告时某某以借款发生前早已分居和对丁某某借款毫不不知情为由拒绝承担共同债务的主张不能成立，且被告时某某不能举证9万元借款系丁某某个人债务，所以法院判决 9 万元借款为夫妻共同债务，由时某某和丁某某共同偿。

丁某某与时某某于 2013 年 9 月 25 日协议离婚后，丁某某于 2014 年 1 月 24 日向冯某承诺支付利息 1 万元，这 1 万元利息债务产生仅为丁某某与冯某之间的合意，不属于两被告原夫妻存续期间的共同债务，故应由丁某某个人偿还。

在本案审理过程中，丁某某承认本案债务系其个人债务，这不能对抗出借人冯某，但冯某承担偿还债务后，可以依法向丁某某追偿。

[本案例根据山东省济南市中级人民法院（2014）济民五终字第 817 号判决书编写]

6. 遗产继承及其债务清偿

遗产继承是继承人承受死者生前留下的财产的行为。债务继承是继承人承受死者生前留下的债务的行为。《继承法》第三十三条第一款规定："继承遗产应当清偿被继承人依法应当缴纳的税款和债务，缴纳税款和清偿债务以他的遗产实际价值为限。超过遗产实际价值部分，继承人自愿偿还的不在此限。"债务继承也是法定转移，但实行限定原则，即继承人只对被继承人生前所负债务在遗产范围内承担清偿责任。

《继承法》第三十三条第二款规定："继承人放弃继承的，对被继承人依法应当缴纳的税款和债务可以不负偿还责任。"在被继承人负有借款债务的情况下，继承人明确表示放弃遗产继承的，被继承人的借款债务不发生法定转移，继承人不承担清偿被继承人借款债务的责任，出借人只能就被继承人（借款人）遗留财产受偿，被继承人没有遗留财产的，出借人的借款债权就归于消灭。

实践中有这样一种情况：继承人表示放弃遗产继承也不承受债务，但实际占有遗产拒不交付。对此，出借人追索被继承人生前债务的，被视为继承人遗产，故继承人应当以对被继承人的实际遗产价值为限清偿债务。

遗产价值超过被继承人负债总额，继承人继承遗产的，应当全部清偿被继承人的债务，剩余遗产仍由继承人继承。实际遗产价值少于被继承人负债总额的，继承人对不足部分不再承担清偿责任。

被继承人的遗产由两个或者两个以上继承人继承的，为共同继承。共同继承人清偿被继承人的生前债务有以下三种方法：

一是以遗产清偿。被继承人死亡后至遗产分割继承前，共同继承人为了避免遗产继承或者债务继承纠纷，可以与债权人商议对被继承人的债务和遗产进行清算，先以遗产清偿债务，然后再分割继承剩余遗产。

二是协议分担继承债务。共同继承人可以在取得出借人同意的情况下协议分担被继承人的生前债务，然后按份清偿被继承人的债务。但出借人认为共同继承人先分担债务对其实现债权不利而不同意的，共同继承人不得以其内部已经达成协议分担债务为由对抗出借人。

三是按照继承遗产比率分担债务。各继承人订立此类协议，按照继承遗产比率分担被继承人债务，在通常情况下是公平合理的，同时也满足了出借人的债权要求，但仍需取得出借人的同意。如果未经出借人的同意，各继承人内部的此类协议不得对抗出借人，但各继承人按照协议已经向出借人实际履行债务的，出借人便丧失了对抗权。

我国继承方式有法定继承、遗嘱继承和遗赠。借款人死亡后，这三种继承方式并存的，法定继承人、遗嘱继承人、受遗赠人三者有可能就如何清偿被继承人的生前债务发生争议。《最高人民法院关于贯彻执行〈中华人民共和国继承法〉若干问题的意见》第六十二条规定："遗产已被分割而未清偿债务时，如有法定继承又有遗嘱继承和遗赠的，首先由法定继承人用其所得遗产清偿债务；不足清偿时，剩余的债务由遗嘱继承人和受遗赠人按比例用所得遗产偿还；如果只有遗嘱继承和遗赠的，由遗嘱继承人和受遗赠人按比例用所得遗产偿还。"此规定尊重被继承人生前处置财产的意愿，因此，被继承人的遗产已被分割而其债务未清偿的，由法定继承先以其所得遗产清偿债务，剩余的债务再由遗嘱继承人和受遗赠人按比例用所得遗产偿还；只有遗嘱继承和遗赠而没有法定继承的，由遗嘱继承人和受遗赠人按比例用所得遗产偿还。

案例解析

继承人是否继承债务要视其是否继承遗产而定

◎案情简介

2010年7月20日，王某某与张某某签订借款合同约定：王某某向张某某借款500万元，借期为2010年7月20日至2010年12月28日，借款利率为年利率18%，某某公司提供连带责任保证。合同签订后，张某某以承兑汇票向王某某支付了借款500万元，王某某收到借款后向张某某出具了借款借据。王某某支付利息至2012年1月，借款到期后，本金及剩余利息未偿还。

张某某向法院起诉请求：1. 判令王某某立即归还借款本金500万元及利息；2. 判令某某公司对王某某的上述债务承担连带清偿责任。

某某公司辩称：涉案借款系王某某和张某某互相串通骗取某某公司担保，涉案担保无效，某某公司不承担担保责任。

◎一审判决

一审法院经审理认为：王某某向张某某借款500万元，事实清楚，证据充分，在借款到期后，王某某应当依约还本付息。某某公司在借款合同上签字盖章，为王某某的500万元借款本息提供连带责任保证。某某公司辩称担保无效，但不能证明借款双方当事人有互相串通骗取担保的情形，且某某公司对借款合同上自己的签字盖章没有异议，故担保行为有效。在王某某不按期还款付息的情况下，某某公司应当承担连带清偿责任。

综上，一审判决：一、王某某于判决生效后十日内偿还张某某借款本金500万元及利息；二、某某公司对上述款项承担连带清偿责任。

◎二审判决

某某公司不服一审判决，上诉请求：改判某某公司不承担任何责任或撤销原判发回重审。

二审法院经审理认为：王某某出具的借据明确载明了收到借款的事实，并在一审时对其收到承兑汇票的事实再次予以认可，张某某履行了出借款项的合同义务，涉案借款关系成立并履行。本案出借人张某某、借款人王某某及保证人某某公司三方签署的借款合同上有三方真实的签字及某某公司加盖的公章，该合同中明确约定了某某公司的保证方式是连带责任保证。某某公司上诉称其为涉案借款提供担保的意思表示不真实，但未提供有效证据加以证明，故该上诉理由不成立。现王某某已故，某某公司应向张某某承担还款责任，某某公司偿还后可就王某某遗产追偿。因王某某子女和父母明确表示放弃继承并不参加诉讼，故二审法院不再将其列为当事人。

综上，一审认定事实清楚，适用法律正确，但因债务人王某某死亡，故判决如下：一、撤销一审判决（即撤销王某某偿还张某某借款本金500万元及利息）；二、某某公司于判决生效后十日内偿还张某某借款本金500万元及利息；三、某某公司偿还上述借款后可以在王某某遗产范围内进行追偿。

◎**再审判决**

某某公司不服二审判决申请再审称：

一审被告王某某在一审判决送达前去世，其父母子女明确表示放弃继承并不参加诉讼，因此，二审法院认定："因王某某子女和父母明确表示放弃继承并不参加诉讼，故本院不再将其列为当事人。"事实上王某某父母在另一诉讼中作为王某某的继承人，以原告的身份主张了王某某生前的债权，并已胜诉。王某某继承人显然是在本案二审中对放弃继承权做了虚假的意思表示，旨在逃避债务。王某某的继承人在另一案件中以实际行为证明其继承了王某某的遗产，应当参加本案二审诉讼活动，其不参加诉讼的直接后果是使某某公司承担债务的范围扩大，并使某某公司作为担保人的追偿权无法得到实现。

张某某辩称：某某公司提供的是连带保证责任，王某某继承人是否参加诉讼不影响某某公司承担连带责任，也不会增加某某公司承担责任的范围。某某公司在偿还本案借款本息后可以在王某某的遗产范围内进行追偿。

再审期间，某某公司提交了另案的民事判决书和执行裁定书作为新证据，因双方对该证据的真实性、合法性没有异议，再审予以确认。因两案均涉及王某某遗产，而王某某的遗产是其清偿生前所欠债务的基础，故再审对该证据与本案的关联性予以确认。

结合上述证据，再审查明以下事实：2013年8月9日，王某某与其前妻作为共同原告在另案中以行使追偿权为由提起诉讼，由于王某某于开庭前病故，该案中止审理。2014年6月23日，王某某的子女作为继承人向另案法院提交书面声明，表示放弃继承王某某遗产，不参加诉讼。王某某父母提出书面申请，请求以王某某继承人之身份参加到另案诉讼中，经另案法院准许后，该案恢复审理。另案法院民事判决认为，王某某病故后，王某某父母作为王某某的继承人，在其他继承人放弃权利的情况下向被告主张追偿权符合法律规定，判决另案被告偿还王某某父母1250万元。该判决现已生效，并经王某某父母申请，另案法院已作出执行裁定。

法院再审认为：某某公司提交的新的证据为另案判决书，用以证明王某某的父母虽在本案中放弃继承并表示不参加诉讼，但却在另案中以继承人身份参加诉讼并事实上继承了王某某生前债权。某某公司提交的证据能够证明其主张的上述事实，本院予以确认。但某某公司提交的上述新证据，并不能证明本案二审法院判决结果错误。

首先，由于王某某在一审判决作出后病故，一审法院在某某公司提起上诉后，于2014年12月31日依法向王某某的父母子女送达上诉状，并对上述继承人明确表示放弃继承且不参加涉及王某某任何诉讼的意思表示作出明确记载。王某某的父母子女不属于某某公司所称应当参加诉讼的当事人，故二审法院未将王某某父母子女列为当事人并无不当。

其次，因某某公司对王某某生前借款提供连带责任保证，而法律对连带责任保证人承担责任并无顺位要求，债权人既可以要求债务人履行债务，也可以要求保证人承担保证责任。故在王某某已经病故且没有继承人参加诉讼情况下，二审法院判决由某某公司承担还款责任，并没有加重某某公司的民事责任。

最后，由于在本案诉讼时，王某某遗产范围尚不明确，二审法院在判决某某公司承担还款责任同时，为其保留了在王某某遗产范围内进行追偿的权利，没有损害连带责任保证人某某公司的实体权利。某某公司在偿还相应欠款本息后，可另行向已继承王某某遗产的继承人主张权利。

综上，再审判决：维持二审判决。

◎律师评析

从程序上看，本案的争议焦点是继承人应否参加诉讼的问题：从实体上看，本案的关键在于继承人应否继承债务的问题。

关于债务继承问题。《继承法》第三十三条第一款规定，继承人继承遗产的，应当清偿被继承人的债务，继承人清偿债务以被继承人的遗产实际价值为限，超过遗产实际价值部分，继承人自愿偿还的不在此限。第二款规定，继承人放弃继承的，对被继承人的债务可以不负偿还责任。据此规定，继承人继承被继承人遗产的，被继承人所遗留的债务依照法律规定直接转移由继承人在继承遗产的范围内清偿，这是债务法定转移的情形之一。但是，继承人放弃继承的，被继承人的债务不发生法定转移，继承人对被继承人的债务可以不负偿还责任。本案中，王某某向张某某借款后，在二审期间死亡，其父母子女都明确表示放弃对王某某遗产的继承，并且拒绝参加借贷纠纷诉讼。对此，法院只能认定，王某某的子女因放弃继承而不承担债务，而王某某的父母因另案已经认定继承遗产，无须本案另行判决。

关于连带保证责任问题。在王某某生前，张某某起诉请求王某某偿还借款、某某公司承担连带偿还责任以及一审照此判决是正确的。后因王某某死亡，主体资格消灭，法院不可能再判决其偿还借款，所以本案被告只有某某公司，故二审法院只能判决某某公司承担连带债务。借款到期后，连带保证责任与借款偿还责任是不分前后清偿顺序的，出借人可以将借款人和保证人作为被告提起诉讼，也可以单诉借款人或者保证人，因此，本案作为民间借贷纠纷案件，完全可以不追加法定继承人参与诉讼，单独判决某某公司承担连带责任。

关于追偿问题。在另案诉讼中，王某某的父母以继承人身份参加诉讼并事实上继承了王某某遗留的债权，而在本案中放弃继承并表示不参加诉讼。对此，二审判决某某公司偿还王某某借款后可以在王某某遗产范围内进行追偿，于是在程序上解决了王某某的父母在继承遗产的同时承受债务的问题。据此，某某公司如果行使追偿权，因另案中继承遗产的只是王某某的父母，故只能向王某某的父母在继承遗产的范围内追偿，而王某某的子女在另案中也放弃了继承，故不是被追偿人。

[本案例根据最高人民法院（2016）最高法民再字第348号民事判决书编写]

7. 合伙企业债务清偿及其合伙人的连带责任

合伙企业是依法设立的由各合伙人订立合伙协议，共同出资，合伙经营，共享收益，共担风险的营利性组织。我国合伙企业分为普通合伙企业和有限合伙企业。普通合伙企业的所有合伙人都是普通合伙人，除有特别规定外，普通合伙人对合伙企业发生的债务承担无限连带责任，这是合伙企业最基本的法律特征，也是合伙企业与有限责任公司的根本区别。有限合伙企业有两种合伙人，即普通合伙人和有限合伙人，其中，有限合伙人以其认缴的出资额为限对合伙企业债务承担责任，即有限责任。

合伙企业是由合伙人组成的依法成立的集合体，有自己的主体资格，而合伙人相对合伙企业来说是个体成员，另有自己的主体资格，这两个相对独立的主体资格不得混同。合伙企业向民间借款后是借款合同中的债务主体，当其存在并有足够财产清偿债务时，不妨碍出借人实现债权，因此，合伙企业负有到期借款债务时，应当先以合伙企业的财产偿还借款。

合伙企业的财产是由各合伙人出资和合伙企业积累而形成的，不属于集体财产，也不属于国家财产，实际上属于各个合伙人的财产，因而，合伙企业出现财产不足清偿到期借款债务或者解散、分立、破产等主体资格丧失的情况下，剩余债务应当由普通合伙人承担无限连带责任，也就是说，剩余债务发生法定转移，直接依照法律的规定将合伙企业的剩余债务直接转移至普通合伙人清偿，而无须普通合伙人同意。

案例解析

合伙企业不能履行的债务由合伙人连带清偿

◎案情简介

2004年8月3日，樊某某、刘某甲、齐某某、祁某某、张某某、刘某乙六人合伙成立××棉制品加工厂（以下简称棉制品加工厂），2004年8月6日取得营业执照，樊某某、刘某甲为该合伙企业事务的执行人。2006年秋，樊某某和齐某某以棉制品加工厂经营需要资金为名向高某某借款1万元，并出具借据；2009年12月16日，樊某某与原告更换借据，约定利息3厘，借据上加盖棉制品加工厂公章。棉制品加工厂将此笔借款入了公司账户。

后来棉制品加工厂因亏损未偿还借款，高某某对樊某某、齐某某和棉制品加工厂提起诉讼进行追索。一审法院依职权追加刘某甲、祁某某、张某某、刘某乙、韩某某为被告参加诉讼。

张某某、刘某乙、刘某甲、韩某某辩称：四人不是棉制品加工厂的合伙人，对棉制品加工厂的债务不承担责任。

◎一审判决

一审法院经审理认为：被告樊某某、齐某某和棉制品加工厂以棉制品加工厂经营需要资金为名向原告高某某借款1万元，约定利息3厘，证据充分，事实清楚，依法予以确认。

从棉制品加工厂营业执照、合伙协议、合伙人出资权属证明及某某法院第1134号民事判决中可看出，樊某某、齐某某、祁某某、张某某、刘某乙、刘某甲为合伙企业出资人，且参与了合伙企业的经营与管理，理应认定樊某某、齐某某、祁某某、张某某、刘某乙、刘某甲为该厂合伙人，合伙企业事务的执行人为樊某某和刘某甲。张某某、刘某乙、刘某甲抗辩其不是合伙人，但其提供的证据无法对抗合伙协议及合伙人出资权属证明，本院对其主张不予认可。被告齐某某主张韩某某为合伙人之一，但合伙协议及出资权属证明上均无其名，也无证据证明其出资情况，且无全体合伙人的合意证明韩某某后来入伙，故不能认定韩某某为合伙人。

2009年12月16日，合伙事务执行人樊某某作为经手人为棉制品加工厂从原告高某某处借款1万元，并加盖了合伙企业公章，理应认定是合伙企业的债务；被告棉制品加工厂为合伙企业，应以其全部财产清偿债务。《合伙企业法》第三十九条规定，合伙企业不能清偿到期债务的，合伙人承担无限连带责任。被告樊某某、齐某某、祁某某、张某某、刘某乙、刘某甲作为合伙人，在合伙企业棉制品加工厂不能清还债务时，应当承担无限连带责任。

据此，一审判决如下：一、被告棉制品加工厂自本判决生效后十日内偿还原告高某某借款1万元及利息；二、被告棉制品加工厂不能清偿债务时，被告樊某某、齐某某、祁某某、张某某、刘某乙、刘某甲对被告棉制品加工厂的债务承担无限连带责任；三、驳回原告高某某对韩某某的诉讼请求。

◎二审判决

一审被告张某某、刘某甲、刘某乙对一审判决不服提起上诉。主要理由是：根据《合伙企业法》第十四条的规定，合伙协议经全体合伙人签名、盖章后生效。涉案合伙协议中三上诉人的名字均由棉制品加工厂工作人员所写，三上诉人毫不知情，对三上诉人没有任何法律效力，一审法院据此认定三上诉人为棉制品加工厂的合伙人没有任何事实依据和法律依据，请求二审依法撤销一审对其的判决。

二审查明，棉制品加工厂曾以合伙欠款为由起诉刘某甲，要求刘某甲偿还自行处理合伙人的棉花款66154.27元，某某法院为此作出第1134号民事判决书认定“樊某某、刘某甲、祁某某、张某某、刘某乙、齐某某合伙经营棉制品加工厂”；樊某某在与他人发生民间借贷纠纷一案，本院（2012）×中民终字第922号判决书也已认定，樊某某、刘某甲、祁某某、张某某、刘某乙、齐某某系棉制品加工厂的合伙人，并判决对合伙企业的债务互负连带清偿责任。

二审认为，三上诉人否认其为棉制品加工厂的合伙人，但没有相反证据足以推翻，因而无法对抗（2012）×中民终字第922号判决和某某法院第1134号民事判决书认定的事实。根据《最高人民法院关于民事诉讼证据的若干规定》第九条已为人民法院发生法律效力的裁判所确认的事实，除有相反证据足以推翻外，当事人无须举证证明之规定，三上诉人的上诉理由不成立，本院对其上诉主张不予支持，本案亦应认定三上诉人系棉制品加工厂的合伙人。在合伙企业不能清偿债务时，合伙人应当承担连带偿还责任。

据此，二审判决：驳回上诉，维持原判。

◎律师评析

本案的争议焦点是张某某、刘某甲、刘某乙是不是棉制品加工厂的合伙人，若是合伙人则应对棉制品加工厂的债务承担无限连带责任，若不是合伙人则对棉制品加工厂的债务不承担责任。

张某某、刘某甲、刘某乙认为，合伙协议中其三人的名字由棉制品加工厂工作人员所写，其三人毫不知情，该合伙协议对其三人没有法律效力，其三人不是棉制品加工厂的合伙人，所以主张对棉制品加工厂的债务不承担连带清偿责任。但是，根据棉制品加工厂营业执照、合伙协议、合伙人出资权属证明，以及此前法院作出的第1134号民事判决书和第922号判决书均已认定樊某某、刘某甲、祁某某、张某某、刘某乙、齐某某系棉制品加工厂的合伙人，并对合伙企业的债务互负连带清偿责任的判决事实，本案一审和二审根据《最高人民法院关于民事诉讼证据的若干规定》第九条的规定，以人民法院发生法律效力的裁判所确认的事实认定张某某、刘某甲、刘某乙系棉制品加工厂的合伙人。

《合伙企业法》第三十八条规定：“合伙企业对其债务，应先以其全部财产进行清偿。”第三十九条规定：“合伙企业不能清偿到期债务的，合伙人承担无限连带责任。”本案在认定张某某、刘某甲、刘某乙系棉制品加工厂合伙人的基础上，法院据此规定判决张某某、刘某甲、刘某乙与其他合伙人一起承担连带责任清偿棉制品加工厂对高某某的借款债务。

关于韩某某是否为合伙人之一，因合伙协议及出资权属证明上均无其名，也无全体合伙人的合意证明韩某某后来入伙，此前的有关法院判决也未涉及其为合伙人的事实，所以，韩某某不是棉制品加工厂的合伙人，对棉制品加工厂的债务不承担责任。

[本案例根据山东省德州市中级人民法院（2012）德中民终字第819号判决书编写]

8. 由第三人履行债务

根据债之相对性原则，民间借贷债务应当都由借款人向出借人偿还，但借款人与出借人可以根据《合同法》的有关规定，在借款合同中约定借款到期由第三人偿还。《合同法》第六十五条规定：“当事人约定由第三人向债权人履行债务的，第三人不履行债务或者履行债务不符合约定，债务人应当向债权人承担违约责任。”据此规定，民间借贷中的由第三人履行债务，是指借款人与出借人约定，借款人的借款债务由第三人向出借人偿还，第三人不偿还或者偿还不符合约定的，借款人应当向出借人承担违约责任的一种债务履行方式。

第三人原本不是借款合同中的当事人，跟出借人与借款人所形成的借贷关系无关，因而出借人与借款人不得为其设定偿还借款义务。出借人与借款人之所以约定由第三人偿还借款，是因为背后有着一定的事由，且多数有借款人与第三人的协商约定，然后借款人才与出借人订立这种借款合同。譬如，第三人欠借款人货款暂时无力偿还，而借款人急于用钱，于是，第三人与借款人约定，由借款人先向出借人借款解急，借款到期由其偿还。在有此约定的情况下，借款人再与出借人约定“由第三人履行债务”。

借款人与出借人在借款合同中为第三人设定偿还借款义务，实际上是一种假设性很强的拟制义务。由于是假设的拟制义务，所以第三人没有实际履行，该借款合同对第三人就不具有约束力，出借人不能直接向第三人请求履行债务，也不能直接要求第三人承担违约责任；第三人没有实际履行属借款人违约，借款债务仍由借款人清偿，违约责任仍由借款人承担。只有第三人实际履行义务，借款合同中的该项内容才对第三人产生效力。

因“由第三人履行债务”对第三人是拟制义务，所以在订立借款合同时，无须取得第三人同意，也无须第三人在合同中作为当事人出现。但出借人和借款人为第三人设定偿还借款义务，为使第三人知道履行，借款人应当通知第三人，以便第三人在借款到期时代替其偿还。第三人知情后，不论同意或者反对都不影响这种拟制义务，在借款到期时，第三人不予理睬即可，由此造成借款人对出借人违约的，由借款人承担违约责任。

案例解析

由第三人履行债务与债务转移的区别

◎案情简介

1996年，王某某在某某煤矿做生意，因缺乏资金，通过他人介绍向贾某某借款3万元，双方约定按照每月一分四厘二计算利息。同年10月22日，王某某收到借款后，给贾某某出具一张借条，该借条载明：今借到贾某某现金叁万元，利息壹分肆厘贰，最长时间叁个月。

借款到期后，贾某某要求王某某还款，王某某称做煤矿生意亏损，没有能力还钱。1997年7月，经双方协商，王某某将某某煤矿拖欠其5万多元的货款抵销该借款债务，且将某某煤矿出具给王某某的6张欠款单据交给贾某某，让贾某某向某某煤矿讨要该货款以抵借款。之后，贾某某与某某煤矿结算不成，未能取得货款，于是贾某某多次找王某某讨要借款未果，遂提起诉讼，请求法院判令王某某偿还借款及利息。

被告王某某辩称，1997年7月，经原告同意，自己已用某某煤矿拖欠其货款的债权抵销了借原告的借款及利息，该债务已经转移由某某煤矿予以偿还，原告至今仍保留抵账的单据，其未能实现货款的后果应当由其自己承担，自己不应对该借款债务再承担偿还责任。

◎一审判决

一审法院经审理认为：本案被告王某某借原告贾某某3万元，有被告出具的借条为证，本院予以认可，被告未按约定向原告履行还款义务，属违约行为，应承担偿还借款及利息的民事责任。原告要求被告偿还借款3万元的诉讼请求，理由正当，符合法律规定，本院予以支持。

被告辩称，被告经原告同意用某某煤矿拖欠其货款的债权抵销了被告所借原告的借款及利息，该债务已经转移由某某煤矿予以偿还。根据《合同法》第六十五条之规定，当事人约定由第三人向债权人履行债务的，第三人不履行债务或者履行债务不符合约定，债务人应当向债权人承担违约责任。本案原、被告约定由第三人某某煤矿代为履行该债务，第三人某某煤矿未向原告履行，被告应当向原告承担违约责任，故被告的辩解意见不符合法律规定，不予支持。

一审判决：一、限被告王某某于判决生效之日起三十日内偿还原告贾某某本金3万元及利息15904元，共计45904元；二、驳回原告其他诉讼请求。

◎二审判决

王某某不服一审判决提起上诉称：一审判决认定事实错误。上诉人将某某煤矿欠其五万七千余元的单据转让给贾某某，用于抵销王某某欠贾某某的3万元借款，单据上有时任某某煤矿矿长、副矿长、财务科长等人的签字，证明某某煤矿已经认可该单据的转让，一审判决对此事实认定错误。贾某某一直保存着某某煤矿欠王某某的单据，导致上诉人向某某煤矿行使权利超过法定的诉讼时效期间，明显对上诉人不公平，请求二审法院撤销一审判决，改判驳回贾某某的诉讼请求或发回重审。

二审法院经审理认为：关于王某某将某某煤矿的单据转让给贾某某问题，属于双方当事人约定由第三人向债权人代为履行债务的情形，贾某某未承认第三人某某煤矿向其履行债务，王某某亦未举证证明第三人某某煤矿已向贾某某履行，故王某某以用某某煤矿拖欠其货款的债权已经抵销借款及利息为由，主张债务已经转移的上诉理由不能成立，王某某仍应向贾某某履行债务。

综上，原审判决认定事实清楚、适用法律正确。二审判决：驳回上诉，维持原判。

◎律师评析

本案的争议焦点是，借款人王某某用某某煤矿拖欠其货款的债权交付贾某某催收是债务转移还是由第三人向债权人履行债务的问题。

根据《合同法》第八十四条的规定，债务协议转移必须具备两个基本条件，一是须有债务人与债务受让人的债务转让协议，二是须经债权人同意。债务有效转移后，债务人脱离债务关系，债务由的新债务人履行。本案借款人王某某主张经贾某某同意已用某某煤矿拖欠其货款的债权抵销借款债务，该债务已经转移由某某煤矿予以偿还，但在事实上缺乏上述两个条件，即王某某未与某某煤矿达成债务转移协议，又未取得贾某某同意借款债务转移的明确意思表示，所以债务转移尚未有效成立。

由第三人向债权人履行债务的特点是，债务人与债权人约定债务由第三人向债权人清偿，第三人不清偿或者清偿不符合约定的，债务人应当向债权人承担违约责任。就本案而言，借款人王某某用某某煤矿拖欠其货款的债权交付贾某某催收，贾某某也接收有关单据向某某煤矿催收，说明王某某与贾某某有由第三人向债权人履行债务的约定，但因贾某某向某某煤矿结算货款不成，王某某又以债务转移为由拒绝向贾某某偿还借款，根据《合同法》第六十五条的规定，当属王某某违约，王某某应当承担违约责任，贾某某有权要求王某某继续偿还借款并赔偿由此造成的经济损失。

综上所述，法院认定本案是由第三人向债权人履行债务。

［本案例根据河南省洛阳市中级人民法院（2014）洛民终字第3068号判决书编写］

9. 向第三人履行债务

向第三人履行债务是债务履行的一种特殊方式。《合同法》第六十四条规定："当事人约定由债务人向第三人履行债务的，债务人未向第三人履行债务或者履行债务不符合约定，应当向债权人承担违约责任。"从这条规定中可以看出，"向第三人履行债务"有三个特点：一是这里的第三人仅是拟制的债权人，并非真正意义上债权人，债务人未向其履行债务的，其无权请求债务人向其履行债务，债务人向其履行债务的，其可以予以拒绝；二是合同上的债权人与债务人不因“向第三人履行债务”而改变地位，第三人既不代替债权人的地位，也不代替债务人的地位；三是因当事人地位不变，所以，债务人未向第三人履行债务或者履行债务不符合约定，应当向债权人承担违约责任，而不向第三人承担违约责任。

在民间借贷中，出借人按照借款合同约定向借款人提供借款后，根据合同相对性原理，借款债务的履行主体应当是借款人，且借款人应当亲自向出借人履行，民间借贷合同以外的第三人不是出借人，因而不享有债权，借款人向第三人履行对出借人无效，第三人无故接受履行则属不当得利。但借款人与出借人可以按照《合同法》第六十四条的规定，特别约定由借款人向第三人履行债务，但借款人处于债务人的位置不变，出借人处于债权人的地位也不变，而第三人仅为拟制的次债权人，可以依照借款合同的约定受领借款人偿还债务的款项；借款人据此约定，可以离开出借人而直接向次债权人履行债务，从而消灭相应的债权债务关系。在约定向第三人履行债务的情况下，借款人已经向第三人履行债务，出借人又要求借款人向其履行债务的，借款人有权予以拒绝，但借款人未向第三人履行债务的，出借人仍有权向借款人主张债权。

案例解析

向第三人履行不改变债权债务主体

◎案情简介

2012年12月14日，借款人范某某、付某某与A房开公司股东宋某某、张某某及B房开公司股东汪某某，在C公司法定代表人夏某某办公室共同签署了一份《借据》。该借据约定：范某某、付某某向C公司借款800万元，借款期限为4个月，如逾期未还，借款人愿意按借款金额每日1%向债权人支付违约金；A房开公司和B房开公司及全体股东自愿承担连带责任保证。范某某、付某某在《借据》尾部注明：“此款请转入A房开公司，账号22××× 59”；“月息按7%支付，利息由A房开公司支付。”当日，C公司通过银行向A房开公司银行账户转款800万元。

此后，张某某、A房开公司、汪某某通过银行转账已向C公司还款604万元，其中借款本金为300万元，借款期限内利息224万元，借款逾期利息80万元，截至C公司起诉时，范某某、付某某尚欠借款本金500万元及利息。

C公司向法院提起诉讼，请求判令：1. 范某某、付某某偿还借款本金及利息792.5万元；2. B房开公司、A房开公司、汪某某、宋某某、张某某承担连带责任。

范某某、付某某共同答辩称：C公司与其二人之间不存在借款关系，C公司持有的借据，是以企业的形式出借，用款人是A房开公司；C公司起诉的欠款金额不实，A房开公司已经还款696万元。

B房开公司辩称：1. 本案借款人名为范某某、付某某个人，实为A房开公司借款，应由A房开公司承担清偿责任。《借据》补充手写“此款转入A房开公司账户”的内容未经B房开公司同意，B房开公司对划给非借款人的债务不应承担责任。

◎一审判决

一审法院经审理认定：

涉案该借款合同系双方当事人的真实意思表示，且不违反法律规定，合同有效。范某某、付某某在借款人处签名，系合同相对人，其与C公司之间存在借款关系。范某某、付某某指令C公司将借款转入A房开公司账户，是其对所借款项的支配行为，无论其是否实际使用该笔借款，均不影响其作为借款人需要承担的还款责任。

C公司与范某某、付某某约定的借款利息高于同期贷款利率的四倍，利息应按同期贷款利率的四倍计算，超付的利息应冲抵本金。

范某某、付某某向C公司借款后，截至2013年9月14日，范某某、付某某尚欠C公司借款本金268.6万元，利息22.03万元，以及2013年9月14日以后的利息。

B房开公司、汪某某、A房开公司、宋某某、张某某作为连带保证人，应承担连带责任。

综上，一审判决：一、范某某、付某某于判决生效之日起十五日内共同偿还C公司借款本金268.6万元，利息22.03万元，并向C公司支付逾期利息损失；二、B房开公司、汪某某、A房开公司、宋某某、张某某对上述借款本息承担连带责任；三、驳回C公司的其他诉讼请求。

◎二审判决

B房开公司不服一审判决提起上诉称：《借据》中所使用的印章不是B房开公司印章，系非法雕刻，B房开公司对假冒公章不应承担任何法律责任；《借据》第二页中约定利息的内容是事后人为手写，该添加的利息内容未经保证人签字认可，此利息对保证人不具有约束力；C公司所出借的资金属于A房开公司非法吸收的存款中涉案资金，应对C公司的起诉依法驳回。

二审法院经审理认为：2012年12月14日，范某某、付某某向C公司借款800万元，并出具《借据》，该借据同时对借款期限、借款利息、违约责任、担保人及担保方式、担保范围等条款进行了约定。上述内容符合借款合同的构成要件，故该借款合同属因于主体适格，意思表示真实，内容不违反法律、行政法规的强制性规定，合法有效。

范某某、付某某在《借据》中书面指令出借人C公司将800万元借款转入A房开公司，属于当事人之间约定由债务人向第三人履行债务，合同的双方当事人并不发生改变，A房开公司只是范某某、付某某指定接受合同债务履行的第三人，范某某、付某某与A房开公司是否存在另外的法律关系，不影响涉案借款合同双方当事人的权利义务关系。同时，张某某、汪某某、A房开公司偿还借款的行为也属于第三人向债权人履行债务，借款合同的当事人也没有发生改变。B房开公司上诉主张均不能成立。

二审法院最后认定，一审判决认定的事实清楚，适用法律正确。于是判决：驳回上诉，维持原判。

◎律师评析

本案有多个争议，其中值得分析的是一审没有提到而二审重点评判的“向第三人履行债务”的问题。

民间借贷的履行债务有以下两种情况：

一是出借人履行交付借款债务。也就是说，借贷合同订立后，根据借贷合同的约定，出借人首先负有向借款人交付借款的义务，这种义务实际上是出借人对借款人负有的合同债务，因而应当履行交付义务，若不履行交付义务，则是违约行为。当借贷合同约定由出借人直接向第三人交付借款时，这种债务履行应当适用《合同法》第六十四条规定，出借人未向第三人履行债务的，应当向借款人承担违约责任。本案中，借款人范某某、付某某在《借据》中指令出借人C公司将800万元借款转入A房开公司，属于《合同法》第六十四条规定的“当事人约定由债务人向第三人履行债务”的情形，因“向第三人履行债务”并不改变借贷合同双方当事人的地位，所以，本案的借款人仍是范某某、付某某，出借人仍是C公司，而A房开公司只是范某某、付某某指定的接受合同债务履行的第三人，故对此借款不负偿还责任和违约责任。

二是借款人履行偿还借款债务。出借人向借款人交付借款后，借款人便是债务履行人，应当向出借人清偿债务。本案中，借款人范某某、付某某与C公司虽未在《借据》中明确约定由第三人张某某、汪某某、A房开公司履行范某某、付某某的借款债务，但张某某、汪某某、A房开公司默契地配合范某某、付某某向C公司偿还了部分借款本息，此履行债务的行为也属于第三人向债权人履行债务的情形，但借款合同的当事人也未发生改变，债务也不发生转移，借款人仍是范某某、付某某，出借人仍是C公司，对剩余未清偿的债务，根据《合同法》第六十四条“债务人未向第三人履行债务或者履行债务不符合约定，应当向债权人承担违约责任”之规定，范某某、付某某应当承担违约责任，并应继续向C公司偿还借款。

根据上述分析，法院判决借款人范某某、付某某偿还出借人C公司的借款本息。

［本案例根据湖北省高级人民法院（2016）鄂民终字第990号民事判决书编写］

10. 债权债务抵销及其法律效果

债权债务抵销的主要方式有两种，即“以债抵债”和“以物抵债”。

以债抵债，是指双方当事人之间在互为债权债务时，各以对等数额消灭债权债务的行为。如借款人向出借人借款后，出借人后来欠借款人货款没有结算；又如，借款人向出借人借款后，借款人将房屋卖给出借人，出借人尚欠借款人房价款未结清，于是形成互为债权债务的情形。对民间借贷而言，以债抵债是以金钱债权抵销金钱债务的行为。《合同法》第九十九条规定："当事人互负到期债务，该债务的标的物种类、品质相同的，任何一方可以将自己的债务与对方的债务抵销，但依照法律规定或者按照合同性质不得抵销的除外。当事人主张抵销的，应当通知对方。通知自到达对方时生效。抵销不得附条件或者附期限。"据此规定，借款人与借款人互为到期金钱之债的，属于"标的物种类、品质相同"的情形，在币种相同且不附条件的情况下，一方可以通知对方抵销，且抵销通知一旦到达对方即发生法律效力，相应的债权债务即告消灭，对方反对无效。

以物抵债，是指债务人以财物折价交付给债权人抵销债务的行为。《合同法》第一百条规定："当事人互负债务，标的物种类、品质不相同的，经双方协商一致，也可以抵销。"如借款人以房屋折价交付给出借人抵销债务，其中，借款与房屋属于"标的物种类、品质不相同"的情形。与以债抵债不同的是，以物抵债不能采取单方通知方式，而应采取协议方式进行，只有双方经协商一致才能产生抵销的法律效果。

借款人与出借人采取以债抵债或者以物抵债的方式进行抵销后，相应的债权债务归于消灭：债权债务已经全部抵销的，全部债权债务消灭；债权债务部分抵销的，借款人对剩余部分的债务仍需继续履行。

案例解析

股权抵债后归还借据，全部债权债务消灭

◎案情简介

2013年9月13日，卓某某经李某介绍向许某某借款1000万元用于投资房地产，并承诺一年后给予1000万元的回报。当日，卓某某向许某某出具二份借据，第一份载明"兹向许某某先生借人民币1000万元整，借两个月归还"，第二份载明"兹向许某某先生借人民币1000万元整，借期12个月"。曹某、李某在该二份借据上的担保人栏下签字。嗣后，许某某按照约定通过银行转账方式将借款1000万元汇至卓某某的银行账户。

借款到期后，卓某某未能偿还借款，便与许某某协商以其持有某某房开

公司的股权抵偿许某某债权的事宜。2014年5月1日，卓某某作为转让方与许某某作为受让方签订《股权转让协议》。该协议第一条约定："卓某某同意将持有的某某房开公司20%的股权（认缴出资1000万元人民币）以1000万元转让给许某某，许某某同意按此价格将该股权转让。"第四条约定："卓某某应于2014年5月10日前到当地工商局办理股权转让手续（股权转让给许某某后，卓某某可收回原有的借据两张各1000万元），股权转让全部费用（包括手续费、税费）由卓某某承担。"某某房开公司的其余股东姜某某、曹某作为证明人在协议上签字。嗣后，卓某某未按约定办理股权变更登记等手续。许某某向某某房开公司、卓某某请求办理股权变更登记等手续未果而诉至法院，

法院作出第945号民事判决，判决："一、确认原告许某某与被告卓某某签订的《股权转让协议》合法有效；二、被告卓某某、某某房开公司于本判决生效之日起十日内依照《公司法》第三十二条、第七十三条的规定办理被告卓某某持有的某某房开公司20%股权变更至原告许某某名下的变更登记等手续。"该份判决生效后，卓某某于2014年12月5日所持有的上述股份变更登记至许某某名下。

许某某认为，卓某某"承诺一年后给予1000万元的回报"，并出具第二份借据载明"兹向许某某先生借人民币1000万元整"，属于利息约定，卓某某应当依法支付利息，便以卓某某为被告向法院提起诉讼，请求判令被告卓某某支付利息2913333.4元（借款本金1000万元，自2013年9月16日起至2014年12月3日止按年利率24%支付）。

◎一审判决

一审法院经审理认为：被告卓某某所借原告许某某借款1000万元，双方约定了高额利息，该事实有被告卓某某出具二张借据及证人曹某、李某的证言证实，双方依法成立了民间借贷法律关系。被告卓某某所欠原告许某某的借款本金1000万元及约定利息1000万元，原、被告双方通过协议以股权转让的方式进行了全额抵销，双方的借款债权债务消灭，权利义务终止。故原告许某某在股权转让完成后要求被告卓某某支付借款利息的主张，不予支持。据此，判决如下：驳回原告许某某的诉讼请求。

◎**二审判决**

一审宣判后，许某某不服提起上诉称：本案被上诉人卓某某向上诉人许某某借款1000万元并承诺给予1000万的高额利息回报的事实已得到原判确认，本案股权转让金额为1000万元，故股权转让抵销的只是借款本金，利息债务未得到清偿，双方权利义务未终止。原判“驳回上诉人的诉讼请求”的判决明显系适用法律错误。

被上诉人卓某某答辩称：本案上诉人、被上诉人及两位证人在一张借据上明确借款1000万元，该四人均是完全民事行为能力人并具有一定社会经验，故借据上记载的内容应认定为被上诉人向上诉人借款1000万元。即使第二份借据是利息债权凭证，股权转让协议约定的股权转让后，上诉人许某某将两张债权凭证归还被上诉人卓某某，债权债务即消灭，请求依法驳回许某某的上诉。

二审法院经审理认为：被上诉人卓某某向上诉人许某某借款1000万元并约定一年后给予1000万元回报的事实，有被上诉人卓某某同日出具的第二份借据及证人曹某、李某证言等证据予以证实，足以认定。后上诉人许某某与被上诉人卓某某协商通过股权转让方式抵销债务。《股权转让协议》中约定“股权转让给许某某后，卓某某可收回原有的借据两张各1000万元整”。因借据属于债权凭证，债权人将借据交还债务人的行为按交易习惯及日常生活经验法则，应理解双方债权债务关系消灭。现被上诉人卓某某的股权已转让至上诉人许某某名下，故可认定被上诉人卓某某所欠上诉人许某某的借款本金及利息已通过债权债务抵销的方式清偿。因此，上诉人许某某提出被上诉人卓某某应向其支付借款利息的上诉理由不能成立。

原判认定事实清楚，适用法律正确。二审判决：驳回上诉，维持原判。

◎**律师评析**

本案主要解决借款债务抵销纠纷，争议焦点是利息是否抵销的问题。

根据《合同法》第一百条的规定，民间借贷当事人互负债务，标的物种类、品质不相同的，经双方协商一致，也可以以物抵债。以物抵债与以债抵债不同的是，以债抵债只有一方通知对方即可产生债权债务抵销的效力，而以物抵债必须经过双方协商一致。本案中，股权与债权属于“标的物种类、品质不相同”的情形，根据上述规定可以经双方协商以股权抵销债务。

债务人卓某某与债权人许某某订立《股权转让协议》，卓某某将持有的某某房开公司20%的股权以1000万元转让给许某某用于抵销卓某某欠许某某的1000万元债务，属于合意以物抵销，且不违反法律、行政法规强制性规定，当属有效行为，后卓某某将其所持有的某某公司的股份变更登记至许某某名下，履行了《股权转让协议》约定的义务，于是产生两个法律效果，一是消灭了卓某某与许某某之间的债权债务关系，二是因涉案债权债务关系消灭，随之消灭了曹某、李某的担保责任。

关于利息是否随着以物抵债而消灭的问题。在通常情况下，当事人在协议以物抵债时应当明确约定利息是否相抵的问题，因本案无此明确约定，故产生利息是否相抵之纠纷。但本案另有约定，即《股权转让协议》载明"股权转让给许某某后，卓某某可收回原有的借据两张各1000万元"，因有此约定，故许某某在涉案股权登记在其名下后将两张借据归还了卓某某。据此，二审法院认为，涉案两张借据是利息的债权凭证，《股权转让协议》约定的股权转让后，许某某将两张借据归还了卓某某，应理解双方全部债权债务关系消灭，所以驳回了许某某的上诉请求。

［本案例根据福建省三明市中级人民法院（2016）闽04民终字第722号民事判决书编写］

11. 借款债务免除及其效力

债务免除，是指债权人消除免去债务人部分或者全部债务的行为。《合同法》第一百零五条规定："债权人免除债务人部分或者全部债务的，合同的权利义务部分或者全部终止。"在民间借贷中，出借人免除借款人的借款债务有以下五个法律特征：

一是免债是出借人单方行为。出借人免除借款人的借款债务是处分自己债权行为，可以不问借款人是否同意，也不受无关第三人的非法干涉，单方作出免除的意思表示即可，且即时产生消灭债务的法律效力。在实践中，出借人免除借款人债务，在许多情况下是根据借款人的要求或者经他人劝说而为的，但这并不改变单方免债的特征。

二是免债是非要式行为。出借人免除借款人债务，通常不受行为形式拘束，也不需要采取特定的行为方式，也就是说，可以采取书面形式，也可以采取口头形式，只要意思表示真实、合法，并通知借款人的即为有效。

三是免债是明示行为。出借人对借款人免债虽为非要式行为，但必须采取明示方式明确表示免除意思，默示则不产生法律效力。出借人明示免债，有时会用某种行为形式表现出来，譬如出借人将借条交还给借款人，又如将借条当面撕毁等。

四是免债是无因行为。出借人免债，在通常情况下是有原因的，如借款人确无偿还能力，或者借款人已经为出借人做了什么好事，或者与借款人有特殊关系等，但免债的效力可以是无因的，即出借人为何实施免债行为的原因可以不问，他人不得干涉。

五是免债是无偿行为。出借人免债是对自己债权的放弃，这种放弃应当无偿的，借款人不付任何代价享受免债。借款人付出某些财物或债权代价，从而使出借人放弃借款债权的，不是免债，而很有可能是以物抵债或者是债权债务抵销。

出借人免除借款人的债务，视出借人不同的免除意思表示，具有以下几种法律效力：

一是出借人表示全部免除借款人债务，包括免除利息等从债务的，整个债权债务关系消灭，借款人不再继续履行所有债务。

二是出借人免除借款人部分债务的，已免除部分的债务消灭，未免除的债务仍然存在。比如，借款人应当偿还出借人 10 万元，出借人表示偿还 6 万元后免除 4 万元，借款人对这 6 万元仍应偿还。借款人偿还 6 万元债务后，出借人免除其 4 万元有效，出借人不得再主张借款人偿还 4 万元债务。

三是出借人表示偿还借款本金、免除利息的，借款人偿还本金后，免除利息产生效力，借款人可以不再支付利息。

四是借款人明确表示免除全部本金而未提及利息的，因为利息是从债权，通常随主债务而消灭，故可认为利息也随之免除。

五是借款债务已经设定担保，出借人免除借款人的债务的，随之相应地免除担保人的担保责任。

但出借人对借款人免债不得侵害有关第三人利益，如出借人对第三人负有债务的情况下，在免除借款人债务的同时无力清偿自己的债务的，就会侵害其债权人利益的；又如，出借人免除共同债务中一个或部分借款人的债务，但又主张其他借款人承担全部债务的，就会加重其他借款人承担债务的责任。对此，有利害关系的第三人可以依法行使撤销权或者抗辩权，以阻止出借人免债对其利益造成的侵害。

案例解析

免除部分共同借款人债务应相应减轻其他共同借款人的债务

◎案情简介

2011 年 5 月 14 日，林甲因经营生意需要向林某某（林甲原岳父）借款 103870 元，为此林甲出具一份借条给林某某收执，双方未明确约定借款期限及借款利息。后，林甲未予偿还。

林甲与林乙系夫妻关系，后因感情不和提起离婚，法院于 2012 年 6 月 28 日判决准予双方离婚。

林甲与林乙离婚后，林某某遂向法院起诉，请求判令林甲偿还借款 103870 元本息，并明确表示放弃对女儿林乙承担共同还款的责任。

◎一审判决

一审法院经审理认为：被告林甲向原告林某某借款 103870 元未还，有被告林甲出具的借条为凭，该债权债务事实清楚，证据充分，可以认定。原告要求被告林甲归还该借款，符合法律规定，应予支持。被告林甲主张，该款项系其与林乙的夫妻共同债务，林乙应当承担共同偿还债务的责任。

法院审查后，确认该笔借款系被告林甲与第三人林乙夫妻关系存续期间产生的债务，但原告林某某自愿放弃林乙承担共同还款的债务，本案予以准许。原、被告双方未明确约定借款利息，故原告林某某要求被告林甲支付自起诉之日起按人民银行同期同类贷款利率计算的利息，符合法律规定，应予准许。

据此，一审判决：被告林甲应在本判决生效之日起五日内支付给原告林某某借款 103870 元，并自 2014 年 6 月 30 日起至本款项还清之日止按中国人民银行同期同类贷款利率计算的支付利息。

◎二审判决

林甲不服一审判决提起上诉称：本案借款系其与林乙二人原夫妻关系存

续期间产生的债务，属于夫妻共同债务，两人离婚后，林乙仍应对该笔债务承担连带清偿责任。被上诉人林某某免除林乙的债务，上诉人林甲对林乙应承担的份额不再承担责任。一审判决：上诉人林甲偿还全部借款显失公平，适用法律错误。请求驳回被上诉人林某某的诉讼请求。

二审法院经审理认为：上诉人林甲向被上诉人林某某借款人民币103870元的事实清楚，合法有效。根据《婚姻法》第四十一条的规定，离婚时，原为夫妻共同生活所负的债务，应当共同偿还。上诉人林甲与林乙于2011年2月17日办理结婚登记手续，上诉人林甲于2011年5月14日与林某某的借款发生在其与林乙夫妻关系存续期间，该债务为夫妻共同债务，应由林甲和林乙共同承担还款责任。

债权人林某某在诉讼中明确放弃林乙对本案债务承担共同偿还责任，该行为系其真实意思表示，符合民法上的债务免除特征。本案债务系林甲与林乙的夫妻共同债务，鉴于林某某放弃对林乙的共同偿还责任，且考虑两人已经离婚，两债务人应各承担一半的偿还责任。同时，根据《合同法》第一百零五条关于“债权人免除债务人部分或者全部债务的，合同的权利义务部分或者全部终止”的规定，被上诉人林某某自愿放弃了本应由林乙共同承担的另一半债务，由此可以认定被上诉人林某某自愿放弃其中50%的债权。基于公平原则和免除行为的效力，以及从避免诉累的角度考虑，也应相应地免除上诉人林甲对林乙所应承担的那一半债务的偿还责任。

综上，原审判决由上诉人林甲偿还全部借款，适用法律错误，应予纠正。上诉人林甲应偿还给被上诉人林某某借款人民币51935元，并支付自2014年6月30日起至本款项还清之日止按中国人民银行同期同类贷款利率计算的利息。上诉人林甲关于被上诉人林某某免除林乙的债务，其对林乙应承担的份额不再承担连带责任的上诉理由成立，本院予以支持。

二审判决如下：一、撤销一审判决；二、上诉人林甲应在本判决生效之日起五日内偿还被上诉人林某某借款51935元，并支付自2014年6月30日起至本款项还清之日止按中国人民银行同期同类贷款利率计算的利息。

◎律师评析

本案的争议焦点是，林某某免除夫妻共同债务中林乙的债务是否还有权要求林甲清偿全部共同债务的问题。

根据《合同法》第一百零五条的规定，出借人单方免除借款人的债务即为有效，但出借人免除借款人的债务不得侵害有关第三人利益，也不得加重其他共同借款人的债务责任。其一，本案的借款债务原本是林甲与林乙夫妻共同债务，两人应当连带清偿，但鉴于林甲与林乙已经离婚，如果判决林甲清偿全部共同债务，则会产生林甲向林乙追偿的诉累；其二，林某某已经明确放弃其女儿林乙的共同债务，如果判决林甲清偿全部共同债务，则对林甲确有显失公正之嫌疑；其三，林某某如果未放弃林乙的共同债务而请求林甲与林乙共同偿还的，林甲与林乙还有可能分担债务，从这个角度看，如果判决林甲清偿全部共同债务，则会加重林甲的债务责任。二审法院经综合考虑，判决林甲承担一半的共同借款债务，既避免诉累，又不加重林乙的债务，还能体现林某某免除林乙债务的本意，因此，二审判决是合理的、公正的。

［本案例根据福建省莆田市中级人民法院（2015）莆民终字第1300号民事判决书编写］

第二十章　民间借贷的几种诉讼及裁判案例解析

1. 出借人行使代位权诉讼

《合同法》第七十三条规定："因债务人怠于行使其到期债权，对债权人造成损害的，债权人可以向人民法院请求以自己的名义代位行使债务人的债权，但该债权专属于债务人自身的除外。代位权的行使范围以债权人的债权为限。债权人行使代位权的必要费用，由债务人负担。"这是债权人行使代位权的规定。

根据上述规定，出借人代位权是借款人怠于行使对其债务人享有的到期债权，对出借人造成损害，出借人为了实现自己的债权，向人民法院请求以自己名义取代借款人向借款人的债务人要求履行债务的权利。借款人的债务人是本借贷合同以外的第三人，当出借人行使代位权时是次债务人。例如，借款人负有50万元到期借款债务，第三人欠借款人50万元货款也已到期，借款人没有向其债务人主张货款债权，又无其他财产向出借人履行借款债务，造成出借人的到期债权未能实现。这种情况下，出借人有权以自己的名义作为原告，向法院提起代位权诉讼，请求借款人的债务人直接向自己履行还债义务，这就是出借人行使代位权。当次债务人向出借人履行50万元债务后，出借人与借款人的借贷债权债务和借款人与其债务人的货款债权债务均告消灭。

出借人虽有代位权，但次债务人毕竟不是其直接债务人，因而出借人不得任意行使代位权。出借人有效行使代位权，应当同时具备以下几个条件：

（1）借贷债权债务合法且已到期。在正常情况下，出借人向借款人主张借款债权应当具备这个条件，那么，向次债务人主张债权时也应具备这个条件。这是个前提条件，包含以下两个内容：一是出借人与借款人订立的借贷合同有效，借款债权债务合法；二是借款债权已经到期。借款债权尚未到期，出借人不得要求借款人履行还债义务，否则属违约行为，这种违约行为不能延续到主张次债务人履行义务，因此，出借人行使代位权所涉及的对借款人的债权必须已经到期。

（2）次债权必须也是合法到期的金钱债权。一是借款人对其债务人的债权必须是金钱债权，这是出借人行使代位权的特别要求。出借人借款债权的标的物是金钱，所以代位权行使所指向的对象也应是金钱，即借款人对第三人享有金钱债权。二是借款人对其债务人享有的金钱债权已经到期。如果借款人对第三人的金钱债权尚未到期，第三人对借款人尚未开始履行义务，出借人则无权要求第三人向其履行还债义务，否则，第三人基于对借款人的抗辩，可以以债务未到期为由向行使代位权的出借人提出抗辩。在代位权诉讼中，被告第三人以此为由抗辩成立的，法院应当驳回出借人的起诉或者诉讼请求，但出借人可以等到第三人债务到期后再向法院提起代位权诉讼。

（3）借款人怠于行使其到期债权。借款人怠于行使其到期债权，是指借款人不以诉讼方式向其债务人主张其享有的具有金钱给付内容的到期债权。借款人既是出借人的债务人，又是第三人的债权人，有此双重身份时，应当积极地向自己的债务人主张债权，用以清偿自己的借款债务。借款人对其债务人享有债权，说明其有一定履行能力，而借款人既不向出借人清偿借款债务，又不向法院起诉其债务人，说明其消极对待债权债务。在这种情况下，出借人可以积极地行使代位权，从而实现自己的借款债权。

（4）造成出借人损害。借款人怠于行使到期债权造成出借人损害，主要是指出借人对借款人享有的到期借款债权未能实现。借款人怠于行使到期债权，如果不影响出借人实现借款债权，就无损害危险，出借人就不得行使代位权。例如，借款人在其他银行有存款足以清偿借款债务，对第三人又有到期债权，但既不偿还借款，又不对第三人主张债权。在这种情况下，出借人不必要行使代位权，只要向法院对借款人申请财产保全并提起诉讼，借款债权就能实现。从实践情况来看，借款人怠于行使到期债权大多数会给出借人造成损害，这种损害直接表现为出借人的借款债权未能实现。借款人怠于行使到期债权不会造成出借人损害的，出借人不必干涉借款人如何处理债权问题。

（5）不得超过借款债权数额范围。出借人行使代位权时会涉及两个债权数额，即出借人对借款人的债权数额和借款人对其债务人的债权数额。对这两个债权数额，出借人行使代位权时都不得超越。

《合同法》第七十三条规定中的“专属于债务人自身的债权”是指基于扶养关系、抚养关系、赡养关系、继承关系产生的给付请求权和劳动报酬、退休金、养老金、抚恤金、安置费、人寿保险、人身伤害赔偿请求权等权利。债权人对专属于次债务人自身的债权不得行使代位权。

在民间借贷活动中，出借人对次债务人提起诉讼，标志着出借人已经开始行使代位权。《合同法》第七十三条设立的代位权，目的是通过代位权的行使，使债权人的债权通过次债务人直接履行债务来实现。《最高人民法院关于适用〈中华人民共和国合同法〉若干问题的解释（一）》第二十条规定：“债权人向次债务人提起的代位权诉讼经人民法院审理后认定代位权成立的，由次债务人向债权人履行清偿义务……”据此，在出借人代位权诉讼中，人民法院应当判令次债务人直接向出借人履行债务。

《最高人民法院关于适用〈中华人民共和国合同法〉若干问题的解释（一）》第十六条第一款规定：“债权人以次债务人为被告向人民法院提起代位权诉讼，未将债务人列为第三人的，人民法院可以追加债务人为第三人。”从这条规定来看，借款人在出借人代位权诉讼中的地位不是被告，而是第三人。出借人提起代位权诉讼，以次债务人为被告，同时可以将借款人列为第三人；如果未将借款人列为第三人，人民法院则可追加其为第三人。

出借人通过诉讼途径行使代位权，法院判令次债务人向出借人履行债务，次债务人向出借人履行了债务，涉及两个债的法律关系消灭，即出借人与借款人之间的债就已履行部分消灭和借款人与次债务人之间的债就已履行部分消灭。

案例解析

出借人提起代位权诉讼，法院判令次债务人偿还借款

◎案情简介

2009年8月19日，丁某、李某、韩某向张甲借款640万元，约定月利率为3%，没有约定还款期限。2010年9月6日，丁某、张甲夫妇向张某某

借款500万元，约定月利率为3.5%，没有约定还款期限。后丁某向张某某偿还了100万元，利息付至2011年10月6日。

张某某以韩某、张甲、李某为被告提起债权人代位权诉讼称：2010年9月6日，丁某、张甲夫妇向原告张某某借款500万元，后丁某偿还了100万元，利息付至2011年10月6日，尚欠400万元本金及2011年10月6日以后的利息至今未偿还；2010年9月6日，丁某、李某、韩某向张甲借款640万元至今未还，现丁某已故，张甲未向李某、韩某追索，结果不能偿还原告张某某的借款本息，故提起债权人代位权诉讼，请求法院判令：被告韩某、李某代替张甲向原告张某某共同偿还400万元借款本金，并按3.5%月利率支付利息。

被告韩某、李某共同辩称：韩某、李某对张甲的丈夫丁某拥有债权，并且该债权大于其对于张甲的债务，因此可用其对丁某的债权抵顶对张甲的债务，韩某、李某对张甲没有债务，张某某的代位权不能成立。

◎一审判决

一审法院经审理认为：

第一，张某某作为债权人代替债务人张甲向张甲的债务人韩某和李某主张权利，行使的是代位权。代位权，是指当债务人怠于行使其对第三人享有的权利而害及债权人的债权时，债权人为保全自己的债权，可以请求人民法院以自己的名义代位行使债务人对第三人的权利。张某某提供的借款单可以证实张甲向张某某借款500万元的事实清楚，债权债务关系明确，予以认定。债务人张甲应当向张某某偿还借款。但由于张某某提供的另一份证据，即丁某、李某、韩某三人为张甲立下向张甲借款640万元借款条，证实丁某、李某、韩某作为次债务人向债务人张甲借款640万元的事实，因债务人张甲怠于主张权利，且丁某已故，张某某代替债务人张甲向次债务人李某、韩某主张债权，符合法律规定，其诉讼请求应予支持。张某某在第三人张甲的640万元债权中只代位主张400万元的份额。因此，400万元的借款及利息应由韩某、李某共同偿还。

第二，韩某、李某辩称对其张甲没有债务，张某某的代位权不能成立。一审法院经审理认为，其一，丁某已经死亡，丁某的妻子即本案第三人张甲称对其丈夫丁某生前所负债务并不清楚，同时，丁某与本案韩某、李某之间存在合伙关系，韩某、李某也未能提供关于借款给丁某的履行情况，三人之间的债权债务关系尚需进一步清算。其二，韩某、李某的上述辩称并非属于《最高人民法院关于适用〈中华人民共和国合同法〉若干问题的解释（一）》第十八条规定的抗辩内容。该解释所称的抗辩是指次债务人对债务人对其享有债权真实性、是否履行完毕、是否已过诉讼时效等基于同一法律关系而行使的抗辩。而韩某、李某是以基于不同法律关系的双方互负债务的抵销来抗辩，因此对该抗辩不予支持。韩某、李某如对丁某享有债权，进而以婚姻存续期间夫妻共同债务向本案第三人张甲主张债权，可另行提起诉讼。

第三，关于张某某主张的由韩某、李某按照约定的3.5%月利率支付利息的请求应予以调整，根据《最高人民法院关于人民法院审理借贷案件的若干意见》第六条的规定，民间借贷的“利率最高不得超过银行同类贷款利率的四倍”之规定，对韩某、李某的借款本金的利率应按照中国人民银行同期贷款基准利率的四倍计付。

综上，一审判决：一、韩某、李某于本判决生效之日起共同代第三人张甲向张某某偿还借款本金400万元及其利息（利息从2011年10月6日起至给付之日止，利率按照中国人民银行同期贷款基准利率的四倍计付）；二、韩某、李某向张某某履行上述还款义务后，其所借第三人张甲640万元及其利息中的400万元及其利息消灭；三、驳回张某某的其他诉讼请求。

◎**二审判决**

韩某不服一审判决提起上诉，请求驳回张某某的诉讼请求。主要事实理由如下：

一、我国《合同法》第七十三条规定：因债务人怠于行使其到期债权，对债权人造成损害的，债权人可以向人民法院请求以自己的名义代位行使债务人的债权。债务人是否怠于行使到期债权，是确定债权人能否行使代位权的基础。如果债务人的债权依约到期且怠于主张债权，其债权人才能依法代位主张债权。本案丁某、李某、韩某向张甲借款时并未约定还款期限，张某不能证明该笔借款是否到期，张甲是否怠于行使到期债权，其主张代位权就缺乏事实依据和法律依据。

二、第三人张甲及其丈夫丁某，向韩某借款额大于韩某向张甲的借款额，双方已经约定债权债务相互抵销，故该债务已经消灭。

三、丁某作为第三人张甲的丈夫，在本案的借贷关系中既是债权人又是债务人，依照法律的规定，其权利义务已经终止。根据上述事实与法律，债权人张某某行使代位权不能成立，理应予以驳回，而法院支持其代位请求明显错误。

二审法院经审理认为：根据本案当事人的上诉理由和答辩意见，双方争议的焦点为：张某某行使代位权是否符合法律规定。

代位权，是指当债务人怠于行使其对第三人享有的权利而害及债权人的债权时，债权人为保全自己的债权，可以请求人民法院以自己的名义代位行使债务人对第三人的权利。本案张某某提供的借款单及银行转账凭证可以证实丁某、张甲夫妇向张某某借款的事实清楚，债权债务关系明确，予以认定。现债务人丁某已经死亡，张某某向共同借款人张甲主张债权，债务人张甲应当向张某某偿还借款。

关于债务人张甲对于次债务人丁某、李某、韩某三人的债权是否到期的问题，因张甲与丁某、李某、韩某三人并未约定借款期限，张甲可以随时主张权利。因债务人张甲怠于主张权利，且丁某已故，张某某代替债务人张甲向次债务人李某、韩某主张债权，符合法律规定，应予以支持。

关于张甲享有到期债权的数额，从丁某、李某、韩某三人为张甲出具640万元借款条来看，可以证实丁某、李某、韩某作为次债务人向债务人张甲借款640万元的事实，虽然二审期间，韩某主张张甲并未向其履行出借义务，但其陈述与前三次审理中的陈述不一致，也没有提供相关证据予以佐证，因此对此抗辩不予采信。张某某在第三人张甲的640万元债权中只主张代位400万元的份额符合法律规定，应予支持。

关于利息，张某某与丁某、张甲的借贷及张甲与丁某、韩某、李某均约定了高于银行同期基准利率四倍的利息，本案400万元借款的利息应由韩某、李某应按照中国人民银行同期贷款基准利率的四倍共同向张某某支付。

关于上诉人韩某提出的第三人张甲与丁某、韩某、李某之间的债权债务是否抵销或混同的问题。韩某主张其对本案第三人张甲的丈夫丁某拥有债权，并且该债权大于其对于张甲的债务，因此用其对丁某的债权抵顶对张甲的债务，韩某、李某并不对张甲负有债务，进而证明张某某的代位权不能成立。因为作为债务人之一的丁某已经死亡，丁某的妻子张甲称对其丈夫丁某生前所负债务并不清楚，也不积极主张权利。同时，丁某与本案韩某、李某之间存在合伙关系，三人之间的债权债务关系尚需进一步清算。介于目前丁某已经死亡，张甲也不积极主张权利，韩某、李某有义务组织清算，否则丁某、张甲的债权人合法权利难以得到有效维护。另外，韩某、李某也未能提供关于借款给丁某的履行情况，韩某、李某与丁某之间到底存在多少债权债务，属合伙内部事务，不属于本案审理范围。韩某、李某承担代为偿还的责任后，如在今后的清算中对丁某享有债权，进而以婚姻存续期间夫妻共同债务向本案第三人张甲主张债权，可另行提起诉讼。

综上，原审判决认定事实清楚，适用法律正确，二审判决：驳回上诉，维持原判。

◎律师评析

本案是典型的债权人代位权纠纷案件，争议焦点是出借人张某某的债上代位权是否成立的问题。

1. 关于债权是否到期的问题。本案中，丁某、李某、韩某向张甲借款640万元没有约定还款期限，丁某、张甲夫妇向张某某借款500万元同样没有约定还款期限。根据《合同法》第二百零六条的规定，借款期限没有约定的，借款人可以随时返还，贷款人可以催告借款人在合理期限内返还。据此规定，出借人张某某已经提起代位权诉讼，应当视为涉案的这两项借款均已到期，因而符合《合同法》第七十三条规定的“到期债权”的条件要求。而韩某上诉中提出的借款未约定还款期限，张甲是否怠于行使到期债权，张某某不能证明是否到期，其主张代位权缺乏事实依据和法律依据的辩称是不能成立的。

2. 关于对债权人造成损害的问题。借款人怠于行使到期债权，是指借款人不以诉讼方式向其债务人主张其享有的到期债权。如果借款人到期未偿还借款，又未向法院对其债务人提起诉讼，则被认为是其“对债权人造成损害”。本案中，丁某、张甲夫妇作为债务人欠张某某借款400万元未还，另外，张甲作为债权人借给丁某、李某、韩某640万元多年未提起诉讼，致使张某某的债权不能实现，张甲的不作为行为当属《合同法》第二百零六条规定的“怠于行使到期债权”“对债权人造成损害”的情形。

3. 关于诉讼主体问题。根据《最高人民法院关于适用〈中华人民共和国合同法〉若干问题的解释（一）》第十六条第一款的规定，在代位权诉讼中，应以债权人为原告，以次债务人为被告，债务人可以作为第三人参加诉讼。本案中，出借人张某某以原告身份以次债务人李某、韩某为被告提起诉讼，在诉讼主体上符合上述解释的规定。张甲应当是本案中的第三人，在案件事实清楚、法律关系明确的情况下，张甲可以以第三人的身份参加诉讼，也可以不参加诉讼，但其不参加诉讼不影响本案的审理。

4. 关于实现债权数额范围的问题。《合同法》第七十三条规定代位债权“以债权人的债权为限”。本案中，第三人张甲对李某、韩某享有640万元债权，张某某对张甲享有400万元剩余债权，张某某请求李某、韩某代位债权400万元，符合“以债权人的债权为限”的规定。

综上分析，本案债权人张某某行使代位权提起诉讼符合《合同法》第七十三条规定的条件，所以，法院判决韩某、李某共同代第三人张甲向张某某偿还借款本金400万元及其利息，韩某、李某向张某某履行上述还款义务后，其所借第三人张甲640万元及其利息中的400万元及其利息消灭。

[本案例根据内蒙古自治区高级人民法院（2015）内民一终字第00015号民事判决书编写]

2. 出借人行使撤销权诉讼

《合同法》第七十四条第一款规定：“因债务人放弃到期债权或者无偿转让财产，对债权人造成损害的，债权人可以请求人民法院撤销债务人的行为。债务人以明显不合理的低价转让财产，对债权人造成损害，并且受让人知道该情形的，债权人也可以请求人民法院撤销债务人的行为。”据此规定，出借人行使撤销权，是指出借人对借款人放弃对第三人享有的到期债权、无偿转让财产、低价转让财产而对借款债权造成损害的行为，请求人民法院予以撤销而使之无效的权利。

借款人取得借款后，对其财产作出处分致使出借人债权难以实现的，出借人为保全自己的债权不受非法侵害，可以按照这条规定向法院提起诉讼行使撤销权。出借人行使撤销权是解决借款人某些行为给其债权带来风险的法定权利。

（1）借款人放弃到期债权。借款人负有到期借款债务不能清偿，却又放弃对第三人享有的到期债权，这是借款人故意损害出借人债权的行为，出借人对借款人这种行为，可以行使撤销权使之无效。这里的“到期”有两个意思：一是借款人对出借人负有借款债务已经到期；二是借款人对第三人享有的债权也已到期。借款人对出借人的债务已到期，但借款人对第三人享有的债权未到期的，应当适用《民法通则》第五十八条和《合同法》第五十二条的规定，以损害第三人利益为由，认定借款人该行为无效，而不适用撤销权的规定。

（2）借款人无偿转让财产。有些借款人大量举债后，为了逃避债务，将财产无偿转让给父母、子女、兄弟姐妹、亲戚朋友，有的名义上将财产转让给他人并办理了过户或交付手续，实际上仍为其所有，对此出借人可以行使撤销权，使其无偿转让行为无效。但是，借款人无偿转让财产后，余留财产仍足以清偿全部借款债务的，出借人的债权尚未有遭受侵害的风险，因而不得行使撤销权。

出借人依据《合同法》规定，以借款人无偿转让财产造成其损害为由行使撤销权，不以第三人（受让人）主观上恶意或者善意为条件，即使受让人主观上根本不知道，也不得因善意受让而损害他人债权，所以，受让人应当返还无偿受让的财产，如不主动返还，出借人可以行使撤销权，使其无偿受让无效。

（3）以明显不合理的低价转让财产。在借款债权仍有保障实现的情况下，低价转让财产是借款人的自由处分权，不论价款低到什么程度，不论价款明显不合理，不论受让人知道还是不知道，出借人都不得行使撤销权。借款人低价转让财产若是合理的，且用于清偿借款债务的，也不可撤销。借款人以明显不合理的价款低价转让财产，只有造成出借人的债权不能完全实现的，出借人才有条件行使撤销权。

以低价转让财产为由行使撤销权，应以受让人在主观上具有恶意为条件。财产已经进入市场流转，市场价格经常变化，低价买受又是人们的正常心理表现，因而，只要受让人不知道或者不应当知道借款人低价出让是为了逃避债务，即为善意买受。在第三人善意买受的情况下，如果也允许债权人行使撤销权，就会直接损害善意第三人的利益，就会影响市场交易的正常秩序。如果受让人明知或者应当知道借款人低价出让财产是为了逃避债务，且明知受让价款明显低于市场价而受让的，则不论其出于贪图便宜心理，还是有意帮助借款人逃避债务，均为恶意买受。第三人恶意受让而侵害出借人债权的，出借人可以行使撤销权，使买受人承担返还财产责任。《最高人民法院关于适用〈中华人民共和国合同法〉若干问题的解释（二）》第十九条规定："对于合同法第七十四条规定的'明显不合理的低价'，人民法院应当以交易当地一般经营者的判断，并参考交易当时交易地的物价部门指导价或者市场交易价，结合其他相关因素综合考虑予以确认。转让价格达不到交易时交易地的指导价或者市场交易价百分之七十的，一般可以视为明显不合理的低价……"

（4）出借人行使撤销权的诉讼主体。对民间借贷而言，在撤销权诉讼中，原告只能是对借款人享有债权的出借人，被告只能是借款人。借款人放弃对第三人享有的到期债权是借款人的单方行为，当然以借款人为被告；借款人与第三人达成转让财产协议，只要以借款人为被告，撤销借款人出让财产的行为，该协议就归于无效，不需要再撤销第三人的行为，由此造成第三人的损失的，由借款人向第三人承担民事责任。受益人、受让人是无独立请求权的第三人。《最高人民法院关于适用〈中华人民共和国合同法〉若干问题的解释（一）》第二十四条规定："债权人依照合同法第七十四条的规定提起撤销权诉讼时只以债务人为被告，未将受益人或者受让人列为第三人的，人民法院可以追加该受益人或者受让人为第三人。"从这条规定中可以看出，借款人放弃到期债权的受益人，无偿转让财产和以明显不合理的低价转让财产的受让人，在出借人撤销权诉讼中处于第三人位置。在撤销权诉讼中，出借人已列受益人或者受让人为第三人的，人民法院应予许可；如果未将受益人或者受让人列为第三人的，人民法院认为有必要让受益人或者受让人参加诉讼的，可以追加受让人或者受益人作为第三人参加诉讼。

出借人提起撤销权诉讼，人法院审理撤销权案件，在处理结果上，与受益人或者受让人在法律上有着利害关系。这种利害关系，对借款人放弃到期债权的受益人而言，如果被告借款人的行为被撤销，借款人放弃债权行为就自始无效，借款人与受益人的债权债务关系恢复到撤销前的状态，受益人对借款人仍然负有原债务，并负有清偿责任；如果被告借款人胜诉，说明其放弃债权行为有效，受益人得益合法。对被告借款人转让财产的受让人而言，如果出借人胜诉，借款人无偿转让财产或者低价转让财产的行为因被法院撤销而自始无效，受让人不得取得受让的财产所有权，如果已经实际占有该诉讼标的物的，则应返还财物；如果出借人败诉，借款人的行为有效，受让人取得的财产就受法律保护。

受益人或者受让人作为无独立请求权第三人参与撤销权诉讼，提供证据，进行辩论，支持借款人，有利于维护自己的民事权益。当受益人、受让人负有撤销权诉讼中某种法律义务（如返还财物）时，因其已参与诉讼，有利于人民法院判令其承担民事责任。

（5）出借人行使撤销权的诉讼时效。《合同法》第七十五条规定：“撤销权自债权人知道或者应当知道撤销事由之日起一年内行使。自债务人的行为发生之日起五年内没有行使撤销权的，该撤销权消灭。”据此规定，出借人提起撤销权诉讼有两种期限，即知道事由期限和行为发生期限。

知道事由期限，是撤销权人知道或者应当知道撤销事由之日起一年内行使撤销权的诉讼期限。一年行使撤销权的诉讼期限，前提条件是撤销权人知道或者应当知道撤销事由。撤销权人在知道或者应当知道的情况下，一年内不行使撤销权，将丧失胜诉权。

行为发生期限，是撤销权人自借款人的行为发生之日起五年内行使撤销权的诉讼期限。行为发生的五年期限，适用于撤销权人由于客观原因不可能知道借款人已经放弃债权或者处分财产等情况。撤销权人自借款人行为发生之日起，因客观上不知道，五年内没有行使撤销权的，该撤销权消灭。这里的“一年”和“五年”两种期限是不变期限，不发生中止、中断或者延长。

案例解析

借款人未偿还借款将房产赠与儿子被撤销

◎案情简介

2012年8月20日，郭某某向王某某借款10万元并写下抵押借款条，该抵押借款条约定：郭某某将某区的房屋做临时两个月的抵押，由王某某暂押；王某某将10万元借给郭某某，月息2.5%，到期还本。该合同签订后，王某某按合同约定将10万元交付给郭某某。因抵押房屋尚未办理房产证，郭某某遂将房屋买卖合同书和房门钥匙交给王某某保存，作为抵押担保。借款到期后，王某某催促郭某某还款，郭某某未偿还。王某某提起诉讼，法院判决郭某某一次性偿还王某某借款本金10万元及利息（月利率2.05%，计算期间从2014年7月起至判决书确定的给付之日止）。庭审中，王某某得知郭某某将该房登记在第三人其子郭某的名下，但未下发房屋所有权证。

法院判决后，郭某某仍未偿还借款。王某某提起撤销权诉讼称：被告郭某某与其子恶意串通隐瞒事实真相无偿赠与某区房屋，变更房屋登记的名字，转移财产的行为实属恶意逃避债务，其行为已经侵害了原告的合法权益，根据法律规定，请求依法判令撤销被告郭某某同第三人之间赠与房产的行为。

◎法院判决

法院经审理认为：本案被告郭某某对原告王某某负有债务，并以本案争议的房产作为借款担保。被告郭某某作为合同之债的债务人，应对本案原告王某某积极履行还款义务，但其在未清偿原告王某某欠款之前，未经债权人同意，将其名下房产赠与其子本案第三人郭某，致使原告的债权难以实现，明显损害了原告的合法权益，原告王某某作为债权人请求撤销被告郭某某赠与第三人郭某房产的行为，本院予以支持。据此，依照《合同法》第七十四条、第七十五条之规定，判决如下：撤销被告郭某某赠与第三人郭某坐落于某区某某小区房产的行为。

◎律师评析

本案虽然事实清楚，案情简单，争议不大，但是一起典型的出借人行使撤销权的案件。

在借款人郭某某转移财产、逃避债务的情况下，出借人王某某如果不行使撤销权，涉案房屋被转移到郭某名下，郭某再转让出去，王某某的债权就难以实现。王某某提起撤销权诉讼，法院判决撤销郭某某的赠与行为，涉案房产仍为借款人郭某某的财产，王某某就可以申请执行该房产来实现债权。

当前，借款人转移财产、逃避债务的情况并不少见，其中包括放弃其到期债权、无偿转让财产和以明显不合理的低价转让财产，出借人如果不加以防范，届时也不知道提起撤销权诉讼，其债权最终就难以实现。

［本案例根据河北省张家口市桥西区人民法院（2015）西民初字第168号编写］

3. 借款人之间行使追偿权诉讼

借款人之间的追偿权，是指对出借人承担连带责任的借款人，实际偿还借款数额超过其借款责任份额而向其他借款人求偿的权利。连带借款责任是依照法律规定或者当事人之间约定，两个或者两个以上借款人共同借款对出借人承担连带清偿债务，并能因此引起借款人内部债务关系的一种民事责任。在连带债务中，当借款人为多人时，每个借款人都负有连带关系，都应负有清偿出借人全部债务的责任。当其中一个或部分借款人向出借人偿还部分借款后，就免除其他借款人对出借人相应的连带债务；当其中一个或部分借款人全部偿还借款后，就免除其他借款人对出借人全部连带债务，但在此情形下并不免除其他借款人的债务，已经清偿债务的借款人在一定条件下有权对其他借款人追偿。借款人之间的这种追偿，在借款人内部已有债务份额约定的，则按其约定份额追偿，没有约定的通常按平均分担进行追偿。

《民法总则》第一百七十八条规定，“实际承担责任超过自己责任份额的连带责任人，有权向其他连带责任人追偿”。据此规定，借款人之间行使追偿权应当同时符合以下几个条件：一是一个或部分借款人已经向出借人偿还了借款；二是因一个或部分借款人偿还借款而消灭了其他借款人对出借人负有的相应债务；三是已经偿还借款的借款人超过其应当分担的债务份额，其就超出的部分有权行使追偿权向法院提起诉讼进行追偿。

案例解析

连带债权人之间约定的债务份额，法院予以支持

◎案情简介

2013年7月9日，甲方沈某某与乙方褚某某、白某某、冯某某签订《共同还款连带责任协议》约定：双方共同认可由沈某某向徐某某借款2500万

元整，用于借给某某公司，期限 20 天；双方共同享有由该笔借款产生的利润；利润平均分配：沈某某、褚某某、白某某、冯某某各 25%；借款到期，各自同时按照 25% 的比率承担归还徐某某 2500 万元整的责任；若某某公司借款到期不按时还款，并且不支付违约利息，甲方及乙方共同承担还款连带责任。在该协议签订后的同日，徐某某向沈某某个人银行账户打款 2400 万元，沈某某以其个人银行账户向某某公司银行账户打款 2350 万元。

借款到期后，某某公司无力偿还沈某某等人的借款，经徐某某催要，沈某某五次向徐某某个人银行账户打款合计 1500 万元。2014 年 6 月 5 日，徐某某出具《情况说明》载明：沈某某于 2013 年 7 月 10 日向徐某某借款 2500 万元，截至 2014 年 6 月 5 日共归还借款现金 1500 万元，同时用其名下所有的两处房地产抵扣借款 500 万元。2014 年 1 月 14 日，沈某某与徐某某签订《房产合价抵扣借款合同》，沈某某将某某街 B 栋 12 号四层商住房的房产折合价格 200 万元整抵偿其向徐某某借款中的 200 万元。2014 年 6 月 9 日，沈某某委托徐某某与刘某签订《房地产买卖合同》，沈某某将位于某某路 × × 号的房地产以 290 万元价款转让给刘某，后将该款交付徐某某抵扣 300 万元借款。

沈某某偿还上述借款后，向法院提起追偿诉讼，请求判令：1. 褚某某偿还欠款 500 万元；2. 冯某某、严某某（系夫妻关系）偿还欠款 500 万元。

◎一审判决

一审法院经审理认为：《共同还款连带责任协议》系沈某某、褚某某、白某某、冯某某自愿签订，该协议不违反国家法律法规禁止性规定，合法有效，对各方当事人均具有法律约束力，协议各方均应该按照协议约定内容履行各自义务。

根据查明的事实，沈某某已根据《共同还款连带责任协议》之约定从徐某某处借款，并以银行转账方式实际向某某公司银行账户打款 2350 万元，故根据该协议之约定，沈某某、褚某某、白某某、冯某某对该笔债务向徐某某负有按份连带之债务（每人债务份额为 25%），现某某公司到期未能向徐某某还款，依据协议约定沈某某已向徐某某还款 1500 万元，同时以两处房产抵偿徐某某借款 500 万元。

根据《民法通则》第八十七条“债权人或者债务人一方人数为二人以

上的，依照法律的规定或者当事人的约定，享有连带权利的每个债权人，都有权要求债务人履行义务；负有连带义务的每个债务人，都负有清偿全部债务的义务，履行了义务的人，有权要求其他负有连带义务的人偿付他应当承担的份额”之规定，因沈某某作为连带债务人已向徐某某付款2000万元，故根据协议约定之内部承担份额，其有权主张褚某某、冯某某分别向其支付应负的债务份额500万元。同时严某某与冯某某系夫妻关系，该笔债务发生于二人夫妻关系存续期间，故严某某亦应对冯某某该笔按份债务500万元承担连带支付责任。

综上所述，一审法院判决：一、被告褚某某于本判决生效之日起十日内向原告沈某某支付代偿款500万元；二、被告冯某某、严某某于本判决生效之日起十日内向原告沈某某支付代偿款500万元。

◎二审判决

褚某某不服一审判决上诉称：涉案《共同还款连带责任协议》实际上是各方当事人之间的合伙协议，褚某某不应承担本案的连带责任。

二审法院经审理认为：本案系追偿权纠纷，法律关系的发生依据是沈某某与褚某某、白某某、冯某某于2013年7月9日签订的《共同还款连带责任协议》。经核查，沈某某依照涉案协议之约定，从徐某某处借款并将其中的2350万元转借给某某公司，该协议不违反法律规定，系有效协议，故褚某某、白某某、冯某某等人亦应依该协议约定向徐某某承担按份连带之债（各25%）。在某某公司到期未能归还款项的情况下，沈某某作为债务人合计已向徐某某归还了2000万元，故褚某某应依约承担其中25%的债务（即500万元），沈某某要求褚某某向其支付500万元代偿款的主张有事实和法律依据，原审法院的认定正确，本院依法予以维持。至于上诉人褚某某主张前述《共同还款连带责任协议》系合伙协议，因无证据支持，本院依法不予采信。

二审判决：驳回褚某某上诉，维持一审判决。

◎律师评析

本案是因“外连带内按份”而产生追偿的典型案件。

这里的“外连带”是指各借款人对出借人承担连带清偿债务责任。本案中，双方在签订《共同还款连带责任协议》这个名称中就明确“共同还款连带责任”，后在该协议中进一步约定“若某某公司借款到期不按时还款，甲方及乙方共同承担还款连带责任”，据此足以认定，各借款人对徐某某的借款承担连带清偿责任。

这里的“内按份”是指各借款人内部之间约定按照各自的份额承担债务责任。本案中，四位借款人在与出借人徐某某约定承担连带清偿债务的同时，内部又约定各按25%的比率向徐某某借款、各按25%的比率分配利润、各按25%的比率承担偿还借款责任，这是典型的借款人内部的按份责任。

因沈某某等四位借款人内部约定的按份责任，不得对抗对出借人徐某某主张的连带责任，故在某某公司到期未能偿还借款的情况下，沈某某向徐某某偿还了2000万元。根据上述各借款人自愿约定的按份责任，褚某某应依约承担其中25%的债务即500万元，所以沈某某通过追偿程序要求褚某某向其支付500万元代偿款，法院应当依法予以支持。

［本案例根据云南省高级人民法院（2016）云民终字第670号民事判决书编写］

图书在版编目（CIP）数据

民间借贷纠纷裁判观点与实务指引／朱永华主编．
—北京：中国法制出版社，2018.1
ISBN 978－7－5093－9174－7

Ⅰ.①民… Ⅱ.①朱… Ⅲ.①民间借贷－经济纠纷－处理－研究－中国 Ⅳ.①D925.104

中国版本图书馆 CIP 数据核字（2018）第 004136 号

策划编辑/责任编辑：马金凤（editormjf@163.com） 封面设计：周黎明

民间借贷纠纷裁判观点与实务指引

MINJIAN JIEDAI JIUFEN CAIPAN GUANDIAN YU SHIWU ZHIYIN

主编/朱永华
经销/新华书店
印刷/三河市紫恒印装有限公司
开本/710 毫米×1000 毫米 16 开 印张／27.75 字数/350 千
版次/2018 年 2 月第 1 版 2018 年 2 月第 1 次印刷

中国法制出版社出版
书号 ISBN 978－7－5093－9174－7 定价：78.00 元

北京西单横二条 2 号
邮政编码 100031 传真：66031119
网址：http://www.zgfzs.com **编辑部电话：66070046**
市场营销部电话：66033393 **邮购部电话：66033288**

（如有印装质量问题，请与本社编务印务管理部联系调换。电话：010－66032926）